现代体能训练指导丛书
北京市教育委员会科研共建项目

现代体能训练方法

张英波　编著

北京体育大学出版社

策划编辑：梁　林
责任编辑：梁　林　汪　蕾
责任校对：赵　军
版式设计：博文宏图

图书在版编目（CIP）数据

现代体能训练方法 / 张英波编著. -- 北京 : 北京体育大学出版社, 2006.10（2025.2重印）

ISBN 978-7-81100-655-1

Ⅰ. ①现… Ⅱ. ①张… Ⅲ. ①身体训练 Ⅳ. ①G808.14

中国版本图书馆CIP数据核字(2006)第122362号

现代体能训练方法　　张英波　编著

出版发行：北京体育大学出版社
地　　址：北京市海淀区农大南路1号院2号楼2层办公B-212
邮　　编：100084
网　　址：http：//cbs.bsu.edu.cn
发 行 部：010-62989320
邮 购 部：北京体育大学出版社读者服务部 010-62989432
印　　刷：三河市龙大印装有限公司
开　　本：710mm×1000mm　1/16
成品尺寸：170mm×240mm
印　　张：26.25
字　　数：365千字
版　　次：2006年10月第1版
印　　次：2025年2月第14次印刷
定　　价：60.00元

丛书编委会

前　言

体能是一切人类生命活动和目标行为的动力基础，更是人们达到休闲健身和高水平竞技运动目标的首要载体。科学的体能训练，对增进现代人的身心健康水平、加强运动能力具有其他手段无法替代的作用。系统坚持体能训练，能够有效地促进我们形成积极、健康的生活方式，优化生活、工作和学习质量。如果你是一位从事竞技运动项目的运动员，体能训练无疑是提高运动成绩的重要方式。在体能训练中，对力量、速度、耐力、柔韧和灵敏等某一类身体素质的优化过程，也能够对其他种类身体素质的发展产生重要的交互影响和协同促进作用。

人体不同类型的体能能力是将人体的体能转化为专项运动成绩的桥梁，也是在运动员个体条件、运动规则和比赛环境等因素的制约下，人体学习和控制动作多种能力的综合表现。由于不同的运动项目对体能和技能的要求各有千秋，所以那些希望自己擅长或专精于某一运动项目的运动员，就应该遵循具有项目特点的体能训练方法。因此，无论是追求强体健身的体育运动爱好者，还是立志为国争光的高水平运动员，都把体能训练作为他们训练活动的重要内容。

许多运动项目涉及了人体力量、速度、耐力、柔韧、灵敏和协调等多种基础性综合运动能力，而不同运动项目又对专项训练提出了许多个性化的特殊要求。因此，当今各级水平运动员的体能训练体现出高度的综合性和专门性的和谐统一。由于某一运动项目的体能训练方法和手段常常能够运用和移植到其他众多的运动中，也使某些特定的体能训练方法和手段具有较强的普适性和借鉴性。

《现代体能训练方法》分为四篇，共八章，主体内容包括现代力量、速度、耐力和柔韧训练的基础知识和方法。通过精心设计的整体内容和清晰结构，尽可能浅显易懂地向大家系统介绍现代体能训练原理、方法和手段。其中，每个练习都说明了各自的目的、方法、要求，并配合内容绘制了大量的插图，为广大体育运动爱好者和运动员提供切实的应用参考信息。同时，在编写中突出了现代力量训练知识体系的先进性和系统性，内容陈述的可读性和能力培养的操作性，以及与运动健身和力量训练实际需要相结合的实用性等现代优秀知识产品的特点。本书力图从各个竞技运动项目运动员体能训练的实际需要出发，与大家共同分享国内外最新研究成果和优秀教练员、运动员的实践经验，把国际上本领域先进和新颖的知识体系与我国体能训练开展的实际情况有机结合，服务于我国的体育运动教学、科研和训练实践。

作者

2006 年 10 月

于北京体育大学

目　录

第一篇　现代力量训练方法

第一章　现代力量训练基础知识

本章主要是初步认识力量训练背景知识，与大家讨论许多新的概念，它们是理解和掌握现代力量训练方法的基础。首先，需要考察现代力量训练的准备和过程，介绍力量训练的各类辅助练习。然后，我们把焦点放在力量的表现形式与力量训练的负荷结构，以及现代力量训练的方法体系的重要内容上。

大家可以在本章内容中了解现代力量训练方法的基础知识，熟悉开始进行力量训练的入门方法和辅助练习，讨论力量训练中的常见问题与解决方法，认识现代力量的表现形式和初步认识力量训练的负荷结构，以及评价力量的简易测试方法。

在开始进行力量训练时，正确地确立训练目标非常重要。在大多数情况下，确立目标具有高度的个性化特点。力量训练成功确立目标的标准是：目标要具有挑战性、可达性、现实性和专门性（图1－1）。

图1－1　力量训练的目标

- 挑战性——力量训练的目标需要有一定的难度，需要一定程度的刻苦努力才能够达到。
- 可达性——力量训练的目标必须是可以达到的目标。
- 现实性——力量训练的目标对提高健康水平、生活质量和运动成绩有实际意义。
- 专门性——力量训练的目标是因人而异的，并且需要取得特定的效果。

确立了满足这些标准的目标才能提出适宜的努力方向，并且有效提高力量训练的质量。

各个运动项目又对专项力量训练提出了许多个性化的特殊要求。因此，力量训练也体现出高度的综合性和专门性的和谐统一。

我们力图从广大运动爱好者和各个运动项目运动员力量训练的实际需要出发，与大家共同分享国内外最新研究成果和优秀教练员和运动员的实践经验。同时，在内容上从各个运动专项对力量训练的需要出发，每个练习都说明了各自的主要目的、方法、要求，并配合大量的插图，尽可能浅显易懂地向大家系统介绍力量训练的实用方法和手段。

第一节　现代力量训练的准备和过程

一、什么是力量素质和力量训练

力量素质指人体－肌肉系统工作时克服或对抗阻力的能力。肌肉力量是人们完成各种动作的动力来源。特别是在以体能为主导因素的运动项目中，大部分都把力量素质视为决定运动成绩的关键因素。运动员力量素质水平的高低，对其速度、耐力等素质水平有着重要的影响，也是掌握和发挥运动技术的重要基础。在不同的项目中，力量素质的表现形式也有所区别，主要包括最大力量、快速力量和力量耐力等。

决定人体力量素质水平的因素很多，包括身体形态和遗传因素（肌肉的体积和快、慢肌纤维的比例）、神经生理学因素（神经冲动的强度和同步化水平、肌纤维募集的数量、肌肉内协调和肌肉间协调等）、动作技能因素（运动链的机械效率）及心理学因素（动机和心理唤醒水平等）。运动爱好者和运动员的力量训练，正是挖掘人体多方面的综合潜力、取得上述诸多因素最佳的协同整体效益的实践过程。

二、力量训练入门的准备

（一）健康保障

由于力量训练对身体机能提出了较高要求，只有在健康状况良好时训练才能取得理想的效果。所以，如果你长期没有运动或体重超重，需要请医生为你进行一次全面的体检。如果你是运动爱好者，已经超过35岁，还需要进行运动中的身体状态测试。

（二）确立目标

确立目标对成功地进行力量训练非常重要。具体标准见前言内容。

（三）持之以恒

在开始进行力量训练时，最好坚持认定的一个训练计划，并保持一段时期。切忌受其他天花乱坠信息的影响而朝三暮四、轻易地改弦更张。其实，根本就不存在适合于任何人的所谓“训练计划”。力量训练方法的一个重要原则就是简单和高效。

（四）坚持记录

在每天的训练课后坚持记录，写清练习的名称、组数、每组的重复次数和重量。这样做可以使你清楚地看到自己的进步和弱点，减少不必要的猜测。

三、力量训练的过程

（一）充分准备

进行充分的准备活动和柔韧、伸展练习。

（二）量力而行

力量训练开始时要根据自己的实际情况循序渐进地进行，切不可盲目模仿优秀运动员，或者和训练水平比自己高很多的人“较劲”。这常常会挫伤你的积极性，甚至造成伤害事故。

（三）避开旧伤

如果在力量练习过程中感到疼痛，就不要“钻牛角尖”硬顶，可以改变一下练习手段，既发展了该身体部位的力量，还不疼痛，同时又加快了血液循环，促进损伤的痊愈。

（四）不因体重增加烦恼

由于肌肉的比重大于脂肪，所以在进行力量训练的初期，可能会伴随体重的增加。

（五）不过多改变饮食习惯

在进行力量训练初期过多改变饮食习惯是不可取的，因为骤然改变习惯的生活方式，常常会导致无法完成计划和训练效果顾此失彼的状况。

（六）注意肌肉张力的变化

新的力量训练计划的第一个积极效果就是它所造成的肌肉持续张力

的增加。

（七）开始力量训练时采用的频度

1. 每周训练课次数

一般可以每周进行 3 次力量训练课，每次课持续 45 ~ 75 分钟。每次力量训练课后休息 1 天，或安排其他性质的练习，保证肌细胞的恢复和重建，使肌肉更强壮。因此，一周的力量训练课可以安排在星期一、星期三、星期五，或者星期二、星期四、星期六。

2. 每次训练课的组数

取得力量训练最佳效果的训练方式是每个练习重复 3 ~ 5 组，因为在第 5 组练习之后增长力量的效果就显著下降。

3. 每组的重复次数

在开始练习时可采用较轻重量，每组重复 10 次左右（腹部练习除外）。

（八）开始力量训练时使用的重量

1. 重复 10 次的重量

采用连续重复 10 次的重量，最后一次恰好能够完成。可以在前几次训练课中通过不断尝试来决定适宜的重量。

2. 增加重量的时机

一旦你可以在一个重量下连续练习超过 10 次重复，这时你就可以增加重量。

3. 两种练习方式

有两种主要的力量练习方式，分别产生不同的效果：低重复高强度发展力量，高重复低强度发展耐力。

（九）参与力量训练的主要肌群

在初期的训练课中要注意发展这些肌群的力量，一般先进行大肌肉群力量练习，再进行小肌肉群力量练习。这是因为如果小肌肉群先疲劳，就无法充分完成大肌肉群的练习，取得理想效果。例如，如果你先进行屈肘练习使臂部肌群疲劳，就无法顺利完成随后的卧推练习，因为这里卧推力量的限制因素是臂部肌群，而不是胸部肌群。对人体最主要的7 个肌肉群进行力量练习的顺序如下。

1. 腹部肌群——从这里开始进行部分的准备活动。

2. 大腿前部肌群——由于双腿能够自动地带动腰部肌群参与运动，所以在开始大腿前部肌群的练习之前，需要进行充分的准备活动，它也是人体最大的肌肉群。

3. 胸部肌群——它们是完成上肢支撑动作的主要肌群。

4. 背部肌群——在开始背部肌群的练习之前，需要进行充分的准备活动。

5. 肩部肌群——它们是完成上肢支撑和提拉动作的主要肌群。

6. 肱二头肌群——它们是完成上臂屈肘动作的主要肌群。

7. 肱三头肌群——最后进行肱二头肌群和肱三头肌群的练习，它们是人体最小的肌肉群。

（十）力量训练的注意事项

1. 力量训练的一般要求

（1）*准备活动*

力量练习可以采用慢跑、伸展体操和轻重量练习进行准备活动，使血液流向需要工作的肌肉群。如果天气寒冷，或者存在以前训练课造成的肌肉酸痛，就需要进行更加充分的准备活动。头和脚是身体的“温度调节”部分，寒冷天气时要注意这些部位的保暖。

（2）*伸展练习*

在力量练习前进行伸展练习能够增加关节和肌肉的活动幅度和防止受伤，而在力量练习后进行伸展练习则能够缓解肌肉紧张、减少酸痛和帮助恢复。力量练习前后进行伸展练习的一般要求如下。

①持续伸展直至感觉轻微紧张，保持 10 ~ 20 秒，然后放松，然后进一步伸展 10 ~20 秒。

②保持肌肉放松。

③杜绝快速牵拉和震动性练习。

④以不产生疼痛为准，如果出现疼痛就减小动作幅度，以防肌肉过分紧张。

（3）负重力量练习时的身体姿势

①一般情况下双脚间距大于肩宽，并取得身体前后的平衡姿势。

②保持头部和颈部正直，以防因转动头部、颈部和躯干造成的脊椎伤害。

（4）呼吸方式

①在整个练习过程中不要憋气，憋气会阻止血液流向脑部，甚至造成休克。

②用鼻和口同时呼吸，以防缺氧。

③在负重力量练习中，上举开始时吸气，在最用力的部分短暂屏息，练习完成时呼气。

2. 力量训练的安全措施

（1）不可单独训练，需要结伴训练互相保护。

（2）尽量采用必要的保护器具和安全器材。

（3）注意采用正确的练习动作和身体姿势。

（4）负重力量练习时尽量避免采用身体猛烈振动和扭转的练习。

3. 对于运动员力量训练的提示要点

（1）在力量训练中应重视发展肌肉的专门收缩特性，还需要结合采用必要的肌肉灵活性和伸展性练习，它们能够保证人体所有关节完成全幅的运动，以及人体自然的生长发育过程。

（2）建议年轻运动员以多种多样的中等强度、较多组数、每组 8 ~ 10 次重复的一般力量训练作为基础。

（3）与男性运动员相比，女性运动员力量训练的负荷量和强度的增加应更加循序渐进。

（4）在年轻运动员的训练中，应把更多的注意力集中在发展能够稳定运动员骨盆上部脊柱肌群（腹肌和背肌）和脊柱旋转的那些肌肉上。

（5）在最大力量的训练时，如果运动员主动肌和对抗肌的力量发展不平衡、准备活动不充分或是运动员过度疲劳，就会大大增加运动员受伤的危险性。

（6）当运动员肌肉疲劳或最大力量练习之后不宜进行被动的动力性练习。

（7）当参与练习的肌肉感到刺痛时，练习应立刻停止。

（8）由于传统深蹲练习中膝关节的全幅屈伸容易造成半月板和（或）韧带的损伤，因此，在进行深蹲练习时应穿插采用坐姿蹬腿、伸膝、前蹲、滑动下蹲、换腿蹬上台阶、侧蹲等手段。必须发展对抗肌的肌肉力量。

（9）当运动员的骨骼、关节生长发育还未完全稳定时，不宜采用对脊柱施加负荷的练习。因此，对于不满 16 岁或 17 岁的运动员，在练习中不应采用肩部负重的练习，除非运动员有扎实的一般力量训练基础，已经系统发展了支撑脊柱的肌肉群。

（10）当运动员肩部承受负荷时，脊柱受到压力，这时脊柱必须保持正直，不应当有过大的弯曲，而肩部也应当保持挺立，以免使脊柱处于极其不利的发力状态，构成严重的损伤威胁。

（11）所有施加的阻力必须从运动技术的角度出发，并且和运动项目的技术紧密相关。这就是说，要采用较轻的负荷进行学习，并且持续进行监控。

（12）在完成力量性的练习之后，不宜紧接着采用易引起力竭的耐力练习，否则就可能造成运动员连接组织的损伤。

（13）力量训练的一般进度可以参考如下的训练方法。

①循环训练法应注重所有关节力量的平衡发展。

②阶段训练中所采用的练习手段和循环训练法相同。

③阶段训练采用的阻力为负重沙衣、腕和踝负重、负重带、实心球、沙袋等。

④以多次重复（直至 12 次）为基础的力量训练应该建立在良好技

术基础上。

⑤在渐进负荷力量训练过程中，应定期测试最大负荷重量。

⑥在专门训练计划中采用“单元之间”和“单元之内”的混合强度。

⑦在专门训练计划中采用综合力量训练设备和（或）电刺激等训练法（注意：这种训练进度并不是对所有的运动员都适用），保证专门力量的平行发展。

（14）在整个比赛期里，女运动员较小运动量的力量训练可以继续进行，而男运动员可以不必进行。

（15）在运动员一般或专门力量的监控测试中，运动员的力量最好成绩和专项最好成绩之间需要一段时间间隔。根据所监测的力量特征和运动员特点，这个时间间隔会有所不同。教练员应意识到这一点，并据此制订相应的力量训练阶段和参加比赛计划。

（16）在那些对最大力量有较高依赖的运动项目中，经常在比赛前一天安排一个力量训练单元。这种训练方法有其理论依据，即在这样的力量训练单元之后，神经肌肉系统能够保持24小时较高程度的兴奋状态。在这个力量训练单元中的关键是，应注意避免盲目追求最大力量值，或造成运动员疲劳。

第二节　力量训练的辅助练习

一、伸展练习

伸展练习是力量训练过程的重要辅助部分，其功能主要体现在对我们身体功能的改善、强化力量训练效果和促进恢复上。可以概括为以下几个方面：保障人体基本动作行为功能，强化力量训练效果和促进恢复；保持良好的体态和基本姿势；为执行各种身体动作打下良好基础；进一步提高日常生活和工作质量；防止各种软组织拉伤和劳损，预防肌肉紧张和腰痛；构成力量训练过程的热身和整理活动的必要部分。

（一）伸展练习的阶段

1. 轻松伸展阶段

轻松伸展至感觉到轻微的肌肉张力和拉紧，坚持 5 ~ 30 秒，重复练习。随着练习过程的进行，肌肉张力和拉紧感觉程度会降低。如果肌肉仍然感觉紧张，应适当降低要求直到感觉舒适程度。这种轻松伸展能够使人体组织为深度伸展做好准备。

2. 深度伸展阶段

在进行轻松伸展之后，继续加大动作幅度，直到再次感到轻微的肌肉紧张，坚持 5 ~ 30 秒。这是一种提高柔韧性和使肌肉为各种练习做好准备的很好方式。

（二）伸展练习的原则

在进行力量训练的辅助伸展练习时，需要注意以下的原则：受控的缓慢伸展、禁止振荡动作、不出现疼痛、不与他人攀比柔韧性、缓慢和有节律地呼吸、不要憋气以及保持感觉良好的伸展紧张度。

（三）伸展练习的方法

1. 静力拉伸练习

静力拉伸是指通过缓慢的动力拉伸，将肌肉、肌腱、韧带等软组织拉长。当拉长到一定程度时保持静止不动，使这些软组织受到拉长的持续刺激。力量训练中常用的静力拉伸练习可以采用下列方法。

（1）提放双肩

【目的】牵拉肩上部。

【方法】向耳朵方向上提双肩，直到颈和双肩感到轻微紧张。保持 5 秒，然后放松双肩，尽量下垂（图 1－2）。

【要求】练习过程中伴随动作默念“双肩提起、双肩下垂”。

（2）向内拉肩

【目的】牵拉肩后部、肩外侧和上臂后侧。

【方法】站立或坐立，抬起一只臂肘关节至肩部高度，屈肘与另一只臂交叉。另一只臂抬起至肩部高度抓住对侧肘关节，呼气，向后拉。换臂重复练习（图 1－3）。

【要求】动作幅度尽量大，动作至最大限度保持对抗性静力收缩 3～4 秒。然后放松再继续牵引保持 10 秒左右。

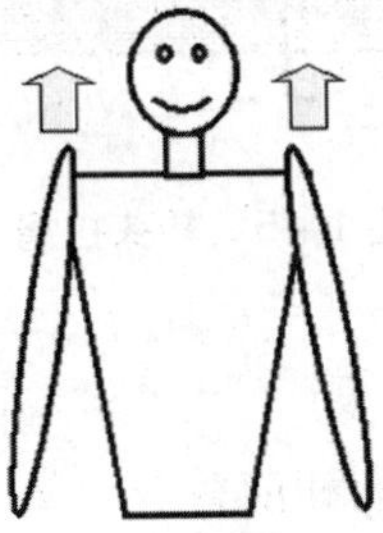

图 1－2　提放双肩

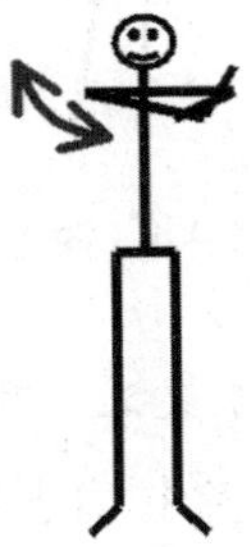

图 1－3　向内拉肩

（3）向上拉肩

【目的】牵拉肩下部、躯干外侧和上臂后侧。

【方法】站立或坐立，双膝微屈，抬起一侧肘关节，另一只手在头后抓住肘关节向一侧拉引。上体向这一侧倾斜，轻松拉引保持 10 秒。换另一侧练习（图 1－4）。

【要求】双膝微屈，不要憋气。

（4）转头拉肩

【目的】牵拉肩上部、胸部、颈部和上臂前侧。

【方法】臂侧平举与肩同高，手顶住墙。头向后转，肩贴住墙，眼睛向顶住墙的那只手上看。换另一侧练习（图 1－5）。

【要求】缓慢和在控制下练习。重要的是感觉到良好的牵拉，而不是动作幅度。

图1－4　向上拉肩

图1－5　转头拉肩

（5）双手交叉上顶

【目的】牵拉肩下部、躯干外侧、上臂后侧和前臂。

【方法】双手在头上方手指交叉，掌心向上，双臂向后上方向伸展上顶，保持15秒（图1－6）。

【要求】不要憋气，深呼吸。

（6）双手扶腰前推

【目的】牵拉肩上部、胸部和腰部。

【方法】站立，双膝微屈，双手在髋部以上部位扶腰，手指向下。向前轻推手掌，伸展腰部，保持10秒，重复两次（图1－7）。

【要求】不要憋气。

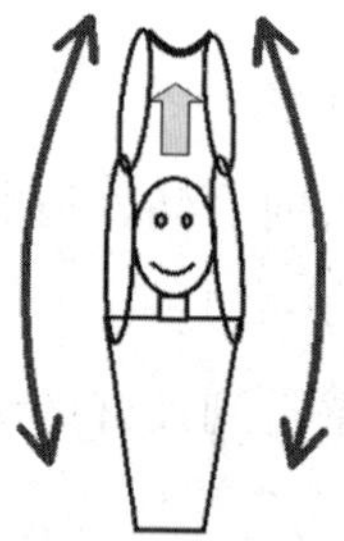

图1－6　双手交叉上顶

图1－7　双手扶腰前推

（7）双手叉腰转体

【目的】牵拉上体、腰部和髋部。

【方法】站立，双膝微屈，双手在髋部以上部位叉腰。转体同时头向后转，眼睛向后看，保持10秒。每个方向练习两次（图1－8）。

【要求】不要憋气。

（8）顶墙送髋

【目的】牵拉小腿后部。

【方法】面对墙，双脚相距约50厘米前后开立，前脚距墙约50厘米。用前臂靠墙支撑身体，头靠在双手上，身体向墙倾斜。后脚正对墙，脚跟贴在地面。缓慢向前送髋，后背伸直，保持轻松牵拉10～15秒。双腿轮流练习（图1－9）。

【要求】脚跟贴在地面上，脚尖向前，禁止振荡性动作。

图1－8 双手叉腰转体

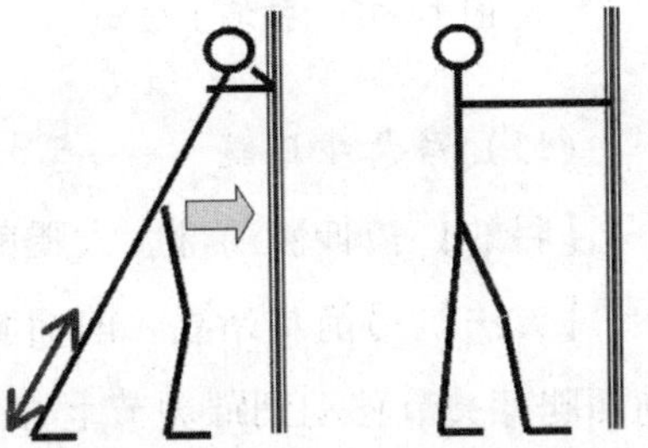

图1－9 顶墙送髋

（9）扶墙上拉脚

【目的】牵拉大腿和小腿前部。

【方法】右手扶墙站立，左腿支撑身体站立，左手向臀部拉右脚，右腿屈膝，使脚跟靠近臀部。呼气，另一只手抓住屈膝腿提起的脚背，吸气，缓慢向臀部方向提拉。保持轻松牵拉10～20秒。双腿轮流练习（图1－10）。

【要求】动作幅度尽量大。

（10）下蹲牵拉下肢

【目的】牵拉膝部、背部、踝部、跟腱。

【方法】从站立姿势开始，下蹲，双脚脚尖向外侧偏15°，双脚脚跟间距 25～30 厘米。双膝在双肩外侧，在脚趾上方。保持轻松牵拉 10～15 秒（图 1－11）。

【要求】保持自然下蹲姿势，如果膝关节有伤，需要听取专业人员建议再进行练习。

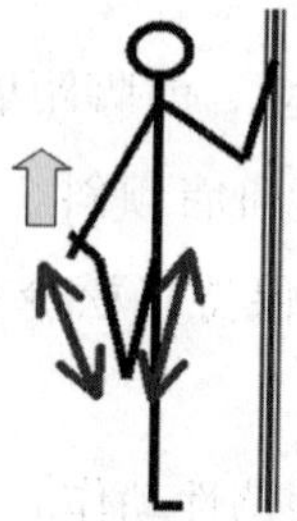

图 1－10 扶墙上拉脚

图 1－11 下蹲牵拉下肢

（11）弓箭步压髋

【目的】拉伸髋前部、大腿前部和后部。

【方法】弓箭步站立，前面腿膝关节成 90°。屈膝降低重心，直到前面腿膝关节移动到踝关节上方。后面腿的膝触地，呼气，下压后面腿和髋部。换腿重复练习（图 1－12）。

【要求】动作幅度尽量大，动作结束保持 15～20 秒。

（12）坐立牵拉下肢

【目的】牵拉腹股沟和腰部。

【方法】坐在地面，双腿体前屈膝展开，脚跟和脚掌相对。双手握住双脚脚尖尽量向腹股沟方向拉。呼气，上体缓慢直背前倾。争取使两个肘关节运动到两个膝关节外侧，以便保持身体稳定和平衡。在上体前倾过程中轻松收缩腹部肌群，直到腹股沟和腰部有牵拉和紧张感觉。保持 20 秒（图 1－13）。

【要求】注意不要从头和肩部开始动作，动作应该从髋部开始。

（13）仰卧前拉头

【目的】牵拉背部和颈部。

图 1－12　弓箭步压髋

图 1－13　坐立牵拉下肢

【方法】屈膝仰卧，双手在头后耳朵高度交叉。呼气，向胸部方向拉头部，直到背部和颈部有牵拉和紧张感觉。保持 3 ~5 秒，重复 3 ~4 次（图 1－14）。

【要求】下颌放松，后槽牙分开，保持自然呼吸。

（14）仰卧转压腿

【目的】拉伸腰部、髋部和大腿后部。

【方法】仰卧，双腿伸展，左臂侧平伸贴在地面。然后左腿屈膝 90°，用右手横向向右、向下拉左膝外侧，直到贴近地面，感觉到腰部和髋部外侧有牵拉感觉。动作结束保持 15 ~20 秒。双腿交替练习（图 1－15）。

【要求】保持头、肘、双肩接触地面。动作幅度尽量大。

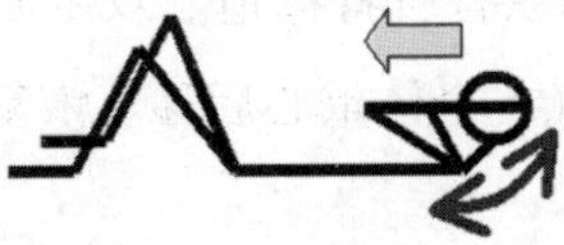

图 1－14　仰卧前拉头

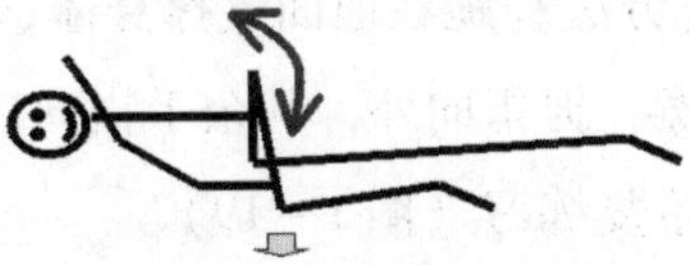

图 1－15　仰卧转压腿

（15）仰卧提膝

【目的】牵拉臀部、腰部和大腿后部。

【方法】仰卧，屈膝抬起一条腿，双手在膝关节后部向胸部拉，固定骨盆成水平姿势。保持 10 ~30 秒，双腿交替练习（图 1－16）。

【要求】保持腰部伸直。

（16）仰卧提腿

【目的】牵拉大腿后部。

【方法】仰卧，直膝抬起一条腿与地面成 90°，腰部贴在地面。牵拉到感觉舒适的姿势。保持 15～20 秒，双腿交替练习（图 1－17）。

【要求】可以用手或毛巾辅助牵拉。

图 1－16　仰卧提膝

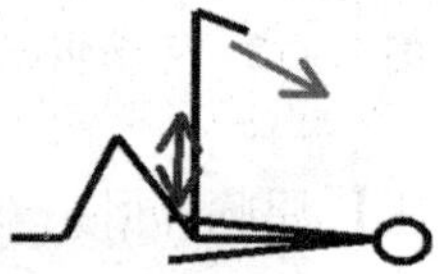

图 1－17　仰卧提腿

（17）跪压肩

【目的】牵拉肩部、臂部、背部和腰部。

【方法】跪在地面支撑身体，双手向前伸，然后直臂拉回双手，手掌轻压地面。可以单臂练习，也可以双臂同时练习，直至肩部、臂部、背部和腰部有牵拉感觉。保持 15 秒，双臂交替练习（图 1－18）。

【要求】注意放松和大幅度。

（18）跪撑反压腕

【目的】拉伸前臂和腕部。

【方法】跪在地面支撑身体，双膝和双臂直臂撑地。双手间距约与肩同宽，拇指向外，其余手指向后。呼气，身体重心后移。恢复开始姿势。重复练习（图 1－19）。

【要求】动作幅度尽量大，动作结束保持 10～20 秒。

图 1－18　跪压肩

图 1－19　跪撑反压腕

2. PNF 拉伸练习

PNF 是英文 Proprioceptive Neuromuscular Facilitation 的缩写，意思是“神经－肌肉本体促进”。“神经－肌肉本体促进”拉伸是一种由练习者和同伴互相配合，在与力量训练相结合过程中，通过一系列的主动和被动的动力、静力拉伸步骤，能够避免被拉伸肌肉牵张反射现象的发生和获得更大拉伸效果的训练方法类型。上述许多静力拉伸方法也都可以采用PNF拉伸方法进行，它实际上就是一系列操作步骤的组合，最常见的就是大腿后部肌群的“神经－肌肉本体促进”拉伸练习（图1－20）。

图1－20 大腿后部肌群的“神经－肌肉本体促进”拉伸练习

这里我们以拉伸背部肌群为例，它可以分为3个相连的具体操作步骤。

（1）练习者分腿坐立，双腿的膝关节伸直，踝关节成90°，同伴帮助推压背部至有轻微疼痛感，保持10秒。而后放松片刻（图1－21）。

图1－21 背部“神经－肌肉本体促进”拉伸

（2）练习者静力收缩背部肌群，上提背部对抗同伴的下推力，保持6秒。而后放松片刻。

（3）练习者放松背部肌群，用力收缩腹部肌群尽力使躯干前部贴在地板上，帮助同伴的继续下推背部，保持6秒。而后放松片刻，重复练习。

（四）伸展练习的注意事项

1. 练习负荷要点

（1）负荷强度

拉伸练习一方面反映在用力大小上，另一方面也反映在负重多少上。被动练习多是借助教练员或同伴的帮助，用力逐渐加大，其程度以运动员的自我感觉为依据。如采用负重柔韧练习，负重量一般不能超过拉长肌肉力量所能达到的50%。负重量的确定也与练习的性质有关，在完成静力拉伸的慢动作时，负重量可相对大些；在完成动力性动作时，负重量则应小些。

增加强度应逐步进行，练习时不可用力过大、过猛。训练强度过大，会造成练习者精神和肌肉紧张，必然会影响伸展能力，导致肌肉、肌腱和韧带等软组织损伤。长时间中强度拉力练习所产生的柔韧效果优于短时间大强度的练习效果。

（2）负荷量

不同关节为达到最大活动范围，其练习的重复次数是不相同的。拉伸练习中应根据不同关节活动范围的需要来确定练习的重复次数。练习的重复次数还取决于练习者的年龄和性别。少年练习者在一次课中练习的重复次数比成年练习者少，女性练习者练习的重复次数比男性练习者少。每个练习达到最大拉伸状态的持续时间可保持10秒左右，动作时间也可稍长。采用静力拉伸练习，当关节伸展到最大限度时，停留在相对固定位置的时间可控制在30秒左右。

（3）间歇时间

拉伸练习间歇时间的基本原则是：保证练习者在完全恢复的情况下

完成下一组练习。恢复与否可根据练习者的自我感觉来确定，当其感觉已恢复并准备好做下组练习时便可开始。此外，练习间歇时间还与练习的部位有关，做躯干弯曲动作后就应比做踝关节伸展动作后的休息时间要长。在间歇休息时间可安排一些肌肉放松练习，或进行一些按摩等。这样做能为下次练习加大关节活动幅度创造有利条件，使训练达到更好的效果。

2. 控制拉伸练习的刺激程度

拉伸练习要求拉伸身体部位，并且需要超过这个部位的正常长度或动作范围，因为人体必须有一定的柔韧素质储备，控制柔韧素质在适当程度上是有必要的。但是，也没有必要最大限度地发展柔韧素质。过分发展柔韧素质会对人的其他素质产生影响，如造成关节与韧带变形，影响关节结构的牢固性和练习者的体态，对力量和爆发力的发挥不利等。

3. 注意主要及相关部位的拉伸练习

有些技术动作对拉伸程度的要求不仅体现在某一关节或部位上，而且还涉及到两个或更多关节和身体部位，如“满弓”动作就与肩、脊柱、髋等关节的伸展程度有关。因此，在拉伸练习的安排上要求不仅对主要关节施以训练，还应对各有关关节部位加以练习，做到有主有从、主从结合。

4. 拉伸练习要持之以恒

专门拉伸练习的训练可使伸展能力快速提高并效果明显，但当练习停止之后，所获伸展能力便会很快消退。这一提高快消失也快的特点，决定了伸展练习必须经常坚持并持之以恒。根据项目特点和需要，在力量训练的各个阶段都应有一定数量相应的拉伸练习（图 1 – 22）。

5. 拉伸练习与力量训练适度结合

需要注意的是，如果拉伸练习安排不当，也会影响力量素质的发展。欲使练习者在保持一定伸展能力的时候力量也能得到发展，首先应注意拉伸练习后的肌肉韧带放松，把肌肉韧带练得柔而不软、韧而不僵；其次，选择有效的手段和方法，把拉伸练习与力量性练习结合起来，或合理地安排拉伸练习与力量练习的顺序和比例，将两者的相互干扰降低至最低限度。

图 1－22　拉伸练习

6. 注意外界温度和练习时间

外环境温度过低或过高，都会影响拉伸练习的效果。当然，外界温度不可能永远保持在一理想状态下不变，这就需要用适当的准备活动加以调节，以渐进的方式进行练习，从而防止损伤。虽然拉伸练习随时可练，但就人体本身而言，早晨机体的拉伸程度明显较低，下午机体能表现出良好的拉伸程度。根据人体这一特征安排拉伸练习时间，可起到事半功倍的效果。

7. 儿童的拉伸练习问题

儿童的肌肉弹性好，关节韧带的伸展幅度较大，所以柔韧性好。年龄越小，柔韧性越好，女孩比男孩的柔韧性要更好，柔韧性随着年龄的增长而下降。脊柱伸展的灵活性在 7 ~ 10 岁时提高显著，11 ~ 13 岁时提高速度降低。肩关节的灵活性提高至 12 ~ 13 岁，髋关节的灵活性提高幅度最大时期是 7 ~ 10 岁，此后提高的速度放慢。

少年儿童与成年人相比，关节面角度较大、软骨厚、关节内外韧带较松弛。这些解剖特点决定了少儿时期是柔韧性练习的好时机，在 7 岁前就应抓紧柔韧素质训练，并在 12 岁前使柔韧素质得到较好的发展。应当特别注意的是，任何项目对少儿运动员的拉伸练习都要考虑本专项需要并适可而止，以免干扰其他素质的发展和影响运动员体型的正常发育。

8. 女子的拉伸练习问题

因为女子具有关节囊、韧带较薄，弹性韧性较好，椎间盘厚等生理解剖特点，所以关节活动范围大，柔韧性好。女子在从事某些活动时，动作幅度大，稳定性好，这就决定了女子在柔韧素质上优于男子（图1－23）。但是，由于女子骨骼比男子细而短，骨密质的厚度较男子薄，坚固性差，抗压抗弯能力较弱，又由于柔韧素质可能会对其他素质产生影响，故在练习时也要谨慎并适可而止。

图1－23　女子的身体环节伸展能力优于男子

二、身体核心部位稳定性力量练习

人体双肩和双髋关节之间的躯干和骨盆区域，被称为“核心”部位。从生物力学的角度分析，人体的重心一般位于这个区域，它是人体环节动作运动链的最基本环节。同时，它为人体各种肢体动作提供了稳固的支撑和附着点，直接影响着人体各种技能性身体动作的质量。从动作神经控制的机制来说，这个区域的肌群的神经－肌肉系统，也往往是在人体完成各种反射性和随意性肢体动作过程中首先被激活的部分，也是人体动作程序的最早发生效应的“受动”环节。从运动医学的观点来看，人体骨连接最精致和神经系统最脆弱的部分——脊柱和脊髓也位于这个区域（图1－24）。这个部位运动系统中骨骼、肌肉的解剖结构和功能，也与四肢具有显著的区别，大都起到支持、保护和稳定作用，也需要引起我们的高度关注。

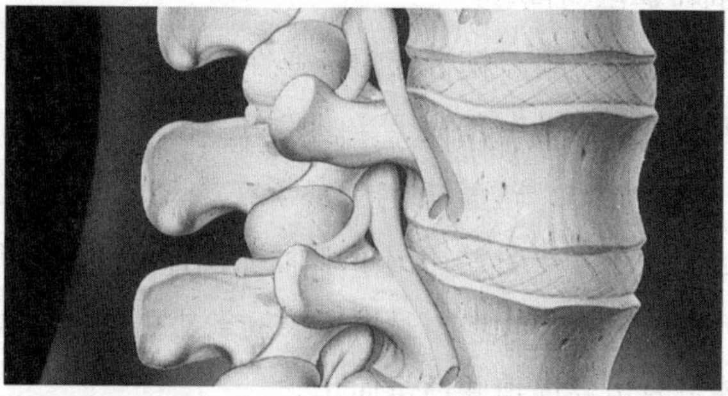

图1－24　脊柱的骨连接和神经结构

无论是从提高各种运动技术动作的质量，还是从保护运动员和运动爱好者安全和健康的角度，积极进行强化人体核心部位功能、提高动作控制和基本身体平衡能力的练习，都是我们进行力量训练中必要的“固本强基”工作。特别是对于参与身体练习的青少年，积极安排这部分训练内容的意义就更加突出了。我们把这类保护性力量强化练习也称为——身体核心部位稳定性力量练习（Core Stabilization）。与上述各种伸展练习相比，这类练习需要练习者具有一定的身体灵活性、柔韧性、动作控制和身体平衡能力基础，它们也是伴随力量训练全过程必不可少的重要辅助练习。

（一）身体核心部位稳定性力量基础练习

身体核心部位稳定性力量基础练习大多为静力练习。当然，也可以把它们重复进行作为动力练习，但如果进行动力性重复，练习性质则更加偏向于发展动力性力量。

1. 仰卧屈膝提腿

【目的】加固腹部深层肌群、提高腰部和骨盆的控制能力。

【方法】仰卧，屈膝，双脚平放地面，固定腹部，抬起一条腿离地面15～30厘米。身体固定，双臂伸直离开地面，成举过头顶姿势（图

1－25）。

【要求】保持 20～30 秒，双腿交替练习。

2. 仰卧直膝提腿

【目的】加固腹部深层肌群、提高腰部和骨盆的控制能力。

【方法】仰卧，屈膝，双脚平放地面，固定腹部，一条腿伸直，并抬起离地面 15～30 厘米。身体固定，双臂伸直离开地面，成举过头顶姿势（图 1－26）。

【要求】保持 20～30 秒，双腿交替练习。

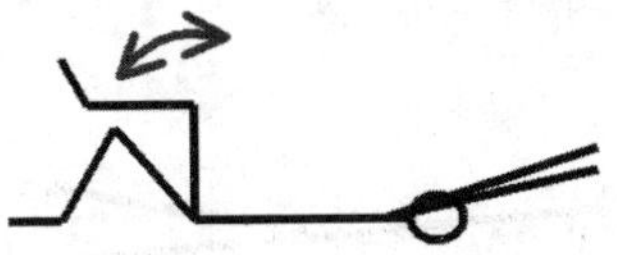

图 1－25　仰卧屈膝提腿

图 1－26　仰卧直膝提腿

3. 俯撑腿臂平伸

【目的】加固躯干深层肌群，提高腰部伸展和骨盆伸髋肌群的控制能力。

【方法】俯姿，双臂伸直撑地。双腿跪撑地，固定腹部，同时水平前伸右臂和后伸左腿。身体固定，水平前伸的右臂和后伸的右腿与躯干成为一线，平行于地面（图 1－27）。

【要求】保持 20～30 秒，四肢交替练习。

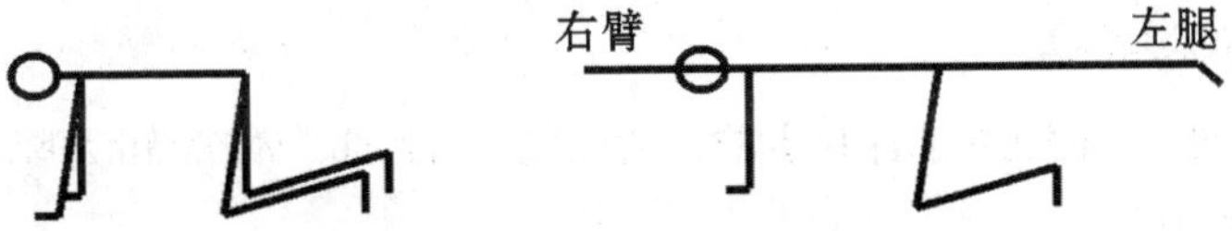

图 1－27　俯撑腿臂平伸

4. 俯姿平撑

【目的】加固躯干深层肌群，提高腹、背部和臀部肌群的控制能力。

【方法】俯卧，双臂屈肘90°支撑身体。双腿伸直并拢用脚尖撑地，直体固定腹背部（图1－28）。

【要求】保持20～30秒。

5. 俯姿平撑提腿

【目的】加固躯干深层肌群，提高腹、背部和臀部肌群的控制能力。

【方法】俯卧，双臂屈肘90°支撑身体。双腿伸直并拢用脚尖撑地，直体固定腹背部。提起一条腿（图1－29）。

【要求】双腿交替练习，提起每条腿保持5～10秒。

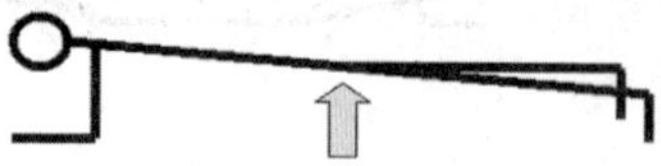

图1－28　俯姿平撑

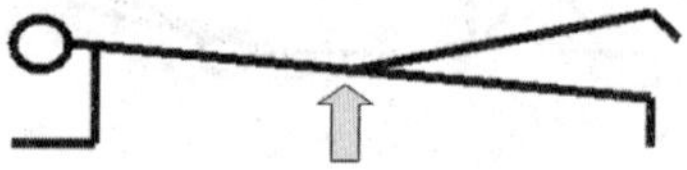

图1－29　俯姿平撑提腿

6. 俯姿桥撑

【目的】加固躯干深层肌群，提高腹、背部和臀部肌群的控制能力。

【方法】俯卧，双臂屈肘90°支撑身体。双腿微屈膝、并拢，用脚尖撑地。身体成桥形姿势固定（图1－30）。

【要求】保持20～30秒。

7. 仰姿桥撑

【目的】加固躯干深层肌群，提高腹、背部、臀部和大腿后部肌群的控制能力。

【方法】仰卧，双臂在体侧伸直，双手掌心向上支撑身体，双腿屈膝、并拢，用脚撑地。提起髋部离地，身体成桥形姿势固定（图1－31）。

【要求】保持20～30秒。

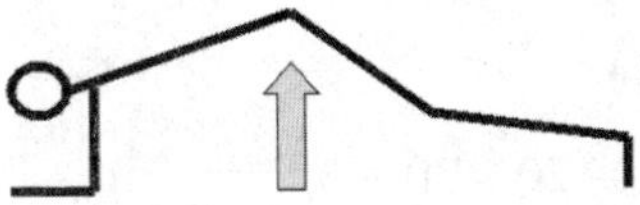

图 1－30　俯姿桥撑

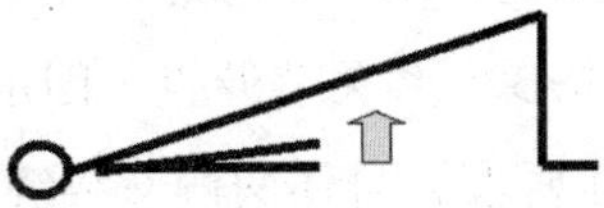

图 1－31　仰姿桥撑

8. 仰姿臂撑提腿

【目的】加固躯干深层肌群，提高腹、背部、臀部和大腿后部肌群的控制能力。

【方法】仰卧，双臂屈肘支撑身体。双腿伸直、并拢，用脚撑地。提起髋部离地，身体成直体姿势。再提起一条腿，膝关节伸直、固定（图 1－32）。

【要求】双腿交替练习，提起每条腿保持 5～10 秒。

图 1－32　仰姿臂撑提腿

9. 侧姿臂撑

【目的】加固躯干两侧深层肌群，提高骨盆、髋部和大腿外侧肌群的控制能力。

【方法】侧卧，单臂屈肘支撑身体，另一只臂屈肘侧举。双腿伸直、并拢，用一只脚外侧撑地。提起髋部离地，身体成直体姿势，膝关节伸直、固定（图 1－33）。

【要求】身体两侧交替练习，每侧保持 20～30 秒。

10. 侧姿臂撑提腿

【目的】加固躯干两侧深层肌群，提高骨盆、髋部和大腿外侧肌群的控制能力。

【方法】侧卧，单臂屈肘支撑身体，另一只臂屈肘侧举。双腿伸直、并拢，用一只脚外侧撑地。提起髋部离地，身体成直体姿势。再提起一条腿，膝关节伸直、固定（图1－34）。

【要求】身体两侧交替练习，每侧保持20～30秒。

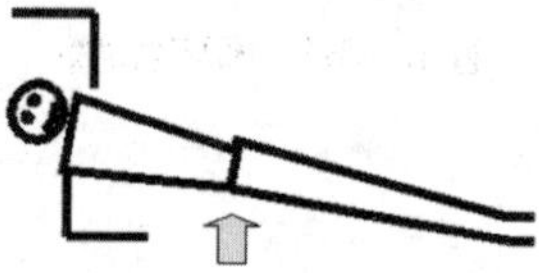

图1－33　侧姿臂撑

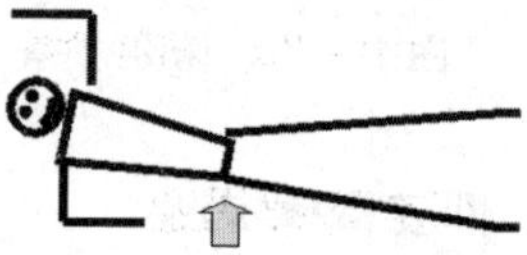

图1－34　侧姿臂撑提腿

11．侧卧香蕉姿势两头起

【目的】加固躯干两侧深层肌群，提高骨盆、髋部和大腿内、外侧肌群的控制能力。

【方法】侧卧，双臂伸直，双手于头上合拢，双腿伸直、并拢。提起双腿和双臂离地，身体成香蕉姿势，膝关节伸直、固定（图1－35）。

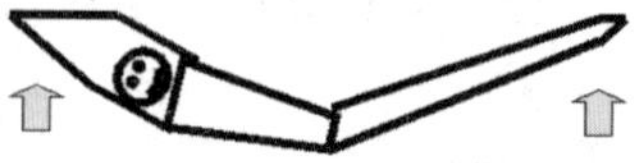

图1－35　侧卧香蕉姿势两头起

【要求】身体两侧交替练习，每侧保持20～30秒。

（二）身体核心部位稳定性力量高级练习

身体核心部位稳定性力量高级练习也大多为静力练习。如果把它们重复进行作为动力练习，练习性质则同样更加偏向于发展动力性力量。

1．坐瑞士球单腿离地

【目的】加固骨盆和腰部深层肌群，提高髋部和大腿前后肌群的控制能力。

【方法】双脚分开于双髋间距，直体坐在瑞士球上，单腿离地，脚离地约5厘米，膝关节固定。双臂伸直下垂于体侧（图1－36）。

【要求】双腿交替练习，每侧保持20～30秒。

2．坐瑞士球踏步走

【目的】加固骨盆和腰部深层肌群，提高髋部和大腿前后肌群的控制能力。

【方法】双脚于双髋间距坐在瑞士球上，进行踏步走动作。双臂伸直，上摆于头上时上臂侧平举，前臂与地面垂直。双腿踏步走动作时，脚离地约 5 厘米，膝关节固定（图 1－37）。

【要求】双腿、双臂交替练习。

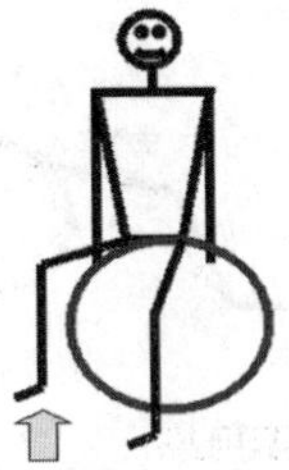

图 1－36　坐瑞士球单腿离地

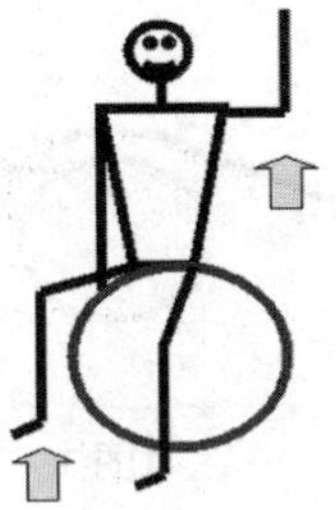

图 1－37　坐瑞士球踏步走

3. 仰卧瑞士球体前屈

【目的】加固骨盆、腹部和肩部深层肌群，提高髋部和大腿前后肌群的控制能力。

【方法】双脚分开于双髋间距，躯干仰卧在瑞士球上。双臂屈肘头后交叉，形成体前屈姿势（图 1－38）。

【要求】保持 20～30 秒。

图 1－38　仰卧瑞士球体前屈

4. 仰卧瑞士球持实心球体前屈

【目的】加固骨盆、腹部和肩部深层肌群，提高髋部和大腿前后肌群的控制能力。

【方法】双脚分开于双髋间距，躯干仰卧在瑞士球上。双臂水平伸直持实心球于头后，形成体前屈姿势，双臂垂直伸直持实心球于头上（图1－39）。

【要求】保持20～30秒。

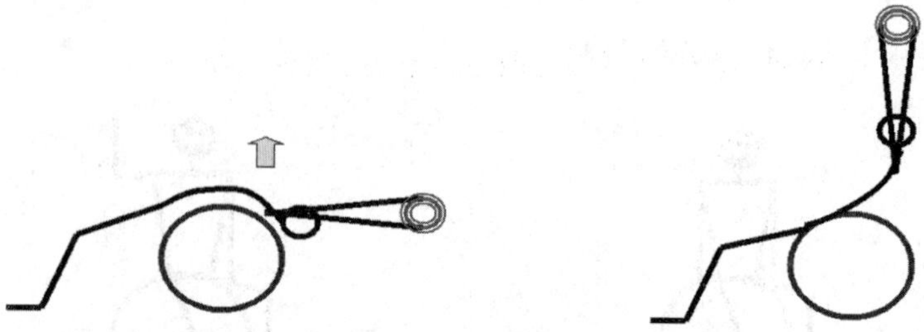

图1－39　仰卧瑞士球持实心球体前屈

5. 头枕瑞士球横桥单腿撑

【目的】加固骨盆、腹部和腰部深层肌群，提高髋部和大腿前后肌群的控制能力。

【方法】双脚分开于双髋间距，提髋形成桥形身体水平姿势，头和肩枕在瑞士球上。伸直一条腿提起，形成平行于地面姿势，双臂伸直靠在瑞士球两侧（图1－40）。

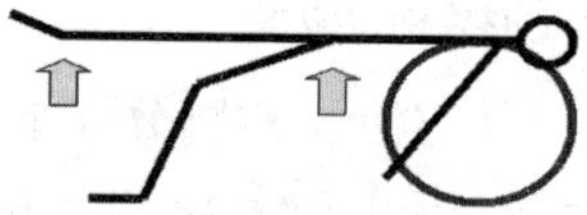

图1－40　头枕瑞士球横桥单腿撑

【要求】保持20～30秒，双腿交替练习。

6. 仰姿脚垫瑞士球提髋屈双膝

【目的】加固骨盆、腹部和腰部深层肌群，提高髋部和大腿后部肌群的控制能力。

【方法】双脚并拢直腿垫在瑞士球上，提髋形成直体悬空姿势，头和肩枕在地面。双腿屈膝上提身体，双臂伸直在体侧平放在地面上（图1－41）。

【要求】保持20～30秒。

图 1－41　仰姿脚垫瑞士球提髋屈双膝

7. 仰姿脚垫瑞士球提髋屈单膝

【目的】加固骨盆、腹部和腰部深层肌群，提高髋部和大腿后部肌群的控制能力。

【方法】双脚并拢直腿垫在瑞士球上，提髋形成直体悬空姿势，头和肩枕在地面。双腿屈膝上提身体，双臂伸直在体侧平放在地面上，再伸直和提起一条腿（图 1－42）。

【要求】保持 20～30 秒，双腿交替练习。

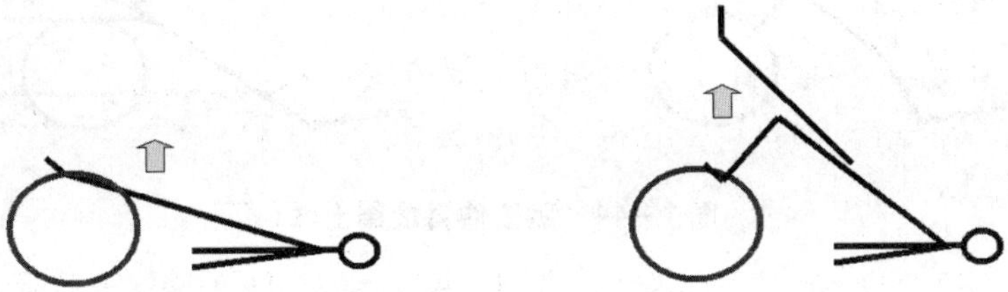

图 1－42　仰姿脚垫瑞士球提髋屈单膝

8. 仰姿脚垫瑞士球提髋直膝提腿

【目的】加固骨盆、腹部和腰部深层肌群，提高髋部和大腿后部肌群的控制能力。

【方法】双脚并拢直腿垫在瑞士球上，提髋形成直体悬空姿势，头和肩枕在地面。双臂伸直在体侧平放在地面上，直膝提起一条腿（图1－43）。

【要求】保持 20～30 秒，双腿交替练习。

图 1－43　仰姿脚垫瑞士球提髋直膝提腿

9. 跪姿伸臂滚瑞士球

【目的】加固腹部和腰部深层肌群，提高背部和肩部肌群的控制能力。

【方法】双腿并拢跪在地面，双臂屈肘垫在瑞士球上，形成直体悬空姿势。双臂伸直滚动瑞士球，保持直体悬空姿势（图 1－44）。

【要求】保持 20～30 秒。

图 1－44　跪姿伸臂滚瑞士球

10. 俯姿脚尖支撑伸臂滚瑞士球

【目的】加固腹部、腰部和骨盆深层肌群，提高背部、肩部和腿部肌群的控制能力。

【方法】双腿伸直，双脚并拢，脚尖支撑地面，双臂屈肘垫在瑞士球上，形成直体悬空姿势。双臂伸直滚动瑞士球，保持直体悬空姿势（图 1－45）。

图 1－45　俯姿脚尖支撑伸臂滚瑞士球

【要求】保持 20 ~ 30 秒。

11. 俯姿屈双膝滚瑞士球

【目的】加固骨盆、腹部和腰部深层肌群，提高髋部和大腿前、后部肌群的控制能力。

【方法】双脚并拢直腿垫在瑞士球上，提髋形成直体悬空姿势，双臂伸直支撑在地面。屈双膝收腿，上提骨盆和身体（图 1 -46）。

【要求】保持 20 ~ 30 秒。

图 1 -46　俯姿屈双膝滚瑞士球

12. 俯姿屈单膝滚瑞士球

【目的】加固骨盆、腹部和腰部深层肌群，提高髋部和大腿前、后部肌群的控制能力。

【方法】一条腿直腿将一只脚垫在瑞士球上，另一条腿屈膝下垂，双臂伸直支撑在地面，提髋形成直体悬空姿势。屈单膝收腿，上提骨盆和身体。双腿交替练习（图 1 -47）。

【要求】保持 20 ~ 30 秒。

图 1 -47　俯姿屈单膝滚瑞士球

（三）身体平衡和动作稳定性控制练习

身体平衡和动作稳定性控制是在身体核心部位稳定能力的基础上，

在很大程度上由皮层下中枢神经控制，并由人体运动器官中的本体感受器参与（如肌梭），具有下意识的反射活动性质的动作控制机制。所以，我们也把它称为本体感受性练习或反应性力量练习。

由于这类练习常常是创设条件使人体的神经－肌肉系统，在下意识的情况下自己“学会”控制和调节动作方式，满足负荷的快速变化要求，所以它们对于提高力量练习的专项运动针对性，通过各种补偿性反射活动防止伤害事故的发生，都具有重要的积极意义，也就是俗话所说的“活的力量能力”。这里所介绍的为一些初步的保护性和过渡性身体平衡和动作稳定性控制练习。

1. 单向圆底踏板双脚站立

【目的】提高身体平衡控制和神经－肌肉反射调节能力。

【方法】双腿直腿将两只脚踩在圆底踏板上，控制踏板不发生前后滚动（图1－48）。

【要求】身体尽量不晃动，保持3～5分钟。

图1－48 单向圆底踏板双脚站立

2. 三向圆底踏板单脚站立

【目的】提高身体平衡控制和神经－肌肉反射调节能力。

【方法】单腿直腿支撑身体，将脚踩在圆底踏板上，另一条腿屈膝提起。纵向踩在圆底踏板上，控制踏板不发生前后滚动（图1－49A）。横向踩在圆底踏板上，控制踏板不发生左右滚动（图1－49B）。斜向踩在圆底踏板上，控制踏板不发生斜向滚动（图1－49C）。

【要求】身体尽量不晃动，保持2～3分钟，双腿交替练习。

3. 倒体单脚上圆底踏板支撑移重心

【目的】提高身体移动中的平衡控制和神经－肌肉反射调节能力。

【方法】面对纵向圆底踏板站立，身体倒向圆底踏板，单腿踏上圆底踏板支撑身体。一只脚踩在圆底踏板上将身体重心移过（图1－50）。

图 1－49　三向圆底踏板单脚站立

【要求】身体尽量稳定、连贯地移过纵向圆底踏板，双腿交替练习。

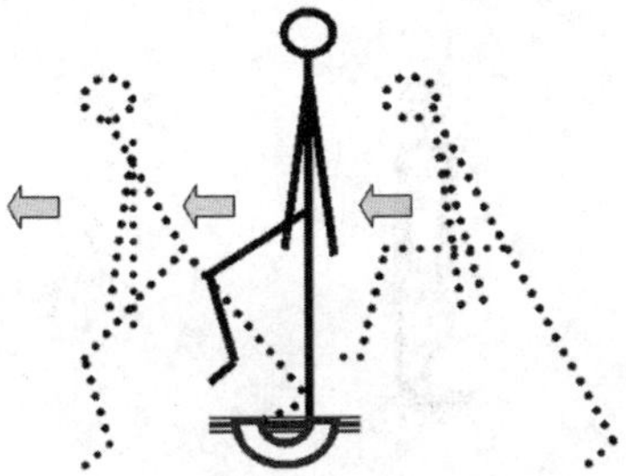

图 1－50　倒体单脚上圆底踏板支撑移重心

4. 单腿支撑抗阻屈髋

【目的】提高身体平衡、动作控制和调节能力。

【方法】单腿站立支撑身体，另一条腿在踝关节系胶带或阻力滑轮绳索。屈髋、屈膝提起对抗阻力的腿（图 1－51）。

【要求】身体尽量不晃动，平稳完成动作，双腿交替练习。

图 1－51　单腿支撑抗阻屈髋

5. 双手持哑铃多向交叉步上球面踏板

【目的】提高身体平衡、动作控制和调节能力。

【方法】双臂下垂，双手持哑铃于体侧。一条腿尽量远地迈出形成弓箭步姿势，一条腿向正前方迈出形成正弓箭步姿势（图1－52A）。一条腿向斜前方迈出形成斜弓箭步姿势（图1－52B），一条腿侧向迈出形成侧弓箭步姿势（图1－52C）。

【要求】双腿交替练习，踏上球面踏板时身体尽量不晃动，平稳完成动作。

A 正弓箭步　　B 斜弓箭步　　C 侧弓箭步

图1－52　双手将哑铃各向交叉步上球面踏板

第三节　力量的表现形式与力量训练的负荷结构

一、人体肌肉力量的表现形式

图1－53是对人体肌肉力量的综述，以及它为了满足运动项目的需要所涉及到的各种表现形式。根据运动员相对于项目的要求所能达到的水平、能够用于训练的时间，以及训练环境条件等因素，运动员在发展符合专项要求的专门力量时都有其一般力量和专门力量训练手段的独特组合。

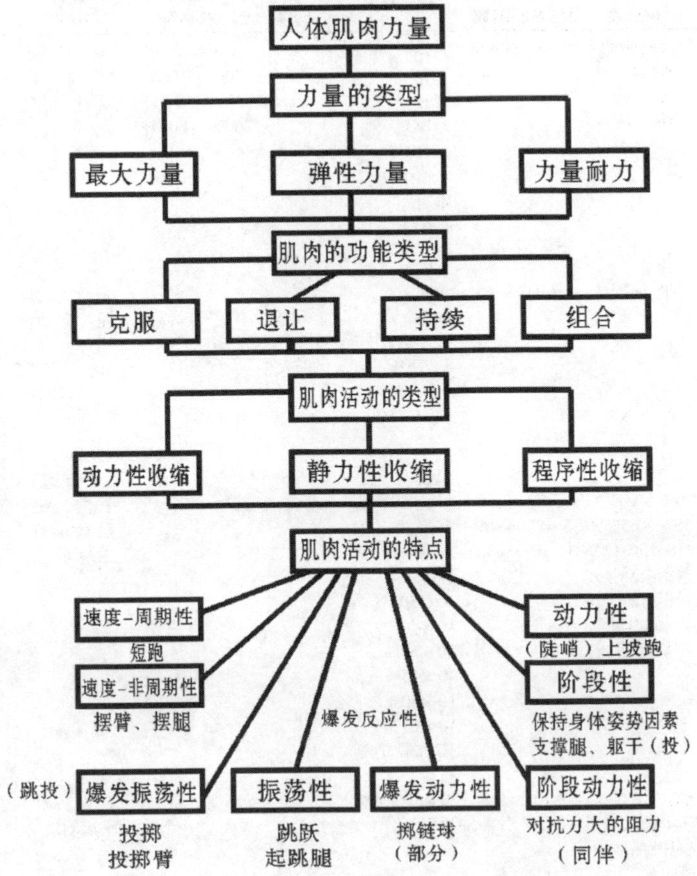

图 1－53 人体肌肉力量的各种表现形式

二、力量训练的负荷结构

运动员的力量训练必须根据专项训练目标的需要，有针对性地采用与之相对应的各种负荷结构（表 1－1）。

表1－1　力量训练及其负荷结构

目标	训练负荷强度	每组重复次数	课的组数	训练体系	组间间歇	等长收缩时间	评价方法	有关项目
发展要求一次最大用力项目的最大力量	向心收缩 80%～100% 离心收缩 105%～175%	1～5	A5～8 N2～4	单组 多组 递增组 金字塔式 5×85% 1×100% 混合组 （离心－向心－等长）	4～5分	A—9～12秒 80%～100% N—6～9秒 60%～80%	最大举起重量动力计	如举重 铅球 铁饼 链球 标枪 跳跃项目等
发展要求多次最大用力项目的最大力量	70%～85%	5～10	2～5	单组 多组 金字塔式 8×75% ↔6×80% ↔5×85%	2～4分		最大举起重量动力计	如（旋转投）标枪、跳高跳远、三级跳远、短跑、跨栏跑
发展在其他训练单元训练最大力量的弹性力量	30%～50%或 55%～65%或 3%～5%体重包括全部技术过程的阻力练习（如体操、跳跃等）	6～10 5～8 6～10	4～6 4～6 3～5	单组 多组式：金字塔式－只包括中等强度 10×30% 10×40% 10×50% 10×55% 10×60% 10×65% 按阶段训练执行	3→5		立定跳远 立定三级跳远垂直上跳等	所有需要爆发力的项目
	或有关的肌肉超等长收缩专项和专门力量练习	5～10	3～5	按阶段训练执行			只为高水平运动员	
最大力量和弹性力量同时发展	a 75%或 b 3%～5%体重包括全部技术过程的阻力练习或	6～10	4～6	单组 多组	3～5分		立定跳远、三级跳远、垂直上跳	所有需爆发力的项目
	c 在85%、弹性与相当于肌肉超等长收缩练习之间变化	5(×85%) 6～10(×肌肉超等长收缩练习)		在阶段训练执行	3→5分			
发展适用于所有项目的基础力量或力量耐力	30%→40%	最大力量的25%→50%	4→6	单组 循环练习	最佳		最多重复次数 最长保持时间	适于所有项目，尤其年轻运动员

续表

目标	训练负荷强度	每组重复次数	课的组数	训练体系	组间间歇	等长收缩时间	评价方法	有关项目
发展对力量耐力要求很高的那些项目	40%～60%基本技术负荷（如上坡跑，游泳、拖阻力的力量耐力划船等）	最大力量的50%～75%根据活动的性质来安排负荷	3～5	循环练习	30～45秒	不属于等长收缩但须控制在30%→50%的最大重量。如6秒的屈伸运动按阶段训练执行		如划船、摔跤、游泳、越野滑雪、冰球、障碍赛跑

三、评价力量的测试方法

有多种多样评价力量的测试方法，但并不是所有的方法都和评价运动项目的力量有关。在选择评价力量的测试方法时，必须考虑所测试内容的专门化程度。如果测试的是肌肉的离心、向心或等长收缩力量，那么有关的测试步骤中就必须包括这些方式的肌肉活动。另外，如果测试的是肌肉的最大力量、弹性力量或力量耐力，那么测试的方法就必须根据这些肌肉活动的方式来设计。测试的方法步骤必须具备有效性、可靠性和客观性。而且，在特定的运动技术中，测试的结果必须依照成绩水平或测试方法要求具有效度。如果有可能的话，在测试的过程中应该包括运动项目典型动作的动力结构（表1－2）。

表1－2　评价力量特征的方法

力量特征	静力性测试	动力性测试
最大力量	动力计	特定的练习中所能举起的最大负荷
	张力计	海尔（Harre，1973）提出在运动员进行深蹲练习的杠铃重量上再加上他体重的75%的重量，也能站立撑起体重
弹性力量		立定跳远、垂直上跳、从一固定高度上跳下接垂直上跳、固定距离的计时多级跳、10～20米的蹲踞式起跑
力量耐力	维持特定姿势的时间	在一定的时间内，重复特定练习的最多次数、在特定路线上的计抗阻力跑等

这说明，在训练实践中对运动员的专门力量进行监控已经成为常见的做法。这些专门设计的监控手段用来监测运动员年度训练特定阶段中某种类型力量的提高情况，以及运动员创造最好成绩时某种类型力量的准备状态。例如，在跳远运动员准备期中段，运动员专门力量的监控方式可能是立定跳远，而在比赛期的前段可能监测的是运动员计时十级跨步跳的成绩。

第四节　力量的种类和现代力量训练的方法体系

本节主要是认识力量的种类，与大家讨论力量训练的方法体系，它们是理解和掌握现代力量训练方法的重要组成部分。首先，讨论最大力量、弹性力量、力量耐力、绝对力量和相对力量，以及其他力量参量、外部阻力和运动员表现力量的能力等基本问题。然后，我们把重点放在发展力量的练习种类、力量训练的内容和结构等重要内容上。这部分目的是使大家了解现代力量训练方法的基本内容，认识进行力量训练的练习种类，熟悉力量训练中发展不同形式力量的方法和负荷结构。

一、力量的种类

人体表现力的能力是体育运动中决定运动成绩有效性的一个基本身体特征。根据专项的不同对力量的要求也有所不同。从专门性的角度考虑，我们还应该了解力量与速度和耐力的关系。

力量可以划分为 3 种类型，它们分别是最大力量、弹性力量和力量耐力。弹性力量和力量耐力对所有的运动项目都很重要，而最大力量常常作为评价弹性力量和力量耐力中最大力量成分的手段。

（一）最大力量

最大力量（大环节力量）是指肌肉在随意一次性最大程度收缩中，神经肌肉系统所能够产生的最大的力。最大力量能够决定那些需要克服或控制较大阻力的运动项目（如举重）的成绩。在这里“控制”较大阻力是指肌肉可能需要保持最大或接近最大的静力性（等长）收缩。同样肌肉也可能要求保持最大力量的快速收缩（如链球和铅球项目）或最大力量的耐力性收缩（如划船）。需要克服的阻力越小，最大力量参与越少。当使身体从静止状态开始加速（短跑）或推动身体离开地面（跳跃），人体需要克服较大的阻力，而不像中长距离耐力项目中保持始终如一的运动。在图 1－54 中用一些例子帮助我们理解最大力量参与程度的概念。

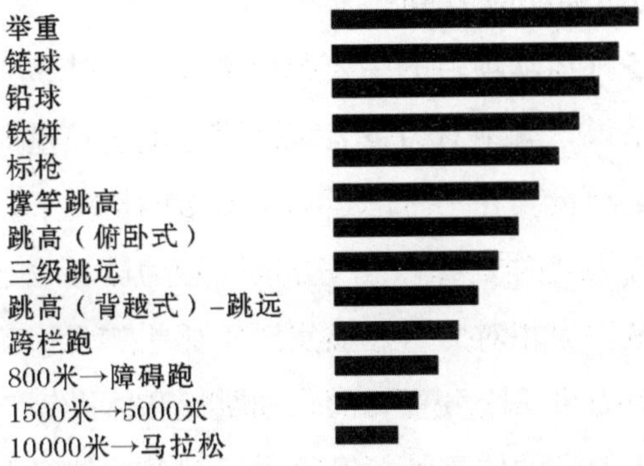

图 1－54　最大力量与田径运动各个项目的相关程度示意图

（海尔 Harre，1973）

（二）弹性力量

人体神经肌肉系统通过肌肉快速的收缩来克服阻力的能力被称为弹性力量（爆发力、速度力量）。神经肌肉系统通过反射活动、肌肉弹性成分和收缩成分之间的协调来接受和对抗外界施加的快速负荷。用“弹性力量”这个表述能够避免“收缩速度”和“收缩力量”之间的混淆。尽管在肌肉产生弹性力量的机制内，有收缩力量和收缩速度同时参与了进来，但是神经反射活动和肌肉弹性成分之间的复杂协调和共同参与，决定了它是一个最具有特殊性的力量领域。弹性力量对所有需要“爆发性”用力运动项目的成绩起着决定性的作用，如跑、跳、投和技击等项目。

（三）力量耐力

力量耐力是指有机体耐受疲劳的能力，它以持续表现力的较高能力为特征。过去的一些力量测试方法，如连续做俯卧撑的次数，实际上测试的是人体的力量耐力。一些需要在持续较长时间内克服阻力的运动项目的成绩主要决定于人体的力量耐力，如划船、游泳、越野滑雪，以及运动时间在 60 秒 ~8 分钟的田径运动径赛项目中，力量耐力就起着关键的作用。

（四）绝对力量和相对力量

最大力量是各种运动项目的主要组成部分。另外，人体体重与成绩紧密相关。也就是说，就绝对力量表现而言，体重较重的运动员一般要大于体重较轻的运动员。在不考虑运动员体重的情况下，运动员所能发出的最大力量被称为绝对力量。另一方面，运动员相对于体重而言能够发出的最大力量被称为相对力量。显然对于那些需要移动身体体重的运动项目而言，相对力量是十分重要的，如跳远和体操等项目。用运动员的绝对力量除以运动员的体重就能够得出运动员的相对力量，适当地减轻运动员的体重能够增加运动员的相对力量值。

体重为 100 千克的铅球运动员（男性）：坐姿蹬腿（膝关节 90°）= 300 千克，则运动员相对力量 =3.0 千克/千克体重。

体重为 60 千克的跳远运动员（男性）：坐姿蹬腿（膝关节 90°）= 200 千克，则运动员相对力量 =3.3 千克/千克体重。

投掷运动员更需要的是坐姿蹬腿绝对力量，跳跃运动员更需要的是坐姿蹬腿相对力量。

在发展肌肉的弹性力量中，相对力量是至关重要的，在这个过程中不应当造成肌肉肥大和体重增加的负面结果。据布勒（Bührle，1971）的研究结果，用最大力量 65% ~80% 的负荷，每组重复 6 ~10 次，进行 3 ~4 组或更多组的力量训练，产生肌肉肥大的效果最理想。而健美运动员则采用最大力量 60% ~65% 的负荷，每组重复 12 次，共进行 6 组的力量训练。但在田径运动员需增加相对力量时，建议避免采用这种训练方法。海尔（Harre，1973）建议体操运动员在进行专项动作训练时，采用负重量约为体重 3% ~5% 的负重进行训练（腕部负重、沙衣）：“因为力量增加所必需的肌肉高水平张力，是通过肌肉‘爆发式’的快速收缩而产生的。”

（五）其他力量参量

在发展力量方面，一些学术研究机构通过采用专门的标准，定义了一些更进一步的力量参量。迪多（Tidow）列出了弗莱堡“力量研讨会”（1983）中一些相关的力量参量（表 1 – 3）。

表 1 – 3　1983 年弗莱堡“力量研讨会”中提出的力量参数

参量	定义范围
绝对力量	通过对肌肉横断面采用电脑 X 射线断层摄影术和电刺激所测得的最大力量值
最大力量	肌肉最大随意收缩对抗离心负荷的值（最大等长收缩负荷的 150%）
力量差	指最大力量（上面所定义的）和等长最大力量之间的差异（%）
力量最大值	人体能够举起的最大负荷重量
爆发力	单位时间内力量增加的最大速率（等长收缩/动力性收缩）
初始力量	在肌肉开始收缩后 30 毫秒即刻，肌肉产生的力量值

根据运动员相对于这些参数值的状态，能够为运动员考察训练计划内容的合理性、专项力量训练满足专项需要的程度，以及不同训练阶段的要求提供参考。

（六）外部阻力和运动员表现力量的能力

运动员通过神经肌肉系统的协同配合使体内的化学能转化为动能，并经过人体骨骼等杠杆系统，表现出力量。在人体的所有身体活动中，运动员通过对抗外力（或阻力）来表现力量。阻力的形式可能包括重力、投掷器械、空气、水、运动员自身的体重、冲力等。相对于外界施加的阻力而言，有时运动员的发挥力量的能力又被称为内力。由于内力和外力决定了不同类型的肌肉活动，所以了解它们二者之间的关系是十分重要的。这些肌肉活动的类型能够在各个单项运动技术的组成部分中表现出来，因此，从专门性的角度而言，运动练习必须能够有效提高特定关节适宜肌肉活动的效率。

（七）静力性（或等长）肌肉收缩

静力性肌肉收缩经常被误认为只是肌肉所能产生的最大收缩力量。通过专门评价关节活动特定范围最大力量的张力计和动力计测试，所得出的等长力量数据，能够澄清人们的这个认识。单脚的平衡站立、人体维持直立姿势、对抗掷链球旋转时所产生的离心力、跳远起跳时保持肩和髋关节在垂直线上的姿势等，都是人体静力收缩的例子。

当肌肉进行静力性收缩时，运动员所产生的力与阻力相等。也就是说，阻力越大，要求运动员在特定关节上维持杠杆平衡的力就越大。这意味着运动员有足够的储备力量来对抗阻力，反之也说明了运动员在特定关节上用力时会出现一个最大值，当阻力超过肌肉的最大等长收缩力量时，肌肉就不再能够保持等长收缩，而变成了离心收缩。

显然，肌肉能够表现等长收缩力量的范围是很大的。然而，对于在技术性项目中成功表现成绩而言，需要单独的神经肌肉调节，来使人体杠杆保持特定的位置和平衡状态。因此，训练就需要包括提高人体专门性等长力量效率的内容。例如，在发展年轻运动员躯干伸肌群等长收缩控制身体姿势的能力时，可以让他们手持实心球进行换腿蹬上一定高度的练习。

（八）动力性肌肉收缩

动力性肌肉收缩又被分为向心收缩和离心收缩两种。

1. 向心收缩

当运动员所发出的力量不等于阻力时，关节将产生运动。在向心收缩中，运动员所发出的力大于阻力，引起肌肉的长度缩短，使肌肉两端连接的骨骼杠杆互相接近。通过肌肉向心收缩的阻力训练能够用来发展单独一块肌肉或整个肌群的力量。例如，肱二头肌向心收缩的屈肘练习，就能够发展肘关节屈肌的力量。在运动中向心收缩的肌肉活动形式非常多，但是，肌肉向心收缩能够产生较大的力量并不一定能够使运动成绩提高，我们必须考虑到各个关节活动之间的协调配合，并与肌肉力量的提高作为一个整体来全面发展。

2. 离心收缩

与向心收缩一样，当运动员所发出的力量不等于阻力时，关节将产生运动。肌肉离心收缩将发生在两种完全不同的情况下。第一种情况是，阻力可能小于运动员所能产生的最大力量。例如，把降低重物高度至地面、掷铁饼运动员为了进入最后用力预备姿势缓冲身体冲力，或三级跳远技术中每次着地和起跳，人体相关的肌肉都发生了离心收缩。为了提高运动员这种形式的肌肉收缩力量，催生了一些新的训练方法，如沃可尚斯基跳深（Verhoshansky，1971）、恩迪曼的投掷运动员穿负重背心的跳箱跳深练习（Endemann，1975）以及保加利亚的肌肉向心和离心综合力量系统等。另外，它们也可被称为肌肉弹性离心力量（肌肉超等长收缩）的训练方法。第二种情况是，当施加的阻力大于运动员的最大等长力量时，运动员只能被动退让地对抗阻力的作用。因为在这种动作中，负荷在全部动作范围内都发挥着最大效果，肌肉收缩状态或性质保持恒定，我们称为等张收缩。但它只适合在特定的关节活动中负荷的性质发生改变时。从技术上说，我们仅用这一种方式来描述运动中所有的肌肉活动是不完全正确的。在20世纪60年代后期发明的“等动”练习器，比当时其他的训练方法能够使肌肉在收缩时更为接近运动时肌肉真实的等张收缩状态。虽然在实际练习中这种类型负荷的应用并不普遍，但是研究显示它能够提高肌肉最大力量。由于这种方法在运用中存在潜在的危险性，所以说除了有经验和成熟的运动员外，其他运动员应当避免使用这种方法。这也可以被称为可塑离心收缩。

（九）相对于动作的力量

图1－55是使肱二头肌向心收缩的屈肘练习示意图。从a点开始就

需要施加X单位的力量，在b点时由于阻力的增加（如图所示由于阻力臂的长度增加），所以需要施加更多的力量单位来维持关节的活动。当运动到c点时，力臂的长度减小，同样阻力也随之减小。这时如果施加同样数量的力量单位，关节的运动速度将会加快。

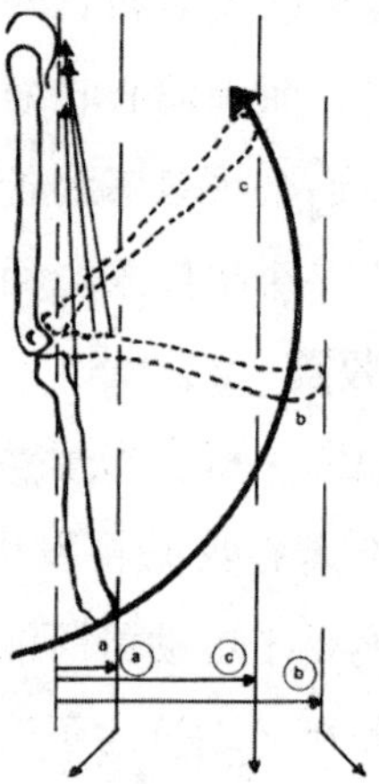

图1－55　肘关节弯曲运动范围中不同点的阻力变化示意图

这些关节运动中不同角度的动力变化表明，一旦克服了关节运动开始时的惯性，在关节其他运动范围内的阻力值对于发展肌肉力量的效果将会下降。也就是说，只有在运动开始时关节处于超负荷状态。理想的力量训练应该是关节运动范围内各点的负荷大小相类似，可以采用如图1－56所示的关节运动范围内不同点的动力变化情况进行评估。但是，采用人为控制分隔出动作幅度专门部分的训练方式，可能会影响人体关节全幅运动时的自然加速方式。

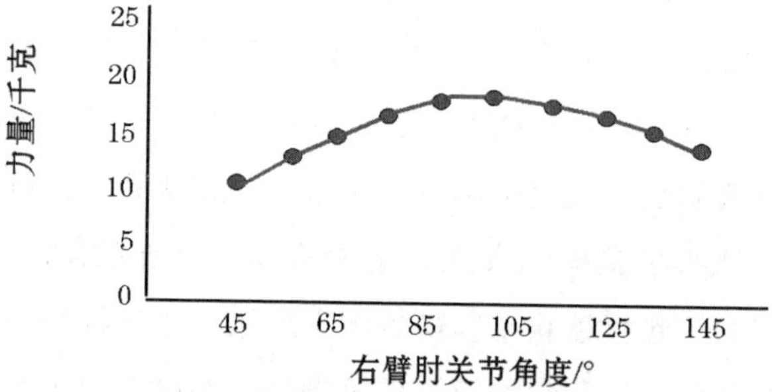

图1－56　右臂肘关节弯曲时不同关节角度的动力示意图

（年龄13岁的在校女生）

（十）程序性肌肉活动

程序性肌肉活动是与特定运动技术有关的特定神经肌肉活动方式。它包括不同关节复杂的程序化动力和（或）静力性运动方式、控制肌肉的收缩来对抗肌肉的放松状态的方式，以及由人体整体运动的绝对速度和不同关节之间同步运动的相对速度所构成的专门动作速度等复杂因素的程序化过程。也就是说，它是一种专门方式，决定了人体运动时需要利用何种肌肉收缩形式，以及如何利用，何时、何处利用这些肌肉收缩形式。所以，力量训练，只有经过专门练习和比赛专项练习的连续疏导和结合，才能提高运动技术水平。

二、现代力量训练的方法体系

（一）发展力量的练习种类

与其他能力一样，发展人体的力量能力也必须遵循 3 个训练原则：专门化、超负荷、可逆性。专门力量训练是运动项目成绩发展的基本组成部分，但是力量训练必须与专项技术相辅相成。我们可以从其他运动项目中学习，但是对于一个项目有价值的内容不一定适用于另外一个项目。苏联和原德意志民主共和国的教练员建议，对于采用高度专门化技术的运动员，需要在举重练习中注意采用非固定的自由重量单位。最大力量在所有的运动项目中都占有一定的地位，但是对于每一个项目来说又是非常专门化的。当考虑采用举重技术时，一定要记住与本项目的特定运动方式结合起来进行，在其他项目中同样要根据一系列专门的技术要求来采用专门的力量练习。

根据我们上面所讨论的训练理论，很显然在每个运动项目的技术训练时，都应当选择专门的练习方法来发展相关的力量。在这些练习中，大致可分为一般、专门和比赛专项练习三大类。这些概念在讨论发展体能和力量训练的全部过程中被广泛采用，如下所述。

1. 一般练习

一般练习与运动技术动作和力量发展的相关性不大，但是它们对于准备期的训练，以及对年轻运动员训练的重要性远远超过成年人。它们主要被用于以下方面。

①保证运动员的均衡发展过程，如通过一般身体训练循环练习，能够使身体的各部分得到系统的发展，在训练过程中包含这样的训练课能够减少劳损性运动伤害。

②提供高水平的积极恢复，如在比赛期采用较轻负荷全面的一般练习符合人体的生理需求。

③在广泛的一般力量训练的基础上来进行高水平的专门力量训练，如运动员的背肌力量不足可能会限制髋和膝伸肌负荷量的提高，所以必须练习背肌。

④发展与运动项目广泛相关的肌肉最大力量，如跳跃运动员采用的杠铃“高翻”训练，能够使跳跃项目中所参与的肌肉得到发展，但是并不具有跳跃项目的时间、力量等技术特征。

在“高翻”练习时整个身体都参与运动，而在肱二头肌向心收缩的屈肘练习时是单关节运动。而整个身体都参与进来的练习将会影响到身体其他方面的生理适应能力，如氧运输系统。

2. 专门练习

专门练习是指与运动技术有紧密联系的专门关节动作或肌肉动力的练习。这些练习包括了运动技术的组成部分，应根据项目所要求的力量类型来安排和发展。例如，掷铁饼运动员的一般练习可以采用卧推、哑铃“飞鸟”，而专门练习则采用跪姿爆发式伸髋侧抛实心球等。在运动员的训练过程中选择种类繁多的专门练习是极其重要的。

从技术上而言，通过较为复杂的描记运动时肌电图的方法，并结合练习方法和专门技术的关系，来决定选择最适合于运动项目的专门练习方法，可能会取得令人满意的结果。依万诺瓦（Ivanova，1976）通过综合比较划船项目运动员采用的专门练习中的肌肉活动，研究这种可能性。例如，如果把划船时股四头肌的肌肉活动程度定为100%，那么运动员全蹲的指标就要达到420%，而且立定跳远的指标要达到258%。

3. 比赛专项练习

这些发展力量的练习实际上也是完整技术练习，但在动作中我们可以人为的增加阻力。例如，投掷超过正常重量的链球、穿着负重的沙衣跳跃、拖重物短跑、踝关节负重跑等，从而使人体建立并适应新的动作协调和相对速度模式。但只是绝对动作速度被降低了。在这里需要注意一项重要提示：如果施加的阻力造成了额外的人体补偿性动作，那么正确的动作模式将会受到破坏。因此，运动员在进行比赛专门练习时，应该采用多样化的阻力练习，以避免形成错误的动作模式。

（二）力量训练的内容

1. 发展肌肉静力性力量

在力量训练中，主要力量训练方法的类型应该与特定运动技术中相应的肌肉收缩类型相一致。采用静力性或等长的训练方法能够发展肌肉的静力性或等长收缩能力。静力性或等张的训练方法并不适合于发展肌肉的离心或向心收缩能力，但是会产生一些提高，见表 1 – 4 中的内容说明。

表 1 – 4　肌肉等长收缩和向心收缩训练的比较

类别	静力性力量的增长	动力性力量的增长
等长收缩训练	15.1%	11.5%
向心收缩训练	9.2%	18.1%

（布鲁纳 Brunner，1976）

肌肉的等长收缩主要发生在维持身体姿势，可以通过采用专门或比赛专项练习得到发展。在这些练习中，全部或部分技术动作是以肌肉等长收缩的形式承担负荷的。功能性等长练习也能够在这个水平上取得良好效果。在这些等长收缩练习的执行过程中，运动技术动作范围内的各点上都有肌肉的等长收缩参与，这种理论认为在全部动作范围内加强力量的效果是通过“扩散”取得的。然而，赫汀格和穆勒（Hettinger，

Muller，1953）对等长训练方法的进一步研究表明，等长练习在运动中的应用有其局限性。因为肌肉等长收缩的值几乎与运动中所要求的最大力量值相等，甚至在运用静力性训练方法的过程中还需要有动力性训练方法来作为补充。

2. 发展肌肉动力性力量

动力性练习是发展力量最常用的方法。负荷强度、量或密度的变化，决定了发展肌肉最大力量、弹性力量和力量耐力的相对效果。即使运动的绝对速度减小，运动时特定技术动作中关节活动相对速度的变化，也应该尽可能接近原来的运动技术模式。因此，在发展跨栏起跨腿有效的折叠动作或掷铁饼投掷臂的动作时，应避免使用弹性阻力。因为当充当弹性阻力的橡皮筋拉伸时阻力增加，从而使关节杠杆活动的速度降低，而在实际运动中不发生这种情况。而通过对抗牵引滑轮组的阻力，或投掷增加重量的铁饼，将会使人体运动加速度降低的程度更接近于项目本身的速度变化方式。

库兹涅佐夫（Kusnezov，1975）指出，无论运动技术的性质是动力性、静力性，或是其他形式的，偶尔把它们结合采用都能够促进主要动作的发展。特别是在一般练习中采用，能对力量发展起到很好的促进作用。这可能与人体能够得到更加积极的恢复有关。

（1）通过肌肉的离心收缩来发展力量

有时运动员所承受的阻力比其本身的最大力量可能要大许多。当运动员机体系统长期受到超负荷阻力的刺激，将会使最大力量显著提高（冈德拉施 Gundlach，1968）。通过这种方法，运动员 3 种类型的肌肉力量将会得到提高。当运动员所受到的阻力小于自身的最大力量，并采用在离心收缩之后紧接着进行肌肉向心收缩的练习技术时，力量能够得到很大程度的提高。各种类型的重复弹跳、负重重复弹跳和跳深练习，都属于这种类型的训练方法。

（2）通过肌肉的振荡性收缩来发展力量

肌肉震荡性收缩是指肌肉活动在向心收缩和离心收缩之间迅速转换

的练习方式，如踮步跳、单脚跳、连续重复弹跳、先接住飞来的实心球然后马上掷出、俯卧撑起离地等都是肌肉振荡性收缩的例子。源自美国的“肌肉超等长收缩”训练就包括这种肌肉震荡性收缩训练的方法。尽管这种方法和专门练习的联系日益紧密，但是目前它已经在一般练习训练计划中的比重有所增加。沃可尚斯基（Verhoshansky，1971）首先介绍了跳深在力量训练中的系统步骤，他重点强调的是“一般训练”，而不是能够更加有效提高最大力量计划中的“专门训练”手段。他的这些练习以人体冲力施加给下肢的动力性负荷为基础。

库涅索夫（Kusnetsov）接着展开了进一步的研究，他尝试让运动员在松软的斜坡上先接住飞来的重物然后马上掷出，以便使上肢承担负荷的肌肉用力形式更接近于振荡性收缩。然后他又采用了器械训练，如钟摆，运动员随飞向墙壁的钟摆器械一起摆动，并强迫性的用手或脚去推开或踢离墙壁。通过使用这种训练技术，对人体提供了以前不可能采用的新负荷水平。他假设如果器械能够迫使运动员通过调动人体弹性和反射性机制，产生更快的发力速度，迫使人体的潜能突破到一个新的境界。在 1986 年库涅索夫逝世时，他正在一台能够对施加的压力产生反应，并以比运动员肌肉离心收缩更快的速度“回踢”的机器上工作。试图采用这种装置，迫使人体神经肌肉系统“学会”，通过在向心和离心收缩之间的更快转换方式，来完成动作。

（3）发展肌肉最大力量

发展肌肉最大力量的适宜刺激与下列因素有关。

①与运动员产生最大力量有关的刺激强度（这里是指所能募集到的最大数量的可利用运动单位）。

②刺激的持续时间。

③最大数量的可利用运动单位的募集频率。

在能够达到特定练习的最大负荷或 100% 的强度刺激下，运动员只能够进行一次练习。但是当如下因素存在时，运动员不宜采用这种强度的练习。

①运动员在完成练习时，运动技术不稳定。因此，运动员必须重复一些较轻负荷的练习，以使运动技术稳定下来，也能够避免伤病的发生。然而，在训练单元里较轻负荷的重复练习应该达到使运动员产生疲劳的程度，如果负荷再增加，并达到最大值，这将会产生一些相应的问题。从经验上来看，当运动员的运动成绩开始下降时，所重复的负荷组数必须减少或停止训练。

②运动员的发育还不成熟，肌肉、骨骼、关节等系统还不完全稳定。当运动员在最大负荷下完成练习时，这可能会阻碍运动员肌肉和骨骼连接组织的发育，并影响关节系统的的整体性。随着人体的生长发育，运动员大肌肉群收缩潜力的增长将和骨骼、关节、以及韧带和骨骼结合点的发育变得不一致起来。尤其是尝试在最大负荷下伸展膝和髋时施加在肩部上的压力，将会给运动员的腰椎和骶髂关节部位带来危险。

③运动员最大力量的发展与运动技术不具有相关性。

训练课中，采用若干组数的练习，每组能够完成 1 ~ 5 次的重复次数的强度，如最大强度的 85% ~ 100%，对发展人体最大力量能够产生最佳的效果。组间保证 5 分钟以上的间歇恢复时间能够避免疲劳的积累。

在使用等长收缩训练方法时，负荷须根据情况而有所变化。对抗 80% ~ 100% 的最大强度，保持 9 ~ 12 秒的静力性练习适用于高水平的运动员；对抗 60% ~ 80% 的最大强度，保持 6 ~ 9 秒的静力性练习适用于训练年限较短的运动员；而使用较轻负荷、不断重复直至人体产生疲劳的练习也能够发展力量。但当练习强度降低到一定程度后，练习将进入耐力训练的范围。对年轻运动员来说，采用这种训练方法进行多种练习，能够为运动员一般力量的发展打下坚实的基础。

超过最大等长收缩力量的离心收缩负荷练习，也能够发展运动员肌肉的最大向心收缩力量。但是采用何种专门强度的负荷还没有正式的研究结果出现。就个人试验结果而言，在特定的运动范围内，离心负荷的强度应为肌肉最大向心收缩的 105% ~ 175%。例如，运动员半蹲的最大重量为100千克，那么他所能承受的肌肉离心收缩负荷将为105～175千克。为了达到训练的目的，雷（Lay，1970）首先使用了在每组练习递增负荷的训练方法。相反，在这种方法的训练中，必须强调安全，应确保在下蹲练习至最低点时，在下蹲架上有栓状保护装置能够承受所施加的负荷。

虽然使用等动练习器可能会影响肌肉的自然加速和减速状态，但它能够保证肌肉产生相当长时间最大强度的收缩。另外，由于运动技术的专门要求中很少强调肌肉的加速和减速状态，所以这种训练方法具有相当多的优点。就训练计划中采用的手段而言，划船、游泳、越野滑雪等项目的运动员，比跨栏或网球运动员更需要这种训练方法。

在人体几种力量发展系统中，都关注混合使用多种力量训练刺激的方法。这些训练手段体现在训练计划中，可分为在“训练单元之间混合”和在“训练单元之内混合”两种方式。例如，在训练单元之间混合，采用的是（3～5）×5×85%和（3～5）×10×65%之间休息一天的训练方式。在训练单元之内混合，采用的是5×85%、10×65%、5×85%、10×65%的“三明治”分层负荷训练方式。另外，为了使最大力量具有较快的加速水平，也可以采用将传统的负重负荷与弹性（或肌肉超等长收缩）负荷相结合的训练单元之内混合训练方法，如采用5×85%的1/2下蹲、5×5跳栏架、5×85%下蹲、5×5跳栏架的训练方法。这个例子能够在数周传统的力量训练课，或前面所提到的具有强度变化特点的“训练单元之间混合”训练的基础上采用。当采用这种训练方法时，训练时间通常不超过3周。

通过肌肉电刺激的方法来发展力量是更进一步的选择，但在运用肌肉电刺激的方法来发展肌肉弹性专门力量时则会有更多的选择变化。

最后，我们所要指出的是，在一个力量训练单元中存在最佳的训练刺激频率，并且在发展最大力量时两个训练单元之间有一个恢复的最佳间隔时间。人体自然恢复的间隔时间通常在36～48小时。

（4）发展肌肉弹性力量

一般来说，通过肌肉最大力量和（或）肌肉协调收缩速度的提高，能够发展肌肉的弹性力量。这里存在的问题是，各个发展方面之间“折衷让步”的最佳效果，转化成为运动技术。当运动员承受较重的负荷时，参与专门练习的肌肉力量和收缩速度将会得到发展。但是，如果与运动技术有关的肌群所承受的负荷过小，那么运动员参与运动的肌肉收缩速度就不会得到明显的提高。另一方面，如果运动员所承受的负荷在一个特定的5%～20%的较轻范围，对抗负荷的动作速度将会得到提高。如果负荷超出这个范围，人体的补偿运动将会干扰技术的准确性，进而影响到动作程序。这是因为它改变了练习强度和动作速度，所以必须取得二者结合的最佳化。因此我们建议，如果肌肉弹性力量要得到发展，在一个训练小周期中必须穿插使用最大力量练习和轻负荷的专门练习。而且，在最大力量的训练单元里，较低强度的负荷也应该作为训练的一部分。在一些训练实验中，先进行几个月的最大力量训练，再接着执行速度训练计划。结果表明，这种按顺序把最大力量训练和速度训练前后分开的训练方法，对于肌肉弹性力量的发展效果要远远小于两者平行推进、共同发展的训练方法。

在训练单元里，采用的刺激强度一般为最大负荷的75%左右、4～6组、每组6～10次重复。在用最大力量完成练习时，组间的休息间隔在5分钟之内。海尔（Harre，1973）及其同事认为，使用这种训练模式，能够使最大力量和弹性力量同时得到提高。同时海尔（Harre，1973）建议，如果在训练单元中有最大力量的练习，应该采用最大负荷的30%～50%强度的弹性力量练习作为补充。个体训练试验显示，轮流采用55%～60%和85%～100%的负荷，能够使肌肉的弹性力量和最大力量同时得到提高。

如果有可能的话，在发展肌肉弹性力量时应避免采用传统的负重练习，而应当采用与专门运动技术有关的专门练习。在采用负重沙衣、体操设备等这种类型的练习中，可以持续进行1.5～2小时的相当集中的练习，但在此期间要求运动员不可感觉到疲劳的限制。运动员必须把注意力集中在专门运动中的爆发性用力上，训练单元的安排也应当避免运动员注意力不集中现象的发生。

(5) 发展肌肉力量耐力

如果一个运动员在一次练习中的最大力量为200千克，很显然，他在重复进行50千克的练习时比最大力量为100千克的运动员要轻松的多。同样，如果两个运动员的最大力量都是200千克，有氧运输系统较为发达的运动员重复50千克练习的次数要多于有氧运输系统水平较差的运动员。然而，这“两极”之间的确切关系和力量耐力特点还不太清楚。力量耐力训练的基础在于，运动员能够对抗比运动项目中正常阻力大得多的负荷，并重复尽可能多的练习次数的能力。而且，根据萨基奥斯基（Saziorski，1971）的研究表明，如果运动中对力量的要求小于最大力量的30%，则最大力量就不再起到决定性的作用。另据阿斯特兰德（Astrand，1970）的研究表明，为了发展对力量耐力的提高起重要作用的人体无氧耐力能力，就必须先提高人体氧运输系统的效率。

在专门比赛期采用多样化的专项比赛和专门阻力练习非常关键。运动员可以在雪地、沙地、上坡、耕过的土地、海浪、拖拉雪橇等条件下进行跑的练习，而划船运动员可能进行拖重物的划船练习，游泳运动员可能进行类似的对抗阻力的游泳练习。在进行一般练习时，根据经验，可以采用循环训练方法，重复次数为最大值的50%~75%，强度为最大负荷的40%~60%，并且保证人体得到最佳的恢复。

（三）运动员力量训练的负荷控制

1. 发展力量的单元

力量训练的单元主要包括单组式、超级组式、金字塔式和循环式等。

2. 发展力量的小周期

在训练小周期计划的设计时，必须在训练主要的准备阶段中加入发展一般力量和专项力量的综合内容。一般力量的发展，应集中在相对于最大力量耐力所表现力量的平衡提高，或项目所要求的弹性力量发展

上。而专门力量的发展，应集中在项目及其运动技术所要求的专门关节活动和肌肉动力结构上。例如，一个高水平短跑运动员的周训练计划如下。

- 星期一：一般力量：负重——（3～5）×5×85%。
- 星期二：专门力量。
- 星期三：一般力量：负重——（3～5）×10×65%。
- 星期四：专门力量。
- 星期五：一般力量：负重——（3～5）×5×85%。
- 星期六：专门力量。
- 星期日：休息。

而专门力量的训练计划集中在如下练习手段上，用来发展：

- 起跑力量，如拖重物跑。
- 击地力量，如快速跨步跳。
- 蹬摆力量，如高抬腿跑。
- 摆臂力量，如速度球练习。

我们知道，最大力量取决于（a）肌肉横断面积（6～10次重复）、（b）肌肉内部的协调（1～3次重复）、（c）肌肉之间的协调（技术和成绩水平）。关于发展最大力量的负荷结构，在负荷强度和重复次数的控制方面，可以参考采用金字塔式结构（图1－57）。

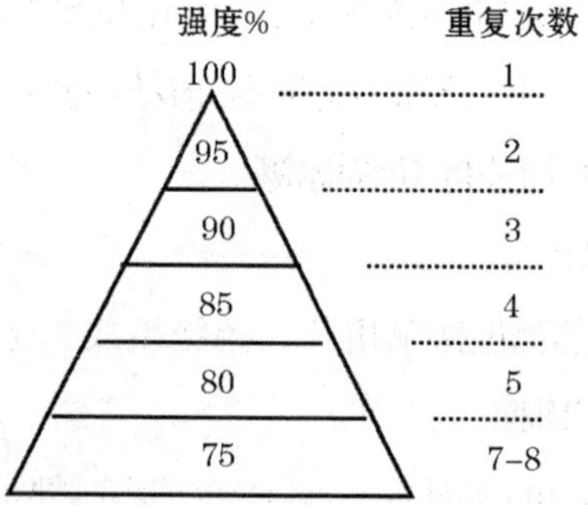

图1－57　关于负荷强度和重复次数的金字塔式结构

第二章　运动员专项力量训练方法

本章针对运动员专项力量训练的需要，分别详细地介绍了田径、游泳、举重、摔跤、拳击、铁人三项、自行车、赛艇、滑雪、体操、足球、篮球、排球、橄榄球和网球运动员的专项力量训练方法。

为了方便大家了解和创造性地参考、借鉴和运用，根据不同运动项目的专项特点，系统介绍了大量的力量练习，对每个练习都分别提出了它们的练习目的、方法和要求，并直观地为每个练习配备了图示。

第一节　田径运动员力量训练方法

一、走跑项目

（一）竞　走

1. 直膝练习

（1）直膝大步走

【目的】发展竞走专门力量，体会直膝技术。

【方法】左腿直膝向前迈步，以足踵滚动着地至前脚掌。当身体重心前移超过支撑点的垂直部位时开始后蹬。在后蹬即将结束瞬间，右腿直膝向前迈步，两腿交替前进（图2-1）。

【要求】膝在脚着地至离地之前不能弯曲。髋沿身体纵轴转动，两臂自然前后摆动。

（2）体前屈直膝大步走

【目的】发展竞走专门力量，体会直膝技术。

【方法】上体前屈与地面平行，左腿直膝向前迈步，以足踵滚动着地至前脚掌。当身体重心前移超过支撑点的垂直部位时开始后蹬。在后蹬即将结束瞬间，右腿直膝向前迈步，两腿交替前进（图2－2）。

【要求】膝在脚着地至离地之前不能弯曲。髋沿身体纵轴转动，两手协同分别触足内侧。

图2－1　直膝大步走

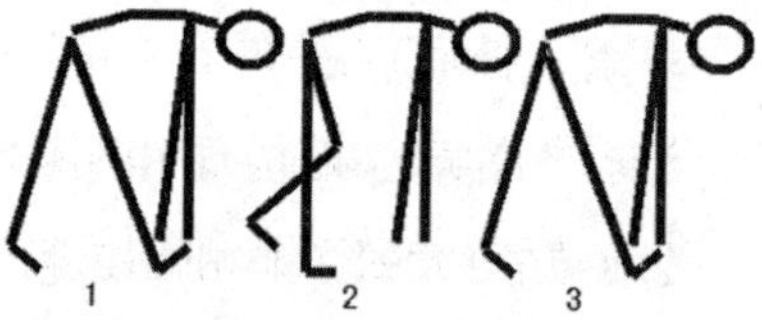

图2－2　体前屈直膝大步走

2. 髋的练习

（1）原地转髋跳

【目的】发展髋部左右转动的专项力量、速度和灵活性。

【方法】原地跳起，在空中快速左右转动髋部（图2－3）。

【要求】保证髋的水平转动，逐步提高跳起的高度和转髋的次数。

（2）髋左右上下动

【目的】锻炼髋部上下移动的专项力量、速度和灵活性。

【方法】站在30厘米的高台上，一条腿支撑，另一条腿悬空。悬空腿屈膝上提，使该侧髋高于支撑腿一侧的髋。然后下垂到最低点，低于支撑腿一侧的髋。两腿交替练习（图2－4）。

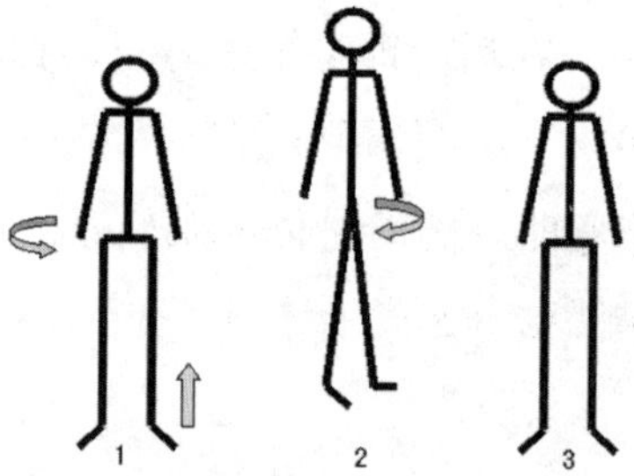

图2－3　原地转髋跳

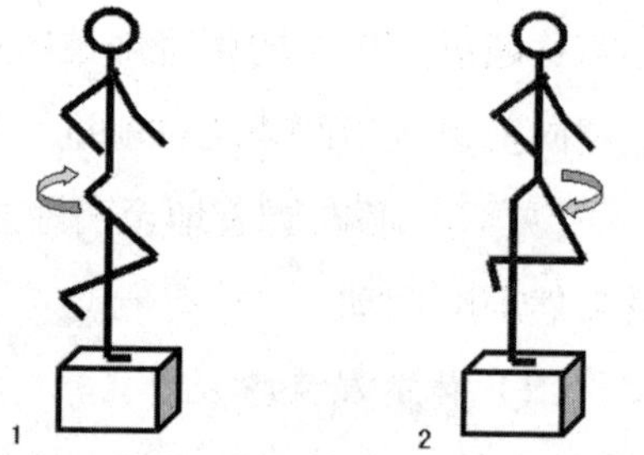

图2－4　髋左右上下动

【要求】髋放松，逐步加大髋移动的速度和幅度。

3. 下肢练习

(1) 踝屈伸跳

【目的】加强小腿前屈肌群和伸肌群的专门力量。

【方法】双腿直膝跳起后足尖翘起，反复练习（图2－5）。

【要求】双腿直膝跳起和落地。

(2) 沙地竞走

【目的】提高踝部和小腿前部肌群专门力量。

【方法】在沙地中竞走（图5－6）。

【要求】两臂自然配合摆动，着地瞬间保持直膝。脚跟着地后迅速滚动至前脚掌，充分后蹬。

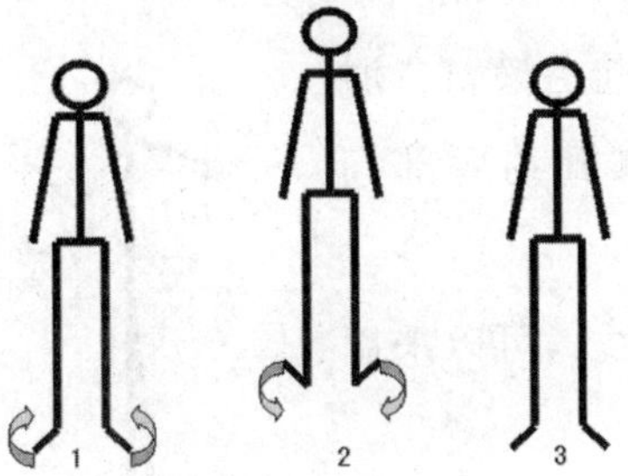

图2－5 踝屈伸跳

图2－6 沙地竞走

4. 其他练习

(1) 踏标记同步竞走

【目的】提高专门力量、增加步长。

【方法】根据运动员步长情况在地面按一定距离放标志，两位练习者并排站立，听口令同步练习（图2－7）。

【要求】每一步必须踏上标志点，保证竞走速度下练习。

(2) 抱头竞走

【目的】发展下肢协调动作技能。

【方法】两肘外展抱头，两腿交替迈步行进（图2－8）。

【要求】步幅逐渐加大，肩与肘帮助协调下肢动作。

图2－7　踏标记同步竞走

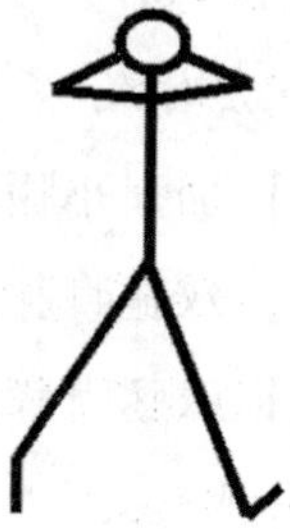

图2－8　抱头竞走

（二）短跑和中长跑

1. 摆　臂

【目的】提高摆臂动作专门力量和学习正确上体姿势。

【方法】双脚并拢站立以短跑动作前后摆臂，肘关节弯曲约90°，双手放松。前摆手摆到约肩部高度，后摆手摆到臀部之后（图2－9）。

【要求】摆臂动作不要越过身体中线，可以采用坐姿或持重物练习。

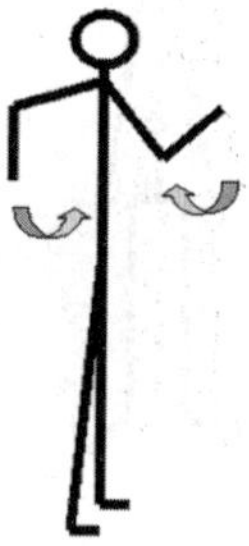

图2－9　摆臂

2. 跑步动作平衡

【目的】提高踝关节肌肉群的紧张度和稳定支撑能力。

【方法】采用最高速度时的单腿支撑姿势，左脚用脚掌支撑，肘关节弯曲约90°。左手在肩部高度，右手在髋部高度，右腿高抬，右脚踝靠近臀部（图2－10）。

【要求】保持这个姿势20～60秒。可以采用负重背心，或站在不稳定的海绵垫上加大动作难度。

3. 原地快速高抬腿

【目的】提高摆臂动作专门力量和下肢动作频率。

【方法】以短跑动作前后摆臂进行原地快速高抬腿，肘关节弯曲约

90°。前摆手摆到约肩部高度，后摆手摆到臀部之后。大腿摆到与地面平行姿势（图 2 – 11）。

【要求】摆臂动作不要越过身体中线，上体保持正直。

图 2 – 10　跑步动作平衡

图 2 – 11　原地快速高抬腿

4. 踝关节小步跑

【目的】发展脚的动作速度和踝关节肌群弹性力量。

【方法】采用很小的步长快跑，强调脚底肌群的蹬地和踝关节屈伸动作。以脚掌蹬离地面（图 2 – 12）。

【要求】脚部动作快速而安静。尽量减少脚掌与地面的接触时间。

5. 直腿跑

【目的】发展髋部肌群力量，提高踝关节肌群弹性力量。

【方法】膝关节伸直跑进，脚尖翘起（图 2 – 13）。

图 2 – 12　踝关节小步跑

图 2 – 13　直腿跑

【要求】强调用前脚掌与地面的快速接触，髋部肌群用力向前“拉”动身体。

6. **后踢腿**

【目的】提高脚的动作速度力量。

【方法】从慢跑开始，使摆动腿脚跟拍击臀部。膝关节在弯曲过程中向前上摆动（图2－14）。

【要求】上体保持正直，可以根据运动员能力适当加快步频。

7. **高抬腿折叠跑**

【目的】发展快速提高膝关节的力量和摆动腿折叠速率。

【方法】与后踢腿相同（图2－15）。

【要求】折叠摆动腿时脚跟必须在身体前面。

图2－14　后踢腿

图2－15　高抬腿折叠跑

8. **脚回环**

【目的】发展摆动腿快速折叠和前摆力量。

【方法】单腿支撑，手扶固定物维持平衡。一只脚以短跑动作进行回环练习（图2－16）。

【要求】在动作过程中回环拍击臀部，以扒地动作结束。脚的回环动作路线在身体前面完成。

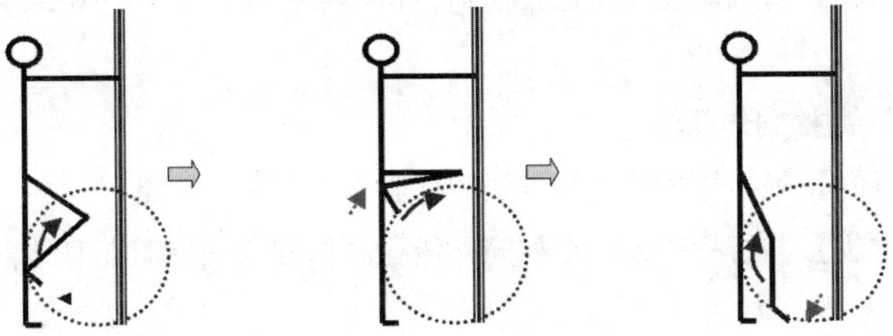

图 2－16　脚回环

9. 折叠腿大步走

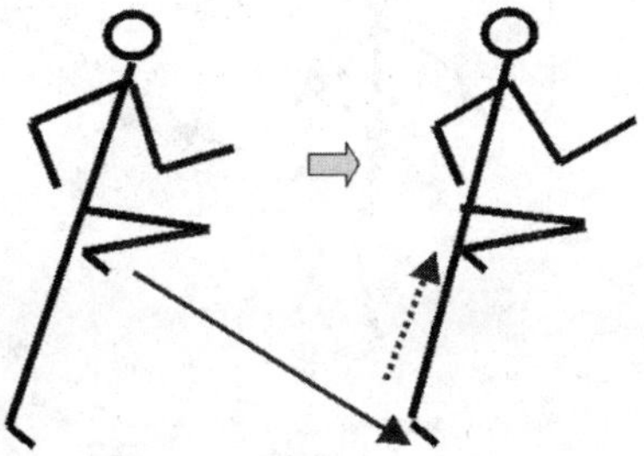

图 2－17　折叠腿大步走

【目的】提高脚的动作速度力量。

【方法】以短跑的身体姿势和摆臂动作大步走。摆动腿高抬并充分屈膝，脚靠近臀部，并且翘脚尖（图 2－17）。

【要求】当摆动腿高抬至最高位置，后蹬腿支撑脚底部肌群用力屈踝快速蹬地。

10. 踮步折叠腿大步走

【目的】发展快速屈髋和伸髋能力，提高踝关节紧张度。

【方法】与折叠腿大步走相同，但后蹬腿需加上踮步。人体腾空时摆动腿充分折叠（图 2－18）。

图 2－18　踮步折叠腿大步走

【要求】脚以爆发动作形式落地，但不要发出声音，强调踝关节的紧张度。

11. 高抬腿伸膝走

【目的】提高快速伸髋和大腿后部肌群的快速力量能力。

【方法】与折叠腿大步走相同，但在高抬摆动腿后需在身体前充分伸膝（图2－19）。

【要求】摆动腿的脚下落时扒地，推动髋部向前。

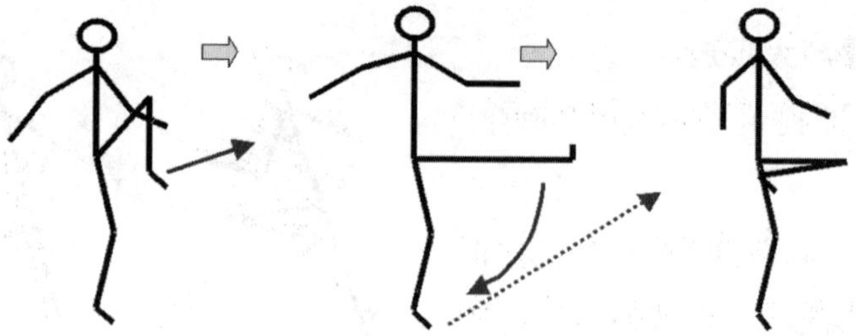

图2－19 高抬腿伸膝走

12. 踮步高抬腿伸膝走

【目的】增加步长和步频，提高快速伸髋能力和固定踝关节肌群的紧张度。

【方法】与高抬腿伸膝走相同，但支撑腿需加上踮步动作。踮步动作过程中摆动腿膝关节尽量抬高（图2－20）。

【要求】强调腿的爆发式伸髋和下落扒地动作，迅速推动髋部向前。

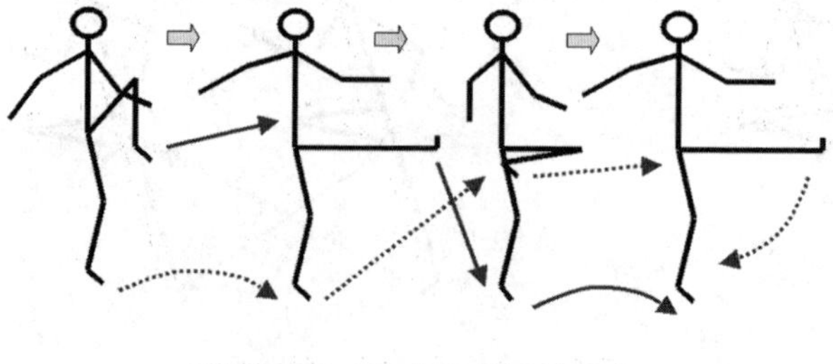

图2－20 踮步高抬腿伸膝走

13. 踮步折叠腿大步走拉胶带

【目的】提高步频，提高快速伸髋和折叠膝关节力量。

【方法】在两个踝关节上系胶带，胶带的另一端固定于地面高度。与踮步折叠腿大步走动作相同完成快速练习（图 2－21）。

【要求】强调腿的爆发式伸髋和下落扒地动作，迅速推动髋部向前。

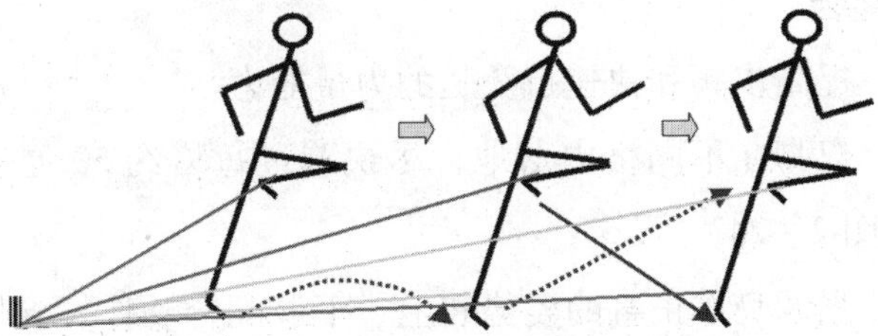

图 2－21　踮步折叠腿大步走拉胶带

14. 踮步高抬腿伸膝走拉胶带

【目的】增加步长和步频，提高快速伸髋能力和固定踝关节肌群的紧张度。

【方法】在两个踝关节上系胶带，胶带的另一端固定于地面高度。与踮步高抬腿伸膝走相同完成快速练习（图 2－22）。

【要求】强调腿的爆发式伸髋和下落扒地动作，迅速推动髋部向前。

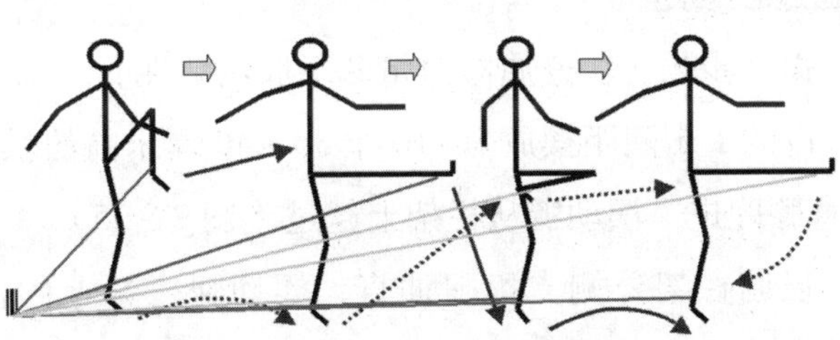

图 2－22　踮步高抬腿伸膝走拉胶带

15. 高抬腿跑绳梯

【目的】提高步频和快速高抬折叠腿的能力。

【方法】双脚在同一格内落地，尽快跑过每格约 50 厘米间距的绳梯或小棍（图 2－23）。

【要求】强调先进入小格的摆动腿高抬。支撑腿与地面短暂的接触。

16. 跑绳梯

【目的】提高步频和快速折叠腿的力量能力。

【方法】双脚在不同格内落地，尽快跑过每格约 50 厘米间距的绳梯或小棍（图 2－24）。

【要求】强调身体正直的姿势和上、下肢配合动作。支撑腿与地面短暂接触。

图 2－23　高抬腿跑绳梯

图 2－24　跑绳梯

17. 单腿过栏架跑

【目的】提高步频、快速屈髋力量和下肢灵活性。

【方法】以约 1 米间距摆放 8～10 个 30～40 厘米高的栏架。在栏架一端支撑腿直膝跑进，摆动腿从栏架上越过（图 2－25）。

【要求】强调栏架外侧支撑腿伸直，摆动腿栏架上的快速高抬和折叠。

18. 双腿过栏架跑

【目的】提高步频、快速屈髋能力和下肢灵活性。

【方法】以约1米间距摆放8～10个30～40厘米高的栏架。在栏架上做高抬腿跑，在每一个栏间距内双脚落地，采用同一条攻栏摆动腿（图2－26）。

【要求】强调摆动腿高抬，翘起脚尖。

图2－25　单腿过栏架跑

图2－26　双腿过栏架跑

19. 拖轮胎跑

【目的】提高跑进速度力量和爆发力，增加步长。

【方法】练习者腰部系绳索，拖动一个汽车轮胎跑（图2－27）。

【要求】强调正确跑进动作技术。轮胎不可太重，保持跑进的加速节奏。

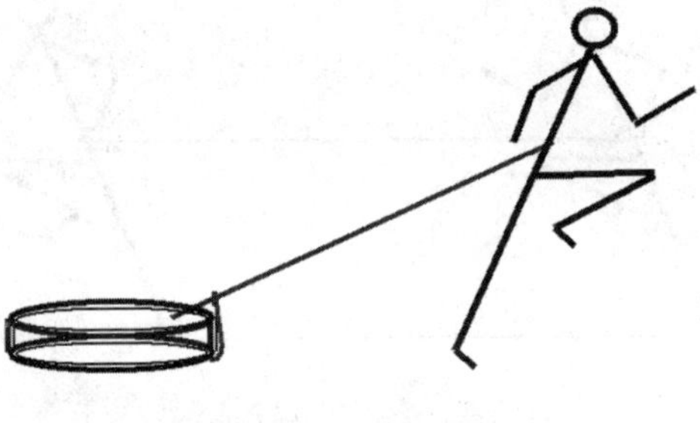

图2－27　拖轮胎跑

20. 缓坡上坡跑

【目的】提高跑进速度力量和爆发力，增加步长。

【方法】在坡道上跑进（图2－28）。

【要求】发展最大速度采用的坡度在3°以下，发展加速能力采用的坡度可以适当增加。

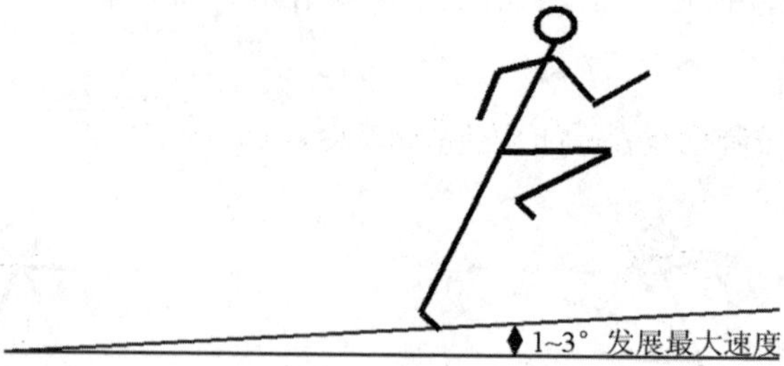

图 2-28 缓坡上坡跑

21. 拖人跑

【目的】提高跑进速度力量和爆发力，增加步长。

【方法】两位练习者在腰部系一绳索前后连接起来，相距 3~5 米同时起跑。前面练习者拖动后面练习者跑进（图 2-29）。

【要求】后面的练习者与前面的练习者保持相同距离，以施加相同的阻力，或前面的练习者与后面的练习者保持相同距离，以施加相同的助力。

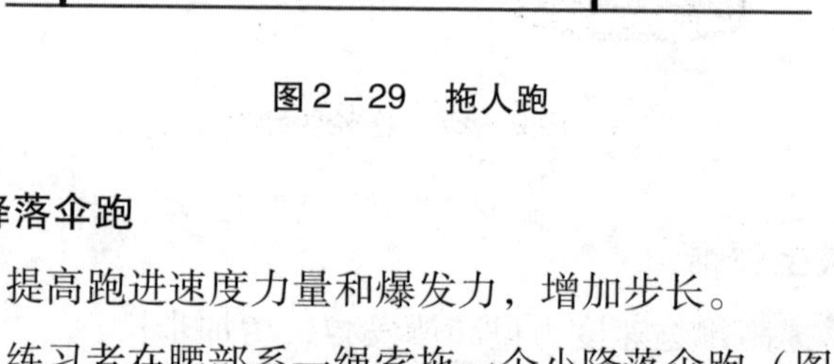

图 2-29 拖人跑

22. 拖降落伞跑

【目的】提高跑进速度力量和爆发力，增加步长。

【方法】练习者在腰部系一绳索拖一个小降落伞跑（图 2-30）。

【要求】降落伞在练习者后面 3~4 步距离，以施加阻力。

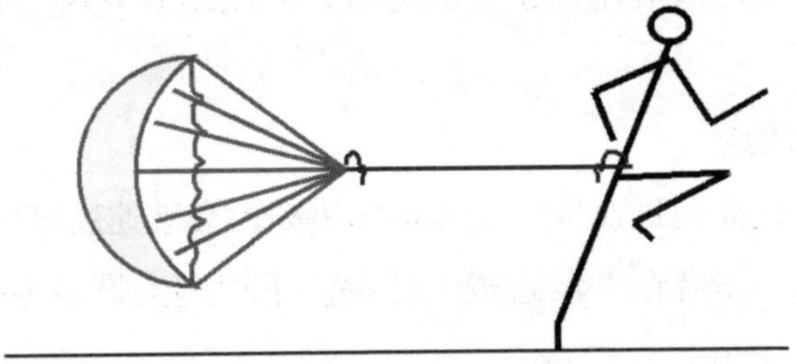

图 2－30　拖降落伞跑

23. 推车跑

【目的】提高跑进速度力量和爆发力，增加步长。

【方法】练习者在跑道上推超市购物车跑（图 2－31）。

【要求】可在车上增加重量，以施加阻力。

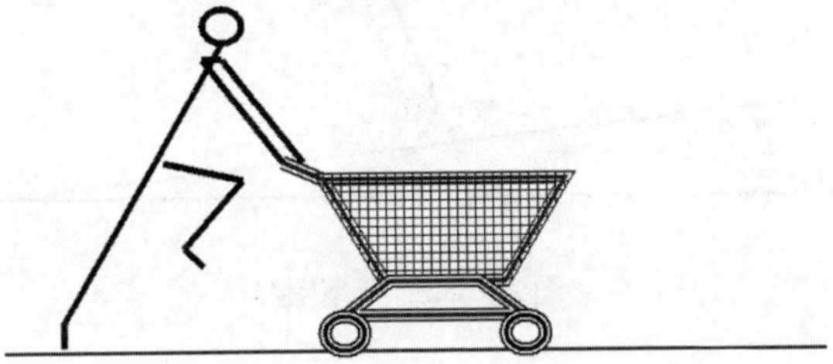

图 2－31　推车跑

24. 沙滩跑

【目的】提高跑进速度力量和髋部力量。

【方法】练习者在松软的沙滩上快跑（图 2－32）。

图 2－32　沙滩跑

【要求】练习者利用沙子施加的阻力，提高跑进速度力量和运动感知觉水平。

25. 下坡跑

【目的】提高跑进速度力量和加快步频，突破速度障碍。

【方法】练习者在下坡跑道上快跑。下坡跑道坡度为3°～7°之内，不要迈大步（图2－33）。

【要求】强调最高速度的动作节奏。为安全起见，在草地上练习更加理想。

图2－33　下坡跑

26. 身体前倾起跑

【目的】提高起跑时的腿部动作速度力量和身体加速时的适宜前倾。

【方法】练习者双脚并拢站立，前倾身体直至失去平衡，而后以最快速度加速（图2－34）。

【要求】起跑后跑15～20米。

27. 跑台阶

【目的】提高起跑爆发力和步长。

【方法】向上跑台阶（图2－35）。

【要求】持续4～8秒。

图 2－34　身体前倾起跑

图 2－35　跑台阶

28. 陡坡上坡跑

【目的】提高起跑爆发力，增加步长。

【方法】在 20°～35°坡道上跑进 4～8 秒（图 2－36）。

【要求】争取在一定时间内跑更长距离。

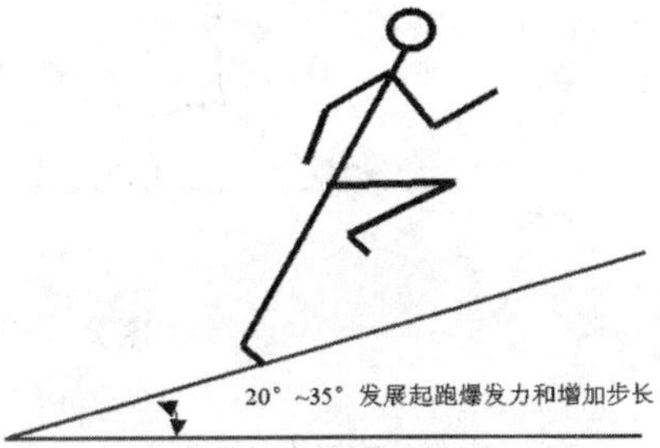

图 2－36　陡坡上坡跑

29. 助力起跑

【目的】提高起跑时腿的快速折叠力量和步频，突破速度障碍。

【方法】练习者和同伴相距 3～5 米。两人在腰部系一胶带前后拉紧连接起来起跑（图 2－37）。

【要求】练习者进入自己选择的"预备"姿势后，听命令在胶带助力牵引下起跑。

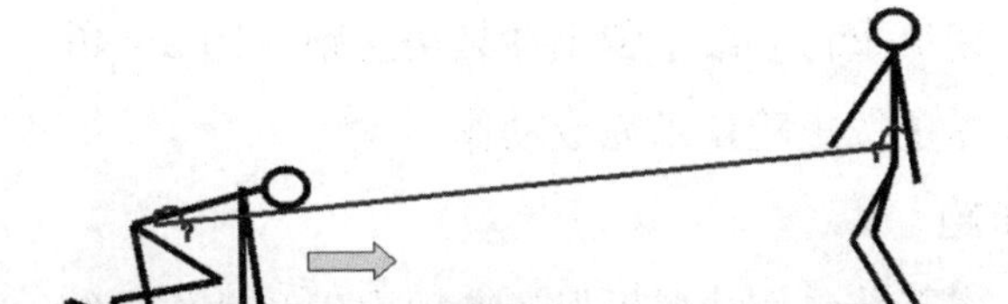

图 2－37　助力起跑

30. 弓箭步纵跳

【目的】提高髋部动作速度和增加步长。

【方法】从弓箭步姿势开始，垂直跳起。以开始姿势落地，重复练习，然后交换双腿位置练习（2－38）。

【要求】后部膝关节不接触地面，重复时无停顿。双手叉腰，或摆动协助双腿用力。

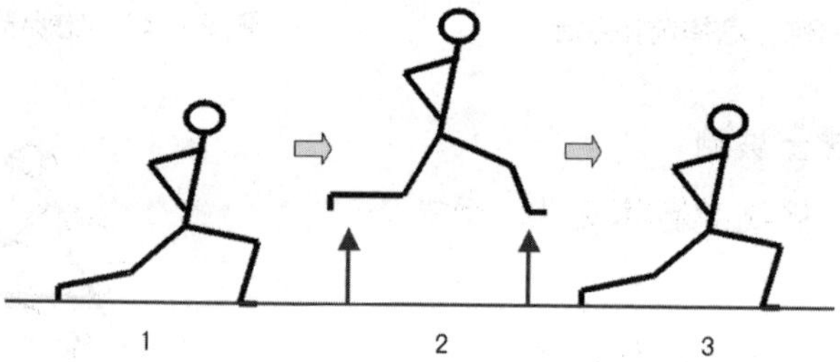

图2－38　弓箭步纵跳

31. 坐姿摆臂前移身体

【目的】发展摆臂专门技能力量。

【方法】坐在地板或垫子上，双腿并拢。双手持重物或徒手快速摆臂，带动身体前移（图2－39）。

图2－39　坐姿摆臂前移身体

【要求】尽量快速用力前后摆臂。

32. 负重跑

【目的】发展短跑专项技能力量。

【方法】穿负重背心或小腿系沙袋快速跑（图2－40）。

【要求】尽量按短跑技术完成动作。

33. 水中跑

【目的】在下肢受伤情况下保持专项力量和动作技能。

【方法】穿浮力背心在水中完成跑步动作（图2－41）。

【要求】保持跑步身体姿势，尽量快速完成动作。

图2－40　负重跑

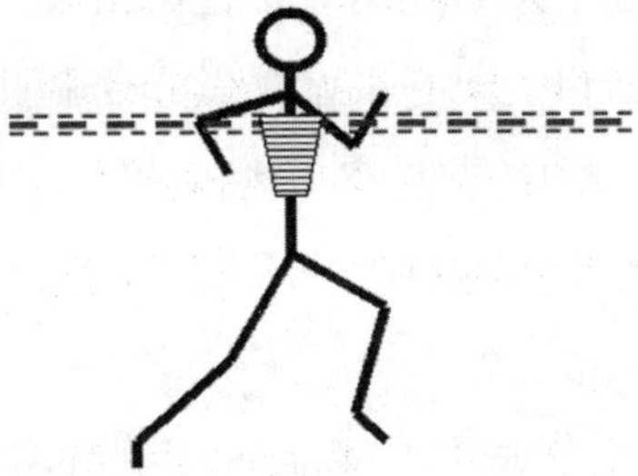

图2－41　水中跑

（三）跨栏跑

以上一些短跑和中长跑的专项力量训练方法也适合于跨栏跑，这里只进行适当补充。

1. 摆动腿攻摆练习

【目的】提高跨栏步摆动腿攻栏专门力量。

【方法】栏前直立面对栏架，摆动腿屈膝高抬大腿。膝超过栏板高度时迅速前伸小腿，使脚靠近栏板下落。前脚掌在身体重心投影点前着地。（图2－42）

【要求】动作熟练后可加上两臂配合。

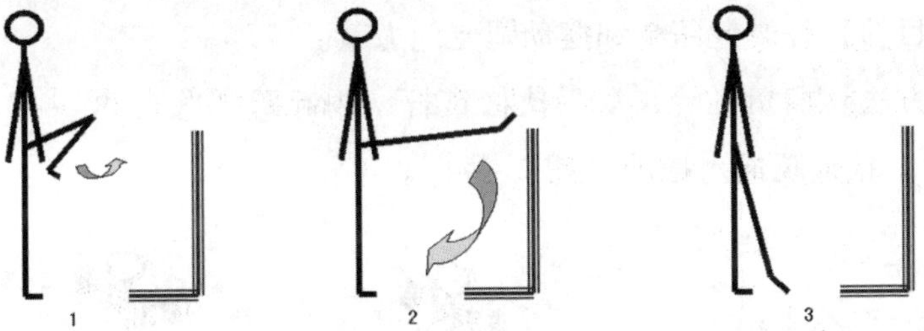

图2－42　攻摆练习

2. 起跨腿过栏练习

【目的】提高起跨腿过栏专门力量。

【方法】原地起跨腿过栏：距肋木1～1.2米处放一栏架。起跨腿靠近栏架一侧站立，栏架横放，双手扶肋木。上体前倾、两眼平视。摆动腿和栏架齐平站立做起跨腿提拉练习（图 2－43）。行进中起跨腿过栏：栏前走 2～3 步栏侧提拉起跨腿，摆动腿落在栏前 30～40 厘米处。慢跑或快跑过栏：慢跑或快跑过 3～5 个栏，栏间距离 7～8 米，栏间跑 5～3 步。

【要求】栏架高度根据练习者情况而定，大幅度展髋、抬膝，尽量减小身体扭转，速度由慢到快。起跨腿经栏侧提拉过栏，起跨腿大腿抬到身体正前方。保持前脚掌着地、高重心、高支撑。提拉起跨腿时边提边拉，至体前成高抬腿。

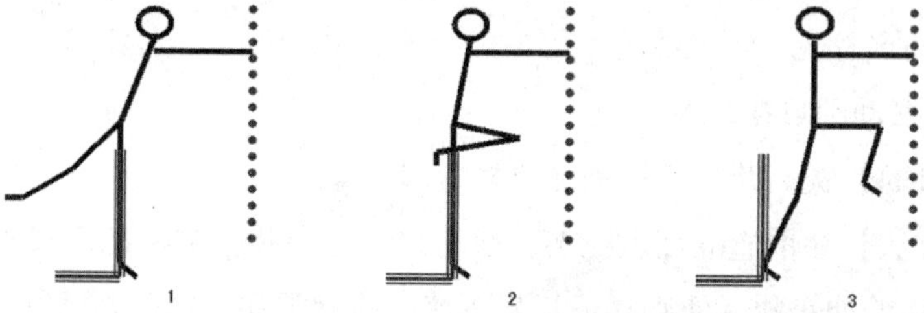

图 2－43　原地支撑起跨腿过栏

3. 负重上台阶高摆腿

【目的】提高起跨腿和摆动腿专门力量。

【方法】肩负杠铃，双手扶杠铃杆，用起跨腿蹬上 30～40 厘米高的台阶。摆动腿向上摆动（图 2－44）。

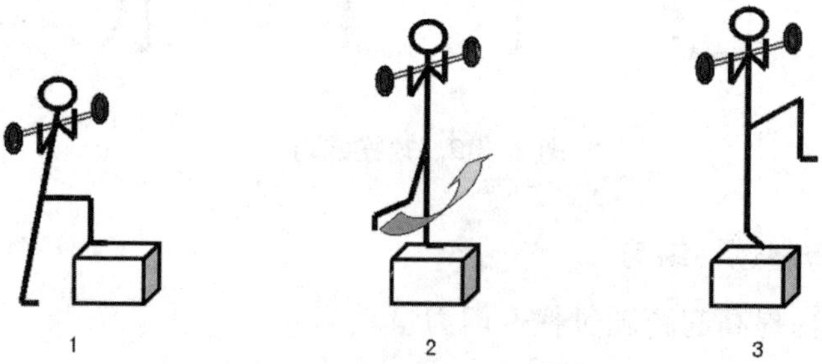

图 2－44　负重上台阶高摆腿

【要求】采用适度重量的杠铃，动作连贯。

4. 摆动腿攻栏动作练习

【目的】发展起跨腿和摆动腿配合的攻栏动作专项速度力量。

【方法】面向墙站立，摆动腿迅速向前摆动高抬，脚抵在墙面上。同时身体前倾，摆动腿的对侧手扶墙（图2－45）。

【要求】动作迅速连贯。

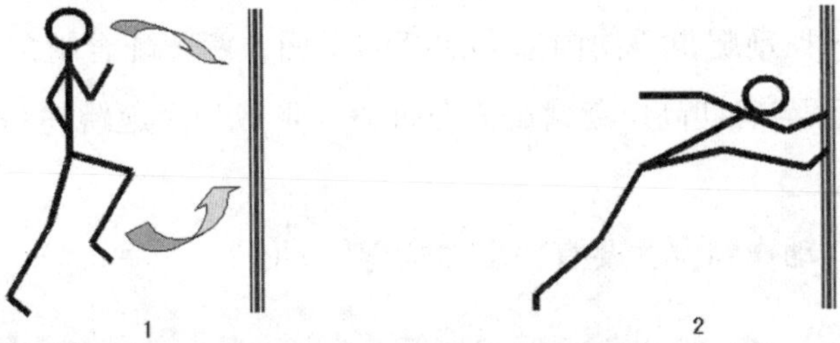

图2－45　摆动腿攻栏动作练习

5. 起跨腿小腿系沙袋过栏

【目的】提高起跨腿的专项灵活性和专项技能力量。

【方法】双手扶肋木，躯干前倾，起跨腿在体侧的栏架上持续进行过栏动作（图2－46）。

【要求】支撑腿放在栏架一侧稍前的位置。

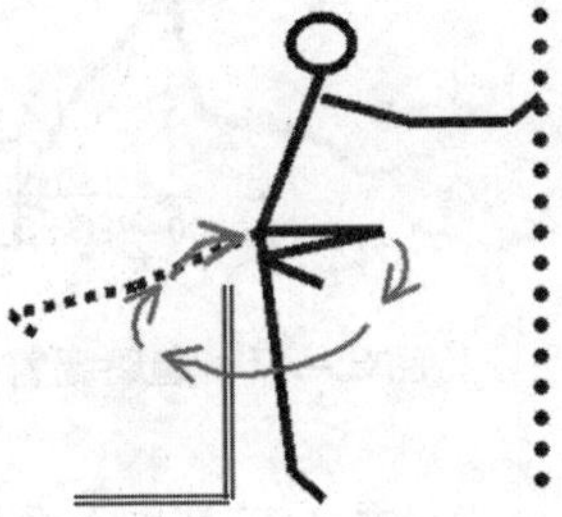

图2－46　起跨腿小腿系沙袋过栏

二、跳跃项目

（一）跳　远

以上一些短跑和中长跑的专项力量训练方法也适合于跳远，这里只进行适当补充。

1. **起跳腿着板练习**

【目的】提高起跳腿着板动作专门力量。

【方法】起跳脚快速以全脚着板。起跳脚着地点在身体重心投影点的前方 30～40 厘米处（图 2－47）。

【要求】起跳脚上板要低、快、平。

2. **起跳形成腾空步**

【目的】提高起跳时上下肢动作协调配合的专门力量。

【方法】摆动腿折叠向前上方摆至水平面，两臂配合腿的动作向前后或前侧摆至与肩同高。起跳腿充分伸直，形成一个起跳的腾空步动作（图 2－48）。

【要求】动作到位，要有一个“突停”动作。

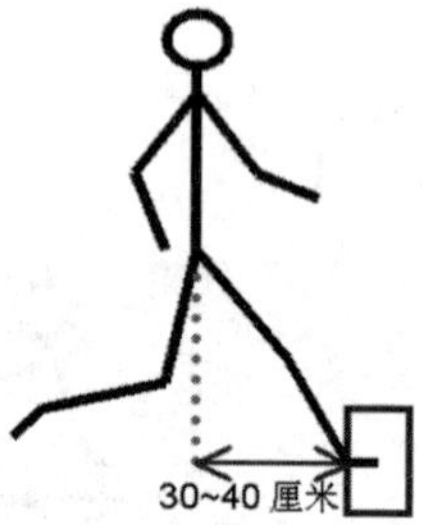

图 2－47　起跳腿着板练习

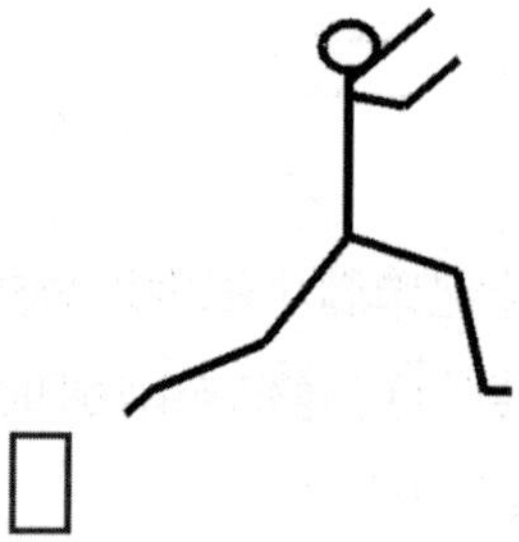

图 2－48　起跳形成腾空步

3. **走 3 至 4 步上台阶（跳箱盖）起跳模仿练习**

【目的】提高起跳技术动作专门力量。

【方法】采用高 20 厘米左右的台阶（跳箱盖）练习。放脚要快，摆动腿折叠向前摆出，起跳腿的蹬伸动作在慢速中完成，以体会动作。起跳腿蹬伸充分后摆动腿自然顺势下落着地（图 2－49）。

【要求】体会起跳腿充分蹬伸和身体重心前移的幅度。

4. **上 2 步摆动腿摆上跳箱**

【目的】提高起跳技术动作专门力量。

【方法】采用高 0.8～1 米的跳箱练习。在起跳腿离跳箱约 1.2 米处，使摆动腿摆上跳箱时形成一个未起跳的腾空步动作（图 2 –50）。

【要求】体会起跳时的蹬伸与摆动环节的协调配合。

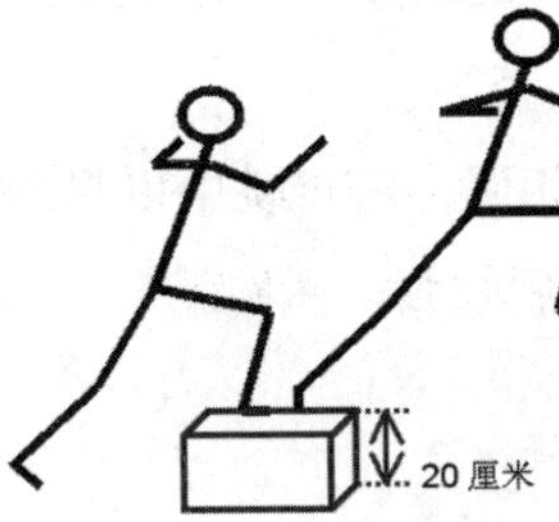

图 2 –49　上台阶（跳箱盖）起跳模仿练习

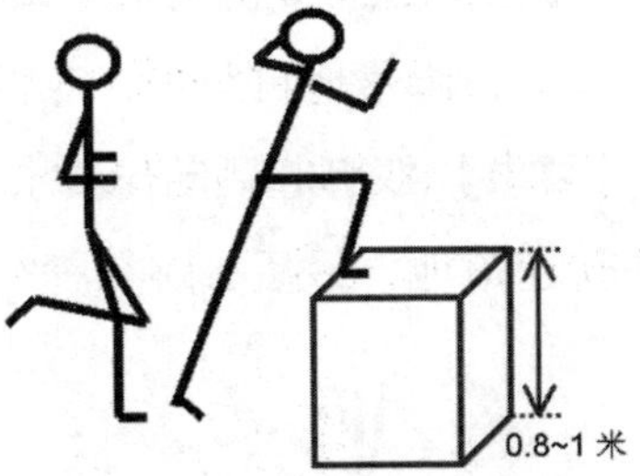

图 2 –50　上 2 步摆动腿摆上跳箱

5. 立定跳远

【目的】提高下肢动作速度力量和爆发力。

【方法】面对沙坑或垫子，双脚以肩宽左右开立，双臂上举并充分伸展身体。下蹲后双腿迅速蹬伸，向前上方跳起，前引双脚落地（图 2 –51）。

【要求】跳起时充分展体，在腾空过程中收腹、屈髋。双脚落地间距约与起跳时相同。

图 2 –51　立定跳远

6. 立定三级跳远

【目的】提高下肢动作速度和爆发力。

【方法】预备姿势与立定跳远相同，双脚起跳以单脚落地接跨步动作。另一只脚落地再跨步，双脚落地（图2－52）。

【要求】双脚起跳动作要求与立定跳远相同，跨步跳中以扒地方式积极快速落地。最后一跳在腾空过程中展体后收腹、屈髋。

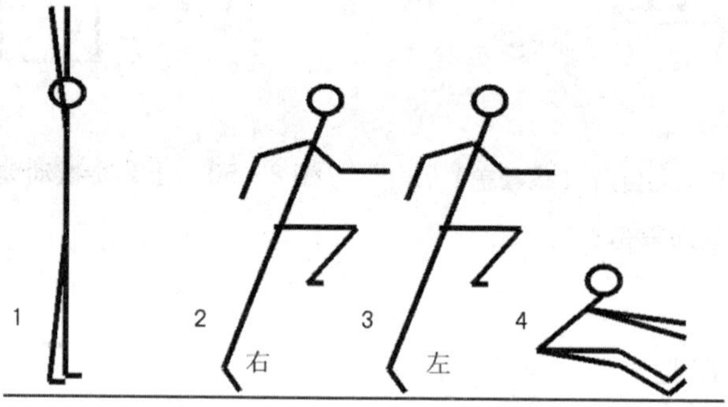

图2－52 立定三级跳远

7. 跨步跳

【目的】提高伸髋和屈髋的速度和爆发力，增加踝关节肌群的紧张度和步长。

【方法】双脚交替起跳和落地。跳起高度不要太高，摆动腿大腿与地面平行，步长大于正常跑进（图2－53）。

【要求】脚落地时不要前伸小腿，并采用主动扒地方式快速落地。

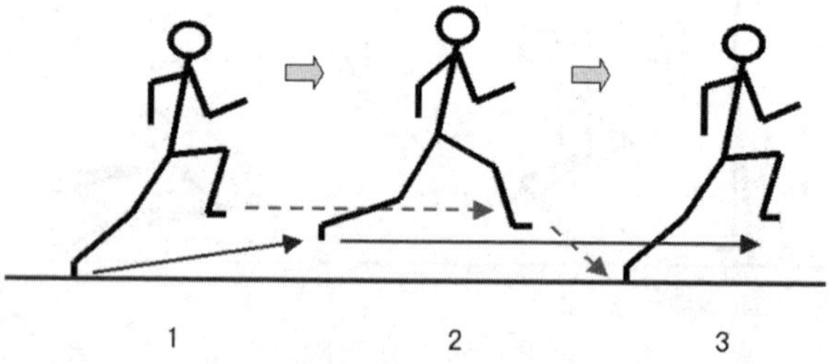

图2－53 跨步跳

8. 单腿跳

【目的】提高下肢动作速度和爆发力。

【方法】单脚重复起跳和落地。跳起高度不要太高。起跳腿在身体腾空中前摆，大腿与地面平行（图 2－54）。

【要求】脚落地时不要前伸小腿，并采用主动扒地方式快速落地。上体保持正直。

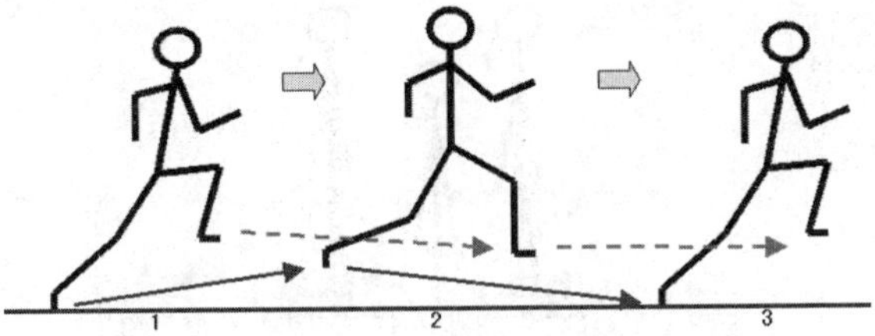

图 2－54　单腿跳

9. 连续蛙跳

【目的】提高下肢动作速度和爆发力。

【方法】双脚重复起跳和落地。起跳和腾空动作与立定跳远相同（图 2－55）。

【要求】身体向前上方跳起，动作连贯。

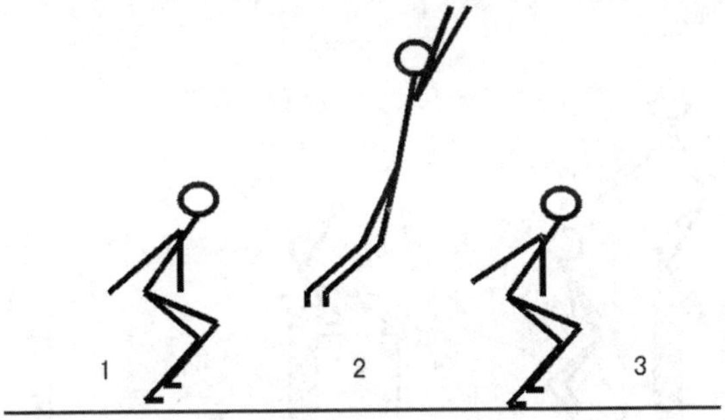

图 2－55　连续蛙跳

10. 直膝跳深

【目的】提高踝关节动作速度、反应力量和紧张度。

【方法】采用8~10个20~30厘米低跳箱，间距约50厘米，依次横向排列。练习者直膝从跳箱上跳下，再直膝迅速跳上下一个跳箱，连续练习（图2－56）。

【要求】只用踝关节快速完成动作，尽量缩短与地面接触时间。

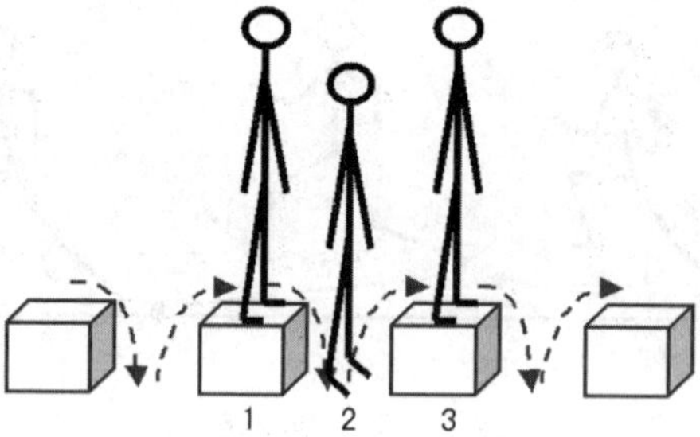

图2－56　直膝跳深

11. 跳　深

【目的】提高下肢动作速度和反应力量。

【方法】采用8~10个高60~80厘米的跳箱，间距约1米，依次横向排列。练习者从跳箱上跳下，再迅速跳上下一个跳箱，连续练习（图2－57）。

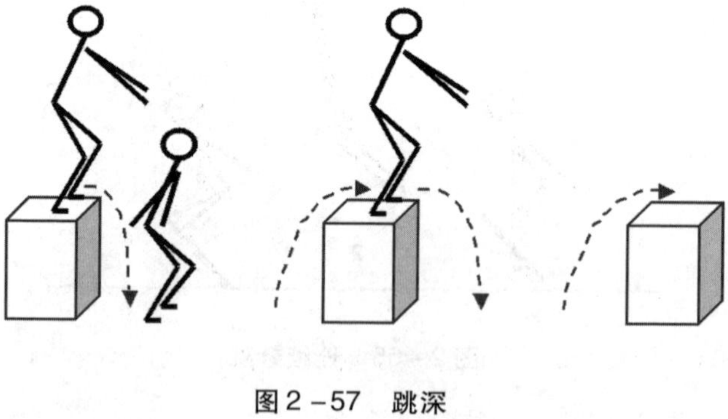

图2－57　跳深

【要求】用下肢各个关节快速完成动作，尽量缩短与地面接触时间。

12. 跳栏架

【目的】提高下肢动作速度和反应力量。

【方法】采用8~10个高40~60厘米的栏架，栏间距约1米，依次横向排列。练习者双脚起跳和落地依次越过各个栏架，连续练习（图2-58）。

【要求】用下肢各个关节快速完成动作，尽量缩短与地面接触时间。

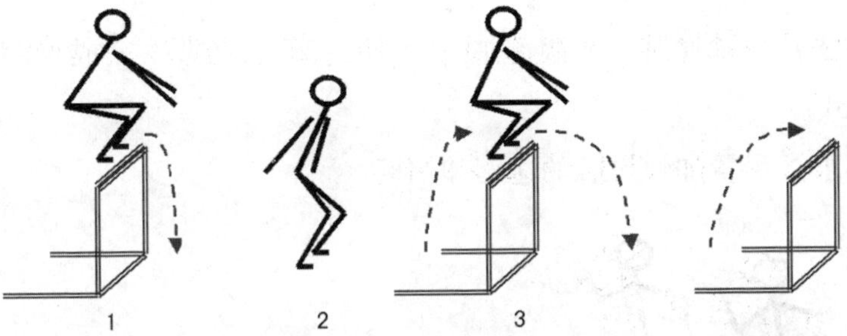

图2-58 跳栏架

13. 上步起跳上跳箱盖

【目的】加强摆动腿的蹬摆力量和起跳腿的起跳能力。

【方法】用一个斜面踏板和一个跳箱盖，以摆动腿支撑在斜面上，起跳腿迈一步在地面上接起跳。以摆动腿落地跳上跳箱盖（图2-59）。

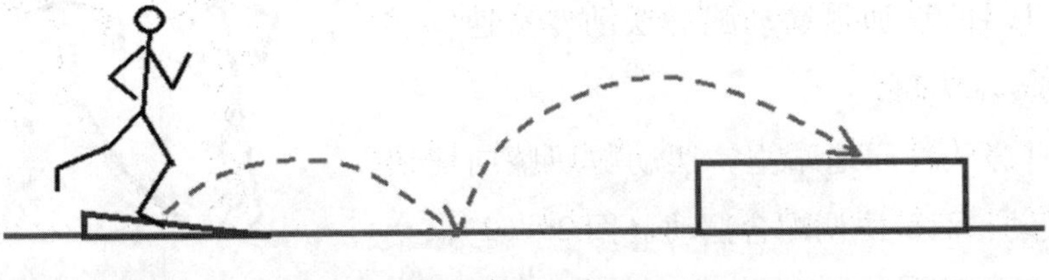

图2-59 上步起跳上跳箱盖

【要求】斜板摆动腿快速有力蹬伸。起跳腿在摆动腿和摆臂的配合下快速跳起，充分蹬伸。

14. 原地快频率跑接起跳

【目的】提高后程助跑快节奏跑上板的专项能力。

【方法】原地半蹲听信号，做快频率的 8～10 步助跑起跳练习（图 2－60）。

【要求】跟上信号的节奏，跑跳衔接快速连贯。

15. 仰卧负重挺髋起

【目的】加强髋在起跳腾空过程中的专门力量和技能动作的准确性。

【方法】屈膝仰卧，在髋部加一个 10～25 千克重物完成挺髋动作（图 2－61）。

【要求】尽量加快挺髋的速度和幅度。

图 2－60　原地快频率跑接起跳

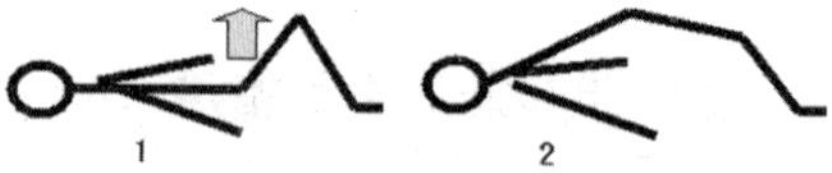

图 2－61　仰卧负重挺髋起

16. 负重原地快速摆腿

【目的】加强摆动腿的摆动专项速度和髋部专项力量。

【方法】原地站立，摆动腿屈膝向前快速摆动，两臂协调配合摆动（图 2－62）。

【要求】负重的重量以不影响摆动腿动作速度为标准。注意摆动腿的突停动作和髋

图 2－62　负重原地快速摆腿

部的伸展。支撑腿配合完成小幅度的蹬伸动作。

17. 跳深过栏

【目的】提高专项跳跃力量。

【方法】站在30～80厘米高的跳箱上，双脚跳下后再迅速跳起越过不同高度的栏架落入沙坑（图2－63）。

【要求】根据能力情况选择栏架高度。尽量减少从跳箱跳下后双脚接触地面的时间。

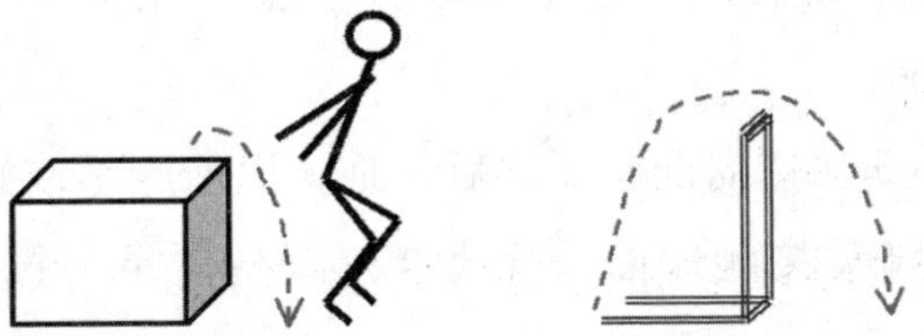

图2－63 跳深过栏

18. 跳深跳远

【目的】提高专项跳跃能力。

【方法】站在30～80厘米高的跳箱上，双脚跳下后再迅速向前跳落入沙坑（图2－64）。

【要求】尽量达到最大远度和减少从跳箱跳下后双脚接触地面的时间。

图2－64 跳深跳远

（二）三级跳远

以上许多短跑和跳远的专项力量训练方法也适合于三级跳远，这里只进行适当补充。

1. 单脚落地练习

【目的】提高单脚落地专门力量。

【方法】以髋发力，大腿积极下压，小腿自然前伸。然后加速向下做摆动式扒地，以全脚着地，落地点接近身体重心投影点（图 2－65）。练习顺序为原地模仿动作、走动中做落地动作、垫步跳做落地动作、单足跳做落地动作。

【要求】小腿加速向前向下向后扒地，以前脚掌或脚后跟先着地，迅速过渡到全脚掌接触地面。落地点接近身体重心投影点，膝关节放松。

图 2－65　三级跳远单脚落地技术

2. 单足跳练习

【目的】发展单足跳专门力量。

【方法】起跳腿蹬伸后，大小腿尽快折叠，以膝领先向前上方摆出。摆动腿向后摆动。两腿的交换协调有力，并积极落地。两臂可以前后单臂摆动或双臂摆动，上臂摆至与肩平行时应有突停，以使摆动的力量与躯干和腿的用力一致（图 2－66）。练习顺序为原地模仿单足跳动作、由小幅度到大幅度的单足连续跳、连续跳上跳下低器械、短助跑单足跳上器械等。

【要求】起跳腿蹬地充分，两腿交换动作协调、幅度大。脚即将落地时，小腿向前向后加速摆动，落地点接近身体重心的投影点。

图2-66　三级跳远的单足跳技术

3. 跨步跳练习

【目的】发展跨步跳专门力量。

【方法】起跳腿蹬伸的同时摆动腿以髋发力，大腿向前上方摆起，摆至与地面平行时有一个突停。双臂有力配合向前摆动，上臂摆至与肩同高时突停，以带动躯干向前上方腾起。起跳腿充分蹬直，在空中形成跨步动作（图2-67）。练习顺序为原地模仿跨步动作、小幅度的连续跨步跳、小步跨上器械、立定多级跨步跳、短助跑的连续跨步跳、短助跑阶梯器械上做跨步跳等。

【要求】起跳腿充分伸直，摆动腿积极快摆至与地面平行时突停，在空中形成一个跨步。单、双臂有力配合摆动，带动躯干向上腾起。

图2-67　三级跳远的跨步跳技术

4. 跨步跳越过障碍

【目的】提高专项起跳动作力量和体会腾空感觉。

【方法】短助跑接连续跨步跳越过低的障碍物（图 2－68）。

【要求】逐步增加障碍物的间距。

图 2－68　跨步跳越过障碍

5. 单足跳越过障碍

【目的】提高单足跳动作力量和体会身体前移的感觉。

【方法】短助跑接连续单足跳越过低的障碍物（图 2－69）。

【要求】逐步增加障碍物的间距，摆动腿屈膝。

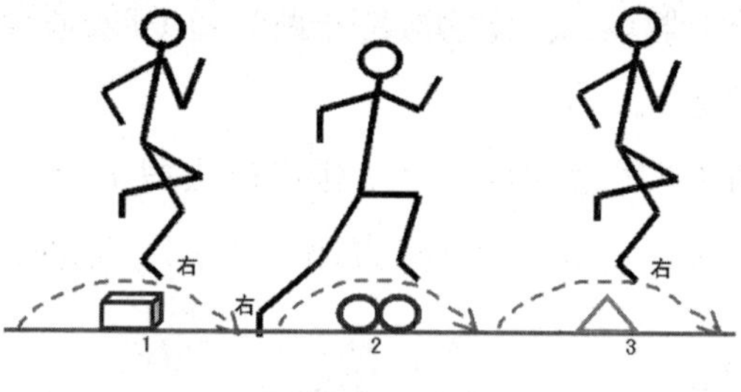

图 2－69　单足跳越过障碍

6. 短助跑台上三级跳远过杆

【目的】提高专项动作力量和体会腾空动作感觉。

【方法】短助跑后单足跳越过一个低的障碍，再跨步跳上一个跳箱盖，迅速衔接进行第三跳越过横杆落入海绵包（图 2－70）。

【要求】动作连贯，逐步增加辅助器材的间距。

图 2－70　短助跑台上三级跳远过杆

7. 单杠悬垂侧摆体

【目的】发展参与跳跃专项动作的体侧肌肉群的力量和弹性。

【方法】双手握单杠悬垂在单杠上，双腿并拢向身体两侧摆腿。交替方向重复练习（图 2－71）。

【要求】动作过程中保持直背、髋向前送的身体姿势。

8. 负重弓箭步交换腿跳

【目的】强化参与跳跃技术动作的专项力量。

【方法】躯干正直肩负杠铃，采用弓箭步姿势，跳跃交换双腿位置（图 2－72）。

【要求】前面的腿充分屈膝，后面的腿尽量伸直。

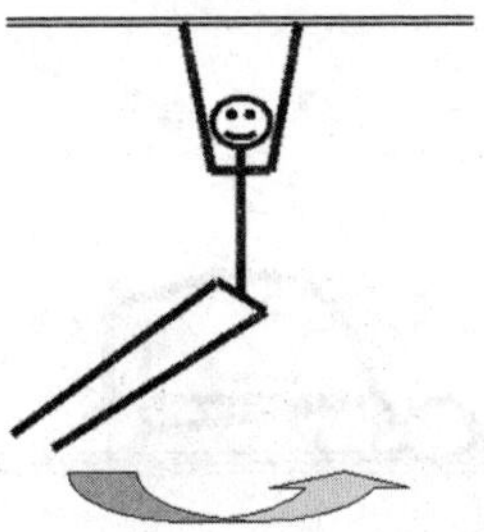

图 2－71　单杠悬垂侧摆体

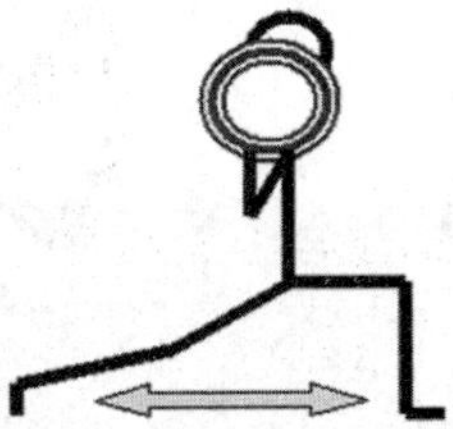

图 2－72　负重弓箭步交换腿跳

9. **负重提踵**

【目的】加强踝关节起跳动作专项力量。

【方法】肩部负重，脚趾踩在一个约 8 厘米高的木板或砖块上。重复提起和下降脚跟（图 2 –73）。

【要求】尽量大幅度。

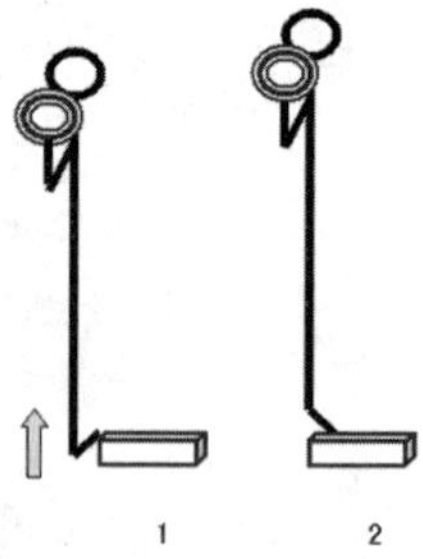

图 2 –73　负重提踵

（三）背越式跳高

以上一些短跑、跳远和三级跳远的专项力量训练方法也适合于背越式跳高，这里只进行适当补充。

1. **挺身展髋**

【目的】发展跳高的挺身展髋动作力量。

【方法】原地挺身展髋、双脚连续起跳挺身展髋。

【要求】原地挺身展髋时，挺身展髋后保持 3 秒。双脚连续起跳挺身展髋时，提肩拔腰充分向上展体送髋，两手触脚跟，头后仰（图2 –74）。

2. **垫上送髋成桥**

【目的】发展跳高的挺身展髋动作专门力量。

【方法】仰卧垫上送髋至高于肩，保持 2 ~3 秒。

【要求】用手握住踝关节练习（图 2 –75）。

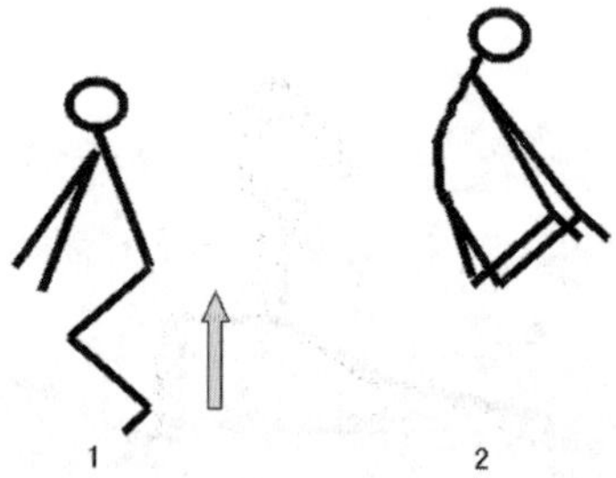

图 2 –74　双脚连续起跳挺身展髋

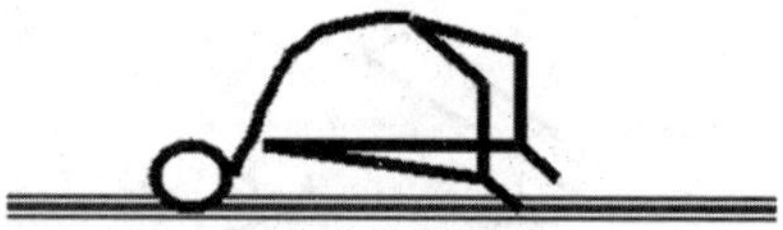

图 2 –75　垫上送髋成桥

3. **橡皮筋过杆练习**

【目的】发展过杆动作专门力量。

【方法】背对橡皮筋原地起跳越过橡皮筋。

【要求】两脚开立与肩同宽，蹬地摆臂协调配合。充分向上送髋展体，肩背着垫（图2－76）。

4. **放起跳脚练习**

【目的】发展放起跳脚动作专门力量。

【方法】身体重心稍低，起跳脚前迈时，同侧髋向前送出。摆动腿脚跟提起，完成动作后稍停（图2－77）。练习顺序为原地迈步放起跳脚、直线走动或跑动中放起跳脚、弧线走动或跑动中放起跳脚。

【要求】起跳脚着地由脚跟外侧滚动过渡到脚掌。

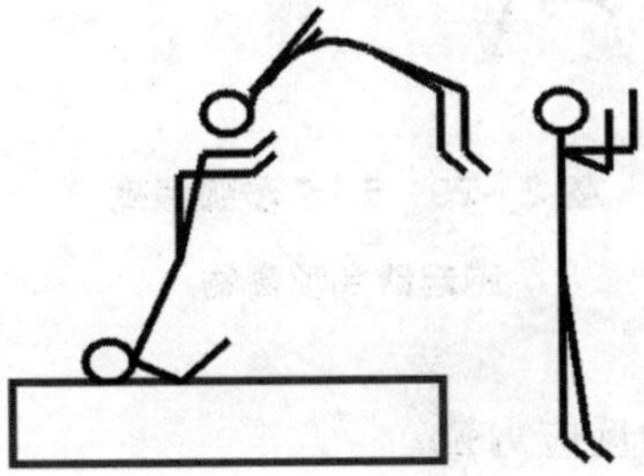

图2－76　橡皮筋过杆练习

图2－77　直线跑动中放起跳脚

5. **横杆前2～4步助跑起跳**

【目的】提高跳高的起跳、下肢蹬摆和提肩拔腰动作专门力量。

【方法】接短助跑快放起跳脚、快速摆腿摆臂、快速蹬伸起跳腿（图2－78）。

【要求】整体动作迅速连贯。

6. **助跑技术练习**

【目的】发展跳高起跳的专门力量。

【方法】练习顺序为在不同半径的圆中逐步缩小半径练习助跑加速、由直线转入逐步缩小半径的弯道跑、面对横杆和海绵垫沿弧线助跑。

【要求】逐渐加速、轻松自然，高抬大腿。身体重心高而平稳，节奏明显，动作幅度大，整体动作过程连贯。

7. 5～7 步弧线助跑起跳头顶高物

【目的】跳高的助跑与起跳相结合动作的专门力量。

【方法】弧线助跑起跳后用头触及前上方的吊球（图 2－79）。

【要求】逐渐加快助跑速度，积极迅速起跳。

图 2－78　横杆前 2～4 步助跑起跳

图 2－79　5～7 步弧线助跑起跳头顶高物

8. 垫上后空翻

【目的】提高下肢、背部动作速度和反应力量。

【方法】在海绵包或垫子上双脚以肩宽左右开立，双臂上举并充分伸展身体。下蹲后双腿迅速蹬伸，向后上方跳起后仰头，双脚离地进入 180°后空翻。双手先支撑海绵包或垫子引导身体下落，再收腹使双脚落地（图 2－80）。

图 2－80　垫上后空翻

【要求】跳起和腾空时充分后旋身体，双手落地间距约与肩宽相同。初学者要慎重进行这个练习，或加强保护。

9. 双腿起跳背越过杆

【目的】提高下肢、背部动作速度和反应力量。

【方法】背对海绵包和横杆，双脚以肩宽左右开立，双臂上举并充分伸展身体。下蹲后双腿迅速蹬伸，向后上方跳起，仰头形成背弓越过横杆。过杆后收腹、团身使背部先落在海绵包上（图 2－81）。

【要求】下肢迅速蹬地，腾空时充分形成身体背弓。初学者注意降低横杆高度练习。

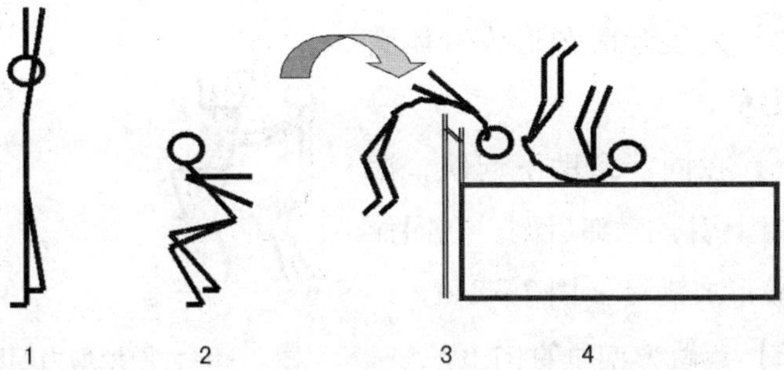

图 2－81　双腿起跳背越过杆

10. 慢跑中起跳空中转体 180°

【目的】发展起跳与转体相结合的专项技能动作力量。

【方法】慢跑中起跳在空中转体 180°后以起跳腿落地支撑身体（图 2－82）。

【要求】向身体内侧和对侧肩的方向上拉摆动腿，协助转体。

11. 慢跑中起跳空中转体 180°坐上跳箱

【目的】发展起跳与转体相结合的专项技能动作力量。

【方法】慢跑中起跳在空中转体 180°后身体坐上跳箱（图 2－83）。

【要求】向身体内侧和对侧肩的方向上拉摆动腿，协助转体。

图 2－82　慢跑中起跳空中转体 180°

图 2－83　慢跑中起跳空中转体 180°坐上跳箱

12. 原地助力起跳弓身

【目的】发展起跳和形成身体满弓的专门力量。

【方法】在同伴帮助下起跳，摆动腿和双臂上引，肩部后倒。在同伴扶助下送髋形成满弓（图 2－84）。

【要求】起跳方向垂直向上。

图 2－84　原地助力起跳弓身

13. 肋木提髋

【目的】发展背部和髋部形成身体满弓的专项技能力量和速度。

【方法】双手抓住肋木，由同伴固定双脚，迅速提髋形成身体满弓（图 2－85）。

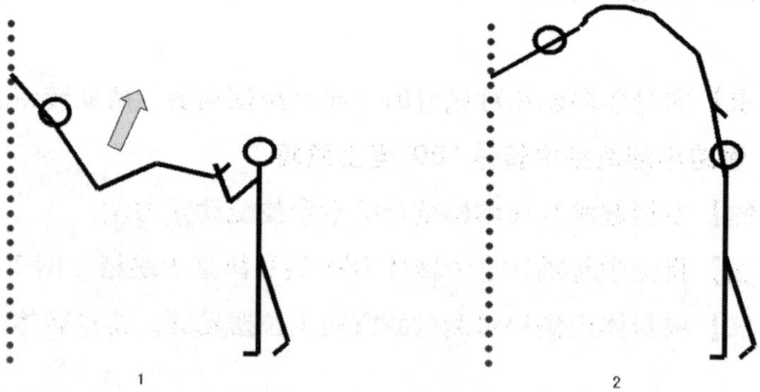

图 2－85　肋木提髋

【要求】快速大幅度提髋。

14. 悬垂摆腿

【目的】提高起跳动作中转体和摆动腿摆动的专项动作速度和力量。

【方法】双手抓住肋木身体悬垂，摆动腿向身体对侧的上方迅速摆动（图2－86）。

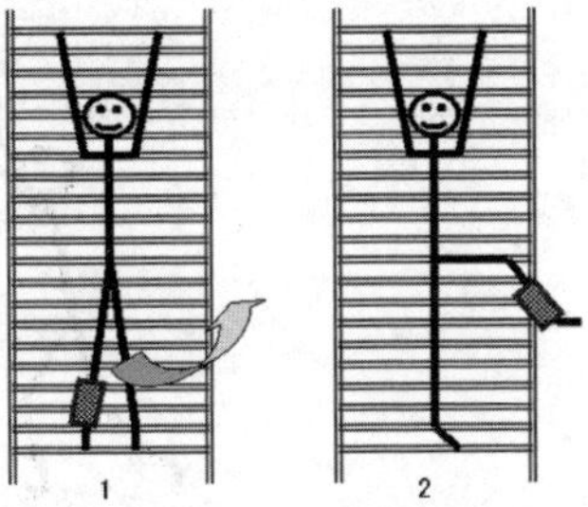

图2－86 悬垂摆腿

【要求】如果加大难度，可以在摆动腿的脚或小腿上负重练习。

15. 助力起跳练习

【目的】突破起跳动作速度障碍，提高起跳的专项技能动作节奏和速度力量。

【方法】练习者腰部系两根弹力胶带，胶带另一端系在身体上方。尽快向上重复跳起（图2－87）。

【要求】尽量直膝，用踝关节力量完成动作。

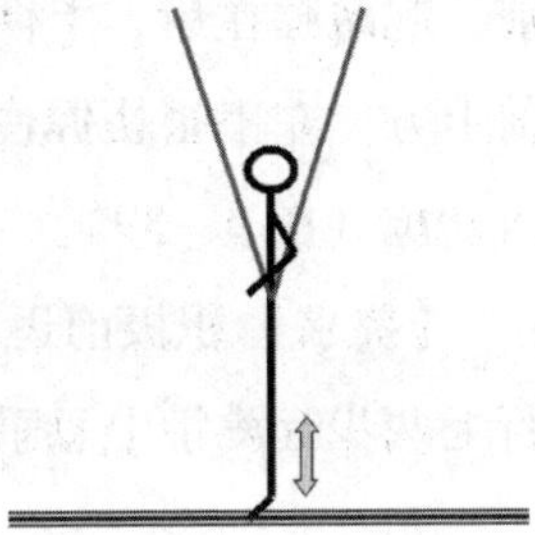
图2－87 助力起跳练习

（四）撑竿跳高

以上一些短跑、跳远、三级跳远和跳高的专项力量训练方法也适合于撑竿跳高，这里只进行适当补充。

1. 上一步竿上悬垂

【目的】发展撑竿跳高的竿上悬垂技术专门力量。

【方法】两手握竿举放在额头前上方，竿头抵住地面。向前迈一步起跳，身体垂于竿上（图2－88）。

【要求】身体、起跳腿和双臂充分伸展。如果加大或减小难度，可以进行单杠或吊绳的悬垂、原地竿上悬垂、走动竿上悬垂和高台上起跳悬垂等练习。

图 2-88　上一步竿上悬垂

2. 上一步起跳竿上悬垂摆体

【目的】发展撑竿跳高的起跳接竿上悬垂摆体技术动作专门力量。

【方法】把竿子插入沙坑，撑竿放在右肩上，右手握竿。摆动腿在前，起跳腿在后，上体稍弓身向前。前迈起跳腿，同时右手将竿举到头前上方。左手很快握住撑竿并做出起跳将身体悬垂在竿上，向前摆体落入沙坑（图 2-89）。

【要求】积极前迈和蹬伸起跳腿，两臂控制住横竿。加大难度可进行上两步起跳竿上悬垂摆体。

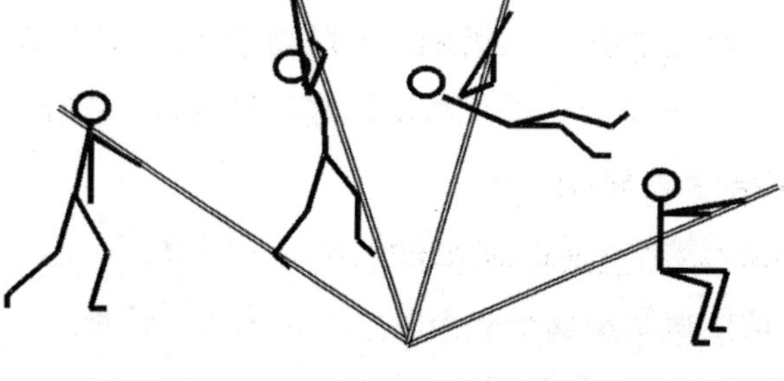

图 2-89　上一步起跳竿上悬垂摆体

3. 拉引转体技术练习

【目的】发展撑竿跳高的拉引转体技术动作专门力量。

【方法】顺势悬垂摆体，收腹后仰举腿，做出拉引转体动作（图

2－90）。练习顺序为利用吊绳或单杠做摆体后仰收腹举腿接拉引转体、高台举竿起跳摆体后仰接拉引转体。

【要求】身体靠近横杆位置做动作，可以采用较低的横杆高度或橡皮筋练习。

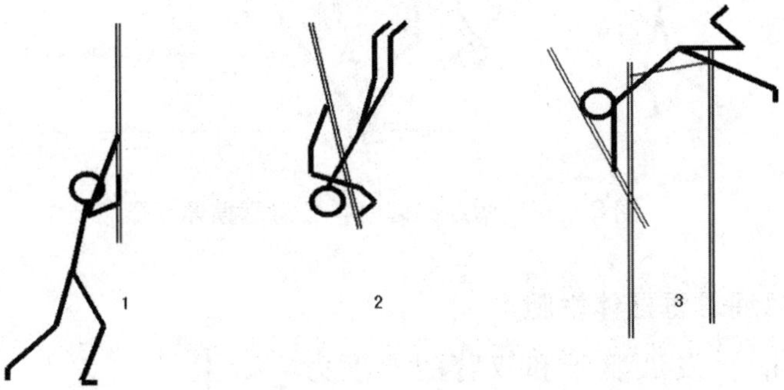

图 2－90　吊绳摆体后仰收腹举腿接拉引转体

4. 跳箱上过杆推手练习

【目的】发展撑竿跳高的过杆推手动作专门力量。

【方法】斜对跳箱盖和跳高架调整步点助跑 3～4 步，起跳腿蹬伸后做侧手翻。两手压落在跳箱盖上，收腹屈体过杆（图 2－91）。

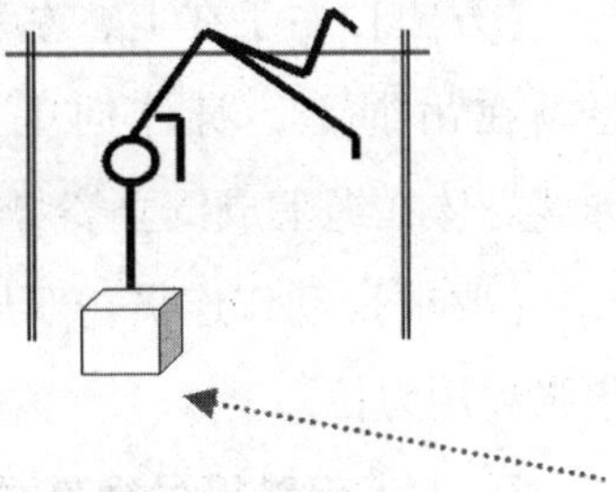

图 2－91　跳箱上过杆推手

【要求】推手动作快速有力。

5. 短助跑起跳竿上悬垂摆体举腿

【目的】发展撑竿跳高的起跳接竿上悬垂摆体举腿的专项技能动作力量。

【方法】短助跑把竿子插入穴斗，双手握住撑竿做出起跳、身体竿上悬垂和举腿。向下摆体落入海绵包（图 2－92）。

【要求】积极前迈和蹬伸起跳腿，两臂控制住撑竿，连贯完成全部动作。

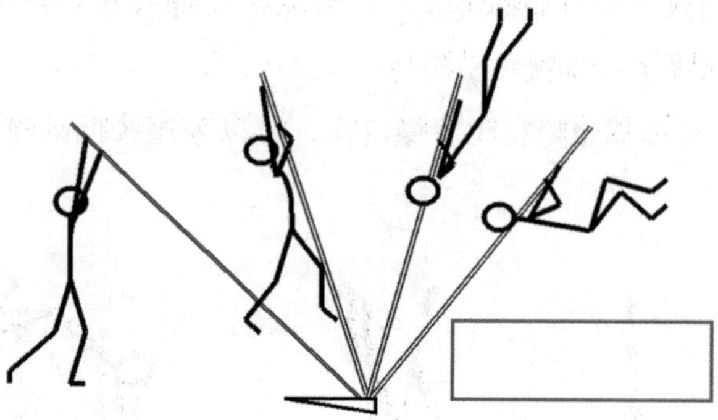

图2－92 短助跑起跳竿上悬垂摆体举腿

6. 吊绳悬垂摆体举腿

【目的】发展躯干和双臂的专项力量，发展撑竿跳高的竿上悬垂摆体举腿的专项力量。

【方法】右手在上、左手在下将身体悬垂在吊绳上，身体向上屈腿、团身。伸展身体在绳上成倒立姿势（图2－93）。

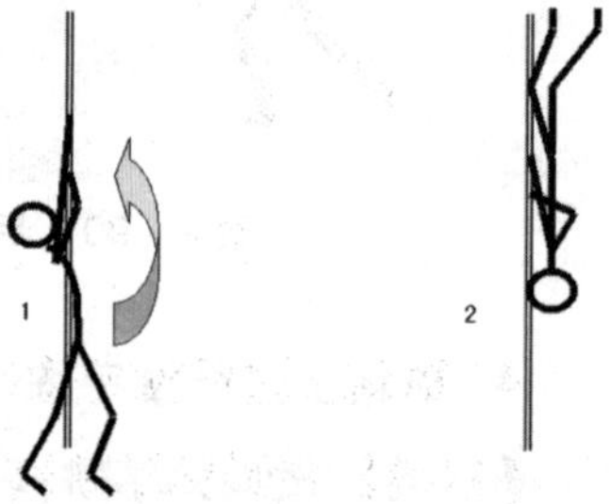

图2－93 吊绳悬垂摆体举腿

【要求】动作连贯，双肩和双臂不要紧张和用力拉。

7. 上步起跳抓吊绳悬垂摆体举腿

【目的】发展躯干和双臂的专项力量，发展起跳接竿上悬垂摆体举腿的专项力量。

【方法】上一步用左脚起跳，右手在上、左手在下抓吊绳。将身体悬垂在吊绳上，身体向上屈腿、团身。伸展身体在绳上成倒立姿势（图2－94）。

【要求】控制好起跳和抓吊绳的动作时机，动作连贯，双肩和双臂不要紧张和用力拉。

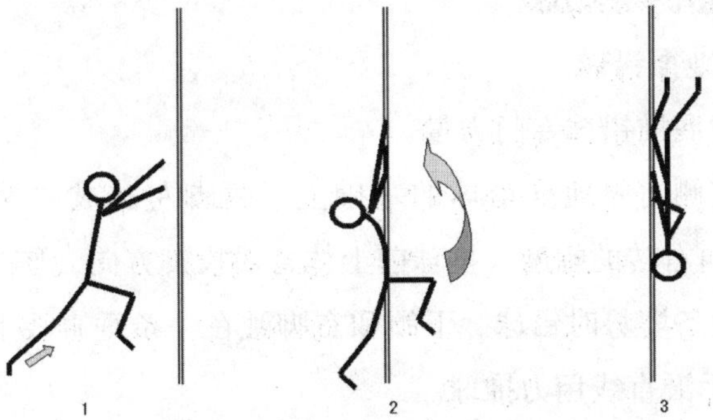

图2－94　上步起跳抓吊绳悬垂摆体举腿

8. 垫上仰卧收腹举腿倒立推手

【目的】发展专项灵活性，提高躯干和肩部的专项技能力量。

【方法】在垫上仰卧，臂肘部提起，双手掌心向下在头两侧接触垫子。收腹举腿，推手伸臂成倒立姿势后，面向垫子双脚落地（图2－95）。

【要求】尽量迅速、连贯和大幅度地完成动作。

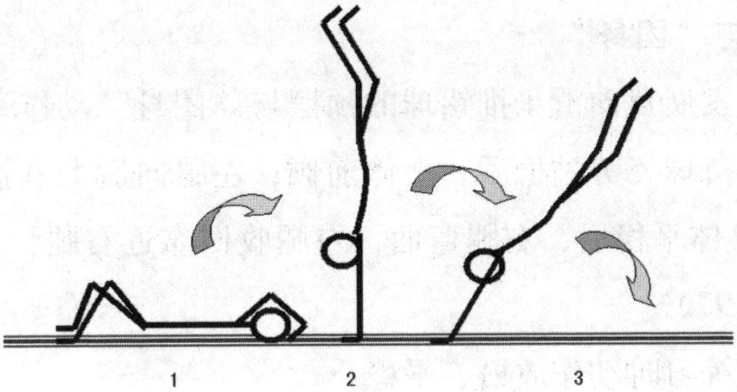

图2－95　垫上仰卧收腹举腿倒立推手

三、投掷项目

前文论述的短跑、跳跃运动员的专门力量练习方法对投掷运动员发展专门力量也适用，这里更加紧密结合投掷项目技术特点进行适当补充。

（一）背向滑步推铅球

1. 背向原地推铅球

【目的】发展推铅球专门力量。

【方法】在侧向原地推铅球的基础上，两脚左右成“外八字”开立，加大躯干向右转的幅度。推球前上体背对投掷方向（图2－96）。

【要求】预备姿势时铅球、下颌和右脚趾在一条垂直线上。下肢积极转蹬发力右手沿直线用力推球。

图2－96　原地推铅球

2. 预摆与“团身”

【目的】发展背向滑步推铅球的预摆与“团身”动作专门力量。

【方法】持球姿势站稳后，上体前倾，左腿向后上方抬起，左臂自然下垂。待身体平稳后，右腿弯曲，左腿收回靠近右腿，形成“团身”姿势（图2－97）。

【要求】练习时动作放松、平稳。

3. 摆动腿摆动

【目的】发展背向滑步推铅球摆动腿的摆动动作专门力量。

【方法】成“团身”姿势，然后臀部稍向后移，接着左腿以大腿带动小腿向身体后下方向摆出，带动身体向投掷方向移动。此时上体仍保持团身时的姿势（图2－98）。

【要求】开始练习时，可以用左手或双手拉着同伴的手进行练习。

图 2－97 “团身”姿势

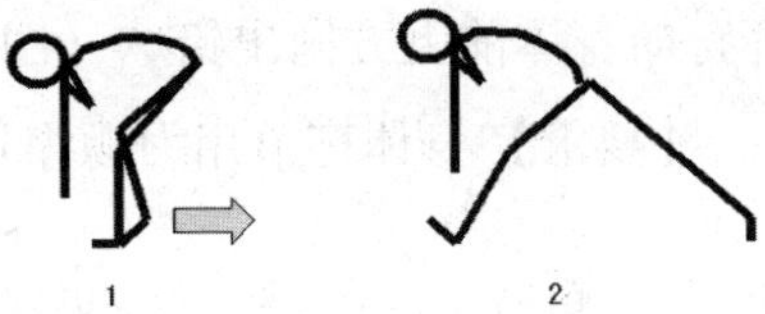

图 2－98 摆动腿的摆动

4. 拉收右腿

【目的】发展背向滑步推铅球的拉收右腿动作专门力量。

【方法】从摆动腿的摆动练习结束姿势开始拉收右腿，形成最后用力预备姿势（图 2－99）。

【要求】动作结束时铅球、下颌和右脚趾在一条垂直线上，身体充分扭紧。

5. 倒退大步走

【目的】发展下肢快速后移动作速度力量、空间定向和平衡能力。

【方法】压低重心，身体前倾，双手放在背后。背对前进方向，沿跑道向后大步快速走 15～20 米（图 2－100）。

【要求】尽量大幅度和快速完成练习，跑道必须平整和无人干扰。如果加大难度，也可以进行倒退大步跑练习。

图 2－99 拉收右腿

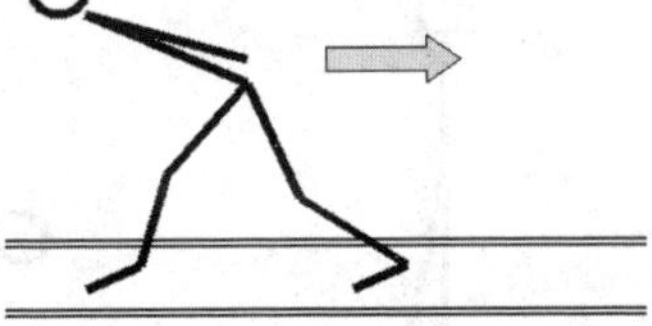

图 2－100 倒退大步走

6. 前抛铅球

【目的】发展下肢、背部、肩部和上肢的动作速度和爆发力。

【方法】面对抛掷方向，双脚左右开立约一肩半宽，直臂双手持铅球举过头顶。团身下摆铅球至两小腿间并接近地面。迅速蹬腿、挺身、挥臂向身体前上方抛出铅球（图 2－101）。

【要求】身体环节用力顺序自下而上，迅猛完成动作。

图 2－101　前抛铅球

7. 后抛铅球

【目的】发展下肢、背部、肩部和上肢的动作速度和爆发力。

【方法】背对抛掷方向，双脚左右开立约一肩半宽，直臂双手持铅球举过头顶。团身下摆铅球至两小腿间并接近地面。迅速蹬腿、挺身、挥臂向身体后上方抛出铅球（图 2－102）。

【要求】身体环节用力顺序自下而上，迅猛完成动作。

图 2－102　后抛铅球

8. 双手接推实心球

【目的】发展下肢、胸部、肩部和上肢的动作速度和爆发力。

【方法】面对抛掷方向，双脚前后开立，双手胸前接同伴传来的实心球。接球后顺势下蹲、后移重心，把实心球引到靠近胸部。向前蹬腿，向身体前上方双手推回实心球给同伴。重复练习（图2－103）。

【要求】身体环节用力顺序自下而上，迅猛完成动作。

图2－103　双手接推实心球

9. 俯卧撑起击掌

【目的】发展上臂后部和肩部肌肉群动作速度和爆发力。

【方法】双手撑地，双脚掌撑地，身体成一线。向身体下方屈肘，而后快速撑起身体并击掌，恢复开始姿势。重复练习（图2－104）。

【要求】快速完成动作，以肘部下降引导身体下降。全身充分伸展，保持平衡。

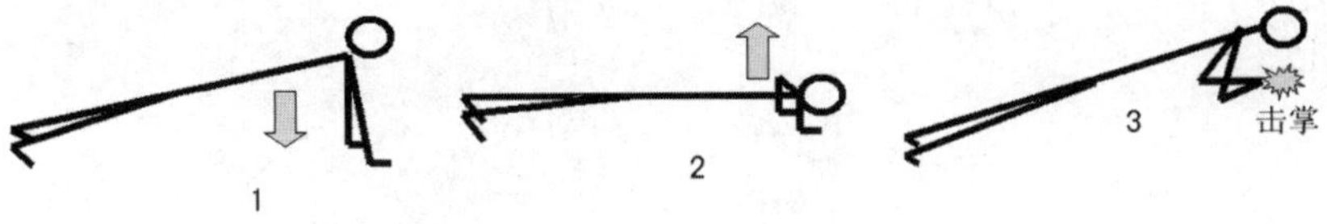

图2－104　俯卧撑起击掌

10. 原地拉胶带

【目的】发展下肢、髋部和躯干的专门力量，建立大环节带动小环节的用力顺序。体会出手动作中上体、肩带和投掷臂的直线肌肉用力感觉。

【方法】将2～3米长胶带一端固定于地面位置，面对胶带，两脚前后开立（右前左后）约一肩半宽，右手握住另一端。降低重心，体重压在弯曲的右腿上。左肩和右膝大约在同一垂直线上。右腿和右髋发力带动躯干和右臂向投掷方向转动，以胸带臂拉引胶带模仿推球动作。恢复开始姿势。重复练习（图2－105）。

【要求】开始姿势体重充分压在右腿上，下肢用力以转动为主，投掷臂充分伸展。

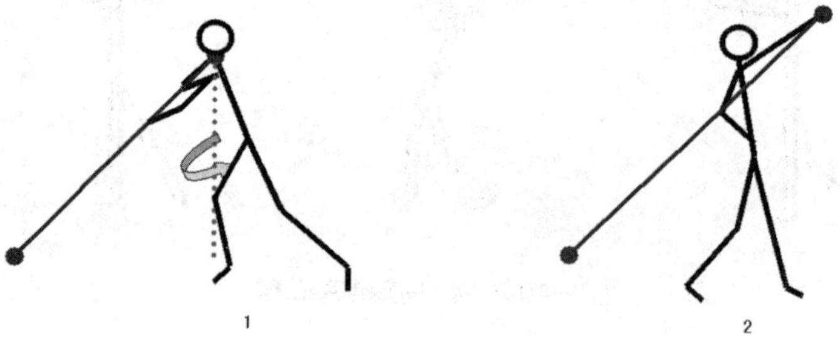

图2－105 原地拉胶带

11. 原地推壶铃

【目的】提高推铅球专门力量和投掷用力意识。

【方法】投掷臂持壶铃腹侧于肩上，成最后用力前预备姿势。以右腿、右髋迅速发力将壶铃推出（图2－106）。

【要求】开始姿势体重充分压在右腿上，身体环节用力顺序自下而上。

图2－106 原地推壶铃

12. 仰卧起转体推拉胶带

【目的】发展腹部、躯干和肩带的专门力量和柔韧性，建立正确的用力顺序。

【方法】坐在横向的鞍马上，左脚在上、右脚在下固定在肋木间，投掷臂手握胶带固定于颈侧。身体后仰并尽量向后转动躯干，腰腹部和胸部肌群依次用力做出向身体前上方的转体推球动作。躯干下摆进行下一次重复（图 2－107）。

【要求】躯干充分扭紧，腰部的转动与胸带臂推球动作紧密衔接。

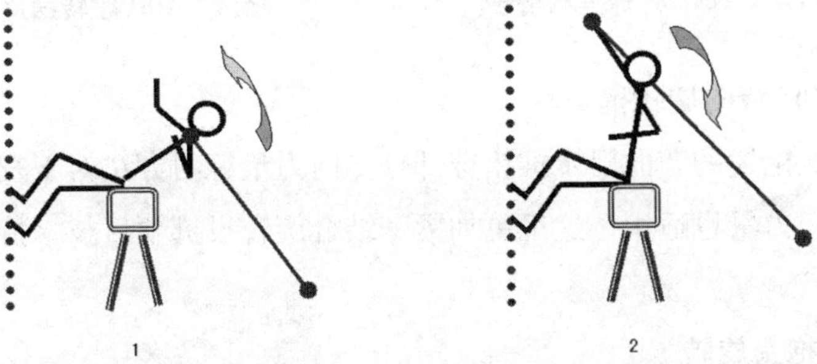

图 2－107　仰卧起转体推拉胶带

13. 持球连续滑步

【目的】提高下肢双腿蹬摆发力的速度力量和动作的直线性，加强动作连贯性。

【方法】持球后体前屈，右腿后蹬与左腿后摆配合发力，沿直线做连续滑步（图 2－108）。

【要求】动作连贯，直线性强，低腾空。

14. 蹬转摆片

【目的】提高下肢右腿转蹬发力的速度和躯干专门力量。强化正确用力顺序和身体动作连贯性。

【方法】双手持杠铃片成最后用力前预备姿势，双臂伸直，右脚蹬转推动右髋转动伸展。将片举至头上方，使身体成反弓状，身体重心压在右腿上。重复练习（图 2－109）。

【要求】尽量伸展躯干，肩轴与髋轴扭紧。

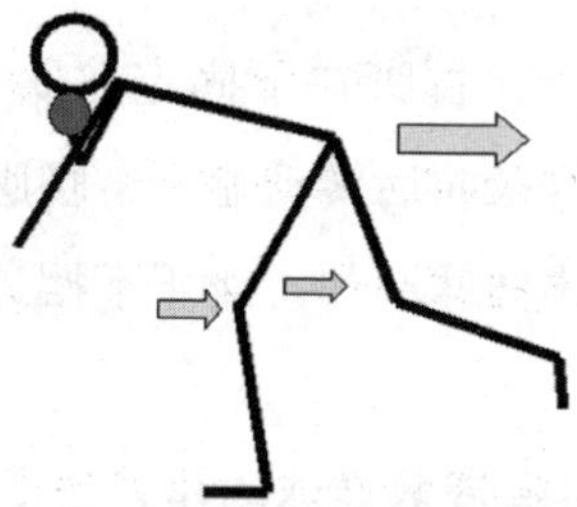

图 2－108　持球连续滑步

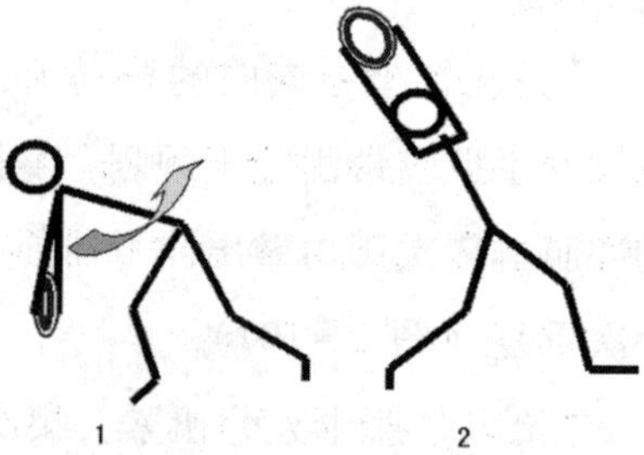

图 2－109 蹬转摆片

（二）背向旋转推铅球

前文论述的背向滑步推铅球部分专门力量练习方法对于发展旋转推铅球专门力量也适用，这里更加紧密结合旋转投掷项目技术特点进行适当补充。

1. 抱头旋转

【目的】发展下肢快速旋转动作速度力量、空间定向和平衡能力。

【方法】双手交叉放在头后，上体前倾约与地面平行、低头。快速旋转 1～15 秒，紧接着沿一直线走 8～10 米（图 2－110）。

【要求】尽可能快速旋转，并且在旋转后走直线。

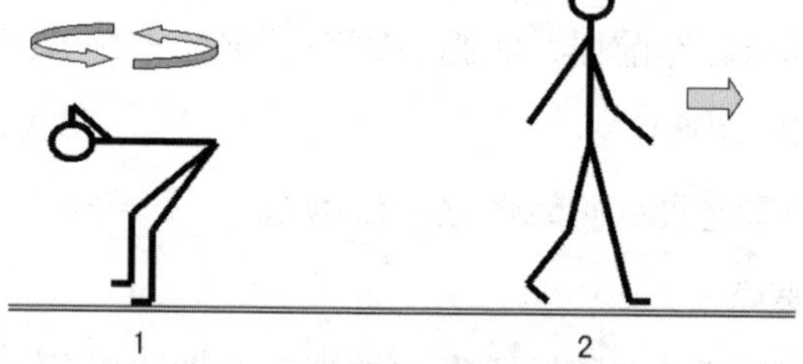

图 2－110　抱头旋转

2. 绳梯 180°转体跳

【目的】发展骨盆、髋部和双脚的动作速度力量、灵活性，以及周边视觉能力。

【方法】身体半蹲，双脚左右开立以前脚掌支撑身体，每只脚站在一个格子里。身体跳起在空中转体180°，双脚各落在前面的格子中。身体跳起向反方向在空中转体180°，双脚各落在前面的格子中。重复练习（图2－111）。

【要求】身体始终向同一方向移动，尽量用骨盆和下肢快速完成动作。

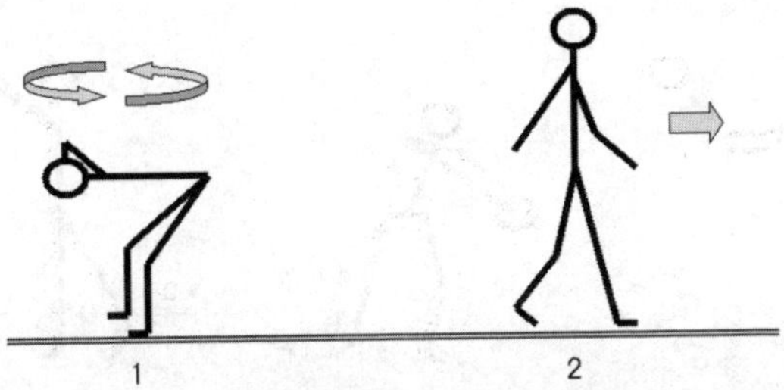

图2－111　绳梯180°转体跳

3. 跳起转体接实心球

【目的】发展下肢、骨盆、躯干和上肢的跳跃以及转体动作速度和爆发力。

【方法】背对接球方向，双脚左右开立紧紧夹住轻实心球。迅速跳起，用双腿将轻实心球抛向空中，身体落地迅速转体接住实心球（图2－112）。

【要求】身体环节协调配合，迅猛、连贯地完成动作。

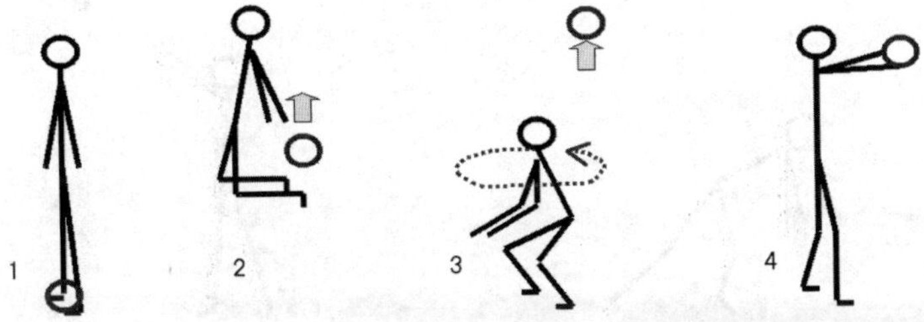

图2－112　跳起转体接实心球

4. 双手接实心球体侧抛

【目的】发展下肢、髋部、躯干两侧、肩部和上肢的动作速度和爆发力。

【方法】面对抛掷方向，双脚前后开立，双手胸前接同伴传来的实心球。接球后顺势下蹲，并向体侧转体，形成身体“扭紧”姿势。向前蹬腿、送髋、转体和挥臂，向身体前上方抛回实心球。重复练习（图2－113）。

图2－113　双手接实心球体侧抛

【要求】身体环节用力顺序自下而上，迅猛完成动作。

5. 双手抛掷铃片

【目的】发展腿、髋和躯干的专门力量（也可用于掷铁饼专项技能训练）。

【方法】双手持铃片，两脚自然开立约一肩半宽。体重移向右腿、向右转体并降低重心。直臂双手持片于胸前。右腿、右髋转蹬发力，带动上体和上肢将铃片抛出（图2－114）。

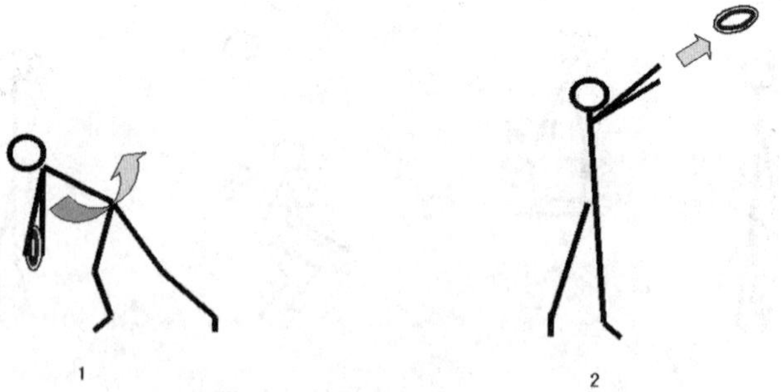

图2－114　双手抛掷铃片

【要求】开始姿势体重充分压在右腿上。下肢用力以转动为主，铃片出手时体重移到左腿上。

6. 杠铃抡摆

【目的】发展下肢特别是躯干的快速转动力量和建立正确的用力顺序。

【方法】将杠铃无片一端顶住一穴斗状固定物，两脚左右开立约一肩半宽。双手握住杠铃另一端，并直臂上推于头前上方。转体，直臂下摆杠铃并顶在身体一侧。腿、髋、躯干发力带动双臂向上回摆杠铃至最高点后，再转体。直臂下摆杠铃并顶在身体另一侧。左右侧重复（图2－115）。

【要求】以骨盆和躯干转动为主完成动作，杠铃摆至最低点时贴近体侧。杠铃摆至最高点时要伸直双臂。

图2－115　杠铃抡摆

7. 抱头转体起

【目的】提高腹部和躯干侧面肌群专门力量（也可用于掷铁饼、掷链球专项技能训练）。

【方法】双手抱头仰卧在山羊上，双脚固定，轮流向左、向右转体90°坐起。重复练习（图2－116）。

【要求】尽量伸展躯干，肩轴与髋轴扭紧。

图2－116 抱头转体起

8. 扶栏杆转髋

【目的】发展下肢和髋部的专门转动力量和专项灵活性（也可用于掷铁饼专项技能训练）。体会旋转过程中单支撑一双支撑转动的技术及超越动作的肌肉感觉。

【方法】两脚前后（左前右后）约肩宽开立，上体微微前倾、左转斜对栏杆，双手扶住栏杆上缘。右脚抬起向前绕弧线摆动，左脚蹬离地面，协助骨盆迅速转动。随转身和右脚内旋落地后，左脚及时绕到右脚前落地，恢复预备姿势。重复练习（图2－117）。

【要求】以下肢和髋部用力为主完成转动动作。结束姿势髋轴与肩轴尽量扭紧成“十”字形。

图2－117 扶栏杆转髋

9. 肩负杠铃片原地旋转一周

【目的】发展左腿、左脚的专门力量，提高进入旋转动作的身体平衡能力。

【方法】双脚左右开立一肩半宽，双手扶肩上杠铃片，降低重心，稍向右转体获得身体扭紧。身体向左转动，重心移向左腿，左脚跟提起形成旋转轴。右腿用力蹬离地面，并充分外展，左脚支撑旋转一周（图2－118）。

图2－118　肩负杠铃片原地旋转一周

【要求】在身体扭紧情况下起转，体重充分压在左腿旋转轴上。旋转中重心尽量压低，右腿外展。

10. 持铅球连续旋转

【目的】提高下肢专门动作速度力量和协调性，发展平衡能力。

【方法】双脚前后开立，左脚在前。右脚迅速前摆、落地并积极转动，身体重心充分压在右腿上。左脚积极落地支撑，进入最后用力预备姿势。保持低重心，使双脚重新前后开立，进行下一次连续练习（图2－119）。

【要求】沿直线连续旋转，保持低重心。下肢动作协调连贯。

图2－119 持铅球连续旋转

（三）掷标枪

1. 鞭打小竹条

【目的】发展腿、髋、躯干和肩带的专门快速力量，提高专门协调能力。

【方法】手持小竹条，进行原地、短助跑和全程助跑鞭打练习（图2－120）。

【要求】发力动作以右腿、右髋的转动为主，充分翻肩快速向前上方鞭打。动作结束时身体左侧形成稳固支撑。

图2－120 鞭打小竹条

2. 对墙反弹球

【目的】发展躯干、肩带和投掷臂的速度力量，培养快速用力节奏。

【方法】投掷臂手持带球，非投掷臂手扶墙面。双脚左前右后开立，左脚尖离墙约 20 厘米。向头上方墙面鞭打带球。当球反弹，恢复预备姿势，继续下一次练习（图 2－121）。

【要求】身体后仰至最低点时，躯干带动投掷臂迅猛鞭打带球。

图 2－121　对墙反弹球

3. 原地拉胶带

【目的】发展下肢、髋部和躯干的专门力量，建立大环节带动小环节的用力顺序。体会鞭打出手动作中上体、肩带和投掷臂的肌肉用力感觉。

【方法】身体左侧对用力方向，投掷臂手持胶带一端。开始姿势体重压在右腿上，右腿发力内转并送髋，带动躯干和投掷臂（图 2－122）。

【要求】及时翻肩和向左腿移动重心，沿一直线前拉胶带。

图 2－122　原地拉胶带

4. 站立头后拉杠铃

【目的】发展胸部和肩带的专门力量，加强肩带的柔韧性。

【方法】背靠在横向长凳或山羊上，双手持握轻杠铃于头上方，双脚前后开立于地面。向头后沿半圆路线下降杠铃，同时向上提髋。也可以仰卧在长凳或山羊上练习。身体下振，借助反弹以胸带臂快速上拉，重复练习（图2－123）。

【要求】放下杠铃时吸气，拉起时呼气。下摆杠铃时充分拉长胸部和肩带肌群，快速完成练习。

5. 仰卧投实心球

【目的】发展躯干和投掷臂的专门力量，培养投掷用力意识。

【方法】开始姿势仰卧于垫子上，背部垫一个实心球。直臂双手持实心球后摆，充分挺胸，迅速向前上方抛出实心球（图2－124）。

【要求】躯干发力带动胸和双臂。

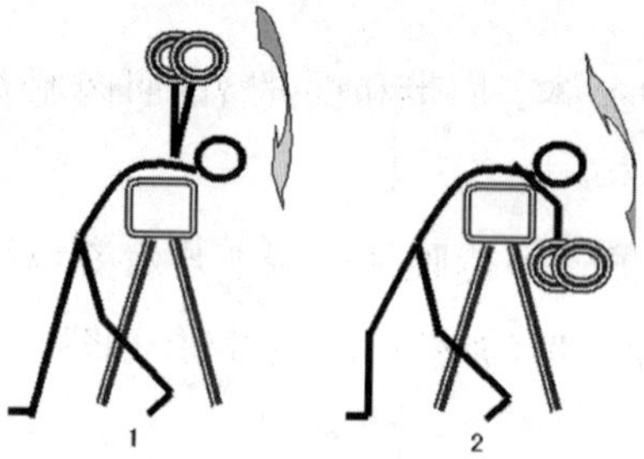

图2－123　站立头后拉杠铃

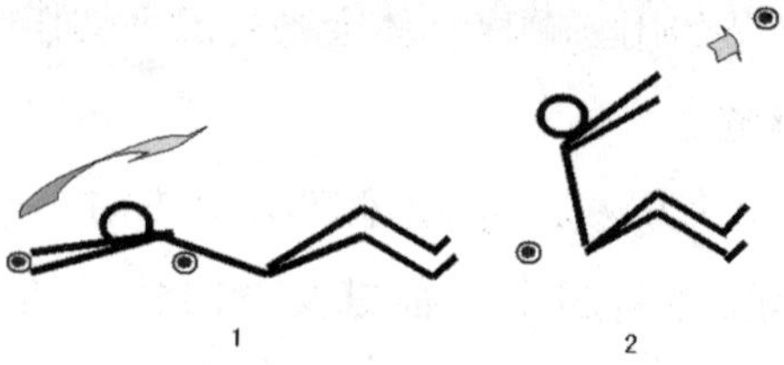

图2－124　仰卧投实心球

6. 沿跑道连续交叉步

【目的】发展下肢和髋部的专门力量和专项灵活性。体会投掷步单支撑－双支撑转动的技术及超越动作的肌肉感觉，提高专项平衡能力。

【方法】预备姿势，双脚前后开立，左脚在前。恢复预备姿势连续练习，沿跑道或直线做连续交叉步20～30米（图2－125）。

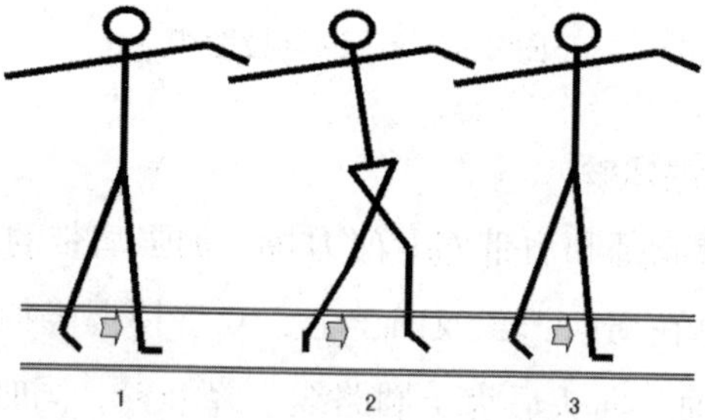

图2－125　沿跑道连续交叉步

【要求】以下肢和髋部用力为主快速完成动作。

7. 短助跑单手投小球

【目的】提高最后用力爆发力和快速用力节奏感，加强最后用力意识和动作准确性。

【方法】手持300克以下小球，3步、5步或短助跑结合投掷步技术投掷（图2－126）。

【要求】身体连贯加速，鞭打出手动作以极限速度完成。

图2－126 短助跑单手投小球

8. 双手接实心球头上抛

【目的】发展下肢、腹部、胸部和上肢的动作速度和爆发力。

【方法】面对抛掷方向，双脚前后开立，直臂双手举过头顶接同伴传来的实心球。接球后顺势形成"满弓"姿势。蹬腿、挺身、挥臂向身体前上方抛回实心球给同伴。重复练习（图2－127）。

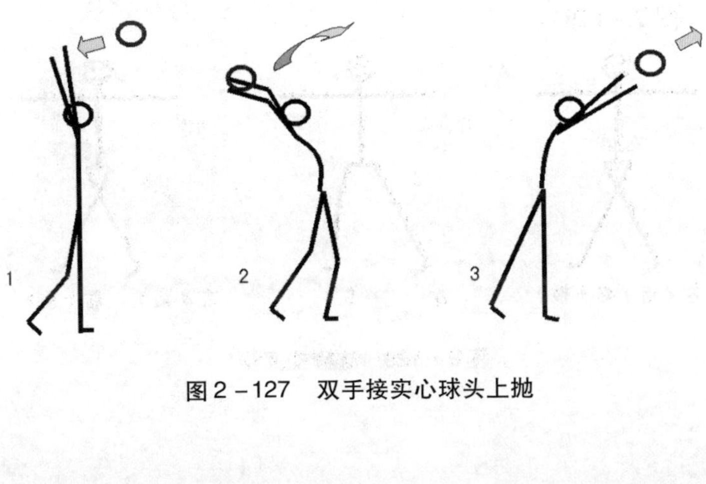

图2－127 双手接实心球头上抛

【要求】身体环节用力顺序自下而上，迅猛完成动作。

9. 连续左右转髋

【目的】发展骨盆、髋部和双脚的速度力量和灵活性。

【方法】双臂侧平举，双脚左右开立以前脚掌支撑身体，身体快速侧向移动。右脚通过左脚前方向身体左侧移动落地，恢复开始姿势。右脚通过左脚后方向身体左侧移动落地，恢复开始姿势。重复练习（图2－128）。

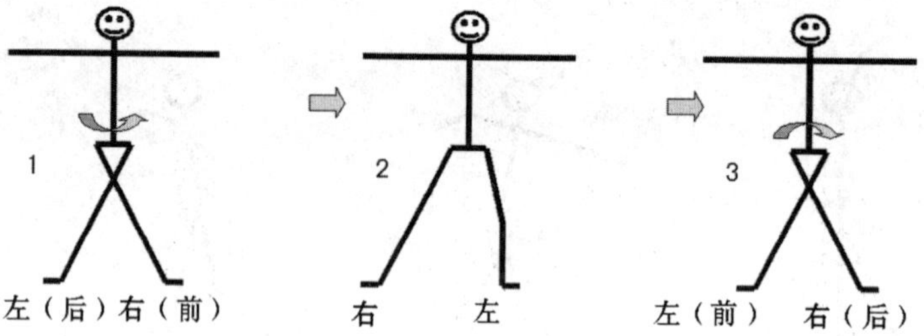

图2－128 连续左右转髋

【要求】身体始终朝向同一方向，尽量用骨盆和下肢快速完成动作。可以加大动作速度或幅度练习，也可以根据专向需要反方向练习。

10. 连续交叉步

【目的】发展骨盆、髋部和双脚的速度力量和灵活性。

【方法】双臂侧平举，双脚左右开立以前脚掌支撑身体，身体快速侧向移动。右脚通过左脚前方向身体左侧移动落地，恢复开始姿势。重复练习（图2－129）。

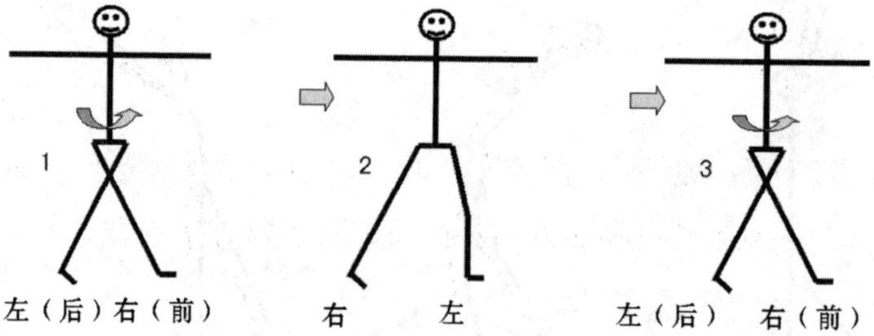

图2－129 连续交叉步

【要求】身体侧对，双脚始终朝向移动方向，尽量用骨盆和下肢快速完成动作。可以加大动作速度或幅度练习，也可以根据专向需要反方向练习。

11. 绳梯连续左右转髋

【目的】发展骨盆、髋部和双脚的速度力量、灵活性以及周边视觉能力。

【方法】双臂体侧伸展，双脚左右开立以前脚掌支撑身体，身体快速侧向移动。右脚通过左脚前方向身体左侧移动落地，恢复开始姿势。右脚通过左脚后方向身体左侧移动落地，恢复开始姿势。重复练习（图2－130）。

【要求】身体侧对、双脚始终朝向移动方向，尽量用转动骨盆和下肢快速完成动作。可加大动作速度在绳梯的格子中练习，也可以根据专向需要反方向练习。

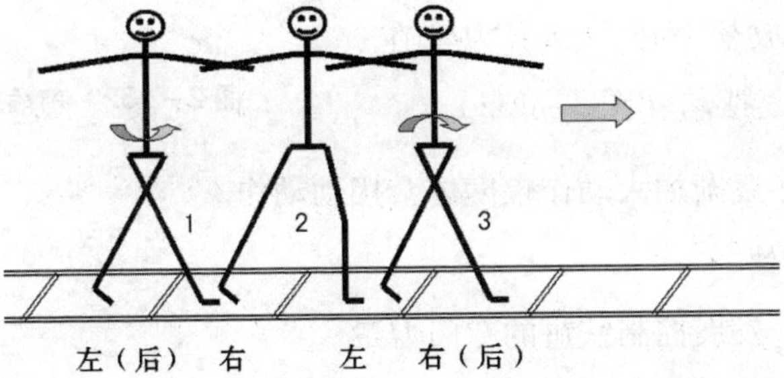

图2－130 绳梯连续左右转髋

12. 绳梯连续交叉步

【目的】发展骨盆、髋部和双脚的动作速度、灵活性以及周边视觉能力。

【方法】双臂侧平举，双脚左右开立以前脚掌支撑身体，身体快速侧向移动。右脚通过左脚前方向身体左侧移动落地，恢复开始姿势。重复练习（图2－131）。

【要求】身体侧对、双脚始终朝向移动方向，尽量用转动骨盆和下肢肢快速完成动作。可加大动作速度在绳梯的格子中练习。

图2－131　绳梯连续交叉步

（四）掷铁饼

1. 摆　饼

【目的】发展控制铁饼的专门力量。

【方法】左脚在前，双脚前后开立，投掷臂放松下垂。以肩为轴在体侧前后重复摆动（图2－132）。

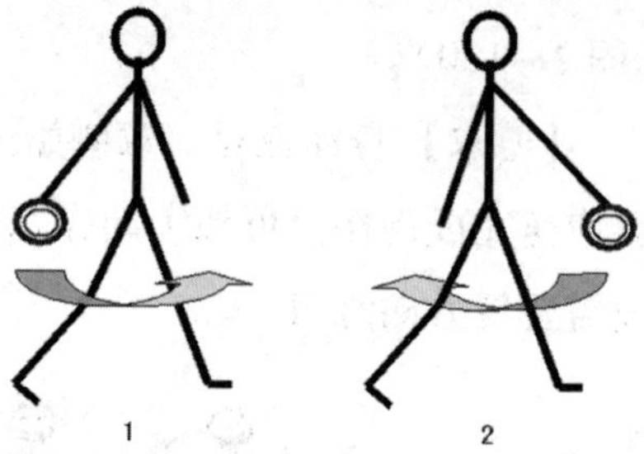

图2－132　前后摆饼

【要求】逐渐加大动作幅度体会摆动动作。

2. 滚　饼

【目的】发展控制铁饼的专门力量。

【方法】左脚在前双膝微屈，前后开立。身体前倾，投掷臂放松下垂，在体侧前后摆动。当铁饼摆到身体前最远处时，由小指到食指依次拨饼，铁饼从食指末节离手（图2－133）。

图2－133　滚饼

【要求】尽量控制铁饼沿直线向前滚动，体会铁饼的出手动作。

3. **正面原地掷铁饼**

【目的】发展蹬伸双腿并前送右髋，以胸带臂的铁饼出手动作的专门力量。

【方法】面对投掷方向两脚左右开立，将铁饼向身后摆动。躯干向右后方扭转，双腿微屈并降低身体重心。随铁饼回摆动作蹬伸双腿并前送右髋，带动投掷臂将铁饼掷出（图 2－134）。

【要求】做出身体大环节带动小环节的用力顺序。

图 2－134　正面原地掷铁饼

4. **侧向原地掷铁饼**

【目的】发展蹬伸双腿转体并前送右髋，以胸带臂的铁饼出手动作的专门力量。

【方法】身体左侧对投掷方向，两脚自然开立。完成预摆时身体重心移向右腿，并降低重心。右腿向投掷方向蹬转发力送髋，带动上体和投掷臂将铁饼掷出（图 2－135）。

图 2－135　侧向原地掷铁饼

【要求】完成预摆时身体充分扭紧，背对投掷方向。做出身体大环节带动小环节的用力顺序。

5. 原地连续挥片

【目的】发展腿、髋、躯干和肩带的多环节专门力量，提高专门协调能力。

【方法】在身体充分扭紧姿势下开始发力动作，以右腿、右髋的转动为主。投掷臂充分伸展大幅度摆动（图 2 – 136）。

【要求】动作结束时身体左侧形成稳固支撑。

图 2 – 136 原地连续挥片

6. 仰卧扩胸

【目的】发展胸部和肩带的专门力量，加强肩带的柔韧性。

【方法】下摆铃片拉长胸部和肩带肌群，然后迅速上摆铃片（图 2 – 137）。

【要求】下摆铃片时应尽量放松，当放到最低点时立即胸带臂快速收缩，直臂完成练习。

图 2 – 137 仰卧扩胸

7. 仰卧单臂挥片

【目的】发展腹部、躯干和肩带的专门力量和柔韧性，建立正确的用力顺序。

【方法】将双脚固定，坐在山羊上转体后仰下摆铃片，做出躯干充分扭紧（图2－138）。

【要求】腰部的转动与胸带臂有机衔接，投掷臂伸直、大幅度摆动。

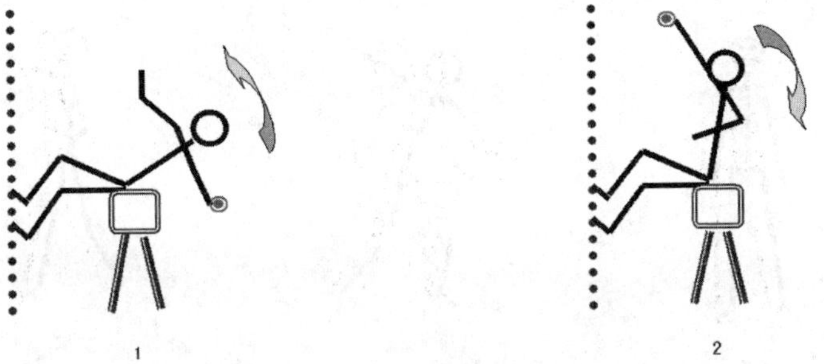

图2－138　仰卧单臂挥片

8. 原地拉胶带鞭打

【目的】发展下肢、髋部和躯干的专门力量，建立大环节带动小环节的用力顺序。

【方法】将胶带一端固定于地面，手握另一端。开始姿势体重充分压在右腿上，下肢用转动上体完成鞭打动作（图2－139）。

【要求】投掷臂与肩轴在一直线上，充分伸展。

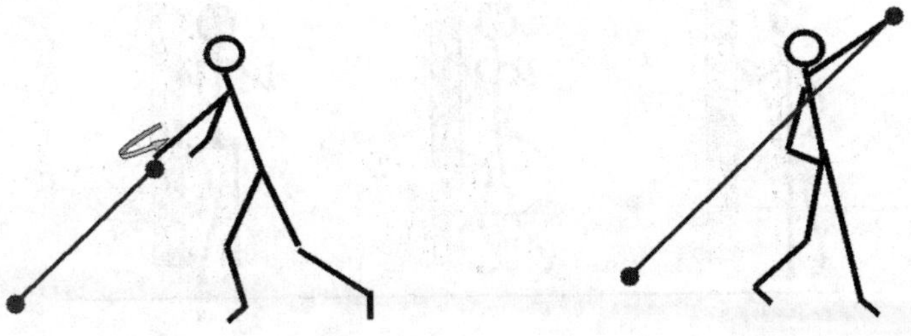

图2－139　原地拉胶带鞭打

9. 原地鞭打标志物

【目的】培养最后用力爆发力和快速用力节奏感，提高控制能力和动作准确性。

【方法】右手持小竹条，从最后用力预备姿势开始最后用力动作，鞭打标志物（图 2－140）。

【要求】鞭打动作以极限速度完成，投掷臂与肩轴在一直线上，充分伸展。

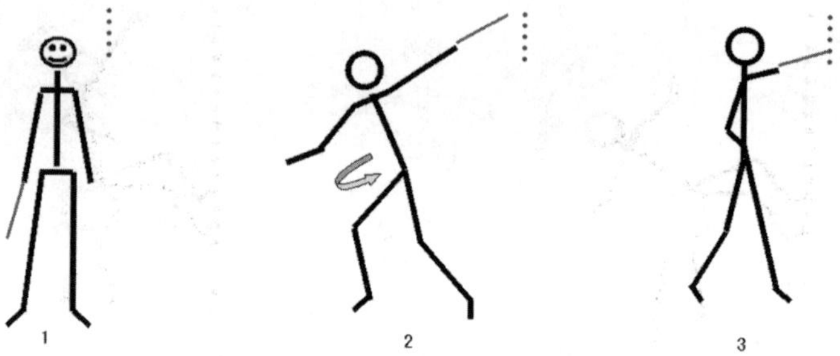

图 2－140 原地鞭打标志物

10. 腰系带球打墙角

【目的】提高腿部和髋部的专项力量和协调性，体会右腿和骨盆绕身体左侧轴转动的技术感觉。

【方法】将一带球固定于右侧腰上，右手扶墙角，转动右髋带动带球打墙角（图 2－141）。

【要求】沿大弧度转动右髋，身体左侧支撑固定形成旋转轴。

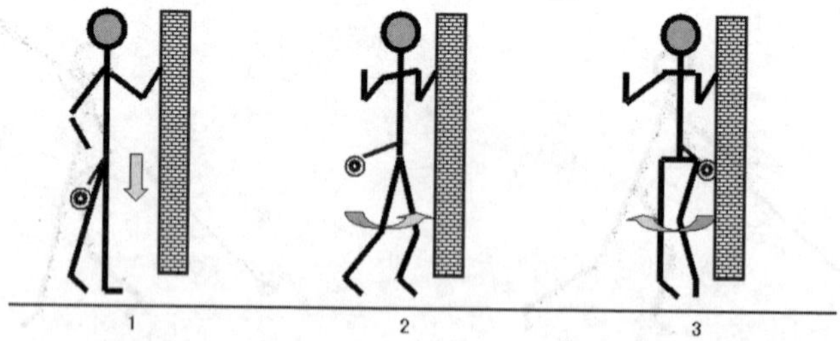

图 2－141 腰系带球打墙角

11. 沿跑道连续旋转

【目的】发展下肢和髋部的专门力量和专项灵活性，提高专项平衡能力。

【方法】预备姿势左脚在前双脚前后开立，以下肢和髋部用力为主快速完成连续旋转动作。沿跑道或直线做连续旋转 15 ~ 20 米，重复恢复预备姿势连续练习（图 2 – 142）。

【要求】结束姿势髋轴与肩轴尽量扭紧成“十”字形。

图 2 – 142　沿跑道连续旋转

12. 肩负杠铃杆原地旋转 1 周

【目的】发展左腿、左脚的专门力量，提高进入旋转动作的身体平衡能力。

【方法】肩负杠铃杆做出预摆和进入旋转动作。身体压在左腿支撑轴上旋转 1 周（图 2 – 143）。

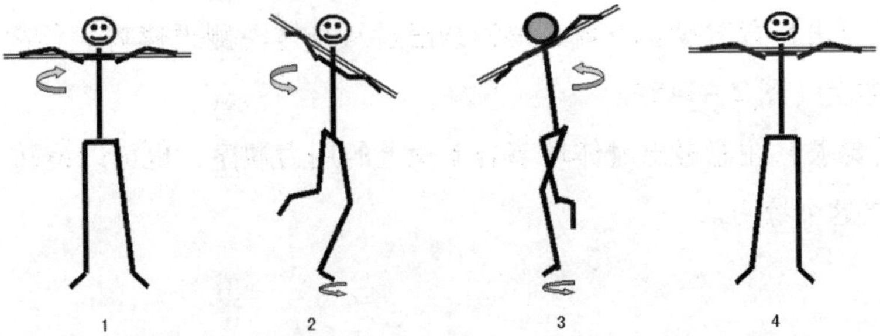

图 2 – 143　肩负杠铃杆原地旋转 1 周

【要求】身体扭紧情况下起转，体重充分压在左腿旋转轴上。旋转中重心尽量压低，右腿外展。

（五）掷链球

1. 预摆练习

【目的】发展掷链球预摆的专门力量。

【方法】骨盆向器械运行的反方向移动，动作逐渐加快。链球顶端尽量远离身体，加大幅度。练习顺序为徒手做预摆模仿练习、双手持实心球做预摆、左手或右手持较轻的链球做预摆、双手持链球或沙袋行进间做预摆（图 2－144）、双手持轻链球或标准链球做预摆蹲起、双手持标准链球做预摆。

【要求】放松、自然、协调，两臂伸直，尽量加大幅度。

图 2－144　双手持沙袋行进间做预摆

2. 侧向投壶铃

【目的】发展专项爆发力和体会身体环节自下而上的用力顺序。

【方法】背对投掷方向，稍做预摆后从身体左侧迅速将壶铃向投掷方向抛出（图 2－145）。

【要求】注意做出身体环节自下而上的用力顺序，也可以旋转 1～2 周紧接这个练习。

图2－145　侧向投壶铃

3. 持重链球连续抡摆

【目的】提高肩部专门力量，提高身体控制平衡和对抗链球离心力的能力。

【方法】持加重链球连续抡摆10～20周（图2－146）。

【要求】肩部和双臂放松，身体随链球运行方位改变重心位置对抗离心力。

图2－146　持重链球连续抡摆

4. 负重旋转1周

【目的】提高下肢、髋部和躯干的专项技能力量。

【方法】双手持杠铃片于头后肩上进行旋转1周练习(图2－147)。

【要求】下肢动作连贯协调。

5. 脚尖拨铃片旋转1周

【目的】发展左脚进入旋转的专项力量和速度。

【方法】徒手成进入旋转预备姿势，在左脚尖的左侧地面放 1 个杠铃片。进入旋转时用左脚尖将杠铃片迅速拨开后旋转 1 周，重复练习（图 2－148）。

【要求】杠铃片重量根据练习者情况而定。

图 2－147　负重旋转 1 周

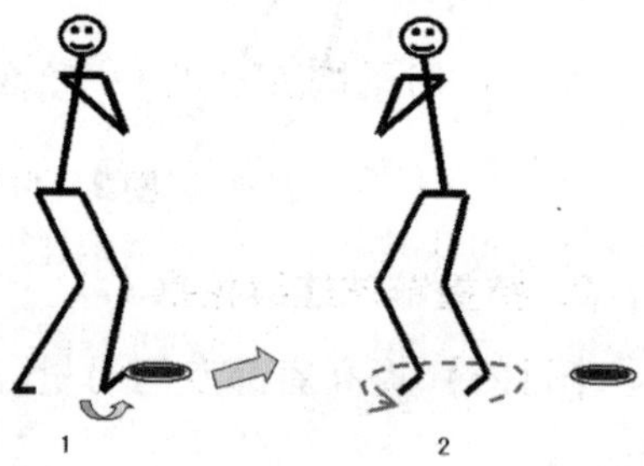

图 2－148　脚尖拨铃片旋转 1 周

6. 挥摆铃片转体

【目的】发展躯干和肩部的专项力量和速度。

【方法】双手持杠铃片于胸前左右转体挥摆（图 2－149）。

【要求】双脚约以肩宽固定于地面。

7. 双手持沙袋左右转体

【目的】发展下肢和躯干的专门力量。

【方法】双手持沙袋成下蹲姿势，上体向右转。双腿蹬地转体站起大半径抡起沙袋，下蹲后上体再向左转（图 2－150）。

【要求】根据练习者情况选择沙袋重量，下肢发力完成动作。

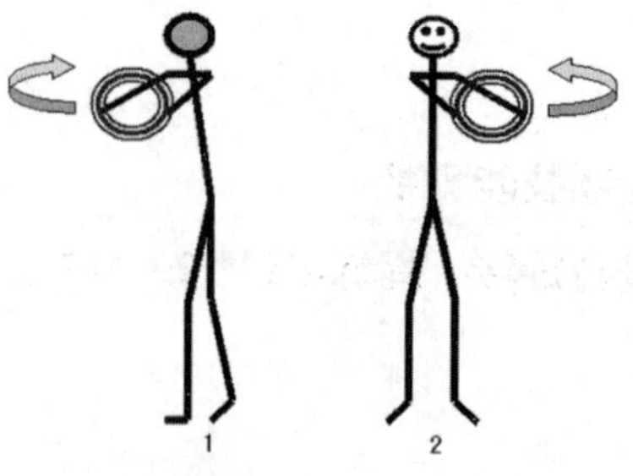

图 2－149　挥摆铃片转体

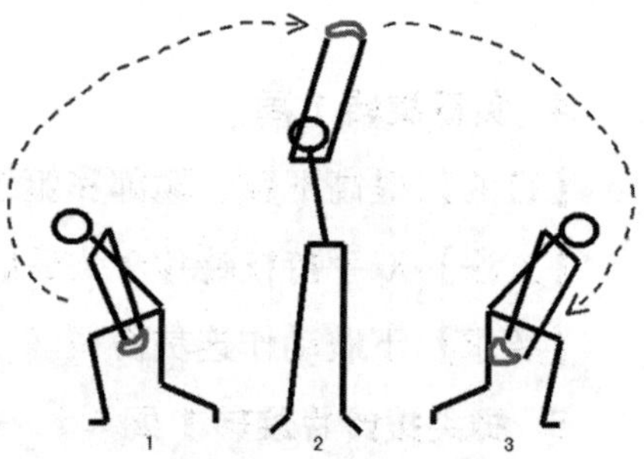

图 2－150　双手持沙袋左右转体

第二节 游泳运动员力量训练方法

一、力量训练手段介绍

（一）力量训练手段1：垫高小腿仰卧起坐

【目的】发展腹肌上部的力量。

【方法】仰卧将小腿放在长凳上，大腿与身体成45°夹角。将双手交叉于头后部，尽量高地提起上体。提起上体时呼气，落下时吸气。重复练习（图2－151）。

图2－151 垫高小腿仰卧起坐

（二）力量训练手段2：伸背练习

【目的】发展腰部肌群的力量。

【方法】双脚固定，在鞍马或高长凳上以髋部为支撑点下屈躯干至与地面垂直的姿势。将双手交叉于头后部，伸背至躯干与地面成稍高于水平位置的姿势。提起上体时吸气，落下时呼气。重复练习（图2－152）。

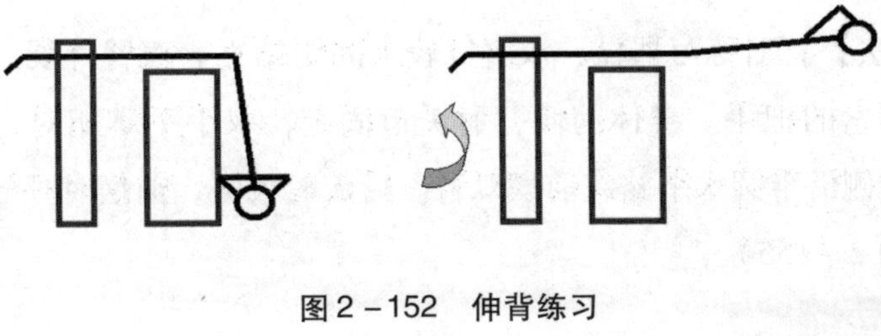

图2－152 伸背练习

（三）力量训练手段3：坐立斜推哑铃

【目的】发展胸大肌上部、臂部前伸和上举的力量。

【方法】坐靠在斜架上，双手在肩上持哑铃，掌心相对。紧贴躯干放下哑铃，再沿原路线推起哑铃。推起哑铃时呼气，落下时吸气。重复练习（图2－153）。

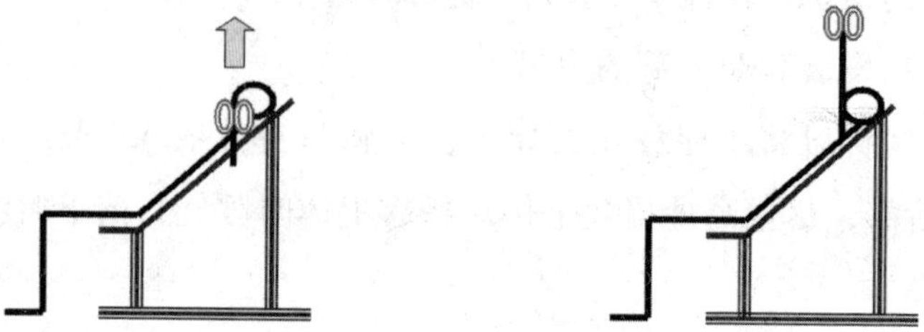

图2－153　坐立斜推哑铃

（四）力量训练手段4：宽握侧下拉

【目的】发展躯干两侧、背部肌群和臂部下拉的力量。

【方法】跪在地面支撑体重，在头上部双手以大约两倍肩宽的间距握住阻力钢索横杠的把手。下拉阻力钢索的横杠至前胸，下拉时吸气，抬起时呼气。重复练习（图2－154）。

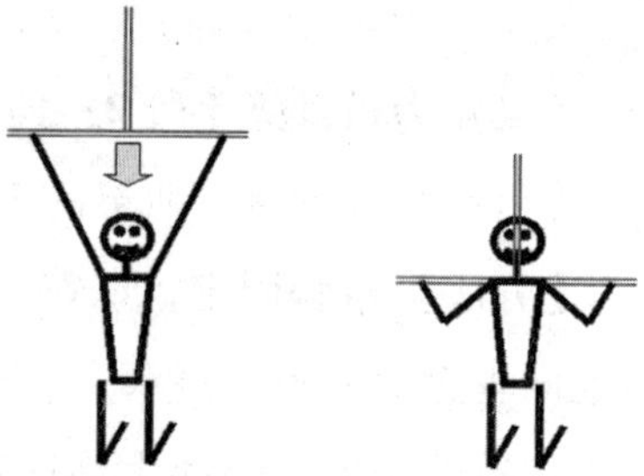

图2－154　宽握侧下拉

（五）力量训练手段5：侧前拉

【目的】发展胸大肌上部和臂部由体侧前摆的力量。

【方法】背对练习器械，双脚以较大间距站立，双臂外展，双手握住阻力钢索的把手。身体前倾，肘关节固定，双手手掌相对，与胸同高，从体侧沿半圆水平路线前摆双臂。后放时吸气，前摆时呼气。重复练习（图2－155）。

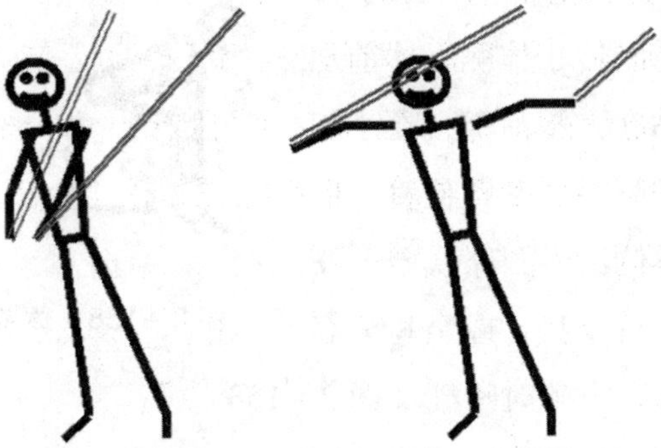

图 2－155　侧前拉

（六）力量训练手段 6：提拉哑铃

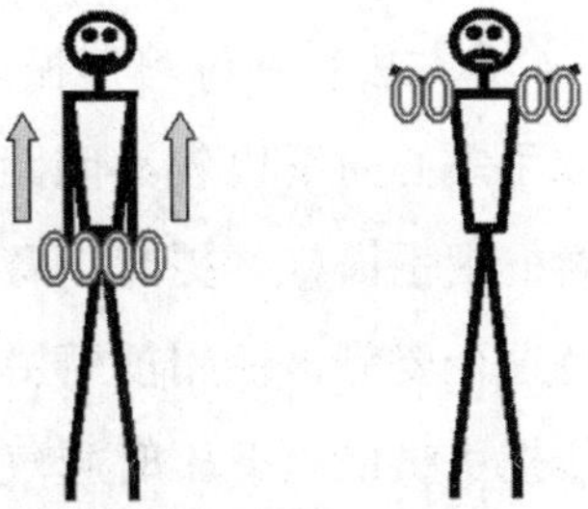

图 2－156　提拉哑铃

【目的】发展肩部三角肌前部、斜方肌和臂部上提的力量。

【方法】站立姿势，双手手掌相对，以肩宽或更小间距握哑铃，紧贴身体。肘关节外展，沿直线上提哑铃至下颌部位。上提时吸气，下落时呼气。重复练习（图 2－156）。

（七）力量训练手段 7：直体侧摆哑铃

【目的】发展三角肌前部和上部的力量。

图 2－157　直体侧摆哑铃

【方法】坐在凳子上或站立，双手掌心向内，直臂持哑铃于体侧。从体侧沿半圆路线向上侧摆哑铃到比肩略高的位置，稍停顿后重复练习。上摆时吸气，下落时呼气（图 2－157）。

（八）力量训练手段 8：体前屈侧摆哑铃

【目的】发展三角肌后部的力量。

【方法】坐在凳子上，双手掌心向内，直臂持哑铃于体侧。体前屈直至胸部几乎贴在大腿前部，在小腿和凳面之间侧摆哑铃。双臂伸直，肘关节固定。在体侧沿半圆路线向上摆哑铃到与地面平行姿势，或至耳朵高度。上摆时吸气，下落时呼气（图 2－158）。

图 2－158　体前屈侧摆哑铃

（九）力量训练手段 9：窄握下压

【目的】发展肱三头肌外侧的力量。

【方法】在练习器械前直立抬头，双手掌心向下以较小间距握住阻力钢索的把手横杠。提起上臂至体侧并保持这个姿势，使用前臂沿半圆路线下压把手横杠。下压时吸气，上抬时呼气（图 2－159）。

图 2－159　窄握下压

（十）力量训练手段 10：杠铃屈肘

【目的】发展肱二头肌的力量。

【方法】直立抬头，双臂伸直将杠铃贴在大腿前部。双手间距约一肩半宽，掌心向上握住杠铃。沿半圆路线向上屈肘直到前臂贴到肱二头肌上，上臂贴在躯干两侧。沿原动作路线放下杠铃，向上运动时吸气，向下运动时呼气（图 2－160）。

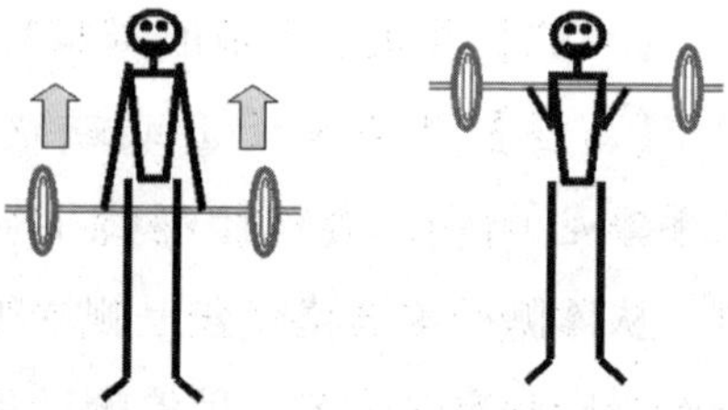

图 2－160　杠铃屈肘

（十一）力量训练手段 11：伸膝

【目的】发展大腿前部的力量。

【方法】在力量联合练习器械上坐下，把双脚固定在器械上，把座位顶住膝关节后部。双手在臀部后面握住座位，脚趾向下，顶起重量直到与地面平行。沿原动作路线返回，向上运动时吸气，向下运动时呼气（图2－161）。

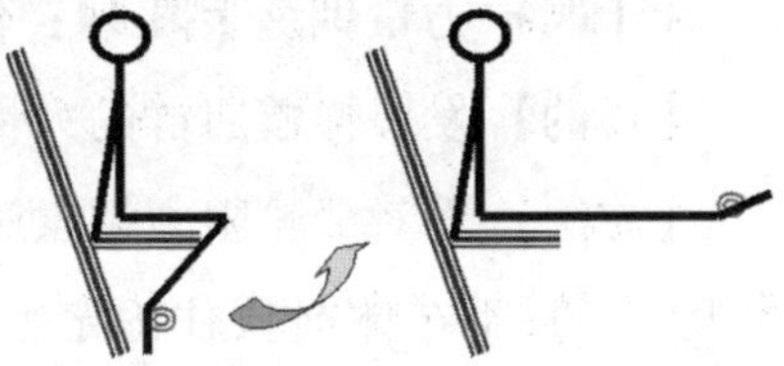

图2－161 伸膝

（十二）力量训练手段12：屈膝

【目的】发展大腿后部的力量。

【方法】在力量联合练习器械上俯卧下，把双脚固定在器械上，双手在身体前面握住器械固定。屈膝直到小腿折叠接触大腿后部。沿原动作路线返回，向上运动时吸气，向下运动时呼气（图2－162）。

图2－162 屈膝

（十三）力量训练手段13：屈髋

【目的】发展屈髋肌群的力量。

【方法】背对滑轮阻力钢索站立，将一只脚的踝关节固定在阻力钢索上。双手在体前腰部高度握住固定支撑物体。腿伸直，膝关节固定，腿前摆至与地面平行。背伸直，不要向前或后弯屈。向上运动时吸气，向下运动时呼气（图2－163）。

图2－163 屈髋

（十四）力量训练手段14：伸髋

【目的】发展伸髋肌群的力量。

【方法】面对滑轮阻力钢索站立，将一只脚的踝关节固定在阻力钢索上。一只手在体前扶住固定物体，一条腿直腿尽量远地向后上方向摆。背伸直，不要向前或后弯屈。向上运动时吸气，向下运动时呼气（图2－164）。

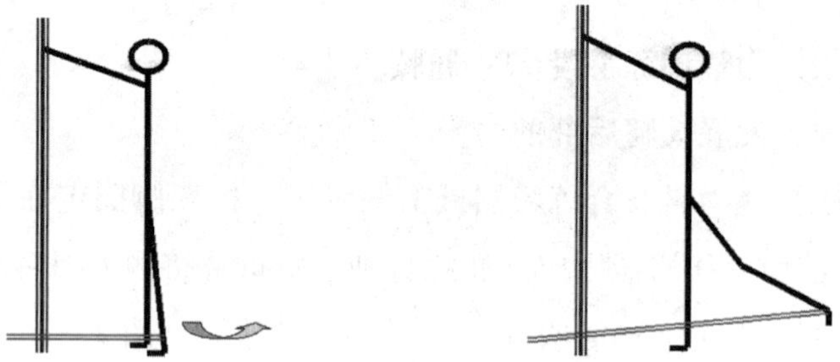

图2－164 伸髋

（十五）力量训练手段15：跪后踢腿

【目的】发展腰部和髋部伸展肌群的力量。

【方法】用一条腿跪在长凳上，双手握在凳子两侧固定身体。另一条腿下摆，然后直腿尽量向身后上摆。向上运动时吸气，向下运动时呼气（图2－165）。

图2－165 跪后踢腿

（十六）力量训练手段16：仰卧转髋

【目的】发展躯干斜肌和转动肌群的力量。

【方法】仰卧，双手在头后握住固定物体稳定身体。屈膝，双脚掌贴在地面。双腿并拢并向身体一侧倒，直到大腿接触地面。腰部不要弯曲，肩部不离开地面。向一侧运动时吸气，向另一侧运动时呼气（图2－166）。

图2－166　仰卧转髋

（十七）力量训练手段17：脚靠墙仰卧起坐

【目的】发展腹肌上部的力量。

【方法】在墙边仰卧将双脚放在墙上，膝关节微屈。将双手交叉于头后部，尽量高地提起上体。提起上体时呼气，落下时吸气，重复练习（图2－167）。

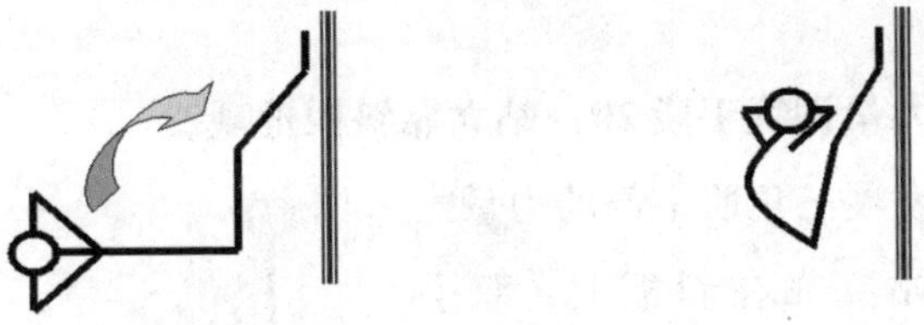

图2－167　脚靠墙仰卧起坐

（十八）力量训练手段18：斜板提腿

【目的】发展腹肌下部的力量。

【方法】头在上仰卧，在25°～30°斜板上，双手握肋木稳定身体。屈膝，高抬大腿，练习过程中双脚不要接触斜板。如果加大难度可以在双脚之间夹一个轻哑铃。提起腿时吸气，落下时呼气。重复练习（图2－168）。

图 2－168　斜板提腿

（十九）力量训练手段 19：提拉杠铃

【目的】发展肩部三角肌前部、斜方肌和臂部上提的力量。

【方法】站立姿势，双手手掌向下，以肩宽或更大间距握杠铃，紧贴身体。肘关节外展，沿直线上提杠铃至下颌部位，肘关节至耳朵高度，稍停顿后重复。上提时吸气，下落时呼气，重复练习（图 2－169）。

图 2－169　提拉杠铃

（二十）力量训练手段 20：站立靠斜板推哑铃

【目的】发展三角肌上部的力量。

【方法】站立靠在斜板上，双手掌心向上握哑铃，直臂上举于肩上，缓慢下降到胸前。双肘关节与双耳成一线，前臂稍微向内倾斜。向下运动时吸气，向上运动时呼气。重复练习（图 2－170）。

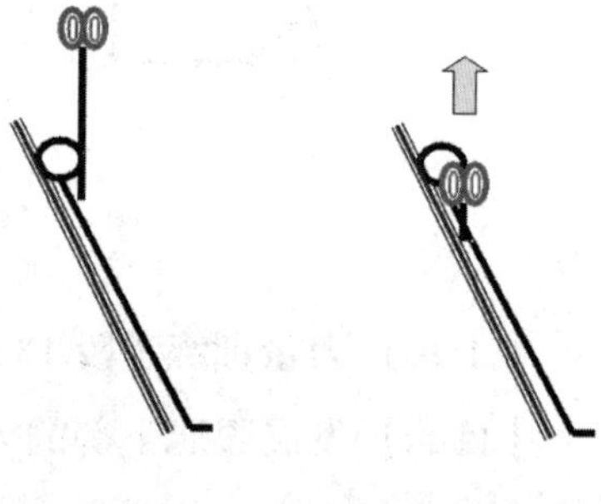

图 2－170　站立靠斜板推哑铃

（二十一）力量训练手段 21：颈前后下拉

【目的】发展躯干两侧、背部肌群和臂部下拉的力量。

【方法】跪在地面支撑体重，在头上部双手以大约肩宽的间距握住阻力钢索横杠的把手。下拉阻力钢索的横杠至前胸，下拉时吸气，抬起时呼气。再下拉阻力钢索的横杠至颈后与背部接触。交替重复练习（图2－171）。

（二十二）力量训练手段22：坐推举杠铃

【目的】发展三角肌前部、上部和臂部上举的力量。

【方法】坐在凳子上，双脚牢固支撑地面，挺胸直背，在肩上推举杠铃。向上运动时吸气，向下运动时呼气。重复练习（图2－172）。

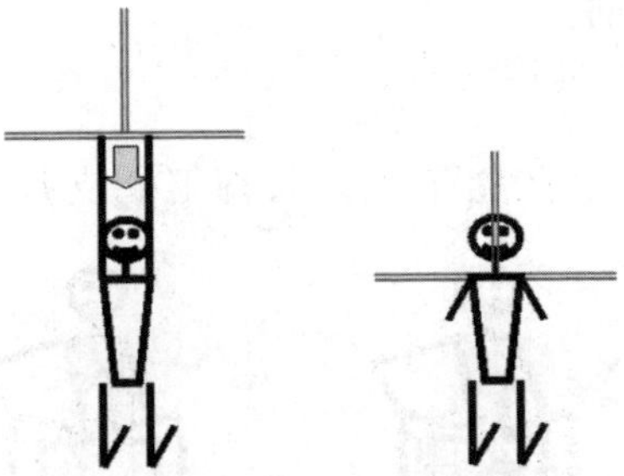

图2－171　颈前后下拉

图2－172　坐推举杠铃

（二十三）力量训练手段23：体前屈直臂前摆杠铃

【目的】发展三角肌后部的力量。

【方法】体前屈至躯干与地面平行，膝关节微屈，双手以窄于肩宽的间距握杠铃。在双肩下部直臂持杠铃下垂，沿半圆路线前摆杠铃至头部高度。再沿原动作路线落下，始终保持体前屈的躯干与地面平行姿势。双手也可以采用正常握距或宽握姿势。向上运动时吸气，向下运动时呼气。重复练习（图2－173）。

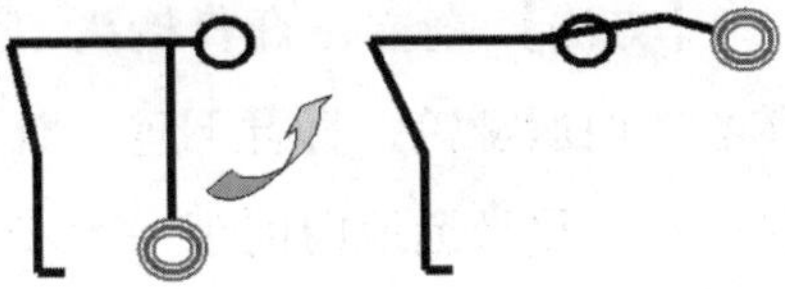

图2－173　体前屈直臂前摆杠铃

（二十四）力量训练手段24：颈后伸肘

【目的】发展肱三头肌的力量。

【方法】直立抬头，双手以尽量窄的间距掌心向下握杠铃，将杠铃举过头顶，直臂。沿半圆运动路线向头后下降杠铃，直到前臂接触肱二头肌，上臂贴近头部。伸直肘关节，恢复杠铃在头上的姿势。也可以采用双手正常握距或宽握姿势，或坐着练习。向上运动时呼气，向下运动时吸气。重复练习（图2－174）。

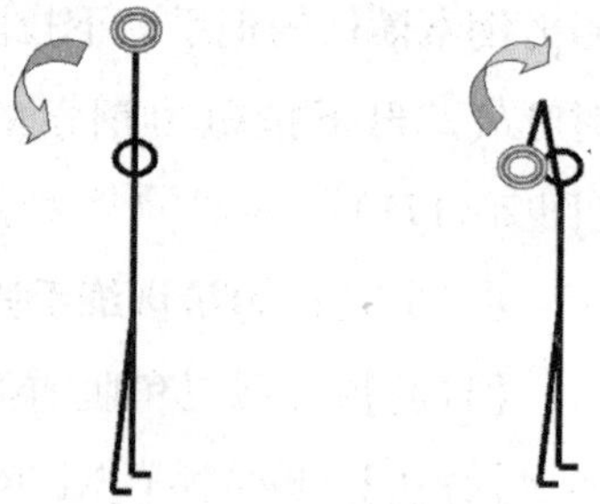

图2－174　颈后伸肘

（二十五）力量训练手段25：坐屈肘

【目的】发展肱二头肌的力量。

【方法】一只手掌心向上持哑铃，坐在凳子上，双脚牢固支撑地面。上体微前屈，另一只手扶在同侧膝关节上。持哑铃的臂肘关节顶在同侧大腿内侧，沿半圆运动路线屈肘，抬起哑铃至肩的高度。向上运动时吸气，向下运动时呼气。双臂交替重复练习（图2－175）。

图2－175　坐屈肘

（二十六）力量训练手段26：持哑铃前弓箭步

【目的】发展大腿前部和后部肌群的力量。

【方法】直立，直背抬头，双手掌心向内握哑铃，直臂下垂，双脚间距较小。尽量远地向前迈一大步，大腿几乎与地面平行。后面的腿尽量伸直。后退身体恢复开始的直立姿势。向前运动时吸气，向后运动时呼气。双腿交替重复练习（图2－176）。

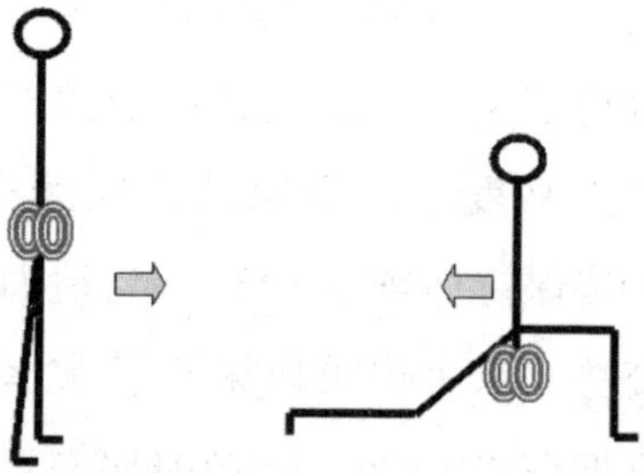

图2－176　持哑铃前弓箭步

（二十七）力量训练手段27：持哑铃侧弓箭步

【目的】发展大腿内侧和后部肌群的力量。

【方法】直立，直背抬头，双手掌心向内握哑铃，直臂下垂，双脚并拢。尽量远地向体侧迈一大步，直到大腿内侧几乎与地面平行。另一条腿尽量伸直。侧移身体恢复开始的直立姿势。向外侧运动时呼气，向内侧运动时吸气。双腿交替重复练习（图2－177）。

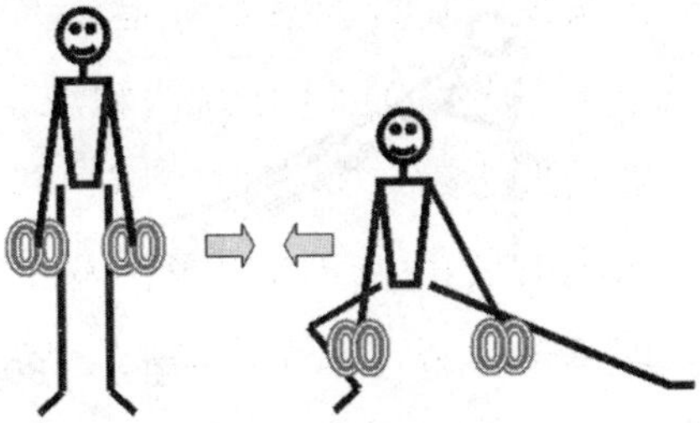

图2－177　持哑铃侧弓箭步

（二十八）力量训练手段28：徒手下蹲

【目的】发展大腿和小腿后部肌群的力量。

【方法】直立，双臂胸前交叉，直背抬头，双脚以较窄间距站立。下蹲至大腿上面与地面平行，双膝稍外展，再站起。也可以采用双脚宽或窄间距练习。向下运动时吸气，向上运动时呼气。重复练习（图2－178）。

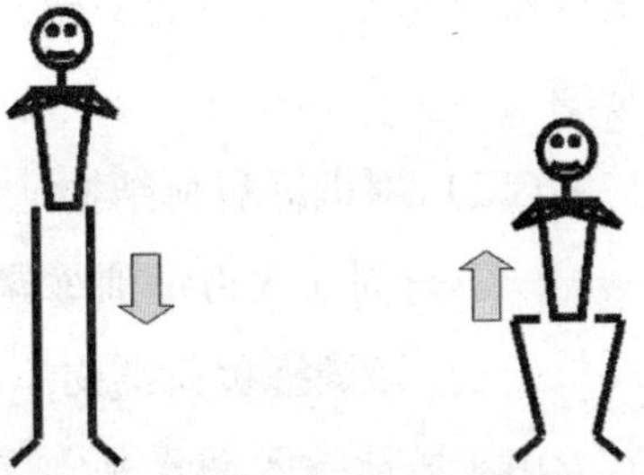

图2－178　徒手下蹲

（二十九）力量训练手段29：侧卧举腿

【目的】发展髋侧部肌群的力量。

【方法】身体侧卧并稍前倾，尽量高地提起上侧的腿，腿伸直，不要弯腰。然后放下腿返回。向上运动时吸气，向下运动时呼气。双腿交替重复练习（图2－179）。

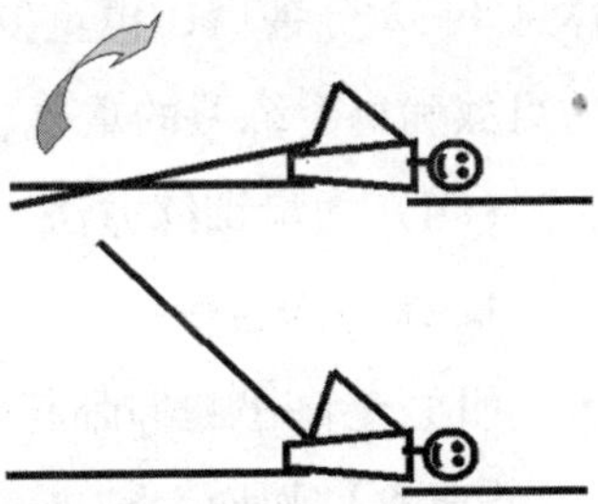

图2－179　侧卧举腿

（三十）力量训练手段30：斜板后提腿

【目的】发展髋后部肌群的力量。

【方法】在斜板上俯卧，直膝提起一条腿，腿尽量伸直。返回开始姿势，向上运动时吸气，向下运动时呼气。两腿交替重复练习（图2－180）。

图 2－180　斜板后提腿

二、一般准备期力量训练

（一）力量训练任务

游泳运动员一般准备期训练的主要任务是全面提高力量水平和取得全身肌肉和力量发展的平衡，一般准备期的训练内容一直延续到赛前准备期。

（二）周训练负荷结构

一般每周 3 次力量训练课，力量训练课之间间隔 1 天。

（三）课训练负荷结构

由于游泳技术动作基本是连续性（周期性）动作，可以采用按功能对抗或协同的两组肌肉群进行配对练习组合的方法进行力量训练。在每一种配对练习组合中，当完成第一个练习后，马上进行第二个练习，休息 1～2 分钟后，再重复第二组这样的配对练习组合。配对练习组合的组数和每个练习的重复次数可根据具体情况提出特殊要求。

（四）力量训练方法

1. 练习组合一

（1）垫高小腿仰卧起坐（见力量训练手段 1，图 2－151）

【要求】如加大难度，可在躯干适当负重。与伸背练习组合练习 1～2 组，每组重复次数为 25～50 次。

（2）伸背练习（见力量训练手段 2，图 2－152）

【要求】如加大难度，可在躯干适当负重。与垫高小腿仰卧起坐组合练习 1～2 组，每组重复次数为 15～25 次。

2. **练习组合二**

（1）坐立斜推哑铃（见力量训练手段3，图2－153）

【要求】与宽握侧下拉组合练习4组，4组重复次数为12－10－8－8次。

（2）宽握侧下拉（见力量训练手段4，图2－154）

【要求】与坐立斜推哑铃组合练习4组，4组重复次数为12－10－8－8次。

3. **练习组合三**

（1）侧前拉（见力量训练手段5，图2－155）

【要求】与提拉哑铃组合练习3组，3组重复次数为12－10－8次。

（2）提拉哑铃（见力量训练手段6，图2－156）

【要求】与侧前拉组合练习3组，3组重复次数为12－10－8次。

4. **练习组合四**

（1）直体侧摆哑铃（见力量训练手段7，图2－157）

【要求】与体前屈侧摆哑铃组合练习3组，3组重复次数为12－10－8次。

（2）体前屈侧摆哑铃（见力量训练手段8，图2－158）

【要求】与直体侧摆哑铃组合练习3组，3组重复次数为12－10－8次。

5. **练习组合五**

（1）窄握下压（见力量训练手段9，图2－159）

【要求】与杠铃屈肘组合练习3组，3组重复次数为12－10－8次。

（2）杠铃屈肘（见力量训练手段10，图2－160）

【要求】与窄握下压组合练习3组，3组重复次数为10－8－8次。

6. **练习组合六**

（1）伸膝（见力量训练手段11，图2－161）

【要求】与屈膝组合练习3组，3组重复次数为15－15－15次。

（2）屈膝（见力量训练手段12，图2－162）

【要求】与伸膝组合练习 3 组，3 组重复次数为 10－10－10 次。

7. 练习组合七

（1）屈髋（见力量训练手段 13，图 2－163）

【要求】与伸髋组合练习 2 组，每组每条腿重复次数为 15～10 次。

（2）伸髋（见力量训练手段 14，图 2－164）

【要求】与屈髋组合练习 2 组，每组每条腿重复次数为 15～10 次。

8. 练习组合八

（1）跪后踢腿（见力量训练手段 15，图 2－165）

【要求】与仰卧转髋组合练习 1 组，每条腿重复次数为 25～50 次。

（2）仰卧转髋（见力量训练手段 16，图 2－166）

【要求】与跪后踢腿组合练习 1 组，每条腿重复次数为 25～50 次。

三、赛前准备期力量训练

（一）力量训练任务

游泳运动员赛前准备期训练的主要任务是尽可能提高最大力量水平，赛前准备期的训练内容一直延续到比赛期，持续 4～8 周。

（二）周训练负荷结构

一般每周 3 次力量训练课，力量训练课之间间隔一天。如果情况许可，也可以在每周进行 1 次训练课的等动力量循环练习，代替一次常规的力量训练课。

（三）课训练负荷结构

赛前准备期力量训练的课训练负荷结构与一般准备期的课训练负荷结构基本相同。

（四）力量训练方法

1. 练习组合一

（1）脚靠墙仰卧起坐（见力量训练手段 17，图 2－167）

【要求】与斜板提腿组合练习 1～2 组，每组重复 20～50 次。

（2）斜板提腿（见力量训练手段 18，图 2－168）

【要求】与脚靠墙仰卧起坐组合练习 1 ~ 2 组，每组重复 15 ~ 35 次。

2. 练习组合二

（1）侧前拉（见力量训练手段 5，图 2 – 155）

【要求】与提拉杠铃组合练习 4 组，4 组重复次数为 10 – 8 – 8 – 8 次。

（2）提拉杠铃（见力量训练手段 19，图 2 – 169）

【要求】与侧前拉组合练习 4 组，4 组重复次数为 10 – 8 – 8 – 8 次。

3. 练习组合三

（1）站立靠斜板推哑铃（见力量训练手段 20，图 2 – 170）

【要求】与颈前后下拉组合练习 3 组，3 组重复次数为 10 – 8 – 8 次。

（2）颈前后下拉（见力量训练手段 21，图 2 – 171）

【要求】站立靠斜板推哑铃组合练习 3 组，3 组重复次数为 10 – 8 – 8 次。

4. 练习组合四

（1）坐推举杠铃（见力量训练手段 22，图 2 – 172）

【要求】与体前屈直臂前摆杠铃组合练习 3 组，3 组重复次数为 10 – 8 – 8 次。

（2）体前屈直臂前摆杠铃（见力量训练手段 23，图 2 – 173）

【要求】与坐推举杠铃组合练习 3 组，3 组重复次数为 10 – 8 – 8 次。

5. 练习组合五

（1）颈后伸肘（见力量训练手段 24，图 2 – 174）

【要求】与坐屈肘组合练习 3 组，3 组重复次数为 10 – 8 – 8 次。

（2）坐屈肘（见力量训练手段 25，图 2 – 175）

【要求】与颈后伸肘组合练习 3 组，每只臂 3 组重复次数为 10 – 8 – 8 次。

6. **练习组合六**

（1）持哑铃前弓箭步（见力量训练手段26，图2－176）

【要求】与屈髋组合练习3组，3组每条腿重复次数为10－10－10次。

（2）屈髋（见力量训练手段13，图2－163）

【要求】与持哑铃前弓箭步组合练习3组，3组重复次数为10－10－10次。

7. **练习组合七**

（1）持哑铃侧弓箭步（见力量训练手段27，图2－177）

【要求】与徒手下蹲组合练习3组，3组每条腿重复次数为10－10－10次。

（2）徒手下蹲（见力量训练手段28，图2－178）

【要求】与持哑铃侧弓箭步组合练习3组，3组重复次数为20－25－30次。

8. **练习组合八**

（1）侧卧举腿（见力量训练手段29，图2－179）

【要求】与斜板后提腿组合练习1组，每条腿重复次数为25～50次。

（2）斜板后提腿（见力量训练手段30，图2－180）

【要求】与侧卧举腿组合练习1组，每条腿重复次数为25～50次。

四、比赛期力量训练

游泳运动员比赛期的力量训练安排差异很大，有些运动员采用保持性力量训练，如一周进行2次力量训练课，间隔1～2天，并且至少在比赛的前2天进行力量训练。保持性力量训练运动量减少，如每个练习进行3组，每组重复6～10次。为了使保持性力量训练更加有效，可以为每一组主要肌群选择一个练习，例如：

- 哑铃卧推——胸部肌群

- 直体下拉——肩部肌群
- 屈肘——肱二头肌
- 下蹲——大腿肌群
- 站立提踵——小腿后肌群
- 仰卧向上屈上体——腹部肌群

这些练习就可以组成一个比赛期的保持性力量训练计划。有些教练员喜欢采用循环练习的方式把一些基础练习结合起来，让他的运动员在比赛期较少地进行力量训练。还有一些教练员喜欢把非固定的重量训练与等动力量练习结合起来，到比赛期即将结束时，几乎全部采用等动力量练习。

第三节　举重运动员力量训练方法

一、力量训练手段介绍

（一）力量训练手段31：硬拉杠铃

【目的】提高臀部、大腿和腰背部肌群的力量。

【方法】双脚以肩宽在杠铃前站立，下蹲从双膝外侧握住杠铃。屈膝、直背、抬头。使用大腿和背部力量提起杠铃。向上运动时吸气，向下运动时呼气。重复练习（图2－181）。

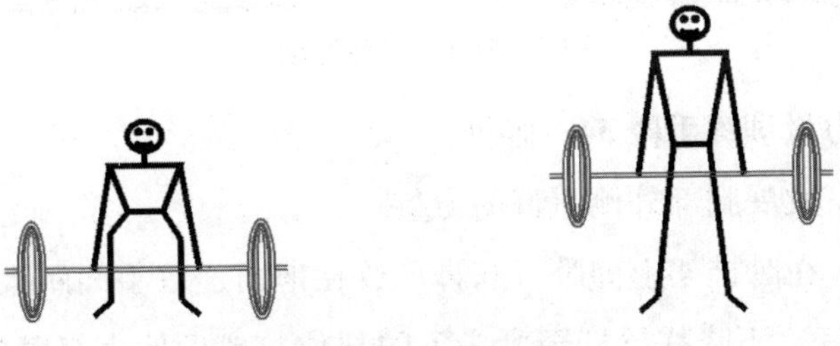

图2－181 硬拉杠铃

（二）力量训练手段32：深蹲

【目的】提高大腿和臀部肌群的力量。

【方法】肩负杠铃，双手扶在肩两侧的杠铃杆上，双脚以肩宽站立，直背、抬头。下蹲至大腿上部与地面平行的姿势，双膝不要分开太大。向下运动时吸气，向上运动时呼气。重复练习（图2－182）。

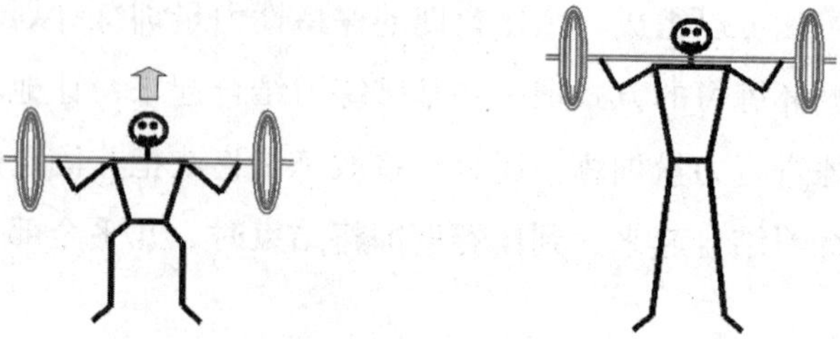

图2－182　深蹲

（三）力量训练手段33：仰卧举腿

【目的】提高大腿内侧肌群的力量。

【方法】在专门力量练习器械上仰卧，脚的着力点在髋关节垂直上方。双脚间距大约一肩半宽，连续顶起和放下重量。膝关节外展，不要转动腰部。向下运动时吸气，向上运动时呼气。重复练习（图2－183）。

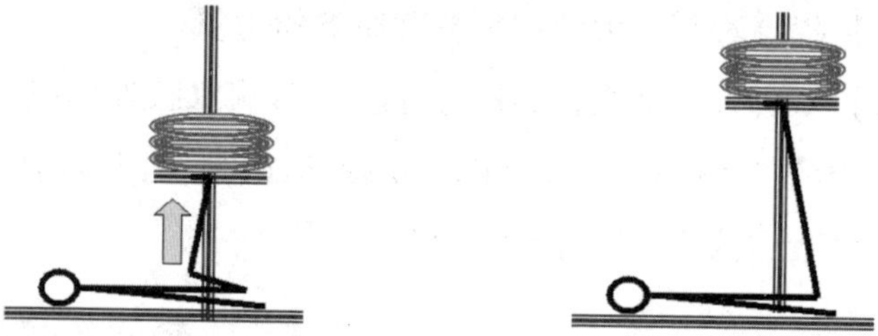

图2－183　仰卧举腿

（四）力量训练手段34：卧推

【目的】发展胸部外侧肌群的力量。

【方法】在卧推架上仰卧，双脚平放在地面，双手间距大约一肩半宽握住杠铃杆。下降杠铃杆至乳头下的部位，然后伸直双臂推起杠铃。肘关节外展，挺胸。头和髋部不要离开卧推架平面。向下运动时吸气，向上运动时呼气。重复练习（图2－184）。

图 2－184　卧推

（五）力量训练手段 35：窄握卧推

【目的】发展胸部内侧肌群和三头肌的力量。

【方法】在卧推架上仰卧，双脚平放在地面，双手间距大约 1/4 肩宽握住杠铃杆。下降杠铃杆至乳头下的部位，然后伸直双臂推起杠铃。肘关节外展，挺胸。头和髋部不要离开卧推架平面。向下运动时吸气，向上运动时呼气。重复练习（图 2－185）。

图 2－185　窄握卧推

（六）力量训练手段 36：体前屈提哑铃

【目的】发展躯干两侧、背部肌群和臂部上提的力量。

【方法】体前屈将头和一只手放在一个与腰同高的物体上，双脚前后开立，哑铃一侧的脚在后。膝关节微屈，将哑铃沿直线提起到胸部高度，再沿原运动路线放下。向下运动时吸气，向上运动时呼气。双臂交替重复练习（图 2－186）。

图 2－186　体前屈提哑铃

（七）力量训练手段 37：仰卧收腿

【目的】发展腹肌下部肌群的力量。

【方法】躺在长凳上双腿离开地面，双手放在臀部以下，掌心向下，双腿伸直。屈膝收腿，返回开始姿势，收腿时呼气，返回时吸气。重复练习（图 2－187）。

（八）力量训练手段 38：坐立斜推杠铃

【目的】发展胸大肌上部、臂部前伸和上举的力量。

【方法】躺在斜架上，双手在肩上持杠铃，掌心向上。放下杠铃至胸部，再沿原路线推起杠铃。推起时呼气，落下时吸气。重复练习（图 2－188）。

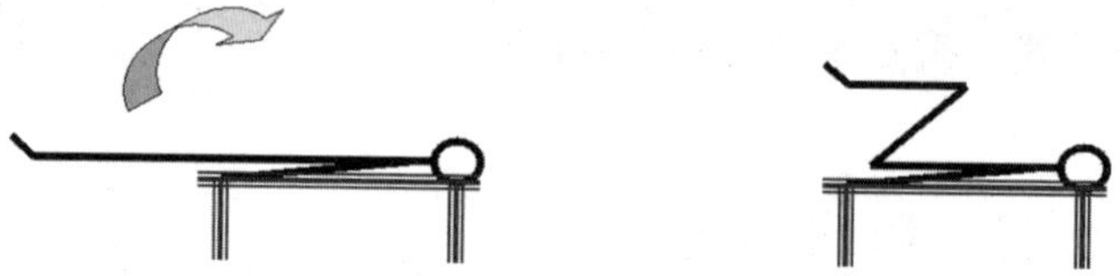

图 2－187　仰卧收腿

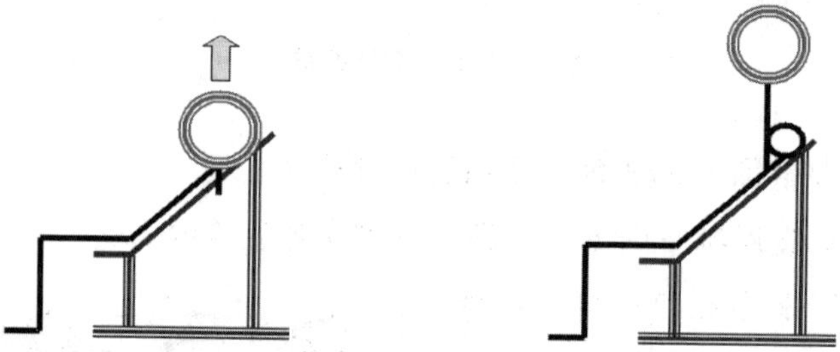

图 2－188　坐立斜推杠铃

二、训练中周期的主要任务与负荷特点

（一）第一中周期

第一中周期为期 4 周。力量训练的主要任务是加大肌肉体积。训练负荷的特点是采用高重复次数、相对较轻的重量。

（二）第二中周期

第二中周期为期 4 周。力量训练的主要任务是发展力量和肌肉功率。训练负荷的特点是采用中等重复次数、相对较重的重量。

（三）第三中周期

第三中周期为期 3 周。力量训练的主要任务是减少运动量和提高力量强度。训练负荷的特点是采用低重复次数、尽量较重的重量。

（四）过渡阶段

过渡阶段一般为期 2 周。主要任务是积极性休息，不进行重量训练，可以采用骑自行车、游泳、跑步等轻松练习。

在这个阶段之后，重新进入下一轮的中周期组合训练，开始加大肌肉体积的第一中周期的训练，但要求的水平比上一轮的中周期组合训练更高。

三、中周期的周训练方法

（一）星期一的训练方法

1. 练习一：硬拉杠铃（见力量训练手段 31，图 2－181）

【要求】采用大重量。第一中周期的 4 周内在星期一练习 5 组，每组重复 10 次。第二中周期的 4 周内在星期一练习 5 组，5 组的重复次数为 10－5－5－5－5 次。第三中周期的 3 周内在星期一练习 5 组，5 组的重复次数为 10－3－3－3－3 次。

2. 练习二：深蹲（见力量训练手段 32，图 2－182）

【要求】采用 85% 最大重量。第一中周期的 4 周内在星期一练习 5 组，每组重复 10 次。第二中周期的 4 周内在星期一练习 5 组，5 组的重复次数为 10－5－5－5－5 次。第三中周期的 3 周内在星期一练习 5 组，5 组的重复次数为 10－3－3－3－3 次。

3. 练习三：仰卧举腿（见力量训练手段 33，图 2－183）

【要求】采用 85% 最大重量。第一中周期的 4 周内在星期一练习 5 组，每组重复 10 次。第二中周期的 4 周内在星期一练习 5 组，5 组的重复次数为 10 – 5 – 5 – 5 – 5 次。第三中周期的 3 周内在星期一练习 5 组，5 组的重复次数为 10 – 3 – 3 – 3 – 3 次。

4. 练习四：屈膝（见力量训练手段 12，图 2 – 162）

【要求】采用 85% 最大重量。第一中周期的 4 周内在星期一练习 5 组，每组重复 10 次。第二中周期的 4 周内在星期一练习 5 组，5 组的重复次数为 10 – 5 – 5 – 5 – 5 次。第三中周期的 3 周内在星期一练习 5 组，5 组的重复次数为 10 – 3 – 3 – 3 – 3 次。

5. 练习五：伸膝（见力量训练手段 11，图 2 – 161）

【要求】采用 85% 最大重量。第一中周期的 4 周内在星期一练习 5 组，每组重复 10 次。第二中周期的 4 周内在星期一练习 5 组，5 组的重复次数为 10 – 5 – 5 – 5 – 5 次。第三中周期的 3 周内在星期一练习 5 组，5 组的重复次数为 10 – 3 – 3 – 3 – 3 次。

6. 练习六：垫高小腿仰卧起坐（见力量训练手段 1，图 2 – 151）

【要求】第一中周期的 4 周内在星期一练习 5 组，每组重复 20 ~ 25 次。第二中周期的 4 周内在星期一练习 5 组，每组重复 25 ~ 40 次。第三中周期的 3 周内在星期一练习 5 组，每组重复 40 ~ 50 次。

（二）星期二的训练方法

1. 练习一：卧推（见力量训练手段 34，图 2 – 184）

【要求】采用大重量。第一中周期的 4 周内在星期二练习 5 组，每组重复 10 次。第二中周期的 4 周内在星期二练习 5 组，5 组的重复次数为 10 – 5 – 5 – 5 – 5 次。第三中周期的 3 周内在星期二练习 5 组，5 组的重复次数为 10 – 3 – 3 – 3 – 3 次。

2. 练习二：坐立斜推杠铃（见力量训练手段 3，图 2 – 153）

【要求】采用大重量。第一中周期的 4 周内在星期二练习 5 组，每组重复 10 次。第二中周期的 4 周内在星期二练习 5 组，5 组的重复次数为 10 – 5 – 5 – 5 – 5 次。第三中周期的 3 周内在星期二练习 5 组，5 组的重复次数为 10 – 3 – 3 – 3 – 3 次。

3. 练习三：窄握卧推（见力量训练手段 35，图 2 – 185）

【要求】采用大重量。第一中周期的4周内在星期二练习5组，每组重复10次。第二中周期的4周内在星期二练习5组，5组的重复次数为10－5－5－5－5次。第三中周期的3周内在星期二练习5组，5组的重复次数为10－3－3－3－3次。

4. 练习四：宽握侧下拉（见力量训练手段4，图2－154）

【要求】采用85%最大重量。第一中周期的4周内在星期二练习5组，每组重复10次。第二中周期的4周内在星期二练习5组，5组的重复次数为10－5－5－5－5次。第三中周期的3周内在星期二练习5组，5组的重复次数为10－3－3－3－3次。

5. 练习五：体前屈提哑铃（见力量训练手段36，图2－186）

【要求】采用85%最大重量。第一中周期的4周内在星期二练习5组，每组每只臂各重复10次。第二中周期的4周内在星期二练习5组，每只臂各5组的重复次数为10－5－5－5－5次。第三中周期的3周内在星期二练习5组，每只臂各5组的重复次数为10－3－3－3－3次。

6. 练习六：杠铃屈肘（见力量训练手段10，图2－160）

【要求】采用85%最大重量。第一中周期的4周内在星期二练习5组，每组重复10次。第二中周期的4周内在星期二练习5组，5组的重复次数为10－5－5－5－5次。第三中周期的3周内在星期二练习5组，5组的重复次数为10－5－5－5－5次。

7. 练习七：垫高小腿仰卧起坐（见力量训练手段1，图2－151）

【要求】第一中周期的4周内在星期二练习5组，每组重复20～25次。第二中周期的4周内在星期二练习5组，每组重复25～40次。第三中周期的3周内在星期二练习5组，每组重复40～50次。

8. 练习八：仰卧收腿（见力量训练手段37，图2－187）

【要求】第一中周期的4周内在星期二练习5组，每组重复20～25次。第二中周期的4周内在星期二练习5组，每组重复25～40次。第三中周期的3周内在星期二练习5组，每组重复40～50次。

（三）星期四的训练方法

1. 练习一：深蹲（见力量训练手段 32，图 2－182）

【要求】采用 85% 最大重量。第一中周期的 4 周内在星期四练习 5 组，每组重复 10 次。第二中周期的 4 周内在星期四练习 5 组，5 组的重复次数为 10－5－5－5－5 次。第三中周期的 3 周内在星期四练习 5 组，5 组的重复次数为 10－3－3－3－3 次。

2. 练习二：硬拉杠铃（见力量训练手段 31，图 2－181）

【要求】采用大重量。第一中周期的 4 周内在星期四练习 5 组，每组重复 10 次（轻重量）。第二中周期的 4 周内在星期四练习 5 组，5 组的重复次数为 10－5－5－5－5 次。第三中周期的 3 周内在星期四练习 5 组，5 组的重复次数为 10－3－3－3－3 次。

3. 练习三：仰卧举腿（见力量训练手段 33，图 2－183）

【要求】采用大重量。第一中周期的 4 周内在星期四练习 5 组，每组重复 10 次。第二中周期的 4 周内在星期四练习 5 组，5 组的重复次数为 10－5－5－5－5。第三中周期的 3 周内在星期四练习 5 组，5 组的重复次数为 10－3－3－3－3 次。

4. 练习四：屈膝（见力量训练手段 12，图 2－162）

【要求】采用大重量。第一中周期的 4 周内在星期四练习 5 组，每组重复 10 次。第二中周期的 4 周内在星期四练习 5 组，5 组的重复次数为 10－5－5－5－5 次。第三中周期的 3 周内在星期四练习 5 组，5 组的重复次数为 10－3－3－3－3 次。

5. 练习五：伸膝（见力量训练手段 11，图 2－161）

【要求】采用大重量。第一中周期的 4 周内在星期四练习 5 组，每组重复 10 次。第二中周期的 4 周内在星期四练习 5 组，5 组的重复次数为 10－5－5－5－5 次。第三中周期的 3 周内在星期四练习 5 组，5 组的重复次数为 10－3－3－3－3 次。

6. 练习六：垫高小腿仰卧起坐（见力量训练手段 1，图 2－151）

【要求】第一中周期的 4 周内在星期四练习 5 组，每组重复 20～25

次。第二中周期的4周内在星期四练习5组，每组重复25~40次。第三中周期的3周内在星期四练习5组，每组重复40~50次。

（四）星期五的训练方法

1. 练习一：宽握侧下拉（见力量训练手段4，图2－154）

【要求】采用大重量。第一中周期的4周内在星期五练习5组，每组重复10次。第二中周期的4周内在星期五练习5组，5组的重复次数为10－5－5－5－5次。第三中周期的3周内在星期五练习5组，5组的重复次数为10－3－3－3－3次。

2. 练习二：体前屈提哑铃（见力量训练手段36，图2－186）

【要求】采用大重量。第一中周期的4周内在星期五练习5组，每组每只臂各重复10次。第二中周期的4周内在星期五练习5组，每只臂各5组的重复次数为10－5－5－5－5次。第三中周期的3周内在星期五练习5组，每只臂各5组的重复次数为10－3－3－3－3次。

3. 练习三：卧推（见力量训练手段34，图2－184）

【要求】采用85%最大重量。第一中周期的4周内在星期五练习5组，每组重复10次。第二中周期的4周内在星期五练习5组，5组的重复次数为10－5－5－5－5次。第三中周期的3周内在星期五练习5组，5组的重复次数为10－3－3－3－3次。

4. 练习四：坐立斜推杠铃（见力量训练手段38，图2－188）

【要求】采用85%最大重量。第一中周期的4周内在星期五练习5组，每组重复10次。第二中周期的4周内在星期五练习5组，5组的重复次数为10－5－5－5－5次。第三中周期的3周内在星期五练习5组，5组的重复次数为10－3－3－3－3次。

5. 练习五：窄握卧推（见力量训练手段35，图2－185）

【要求】采用85%最大重量。第一中周期的4周内在星期五练习5组，每组重复10次。第二中周期的4周内在星期五练习5组，5组的重复次数为10－5－5－5－5次。第三中周期的3周内在星期五练习5组，5组的重复次数为10－3－3－3－3次。

6. 练习六：杠铃屈肘（见力量训练手段10，图2－160）

【要求】采用大重量。第一中周期的4周内在星期五练习5组，每组重复10次。第二中周期的4周内在星期五练习5组，5组的重复次数为10－5－5－5－5次。第三中周期的3周内在星期五练习5组，5组的重复次数为10－3－3－3－3次。

7. 练习七：垫高小腿仰卧起坐（见力量训练手段1，图2－151）

【要求】第一中周期的4周内在星期五练习5组，每组重复20～25次。第二中周期的4周内在星期五练习5组，每组重复25～40次。第三中周期的3周内在星期五练习5组，每组重复40～50次。

8. 练习八：仰卧收腿（见力量训练手段37，图2－187）

【要求】第一中周期的4周内在星期五练习5组，每组重复20～25次。第二中周期的4周内在星期五练习5组，每组重复25～40次。第三中周期的3周内在星期五练习5组，每组重复40～50次。

第四节　摔跤运动员力量训练方法

一、力量训练手段介绍

（一）力量训练手段39：两头起

【目的】发展腹上部和下部肌群的力量。

【方法】仰卧，双臂向头上方伸展屈髋同时提腿和抬起上体，形成身体折叠姿势。放平身体，返回开始姿势，膝和肘关节固定。提起时吸气，返回时呼气。重复练习（图2－189）。

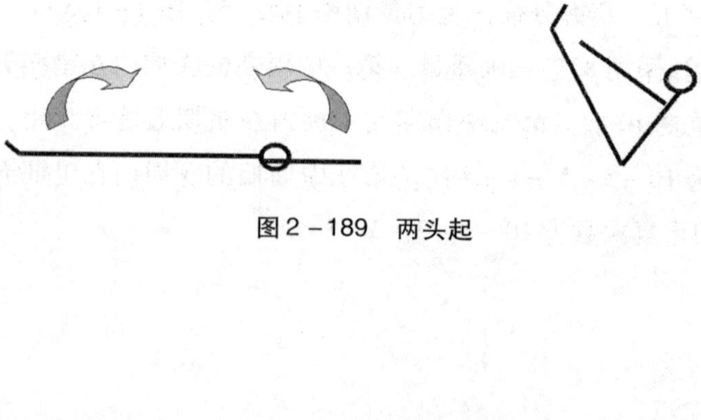

图2－189　两头起

（二）力量训练手段40：坐负杠铃转体

【目的】发展躯干斜肌肌群的力量。

【方法】肩负轻杠铃，坐在凳子上，双脚紧贴地面，以腰部为轴左右反复转动上体。头不要跟随上体转动，挺胸、直背、抬头。也可以站立练习，向左转体时呼气，向右转体时时吸气。重复练习（图2－190）。

图2－190　坐负杠铃转体

（三）力量训练手段41：斜立下蹲

【目的】发展大腿上部肌群的力量。

【方法】背靠力量练习器靠垫，双肩顶住上面保护垫，双脚站在练习器斜面踏板上。直立、抬头、直背、双膝外展，下蹲至大腿上部与练习器斜面踏板平行的姿势。双脚可以宽、窄间距站立，也可以练习半蹲。下蹲时吸气，站起时呼气。重复练习（图2－191）。

图2－191　斜立下蹲

（四）力量训练手段42：仰卧头后拉推举杠铃

【目的】发展胸部、躯干肋间肌群和肱三头肌的力量。

【方法】在长凳上仰卧，头部伸出凳子，双脚平放在地面。把杠铃杆放在胸部与乳头成一线的部位，双手间距约为肩宽，双肘尽量并拢。将杠铃尽量贴近头部，向头部方向运动，通过头部下降高度放到地面上。沿原运动路线将杠铃拉回胸部位置，然后伸直双臂推起杠铃。再把杠铃放回胸部位置，完成系列动作。开始动作时吸气，完成时呼气。重复练习（图2－192）。

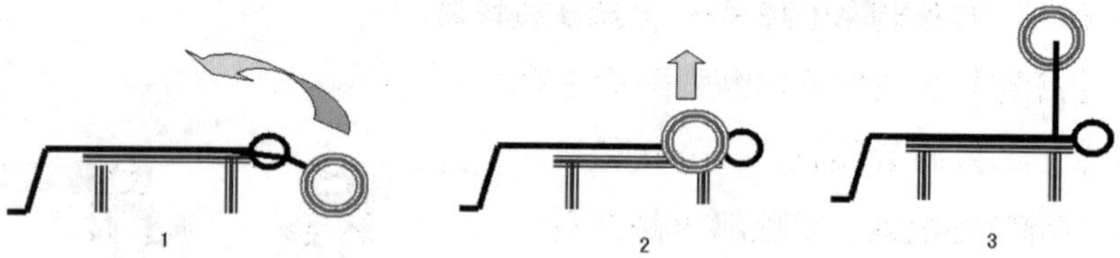

图 2-192　仰卧头后拉推举杠铃

（五）力量训练手段 43：侧平举哑铃

【目的】发展三角肌前部的外侧的力量。

【方法】坐在凳子上，双脚紧贴地面。双手持哑铃，掌心向内，双臂体侧下垂。双臂伸直沿半圆路线侧平举哑铃，至略高于肩的姿势。稍停顿，沿原路线放下双臂。向上运动时吸气，向下运动时呼气。重复练习（图 2-193）。

图 2-193　侧平举哑铃

（六）力量训练手段 44：双臂坐拉引

【目的】发展躯干两侧上部和上背部肌群的力量。

【方法】在一个较高位置的拉力滑轮组前坐下，双脚顶住固定物体，双手握住拉力滑轮组把手。练习过程中上体始终保持前倾姿势，不要前后摆动。用双臂将把手拉向胸部两侧位置，也可以单臂练习。重复练习（图 2-194）。

图 2-194　双臂坐拉引

（七）力量训练手段45：持哑铃提肩

【目的】发展斜方肌和肩部上提的力量。

【方法】站立姿势，双臂下垂，双手握哑铃，紧贴身体。向上提肩，并从前向后沿环形运动路线连续转肩。开始时吸气，重复结束时呼气。重复练习（图2－195）。

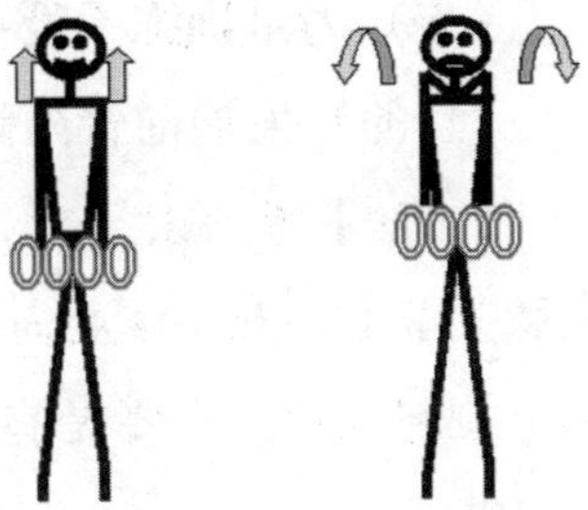

图2－195 持哑铃提肩

（八）力量训练手段46：仰卧头后拉哑铃

【目的】发展胸部、躯干肋间肌群和肱三头肌的力量。

【方法】在长凳上横向仰卧，上背部支撑躯干，头部伸过凳子悬空。双脚平放在地面。保持身体和双腿基本成一线，下沉髋部提升躯干上部。双臂在胸前伸直，双手手掌张开，在胸部上方顶住哑铃一端的片。沿半圆运动路线下降哑铃，并尽量远地向头后部延伸。返回开始姿势，肘关节固定。哑铃下降时吸气，顶起时呼气。重复练习（图2－196）。

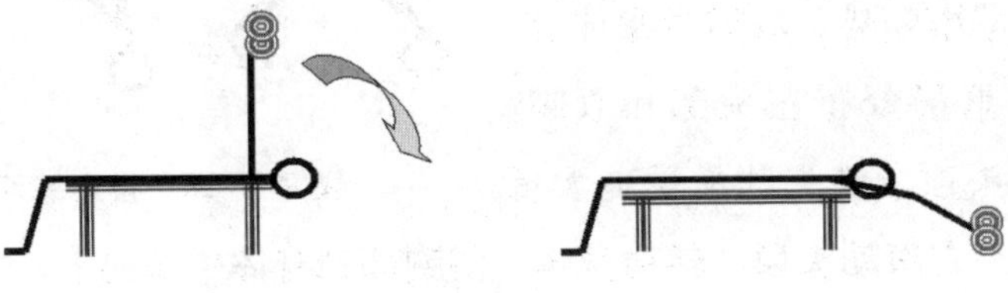

图2－196 仰卧头后拉哑铃

（九）力量训练手段47：杠铃屈腕

【目的】发展前臂外侧肌群的力量。

【方法】坐在凳子上，上体前倾，把前臂放在大腿上，手腕背面贴在膝关节上。双手掌心向上握住杠铃，尽量下放杠铃，然后屈手腕尽量向上顶起杠铃，不要提前臂。向上运动时吸气，向下运动时呼气（图2－197）。

（十）力量训练手段48：杠铃伸腕

【目的】发展前臂内侧肌群的力量。

【方法】坐在凳子上，上体前倾，把前臂放在大腿上，手腕前面贴在膝关节上。双手掌心向下握住杠铃，尽量下放杠铃，然后伸手腕尽量向上拉起杠铃。不要提前臂，向上运动时吸气，向下运动时呼气（图2－198）。

图2－197　杠铃屈腕

图2－198　杠铃伸腕

（十一）力量训练手段49：桥形练习

【目的】发展颈部前面、两侧和后部肌群的力量。

【方法】跪地把头顶放在垫子上，双臂在胸前交叉，提起身体中部形成金字塔姿势。双腿尽量伸直，所有身体重量分布在头部和双脚。前后滚动头顶，使头部承受更大重量，然后左右滚动头顶。转动身体，使胸部和身体中部向上。重复前后滚动头顶，使头部承受更大重量，然后左右滚动头顶（图2－199）。

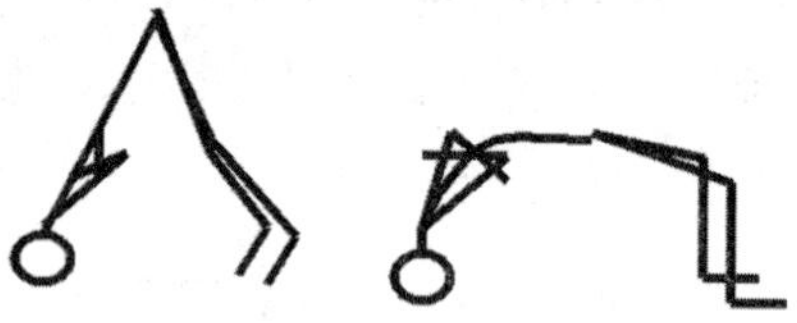

图2－199　桥形练习

（十二）力量训练手段50：凳上仰卧起坐

【目的】发展腹肌上部的力量。

【方法】坐在凳子上，双脚固定稳定身体，双膝微屈，后仰上体直到与地面平行的姿势。提起上体，重复练习。上体后仰时吸气，坐起时呼气（图2－200）。

图 2 -200　凳上仰卧起坐

（十三）力量训练手段 51：站立体前屈提拉哑铃

【目的】发展躯干斜肌和腰部肌群的力量。

【方法】双脚以一肩半宽为间距开立，一只手掌心向内握一哑铃，另一只手扶在大腿前部。上体前屈使哑铃几乎接触的对侧身体的脚，恢复直立姿势。身体两侧交替重复练习。上体前屈时吸气，抬起时呼气（图 2 -201）。

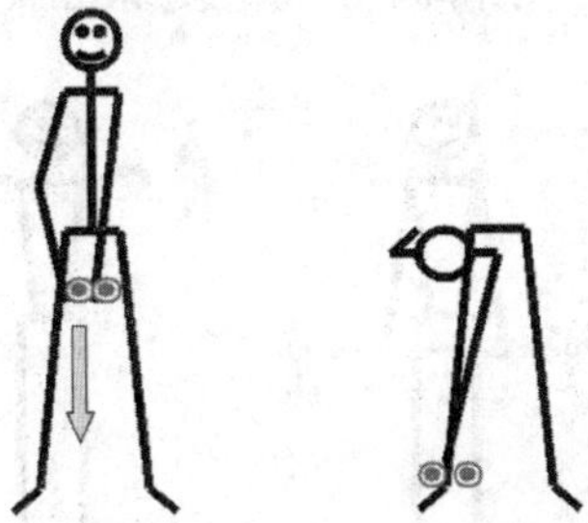

图 2 -201　站立体前屈提拉哑铃

（十四）力量训练手段 52：臂撑提腿

【目的】发展腹肌下部的力量。

【方法】双臂在双杠上悬空撑起身体，双臂和双腿伸直，收腹提腿直到与地面平行姿势。返回开始姿势。重复练习。腿上提时吸气，放下时呼气（图 2 -202）。

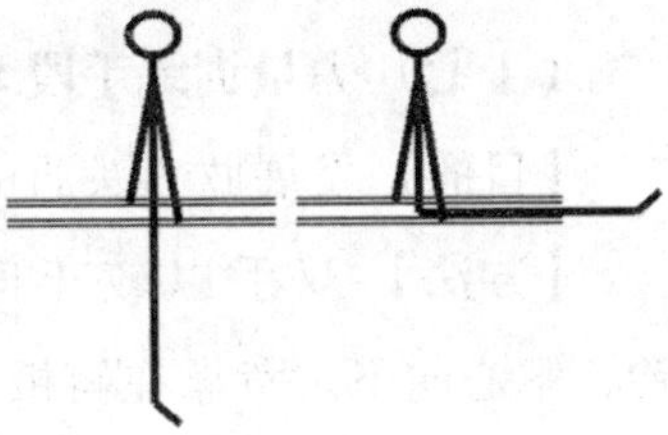

图 2 -202　臂撑提腿

（十五）力量训练手段 53：高提杠铃

【目的】发展三角肌前部和斜方肌的力量。

【方法】直立抬头，双臂伸直将杠铃贴在大腿前部。双手间距约一肩半宽，掌心向下握住杠铃。上提杠铃到下颌部位，肘关节外展，在躯干两侧上提到耳朵高度。到达最高处停顿片刻，再下降杠铃恢复开始姿势。上提时吸气，下降时呼气（图 2－203）。

（十六）力量训练手段 54：高翻杠铃

【目的】发展腿部和背部肌群的力量。

【方法】双脚间距约为肩宽，在杠铃前部站立，双腿靠近杠铃，双手约以一肩半间距握杠铃。下蹲至大腿上部与地面平行的姿势，抬头、直背，上体约与地面成 45°夹角。直立起身体并向肩部提拉杠铃，翻肩、翻肘，将杠铃固定在胸上部。下降杠铃恢复开始姿势。上提时吸气，下降时呼气重复练习（图 2－204）。

图 2－203　高提杠铃

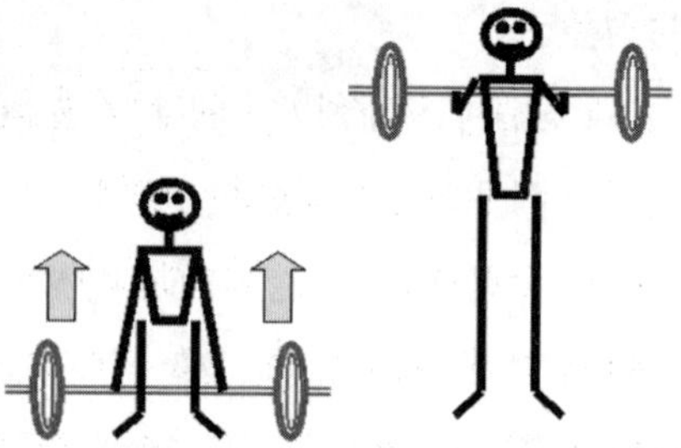

图 2－204　高翻杠铃

（十七）力量训练手段 55：斜立头后伸臂

【目的】发展肱三头肌的力量。

【方法】双手以较小间距握杠铃，掌心向下。背靠在斜板上，将杠铃直臂举过头顶。沿半圆运动路线在头后下降杠铃，直到双臂折叠，前臂贴近头部。伸直双臂恢复开始姿势。重复练习。杠铃下降时吸气，上升时呼气（图 2－205）。

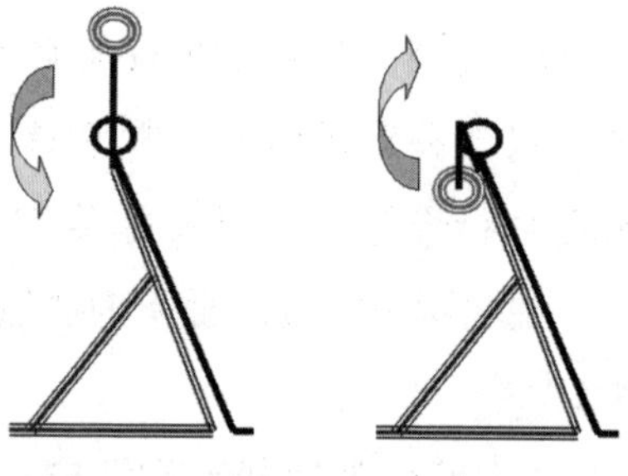

图 2－205　斜立头后伸臂

（十八）力量训练手段 56：哑铃屈肘

【目的】发展肱二头肌和臂部肌群的力量。

【方法】双手掌心相对持哑铃坐在凳子上，双脚紧贴地面，抬头、直背。从直臂姿势开始屈肘，一直提起哑铃到肩上位置，上臂靠近躯干两侧。伸直双臂恢复开始姿势。重复练习，哑铃下降时吸气，上升时呼气（图 2－206）。

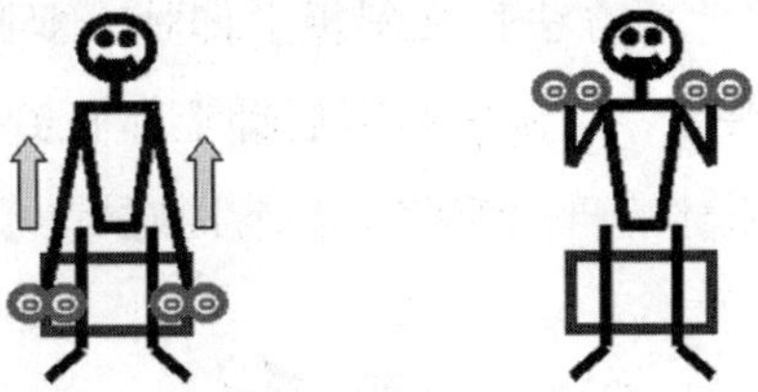

图 2－206　哑铃屈肘

（十九）力量训练手段 57：负杠铃前弓箭步

【目的】发展大腿前部和后部肌群的力量。

【方法】直立，直背抬头，双手掌心向内握哑铃，直臂下垂，双脚间距约为肩宽。尽量远地向前迈一大步，大腿几乎与地面平行。后面的腿尽量伸直。后退身体恢复开始的直立姿势。向前运动时吸气，向后运动时呼气。双腿交替重复练习（图 2－207）。

（二十）力量训练手段 58：提踵

【目的】发展小腿后部肌群的力量。

【方法】面对力量联合练习器械站立，把双肩顶在器械肩垫上，前脚掌踩在练习台上。抬头、直背，双腿伸直，髋部不要前后晃动。尽量高地提起脚跟，停顿片刻后下降身体。向上运动时吸气，向下运动时呼气。重复练习（图 2－208）。

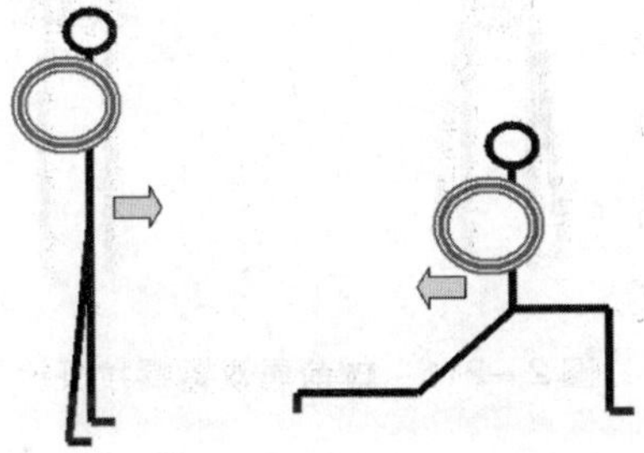

图 2－207　负杠铃前弓箭步

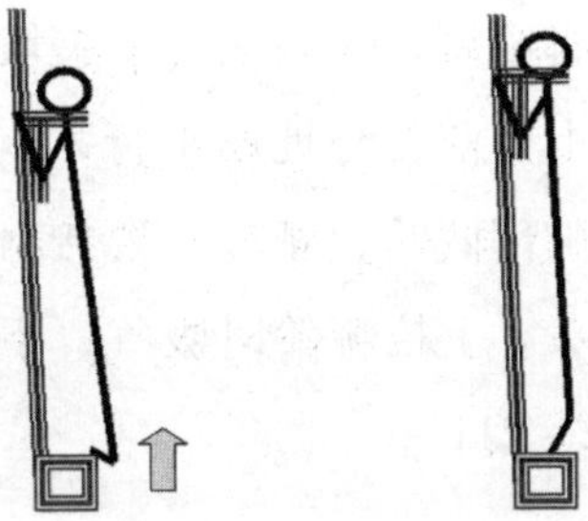

图 2－208　提踵

（二十一）力量训练手段59：斜板屈膝仰卧起坐

【目的】发展腹肌上部的力量。

【方法】在斜板上仰卧，双脚固定稳定身体，双膝屈45°，双手在头后，下颌贴胸。后仰上体直到腰部接触斜板。提起上体。重复练习。上体后仰时吸气，坐起时呼气（图2－209）。

图2－209 斜板屈膝仰卧起坐

（二十二）力量训练手段60：肩负杠铃体前屈

【目的】发展腰部和腹部肌群的力量。

【方法】双脚以肩宽间距站立，肩负轻杠铃，直背抬头。体前屈直到形成上体与地面平行姿势。返回开始姿势，双膝固定。重复练习。下降时吸气，上抬时呼气（图2－210）。

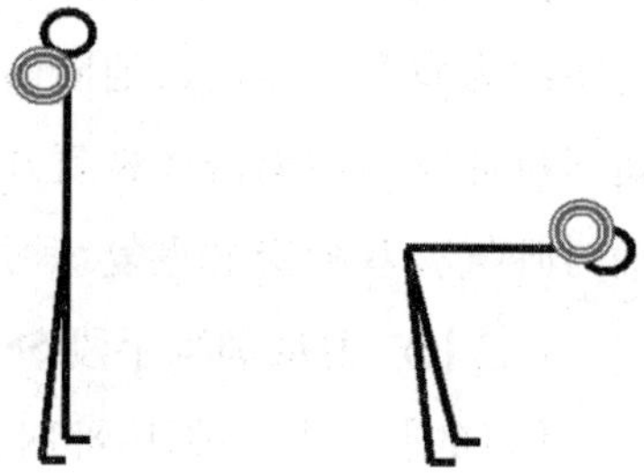

图2－210 肩负杠铃体前屈

（二十三）力量训练手段61：体前屈双臂提拉哑铃

【目的】发展背部和躯干两侧肌群的力量。

【方法】双脚并拢站立，把哑铃放在双脚两侧，体前屈双手握哑铃。微屈膝，上体前屈与地面平行，双臂上拉哑铃到胸部两侧，哑铃不要接触地面，直背抬头。上拉哑铃时吸气，下降时呼气（图2－211）。

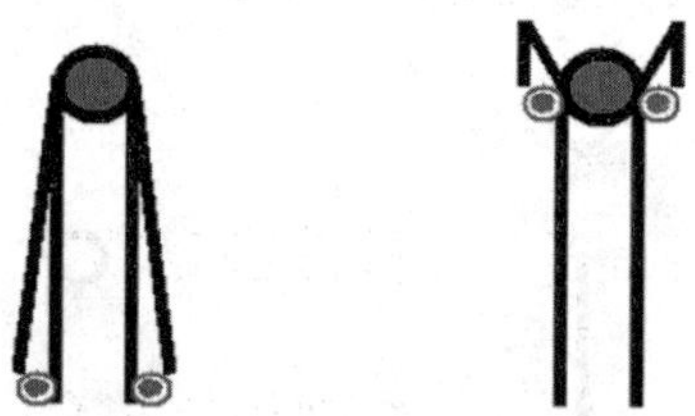

图2－211 体前屈双臂提拉哑铃

（二十四）力量训练手段62：提拉转肩

【目的】发展斜方肌和肩部肌群的力量。

【方法】在卧推力量练习器把手之间站立，双手握在两侧把手内侧。双臂伸直提肩上拉把手，双肩向身体前部运动放下。再提起双肩，从前向后沿圆周路线运动。开始时吸气，结束重复时呼气（图2－212）。

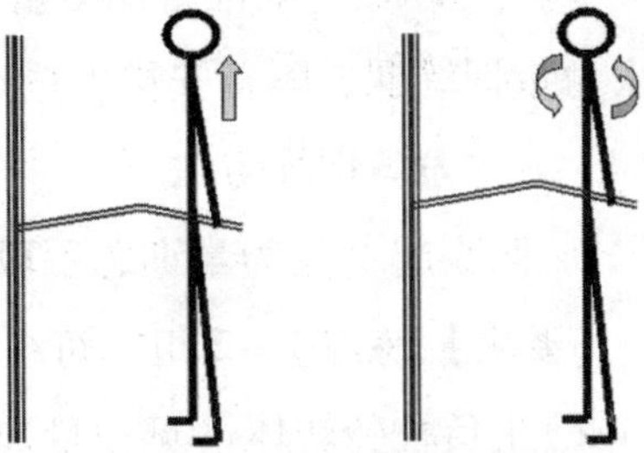

图2－212　提拉转肩

（二十五）力量训练手段63：肱三头肌对抗体重伸臂

【目的】发展肱三头肌的力量。

【方法】面对略低于腰部高度的固定平面，双手约以肩宽为间距，掌心向下扶在平面边沿。直背低头，膝关节伸直固定。双臂屈肘折叠，向平面方向下降身体。直到头位于双手之间，双肘靠近头部两侧姿势。推回身体到开始姿势，双肘关节保持向内。下降时吸气，推起时呼气（图2－213）。

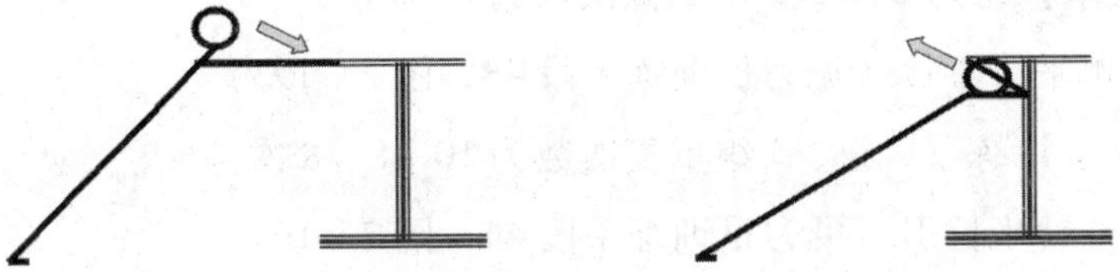

图2－213　肱三头肌对抗体重伸臂

二、一般准备期力量训练

（一）力量训练任务

摔跤运动员一般准备期力量训练的任务是发展所有主要肌群的力量和均衡发展肌肉功能。

（二）周训练负荷结构

摔跤运动员一般准备期力量训练的周训练负荷结构一般为每周进行3次力量训练课，隔日安排力量训练。

（三）力量训练方法

1. 两头起（见力量训练手段39，图2－189）

【要求】练习1～2组，每组重复次数为15～30次。

2. 坐负杠铃转体（见力量训练手段40，图2－190）

【要求】练习1组，向左、右转体各重复次数为25～50次。

3. 伸背练习（见力量训练手段2，图2－152）

【要求】如加大难度，可在躯干适当负重。练习1～2组，每组最多重复次数为15次，然后增加负重。

4. 斜立下蹲（见力量训练手段41，图2－191）

【要求】练习3组，3组重复次数为12－10－8次。

5. 仰卧头后拉推举杠铃（见力量训练手段42，图2－192）

【要求】练习3组，3组重复次数为10－8－8次。

6. 卧推（见力量训练手段34，图2－184）

【要求】练习2组，2组重复次数为8－8次。

7. 侧平举哑铃（见力量训练手段43，图2－193）

【要求】练习3组，3组重复次数为10－8－8次。

8. 双臂坐拉引（见力量训练手段44，图2－194）

【要求】练习3组，3组重复次数为12－10－8次。

9. 持哑铃提肩（见力量训练手段45，图2－195）

【要求】与侧前拉组合练习3组，3组重复次数为15－15－15次。

10. 仰卧头后拉哑铃（见力量训练手段46，图2－196）

【要求】练习1～2组，每组重复次数为12次（10次）。

11. 窄握下压（见力量训练手段9，图2－159）

【要求】练习3组，3组重复次数为10－8－8次。

12. 杠铃屈肘（见力量训练手段10，图2－160）

【要求】练习 3 组，3 组重复次数为 10－8－8 次。

13. 杠铃屈腕（见力量训练手段 47，图 2－197）

【要求】练习 2 组，2 组重复次数为 20－20 次。

14. 杠铃伸腕（见力量训练手段 48，图 2－198）

【要求】练习 2 组，2 组重复次数为 15－15 次。

15. 桥形练习（见力量训练手段 49，图 2－199）

【要求】练习 1～2 组，每组重复 5～10 次。

三、赛前准备期力量训练

（一）力量训练任务

摔跤运动员赛前准备期力量训练的任务是发展最大力量能力。

（二）周训练负荷结构

摔跤运动员赛前准备期力量训练的周训练负荷结构一般为每周进行 3 次力量训练课，隔日安排力量训练。

（三）力量训练方法

1. 凳上仰卧起坐（见力量训练手段 50，图 2－200）

【要求】练习 1～2 组，每组重复次数为 15～30 次。

2. 站立体前屈提拉哑铃（见力量训练手段 51，图 2－201）

【要求】练习 1 组，每侧身体重复次数为 25～50 次。

3. 臂撑提腿（见力量训练手段 52，图 2－202）

【要求】练习 1～2 组，每组重复次数为 15～30 次。

4. 卧推（见力量训练手段 34，图 2－184）

【要求】练习 3 组，3 组重复次数 10－8－6 次。

5. 仰卧头后拉哑铃（见力量训练手段 46，图 2－196）

【要求】练习 3 组，3 组重复次数为 10－8－8 次。

6. 高提杠铃（见力量训练手段 53，图 2－203）

【要求】练习 3 组，3 组重复次数 10－8－6 次。

7. 双臂坐拉引（见力量训练手段 44，图 2－194）

【要求】练习 3 组，3 组重复次数为 12 – 10 – 8 次。

8. 高翻杠铃（见力量训练手段 54，图 2 – 204）

【要求】练习 2 组，2 组重复次数为 8 – 8 次。

9. 斜立头后伸臂（见力量训练手段 55，图 2 – 205）

【要求】练习 3 组，3 组重复次数为 10 – 8 – 8 次。

10. 哑铃屈肘（见力量训练手段 56，图 2 – 206）

【要求】练习 3 组，3 组重复次数为 10 – 8 – 8 次。

11. 杠铃屈腕（见力量训练手段 47，图 2 – 197）

【要求】练习 2 组，2 组重复次数为 20 – 20 次。

12. 杠铃伸腕（见力量训练手段 48，图 2 – 198）

【要求】练习 2 组，2 组重复次数为 15 – 15 次。

13. 负杠铃前弓箭步（见力量训练手段 57，图 2 – 207）

【要求】练习 3 组，3 组每条腿重复次数为 10 – 10 – 10 次。

14. 伸膝（见力量训练手段 11，图 2 – 161）

【要求】练习 3 组，3 组的重复次数为 10 – 10 – 10 次。

15. 提踵（见力量训练手段 58，图 2 – 208）

【要求】练习 1 ~ 3 组，每组重复次数为 15 ~ 25 次。

四、比赛期力量训练

（一）力量训练任务

摔跤运动员比赛期力量训练的任务是保持一般准备期和赛前准备期达到的力量水平，可以采用不同的训练方式，这里只是介绍其中一种可行的训练计划。另外还可以采用垫上专门技能循环练习、实心球练习，以及采用卧推、高翻杠铃等练习控制大、中负荷训练课的强度。

（二）周训练负荷结构

摔跤运动员比赛期力量训练的周训练负荷结构一般为每周进行两次力量训练课，隔两日安排力量训练，比赛前至少休息两天。

（三）力量训练方法

1. 斜板屈膝仰卧起坐（见力量训练手段59，图2－209）

【要求】练习1～2组，每组重复次数为20～50次。

2. 臂撑提腿（见力量训练手段52，图2－202）

【要求】练习1～2组，每组重复次数为15～25次。

3. 肩负杠铃体前屈（见力量训练手段60，图2－210）

【要求】练习1组，重复次数为25～50次。

4. 坐立斜推杠铃（见力量训练手段3，图2－153）

【要求】练习3组，3组重复次数为12－10－10次。

5. 仰卧头后拉哑铃（见力量训练手段46，图2－196）

【要求】练习3组，3组重复次数为12－10－10次。

6. 体前屈双臂提拉哑铃（见力量训练手段61，图2－211）

【要求】练习2组，2组重复次数为12－12次。

7. 提拉转肩（见力量训练手段62，图2－212）

【要求】练习3组，每组重复次数为10～15次。

8. 肱三头肌对抗体重伸臂（见力量训练手段63，图2－213）

【要求】练习3组，每组重复次数为10～15次。

9. 伸膝（见力量训练手段11，图2－161）

【要求】练习2～3组，每组的重复次数为15－15（15）次。

10. 屈膝（见力量训练手段12，图2－162）

【要求】练习2～3组，每组的重复次数为10－10（10）次。

第五节　拳击运动员力量训练方法

一、力量训练手段介绍

（一）力量训练手段64：仰卧哑铃体侧屈臂推

【目的】发展胸部外侧肌群的力量。

【方法】在长凳上纵向仰卧，双脚平放在地面，双臂在胸前伸直，双手手掌相对持哑铃。双臂屈肘外展，下降哑铃到胸部高度，前臂成垂直姿势。沿原运动路线返回开始姿势。哑铃下降时吸气，顶起时呼气。重复练习（图2－214）。

图2－214　仰卧哑铃体侧屈臂推

（二）力量训练手段65：颈前下拉

【目的】发展躯干两侧和臂部下拉的力量。

【方法】跪在地面支撑体重，在头上部双手以大约窄于肩宽的间距握住阻力钢索横杠的把手。下拉阻力钢索的横杠至前胸，下拉时吸气，抬起时呼气。返回开始姿势。重复练习（图2－215）。

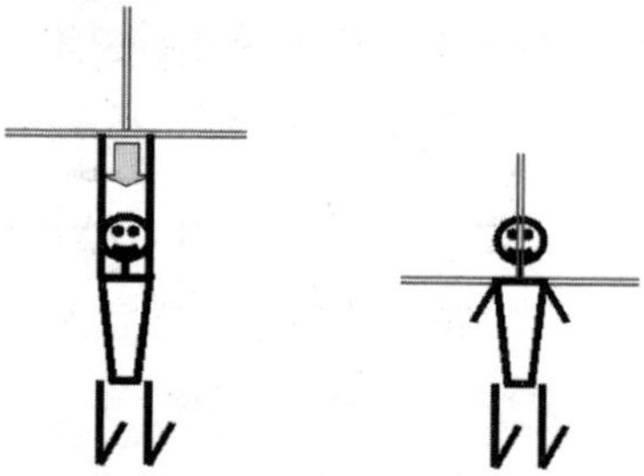

图2－215　颈前下拉

（三）力量训练手段66：直臂体前平举哑铃

【目的】发展三角肌前部的力量。

【方法】身体直立，在大腿前部双手持哑铃，手掌相对。直臂肘关节固定，从身体前部平举哑铃，沿半圆运动路线举过头顶。沿原运动路线返回开始姿势。上举时吸气，放下时呼气（图2－216）。

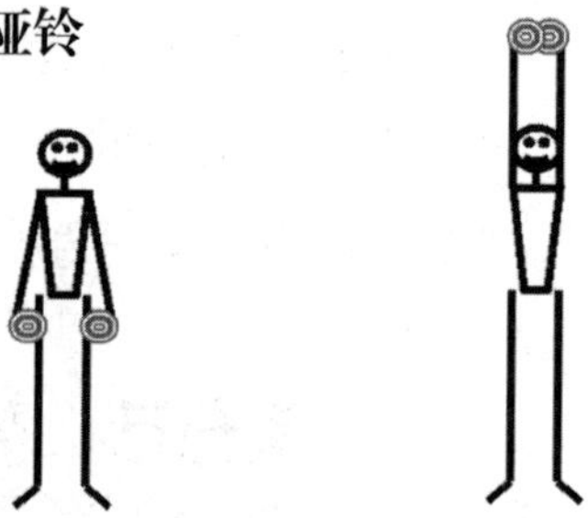

图2－216　直臂体前平举哑铃

（四）力量训练手段67：持杠铃提转肩

【目的】发展斜方肌的力量。

【方法】双手以肩宽为间距，掌心向下持杠铃。双脚以肩宽为间距站立。双臂伸直下垂，肩部尽可能向下沉。向上提起双肩，并向前、再向后沿圆形运动路线旋转。开始时吸气，重复结束时呼气。重复练习(图2－217)。

（五）力量训练手段68：徒手下蹲跳

【目的】发展大腿和小腿后部肌群的力量。

【方法】直立，双臂胸前交叉，直背抬头，双脚以肩宽间距站立。下蹲至大腿上面与地面平行或更低，利用大腿力量尽量高地向上跳起，迅速下蹲。向下运动时呼气，向上运动时吸气重复练习（图2－218）。

图2－217　持杠铃提转肩

图2－218　徒手下蹲跳

（六）力量训练手段69：臂撑坐收腿

【目的】发展腹肌下部肌群的力量。

【方法】坐在长凳上双腿离开地面，双手放在臀部以下，掌心向下，双腿伸直。屈膝收腿，返回开始姿势。双腿伸直时小腿与地面平行。收腿时吸气，伸腿时呼气。重复练习（图2－219）。

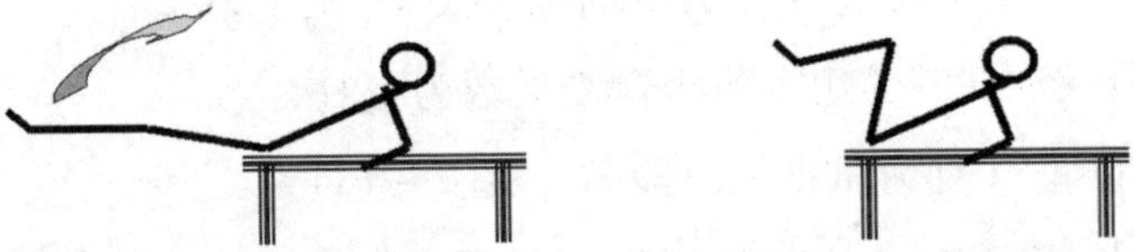

图2－219　臂撑坐收腿

二、力量训练任务

拳击运动员全年力量训练的任务是提高全身各部位的力量和力量耐力水平，保障全身各部分肌群的均衡发展。

三、周训练负荷结构

拳击运动员力量训练的负荷结构一般为每周进行3次力量训练课，隔日安排力量训练。

四、力量训练方法

拳击运动员力量训练的周期一般为8~12周，以发展力量为主时，采用少重复、大重量；以发展力量耐力为主时，采用多重复、小重量。在一般情况下，力量耐力训练多采用循环练习方式。

（一）仰卧哑铃体侧屈臂推（见力量训练手段64，图2-214）

【要求】练习2~3组，2（3）组重复次数为12-10（8）次。

（二）颈前下拉（见力量训练手段65，图2-215）

【要求】练习2~3组，2（3）组重复次数为12-10（8）次。

（三）直臂体前平举哑铃（见力量训练手段66，图2-216）

【要求】练习2~3组，2（3）组重复次数为12-10（8）次。

（四）双臂坐拉引（见力量训练手段44，图2-194）

【要求】练习2~3组，2（3）组重复次数为12-10（8）次。

（五）持杠铃提转肩（见力量训练手段67，图2-217）

【要求】练习2~3组，每组重复次数为12次。

（六）卧推（见力量训练手段34，图2-184）

【要求】练习2~3组，2（3）组重复次数为12-10（8）次。

（七）伸膝（见力量训练手段11，图2-161）

【要求】练习2组，2组的重复次数为15-15次。

（八）屈膝（见力量训练手段12，图2-162）

【要求】练习 2 组，2 组的重复次数为 15 – 15 次。

（九）徒手下蹲跳（见力量训练手段 68，图 2 – 218）

【要求】练习 1 组，重复次数为 15 ~ 30 次。

（十）桥形练习（见力量训练手段 49，图 2 – 199）

【要求】练习 1 组，重复 5 ~ 10 次。

（十一）杠铃屈腕（见力量训练手段 47，图 2 – 197）

【要求】练习 2 组，2 组重复次数为 15 – 15 次。

（十二）垫高小腿仰卧起坐（见力量训练手段 1，图 2 – 151）

【要求】如加大难度，可在躯干适当负重。练习 1 ~ 2 组，每组重复次数为 15 ~ 30 次。

（十三）臂撑坐收腿（见力量训练手段 69，图 2 – 219）

【要求】练习 1 ~ 2 组，每组重复次数为 10 ~ 20 次。

第六节　铁人三项运动员力量训练方法

一、力量训练手段介绍

（一）力量训练手段 70：颈后推举

【目的】发展三角肌前部和后部的力量。

【方法】背负杠铃，双脚约以肩宽开立，双手间距约 1.5 肩宽握住杠铃。向头上方推举杠铃，伸直双臂，再将杠铃放回开始的肩上位置，并稍停顿。上举时吸气，放下时呼气。重复练习（图 2 – 220）。

（二）力量训练手段 71：臂撑起

【目的】发展胸部肌群和肱三头肌的力量。

【方法】双臂在双杠上悬空撑起身体，双臂和双腿伸直，肘关节向内。肩和肘关节曲屈下降身体到最低位置，稍停顿再伸直双臂撑起身体。返回开始姿势，重复练习。下降时吸气，上撑时呼气（图 2 – 221）。

图 2－220　颈后推举

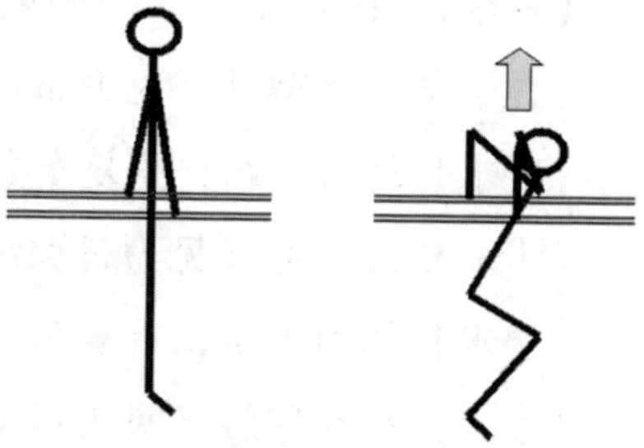

图 2－221 臂撑起

（三）力量训练手段 72：斜立单臂哑铃屈肘

【目的】发展肱二头肌的力量。

【方法】双手掌心相对，臂伸直下垂，持哑铃站立，斜靠在斜板上。一只臂屈肘，手到达大腿上部时由掌心向内转为掌心向上，直至达到肩部。然后下降哑铃，手经过大腿后再由掌心向上转为掌心向内，保持上臂贴近体侧。双臂交替重复练习。哑铃向上运动时吸气，向下运动时呼气（图 2－222）。

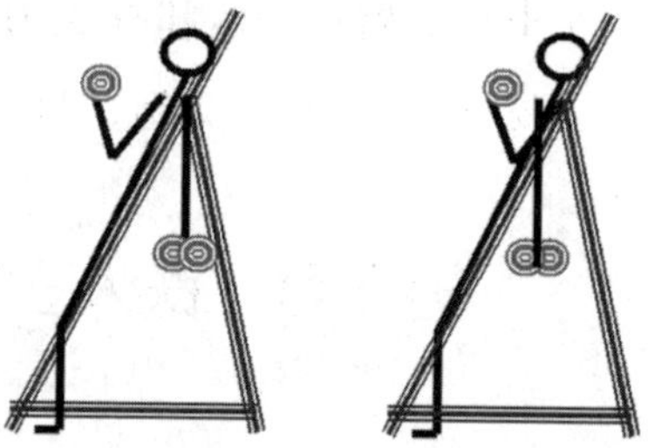

图 2－222　斜立单臂哑铃屈肘

（四）力量训练手段 73：肩负杠铃上台阶

【目的】提高大腿上部肌群的力量。

【方法】肩负杠铃，双手扶在肩两侧的杠铃杆上，直背、抬头。左腿登上台阶，右腿随后也登上台阶。左腿下台阶，右腿随后也下台阶。向下运动时吸气，向上运动时呼气。重复练习（图 2－223）。

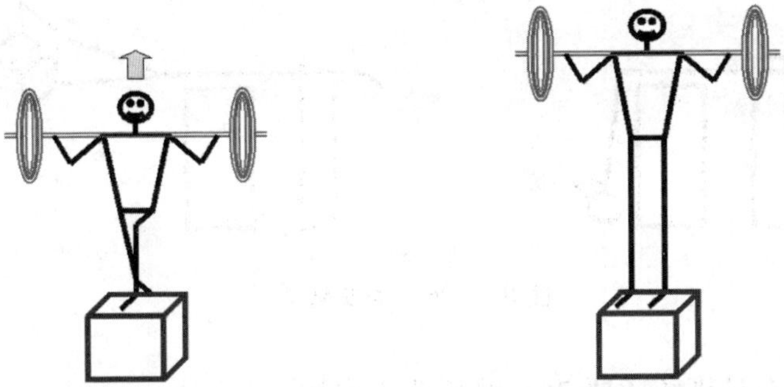

图 2－223　肩负杠铃上台阶

（五）力量训练手段 74：侧弓箭步

【目的】发展大腿内侧和后部肌群的力量。

【方法】直立，直背抬头，双手叉腰，双脚并拢。尽量远地向体侧迈一大步，直到大腿内侧几乎与地面平行。另一条腿尽量伸直。侧移身体恢复开始的直立姿势。向外侧运动时吸气，向内侧运动时呼气。双腿交替重复练习（图 2－224）。

图 2－224　侧弓箭步

（六）力量训练手段 75：伸背转体

【目的】发展腰部肌群的力量。

【方法】双脚固定，在鞍马或高长凳上以髋部为支撑点，下屈躯干至与地面垂直的姿势。将双手交叉于头后部，重复向右侧伸背，至躯干与地面成稍高于水平位置的姿势。再重复向左侧伸背，至躯干与地面成稍高于水平位置的姿势。提起上体时吸气，落下时呼气。重复练习（图 2－225）。

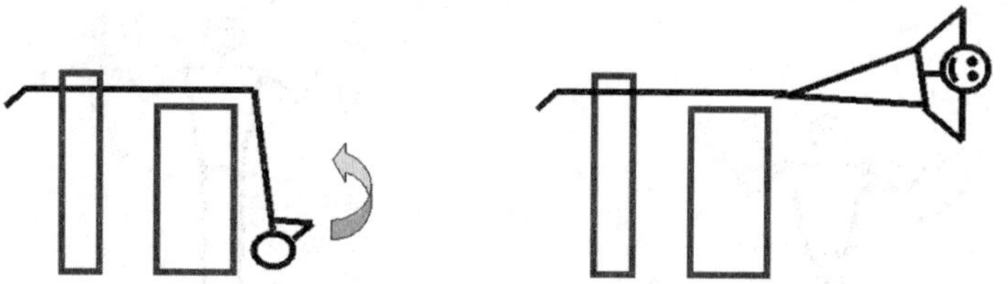

图 2 - 225　伸背转体

（七）力量训练手段 76：跪撑头上窄拉

【目的】发展肱三头肌的力量。

【方法】在滑轮拉力器钢索的把手前下方横放一个长凳，背向拉力器、面向长凳跪撑。双手掌心向下以较小间距握住拉力器把手，将头和前臂的前部放在长凳上。前臂靠近头部，双臂屈肘折叠。沿半圆运动路线向前下方伸臂拉引拉力器把手，直到双臂伸直，成与地面平行姿势。恢复开始姿势，重复练习。拉动时吸气，返回时呼气（图 2 - 226）。

图 2 - 226　跪撑头上窄拉

（八）力量训练手段 77：高踏板坐蹬腿

【目的】发展大腿上部肌群的力量。

【方法】在腿部力量练习器上坐下，双脚蹬在较高位置的踏板上，大腿几乎垂直于地面。双手扶在臀部下方的扶手上，双膝略外展，蹬踏板伸直双腿。蹬伸时呼气，收腿时吸气。重复练习（图 2 - 227）。

图 2－227　高踏板坐蹬腿

（九）力量训练手段 78：髋内收

【目的】发展大腿内侧肌群的力量。

【方法】侧对滑轮阻力钢索站立，将一只脚的踝关节固定在阻力钢索上。双手在体前腰部高度握住固定支撑物体。腿伸直，膝关节固定，练习腿内收侧摆。背伸直，不要向左或右晃动。腿内收时吸气，返回时呼气（图 2－228）。

图 2－228　髋内收

（十）力量训练手段 79：髋外展

【目的】发展大腿外侧肌群的力量。

【方法】侧对滑轮阻力钢索站立，将一只脚的踝关节固定在阻力钢索上。双手在体前腰部高度握住固定支撑物体。腿伸直，膝关节固定，练习腿外展侧摆。背伸直，不要向左或右晃动。腿外展时吸气，返回时呼气（图 2－229）。

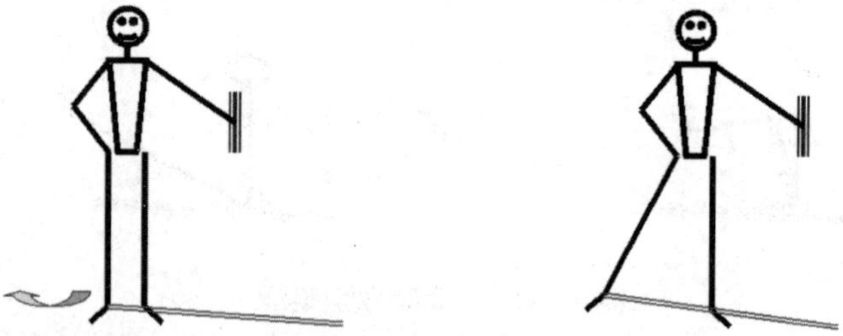

图 2－229　髋外展

二、准备期力量训练

（一）力量训练任务

铁人三项运动员准备期力量训练的任务是发展力量、力量耐力和防止伤害的发生。

（二）周训练负荷结构

1. 常规结构

铁人三项运动员准备期力量训练的周训练负荷常规结构一般为：每周进行 3 次力量训练课，隔日安排力量训练。

2. 分段结构

铁人三项运动员准备期力量训练的周训练负荷分段结构，每周一、三、五的力量训练课进行以下力量训练方法中 1 ~ 5 的练习，每周二、四、六的力量训练课进行以下力量训练方法中 6 ~ 9 的练习。

（三）课训练负荷结构

由于铁人三项运动员的游泳、长跑、自行车的技术动作基本是连续性（周期性）动作，可以采用按功能对抗或协同的两组肌肉群进行配对练习组合的方法进行力量训练。在每一种配对练习组合中，当完成第一个练习后，马上进行第二个练习，休息 1 ~ 2 分钟后，再重复第二组这样的配对练习组合。配对练习组合的组数和每个练习的重复次数可根据具体情况提出特殊要求，要注意防止过度训练，如在大负荷游泳训练日后不要进行上肢力量练习，而在大负荷自行车或长跑训练日后不要进行下肢力量练习。

（四）力量训练方法

1. 练习组合一

（1）卧推（见力量训练手段 34，图 2－184）

【要求】与体前屈提哑铃组合练习 3 组，3 组重复次数为 12－10－8 次。

（2）体前屈提哑铃（见力量训练手段 36，图 2－186）

【要求】与卧推组合练习 3 组，每只臂 3 组重复次数为 12－10－10 次。

2. 练习组合二

（1）颈后推举（见力量训练手段 70，图 2－220）

【要求】与宽握侧下拉组合练习 3 组，3 组重复次数为 12－10－10 次。

（2）宽握侧下拉（见力量训练手段 4，图 2－154）

【要求】与颈后推举组合练习 3 组，3 组重复次数为 12－10－10 次。

3. 练习组合三

（1）高提杠铃（见力量训练手段 53，图 2－203）

【要求】与臂撑起组合练习 2 组，2 组重复次数为 10－10 次。

（2）臂撑起（见力量训练手段 71，图 2－221）

【要求】与高提杠铃组合练习 2 组，2 组重复次数为 10－10 次。

4. 练习组合四

（1）仰卧头后拉哑铃（见力量训练手段 46，图 2－196）

【要求】与斜立单臂哑铃屈肘组合练习 3 组，3 组重复次数为 12－10－10 次。

（2）斜立单臂哑铃屈肘（见力量训练手段 72，图 2－222）

【要求】与仰卧头后拉哑铃组合练习 3 组，3 组重复次数为每只臂

12－10－8次。

5. 斜板屈膝仰卧起坐（见力量训练手段59，图2－209）

【要求】练习1～2组，每组重复20～50次。

6. 深蹲（见力量训练手段32，图2－182）

【要求】练习3组，3组重复次数为12－10－10次。

7. 练习组合五

（1）肩负杠铃上台阶（见力量训练手段73，图2－223）

【要求】与侧弓箭步组合练习2组，2组重复次数为每条腿10－10次。

（2）侧弓箭步（见力量训练手段74，图2－224）

【要求】与肩负杠铃上台阶组合练习1～2组，每组每条腿重复10～15次。

8. 练习组合六

（1）伸膝（见力量训练手段11，图2－161）

【要求】与屈膝组合练习3组，3组的重复次数为12－10－8次。

（2）屈膝（见力量训练手段12，图2－162）

【要求】与伸膝组合练习3组，3组的重复次数为12－10－8次。

9. 练习组合七

（1）伸背转体（见力量训练手段75，图2－225）

【要求】如加大难度，可在躯干适当负重，与凳上仰卧起坐组合练习1组，左右侧各重复次数为20～30次。

（2）凳上仰卧起坐（见力量训练手段50，图2－200）

【要求】与伸背转体组合练习1～2组，每组重复次数为15～25次。

三、比赛期力量训练

（一）力量训练任务

铁人三项运动员比赛期力量训练的任务是保持准备期达到的力量和

力量耐力水平，防止伤害的发生。

（二）周训练负荷结构

1. 常规结构

铁人三项运动员比赛期力量训练的周训练负荷常规结构一般为：每周进行3次力量训练课，隔日安排力量训练。

2. 分段结构

铁人三项运动员比赛期力量训练的周训练负荷分段结构，每周一、三、五的力量训练课进行以下力量训练方法中1～5的练习，每周二、四、六的力量训练课进行以下力量训练方法中6～11的练习。

（三）课训练负荷结构

比赛期力量训练的课训练负荷结构同准备期课训练负荷结构。

（四）力量训练方法

1. 练习组合一

（1）站立靠斜板推哑铃（见力量训练手段20，图2－170）

【要求】与双臂坐拉引组合练习2组，2组重复次数为10－10次。

（2）双臂坐拉引（见力量训练手段44，图2－194）

【要求】与站立靠斜板推哑铃组合练习2组，2组重复次数为10－10次。

2. 练习组合二

（1）高提杠铃（见力量训练手段53，图2－203）

【要求】与臂撑起组合练习1～2组，1（2）组重复次数为10－10次。

（2）臂撑起（见力量训练手段71，图2－221）

【要求】与高提杠铃组合练习1～2组，每组重复次数为10－10次。

3. 练习组合三

（1）跪撑头上窄拉（见力量训练手段76，图2－226）

【要求】与哑铃屈肘组合练习2组，2组重复次数为10－8次。

（2）哑铃屈肘（见力量训练手段 56，图 2－206）

【要求】与跪撑头上窄拉组合练习 2 组，2 组重复次数为 10－8 次。

4. 垫高小腿仰卧起坐（见力量训练手段 1，图 2－151）

【要求】如加大难度，可在躯干适当负重。练习 2 组，每组重复次数为 20～50 次。

5. 伸背练习（见力量训练手段 2，图 2－152）

【要求】如加大难度，可在躯干适当负重。练习 1 组，重复次数为 15～25 次。

6. 高踏板坐蹬腿（见力量训练手段 77，图 2－227）

【要求】练习 2 组，重复次数为 10－10 次。

7. 肩负杠铃上台阶（见力量训练手段 73，图 2－223）

【要求】练习 1 组，重复次数为每条腿 10 次。

8. 练习组合四

（1）伸膝（见力量训练手段 11，图 2－161）

【要求】与屈膝组合练习 2 组，2 组的重复次数为 10－10 次。

（2）屈膝（见力量训练手段 12，图 2－162）

【要求】与伸膝组合练习 2 组，2 组的重复次数为 10－10 次。

9. 练习组合五

（1）髋内收（见力量训练手段 78，图 2－228）

【要求】与髋外展组合练习 1 组，每条腿重复 10 次。

（2）髋外展（见力量训练手段 79，图 2－229）

【要求】与髋内收组合练习 1 组，每条腿重复 10 次。

10. 屈髋（见力量训练手段 13，图 2－163）

【要求】练习 1 组，每条腿重复 10 次。

11. 仰卧收腿（见力量训练手段 37，图 2－187）

【要求】练习 1～2 组，每组重复次数为 15～25 次。

第七节 自行车运动员力量训练方法

一、力量训练手段介绍

（一）力量训练手段 80：持杠铃坐立提踵

【目的】发展小腿后部肌群的力量。

【方法】在凳子上坐立，双脚的脚前掌踩在凳子前的矮凳上。双手握杠铃放在膝盖上方的大腿上，尽量高地提起脚跟，停顿片刻后再下降。向上运动时吸气，向下运动时呼气。重复练习（图 2 – 230）。

（二）力量训练手段 81：宽握颈后侧拉

【目的】发展躯干上部两侧肌群的力量。

【方法】双腿跪撑身体，双臂向上伸展，双手以两倍肩宽握住头上方阻力滑轮把手。双手向下拉阻力滑轮把手，直到把手横杠接触到肩上的颈后部。向下运动时吸气，向上运动时呼气。重复练习（图 2 – 231）。

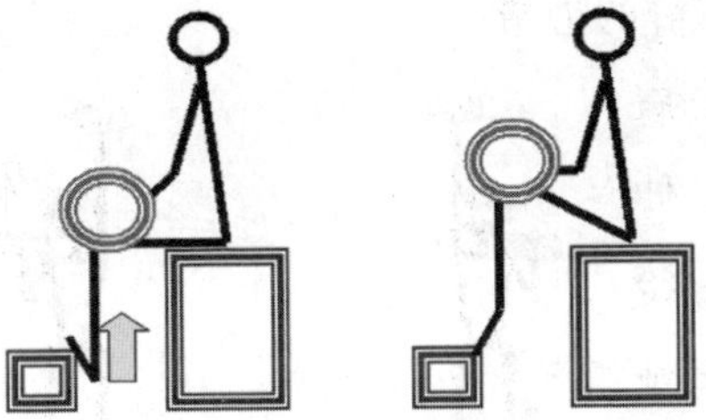

图 2 – 230 持杠铃坐立提踵

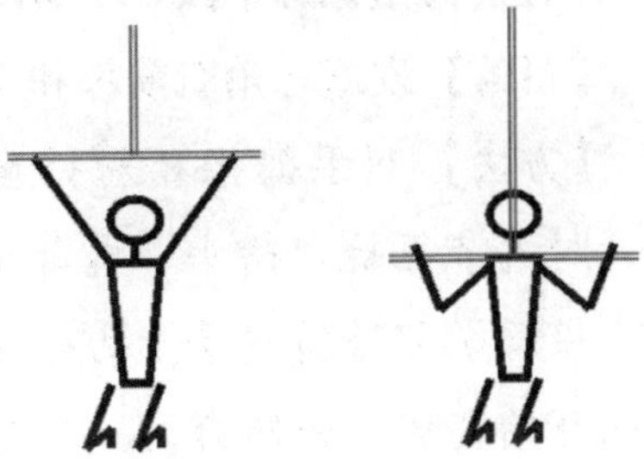

图 2 – 231 宽握颈后侧拉

（三）力量训练手段 82：坐立推举哑铃

【目的】发展三角肌前部和上部肌群的力量。

【方法】双手拇指相对持哑铃于肩上，肘关节向外，坐在凳子上，双脚紧贴地面，抬头、直背。伸直双臂举起哑铃到头上方，下降哑铃返回开始姿势。哑铃上升时吸气，下降时呼气。重复练习（图 2－232）。

图 2－232　坐立推举哑铃

（四）力量训练手段 83：坐立脚掌推

【目的】发展小腿后部肌群的力量。

【方法】在踝关节力量练习器械上坐立，把双脚的脚掌顶在器械踏板上。直背斜靠在力量练习器械靠垫上，双腿伸直，膝部固定。尽量高地顶起脚跟，停顿片刻后返回开始姿势。前推运动时吸气，返回时呼气。重复练习（图 2－233）。

图 2－233　坐立脚掌推

（五）力量训练手段 84：站立交替推举哑铃

【目的】发展三角肌前部和上部肌群的力量。

【方法】双手拇指相对持哑铃于肩上，肘关节靠拢，抬头、直背站立。伸直一只臂举起哑铃到头上方，下降哑铃返回开始姿势。再伸直另一只臂举起哑铃到头上方，身体不要晃动。哑铃上升时吸气，下降时呼气。重复练习（图 2－234）。

图 2－234　站立交替推举哑铃

（六）力量训练手段 85：抗阻仰卧屈膝

【目的】发展屈髋和腰部肌群的力量。

【方法】在滑轮力量练习器上仰卧，双手在头后抓住力量练习器躺板。双脚用脚背在后面勾住滑轮力量练习器圆柱形保护垫，尽量远距离屈膝收腿。稍停顿后返回开始姿势，保持腹部肌群的紧张度。收腿时吸气，伸腿时呼气。重复练习（图2－235）。

图2－235　抗阻仰卧屈膝

二、准备期力量训练

（一）力量训练任务

自行车运动员准备期力量训练的任务是发展力量和达到身体各个主要肌肉群的均衡发展，重点提高腿部、腰部和臀部肌群的力量水平，力量训练强度大于比赛期。

（二）周训练负荷结构

自行车运动员准备期力量训练的周训练负荷结构一般为：每周进行3次力量训练课，隔日安排力量训练。

（三）课训练负荷结构

由于自行车运动员的技术动作基本是连续性（周期性）动作，可以采用按功能对抗或协同的两组肌肉群进行配对练习组合的方法进行力量训练。在每一种练习组合中，当完成第一个练习后，马上进行第二（或第三）个练习，休息1～2分钟后，再重复第二（或第三）组这样的练习组合。

（四）力量训练方法

1. 练习组合一

（1）深蹲（见力量训练手段32，图2－182）

【要求】与伸膝和屈膝组合练习3组，3组重复次数为14－12－

10次。

（2）伸膝（见力量训练手段11，图2－161）

【要求】与深蹲和屈膝组合练习3组，3组重复次数为14－12－10次。

（3）屈膝（见力量训练手段12，图2－162）

【要求】与深蹲和伸膝组合练习3组，3组重复次数为14－12－10次。

2. 练习组合二

（1）髋外展（见力量训练手段79，图2－229）

【要求】与髋内收组合练习2组，每条腿每组重复次数为14～12次。

（2）髋内收（见力量训练手段78，图2－228）

【要求】与髋外展组合练习2组，每条腿每组重复次数为14～12次。

3. 练习组合三

（1）提踵（见力量训练手段58，图2－208）

【要求】与持杠铃坐立提踵组合练习1组，重复次数为10～15次。

（2）持杠铃坐立提踵（见力量训练手段80，图2－230）

【要求】与提踵组合练习1组，重复次数为20～25次。

4. 练习组合四

（1）卧推（见力量训练手段34，图2－184）

【要求】与宽握颈后侧拉组合练习3组，3组重复次数为14－12－10次。

（2）宽握颈后侧拉（见力量训练手段81，图2－231）

【要求】与卧推组合练习3组，3组重复次数为14－12－10次。

5. 练习组合五

（1）坐立推举哑铃（见力量训练手段83，图2－232）

【要求】与持哑铃提肩组合练习2组，2组重复次数为14－12次。

（2）持哑铃提肩（见力量训练手段45，图2－195）

【要求】与坐立推举哑铃组合练习2组，2组重复次数为15－15次。

6. 练习组合六

（1）杠铃屈肘（见力量训练手段10，图2－160）

【要求】与臂撑起组合练习2组，2组重复次数为14－12次。

（2）臂撑起（见力量训练手段71，图2－221）

【要求】与杠铃屈肘组合练习2组，每组重复次数最多15次，否则附加重量。

7. 练习组合七

（1）伸背练习（见力量训练手段2，图2－152）

【要求】如加大难度，可在躯干适当负重。与斜板屈膝仰卧起坐组合练习2组，每组最多重复15次，否则增加负重。

（2）斜板屈膝仰卧起坐（见力量训练手段59，图2－209）

【要求】与伸背练习组合练习2组，每组重复20～40次。

三、比赛期力量训练

（一）力量训练任务

自行车运动员比赛期力量训练的任务是保持准备期达到的力量水平。

（二）周训练负荷结构

自行车运动员比赛期力量训练的周训练负荷结构一般为：每周进行两次力量训练课，隔1～2日安排力量训练，赛前至少相隔两日进行力量训练。

（三）课训练负荷结构

比赛期与准备期力量训练课训练负荷结构相同。

（四）力量训练方法

1. 练习组合一

（1）高踏板坐蹬腿（见力量训练手段77，图2－227）

【要求】与伸膝和屈膝组合练习 2 组，重复次数为 14－12 次。

（2）伸膝（见力量训练手段 11，图 2－161）

【要求】与高踏板坐蹬腿和屈膝组合练习 2 组，重复次数为 14－12 次。

（3）屈膝（见力量训练手段 12，图 2－162）

【要求】与高踏板坐蹬腿和伸膝组合练习 2 组，重复次数为 14－12 次。

2. 练习组合二

（1）髋外展（见力量训练手段 79，图 2－229）

【要求】与髋内收组合练习 1 组，每条腿重复次数为 14 次。

（2）髋内收（见力量训练手段 78，图 2－228）

【要求】与髋外展组合练习 1 组，每条腿重复次数为 14 次。

3. 练习组合三

（1）提踵（见力量训练手段 58，图 2－208）

【要求】与坐立脚掌推组合练习 1 组，重复次数为 10～15 次。

（2）坐立脚掌推（见力量训练手段 83，图 2－233）

【要求】与提踵组合练习 1 组，重复次数为 20～25 次。

4. 练习组合四

（1）站立靠斜板推哑铃（见力量训练手段 20，图 2－170）

【要求】与颈前下拉组合练习 2 组，2 组重复次数为 14－12 次。

（2）颈前下拉（见力量训练手段 65，图 2－215）

【要求】与站立靠斜板推哑铃组合练习 2 组，2 组重复次数为 14－12 次。

5. 练习组合五

（1）站立交替推举哑铃（见力量训练手段 84，图 2－234）

【要求】与持杠铃提转肩组合练习 2 组，2 组每只臂重复次数为 12－10 次。

（2）持杠铃提转肩（见力量训练手段 67，图 2－217）

【要求】与站立交替推举哑铃组合练习 2 组，2 组重复次数为 15－15 次。

6. 练习组合六

（1）哑铃屈肘（见力量训练手段 56，图 2－206）

【要求】与臂撑起组合练习 1 组，重复次数为 12 次。

（2）臂撑起（见力量训练手段 71，图 2－221）

【要求】与哑铃屈肘组合练习 1 组，重复次数最多 12 次，否则附加重量。

7. 练习组合七

（1）伸背练习（见力量训练手段 2，图 2－152）

【要求】可在躯干适当负重。与抗阻仰卧屈膝组合练习 1～2 组，每组重复次数为 20～30 次。

（2）抗阻仰卧屈膝（见力量训练手段 85，图 2－235）

【要求】与伸背组合练习 1～2 组，每组重复次数为 20～30 次。

第八节　赛艇运动员力量训练方法

一、力量训练手段介绍

力量训练手段 86：持哑铃硬拉

【目的】发展臀部、大腿和腰部肌群的力量。

【方法】双脚约以肩宽为间距站立，把两只哑铃放在每只脚的外侧，俯身握哑铃。保持双腿伸直、直背、抬头，直起身体，肘关节固定。再直腿放下哑铃。直起身体时吸气，俯身时呼气。重复练习（图 2－236）。

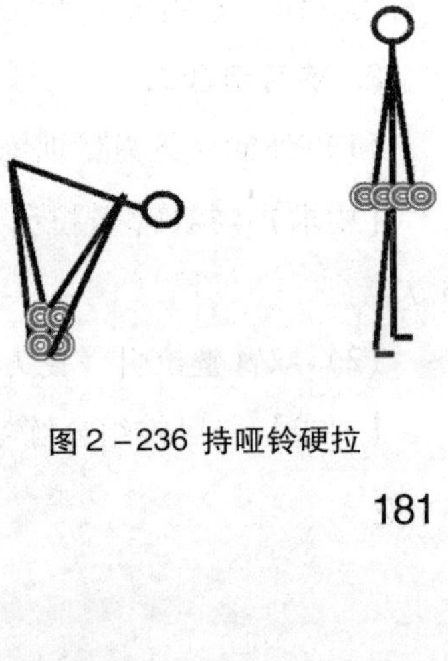

图 2－236 持哑铃硬拉

二、一般准备期力量训练

（一）力量训练任务

赛艇运动员准备期力量训练的任务是发展力量和达到身体各个主要肌肉群的均衡发展。时间一般为 3 ~6 个月，直到比赛期之前 4 ~6 周。

（二）周训练负荷结构

赛艇运动员准备期力量训练的周训练负荷结构一般为：每周进行两次力量训练课，至少隔两日安排力量训练。

（三）课训练负荷结构

由于赛艇运动员的技术动作基本是连续性（周期性）动作，可以采用按功能对抗或协同的两组肌肉群进行配对练习组合的方法进行力量训练。在每一种练习组合中，当完成第一个练习后，马上进行第二个练习，休息 1 ~2 分钟后，再重复第二组这样的练习组合。

（四）力量训练方法

1. 练习组合一

（1）垫高小腿仰卧起坐（见力量训练手段 1，图 2 – 151）

【要求】如加大难度，可在躯干适当负重。与伸背组合练习 3 组，每组重复次数为 25 ~50 次。

（2）伸背练习（见力量训练手段 2，图 2 – 152）

【要求】如加大难度，可在躯干适当负重。与垫高小腿仰卧起坐组合练习 3 组，每组最多重复 15 次，否则增加负重。

2. 练习组合二

（1）卧推（见力量训练手段 34，图 2 – 184）

【要求】与双臂坐拉引组合练习 3 组，3 组重复次数为 10 – 8 – 8 次。

（2）双臂坐拉引（见力量训练手段 44，图 2 – 194）

【要求】与卧推组合练习 3 组，3 组重复次数为 10 – 8 – 8 次。

3. 练习组合三

（1）斜推杠铃（见力量训练手段38，图2－188）

【要求】与体前屈提哑铃组合练习3组，3组重复次数为10－8－8次。

（2）体前屈提哑铃（见力量训练手段36，图2－186）

【要求】与斜推杠铃组合练习3组，每只臂3组重复次数为10－8－8次。

4. 练习组合四

（1）高翻杠铃（见力量训练手段54，图2－204）

【要求】与杠铃屈肘组合练习3组，3组重复次数为5－5－5次。

（2）杠铃屈肘（见力量训练手段10，图2－160）

【要求】与高翻杠铃组合练习3组，3组重复次数为10－8－8次。

5. 练习组合五

（1）深蹲（见力量训练手段32，图2－182）

【要求】与屈膝组合练习3组，3组重复次数为10－8－8次。

（2）屈膝（见力量训练手段12，图2－162）

【要求】与深蹲组合练习3组，3组重复次数为10－8－8次。

6. 练习组合六

（1）髋内收（见力量训练手段78，图2－228）

【要求】与髋外展组合练习3组，每组重复次数为12～15次。

（2）髋外展（见力量训练手段79，图2－229）

【要求】与髋内收组合练习3组，每组重复次数为12～15次。

7. 练习组合七

（1）负杠铃前弓箭步（见力量训练手段57，图2－207）

【要求】与持哑铃硬拉组合练习3组，3组每条腿重复次数为10－10－10次。

（2）持哑铃硬拉（见力量训练手段86，图2－236）

【要求】与负杠铃前弓箭步组合练习3组，3组每条腿重复次数为

10－10－10 次。

三、赛前准备期力量训练

（一）力量训练任务

赛艇运动员赛前准备期力量训练的任务是在第一次比赛之前达到最高力量水平。时间一般为 4～6 个星期，这个阶段需要比准备期进行更多的水上训练内容。

（二）周训练负荷结构

赛艇运动员赛前准备期力量训练的周训练负荷结构一般为：每周进行 3 次力量训练课，隔 1 日安排力量训练。

（三）课训练负荷结构

与一般准备期力量训练课训练负荷结构相同。

（四）力量训练方法

1. 练习组合一

（1）斜板提腿（见力量训练手段 18，图 2－168）

【要求】与伸背组合练习 3 组，每组重复次数为 15～30 次。

（2）伸背练习（见力量训练手段 2，图 2－152）

【要求】如加大难度，可在躯干适当负重。与斜板提腿组合练习 3 组，每组最多重复 15 次，否则增加负重。

2. 练习组合二

（1）卧推（见力量训练手段 34，图 2－184）

【要求】与双臂坐拉引组合练习 3 组，3 组重复次数为 8－6－4 次。

（2）双臂坐拉引（见力量训练手段 44，图 2－194）

【要求】与卧推组合练习 3 组，3 组重复次数为 10－8－6 次。

3. 练习组合三

（1）站立靠斜板推哑铃（见力量训练手段 20，图 2－170）

【要求】与体前屈提哑铃组合练习 3 组，3 组重复次数为 8－6－4 次。

（2）体前屈提哑铃（见力量训练手段 36，图 2 – 186）

【要求】与站立靠斜板推哑铃组合练习 3 组，每只臂 3 组重复次数为 10 – 8 – 6 次。

4. 练习组合四

（1）高翻杠铃（见力量训练手段 54，图 2 – 204）

【要求】与杠铃屈肘组合练习 3 组，3 组重复次数为 5 – 3 – 3 次。

（2）杠铃屈肘（见力量训练手段 10，图 2 – 160）

【要求】与高翻杠铃组合练习 3 组，3 组重复次数为 10 – 8 – 6 次。

5. 练习组合五

（1）深蹲（见力量训练手段 32，图 2 – 182）

【要求】与屈膝组合练习 3 组，3 组重复次数为 8 – 6 – 4 次。

（2）屈膝（见力量训练手段 12，图 2 – 162）

【要求】与深蹲组合练习 3 组，3 组重复次数为 10 – 8 – 6 次。

6. 练习组合六

（1）髋内收（见力量训练手段 78，图 2 – 228）

【要求】与髋外展组合练习 3 组，每组每条腿重复次数为 12 ~ 15 次。

（2）髋外展（见力量训练手段 79，图 2 – 229）

【要求】与髋内收组合练习 3 组，每组每条腿重复次数为 12 ~ 15 次。

7. 练习组合七

（1）负杠铃前弓箭步（见力量训练手段 57，图 2 – 207）

【要求】与肩负杠铃上台阶组合练习 3 组，3 组每条腿重复次数为 10 – 10 – 10 次。

（2）肩负杠铃上台阶（见力量训练手段 73，图 2 – 223）

【要求】与负杠铃前弓箭步组合练习 3 组，3 组每条腿重复次数为 10 – 10 – 10 次。

四、比赛期力量训练

（一）力量训练任务

赛艇运动员比赛期力量训练的任务是保持在准备期和赛前准备期达到的力量水平。

（二）周训练负荷结构

赛艇运动员比赛期力量训练的周训练负荷结构一般为：每周进行2次力量训练课。每次隔1～2日，以及赛前2日安排力量训练。

（三）课训练负荷结构

比赛期力量训练课训练负荷结构也同于准备期。

（四）力量训练方法

1. 练习组合一

（1）两头起（见力量训练手段39，图2－189）

【要求】与伸背组合练习3组，每组重复次数为20～30次。

（2）伸背练习（见力量训练手段2，图2－152）

【要求】如加大难度，可在躯干适当负重。与两头起组合练习3组，每组最多重复15次，否则增加负重。

2. 练习组合二

（1）卧推（见力量训练手段34，图2－184）

【要求】与双臂坐拉引组合练习3组，3组重复次数为8－6－6次。

（2）双臂坐拉引（见力量训练手段44，图2－194）

【要求】与卧推组合练习3组，3组重复次数为10－8－6次。

3. 练习组合三

（1）臂撑起（见力量训练手段71，图2－221）

【要求】与体前屈提哑铃组合练习3组，重复次数最多15次，否则附加重量。

（2）体前屈提哑铃（见力量训练手段36，图2－186）

【要求】与臂撑起组合练习3组，每只臂3组重复次数为10－8－

6次。

4. 练习组合四

（1）高翻杠铃（见力量训练手段54，图2－204）

【要求】与杠铃屈肘组合练习3组，3组重复次数为5－5－5次。

（2）杠铃屈肘（见力量训练手段10，图2－160）

【要求】与高翻杠铃组合练习3组，3组重复次数为10－8－6次。

5. 练习组合五

（1）深蹲（见力量训练手段32，图2－182）

【要求】与屈膝组合练习3组，3组重复次数为10－8－6次。

（2）屈膝（见力量训练手段12，图2－162）

【要求】与深蹲组合练习3组，3组重复次数为10－8－10次。

第九节　滑雪运动员力量训练方法

一、力量训练手段介绍

（一）力量训练手段87：侧卧提腿

【目的】发展髋部和躯干两侧肌群力量。

【方法】身体伸展侧卧在斜板上，上侧脚的踝关节固定系在拉力器绳索或橡胶带上。拉力方向靠近身体斜下方，尽量快速向上提腿。膝关节伸直，只用髋部和躯干两侧肌群力量完成动作。重复练习（图5－237）。

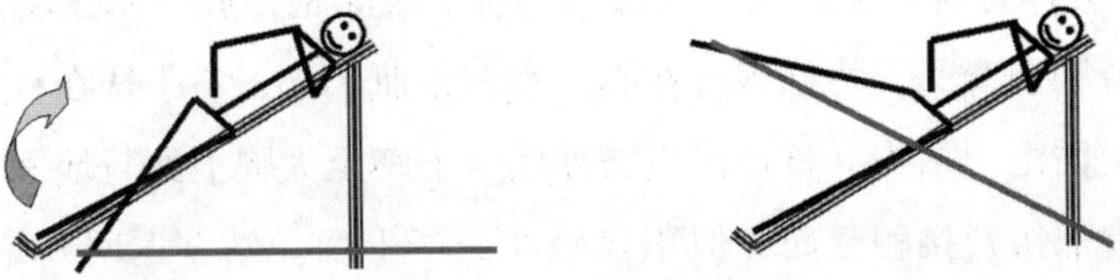

图2－237　侧卧提腿

（二）力量训练手段88：仰卧直腿转髋

【目的】发展髋部和躯干斜肌的力量。

【方法】身体伸展仰卧，双手以较宽间距握住固定横杠，双肩贴在垫子上。横向摆动一条腿通过非摆动腿，尽量向上到达接近头部高度，非摆动腿紧贴地面。恢复开始姿势，双腿交替重复练习（图2－238）。

图2－238　仰卧直腿转髋

（三）力量训练手段89：臂撑提单腿

【目的】发展腹肌下部的力量。

【方法】双臂在双杠上悬空撑起身体，双臂和双腿伸直，肘关节向内。提起一条腿到达与地面平行姿势，一条腿返回开始姿势，下降过程中再提起另一条腿。提起一条腿时吸气，提起另一条腿时呼气。重复练习（图2－239）。

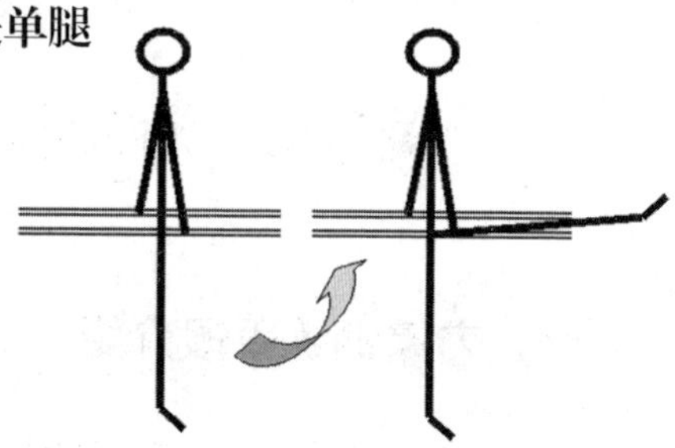

图2－239　臂撑提单腿

（四）力量训练手段90：垫脚跟前坐蹲

【目的】发展大腿内侧肌群的力量。

【方法】背对凳子站立，双脚约一肩半髋间距，放一木条将脚跟垫起。双臂胸前交叉，将杠铃放在胸上和三角肌上部，右手扶在杠铃杆和三角肌上固定。抬头、直背，双膝外展，下蹲至大腿上面与地面平行的姿势。臀部短暂接触凳面，但不要坐在凳子上面。站立返回开始姿势，身体站起时呼气，下蹲时呼气。重复练习（图2－240）。

图 2－240　垫脚跟前坐蹲

（五）力量训练手段 91：肩负杠铃提踵

【目的】发展小腿后部肌群的力量。

【方法】肩负杠铃站立，把双脚前脚掌踩在高出的物体上。抬头、直背，双腿伸直，髋部不要前后晃动，尽量高地提起脚跟，而后缓慢下降身体。向上运动时吸气，向下运动时呼气。重复练习（图 2－241）。

（六）力量训练手段 92：窄反握引体向上

【目的】发展躯干两侧下部肌群的力量。

【方法】双手背对前方，以较小间距直臂握住头上单杠使身体悬垂。向上拉引身体，力图使下颌接触单杠，返回开始姿势。拉引身体时吸气，下降时呼气。重复练习（图 2－242）。

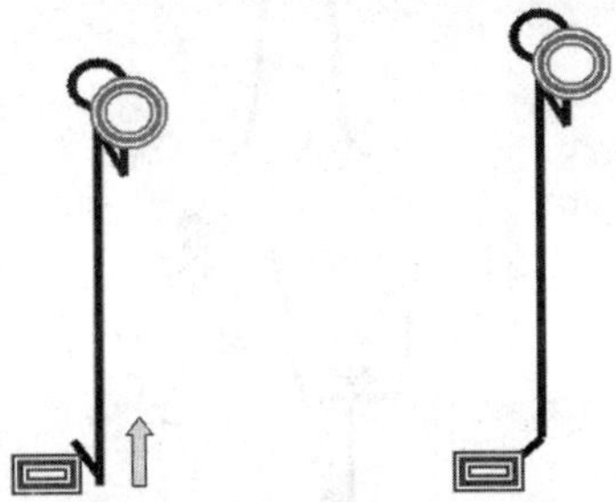

图 2－241　肩负杠铃提踵

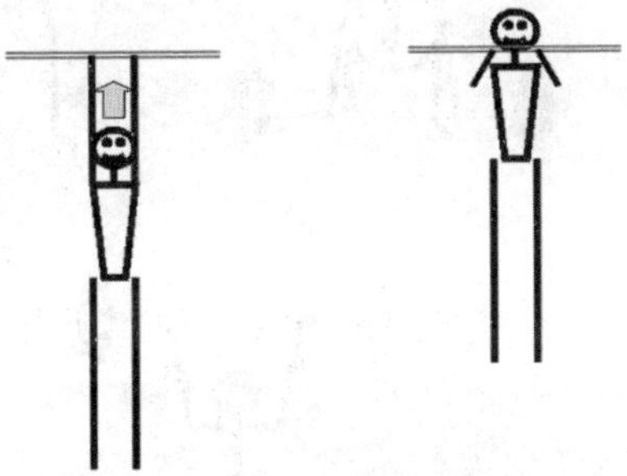

图 2－242　窄反握引体向上

（七）力量训练手段 93：直立哑铃屈肘

【目的】发展肱二头肌的力量。

【方法】双手掌心相对，臂伸直下垂，持哑铃站立。一只臂屈肘，手到达大腿上部时由掌心向内转为掌心向上，直至达到肩部。然后下降哑铃，手经过大腿后再由掌心向上转为掌心向内，保持上臂贴近体侧。哑铃向上运动时吸气，向下运动时呼气。双臂交替重复练习。(图2－243)。

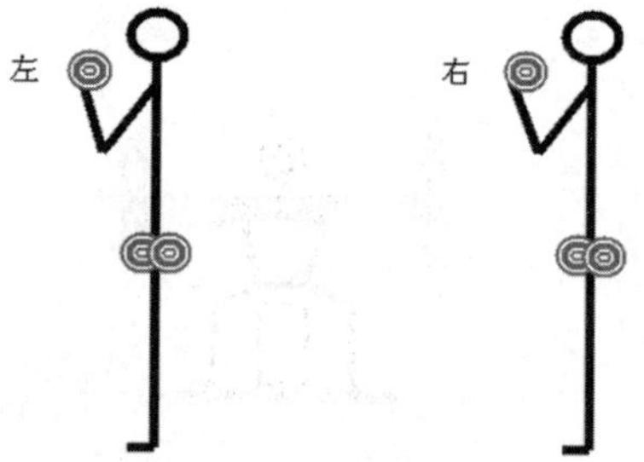

图2－243　直立哑铃屈肘

（八）力量训练手段94：挺举

【目的】发展腿部、背部向上拉引和支撑力量。

【方法】将杠铃放在地面上，双手以肩宽为间距握住杠铃杆。由下蹲姿势开始，腿、髋发力尽量向上提拉杠铃，上拉动作过程中脚跟尽量提起。当杠铃接近胸上部时降低身体重心，翻肩、翻腕支撑，固定杠铃在胸上部。身体成直立姿势，略微下蹲快速上举杠铃，双腿成弓箭步，直臂支撑杠铃。再成直立姿势支撑杠铃，然后返回开始姿势。重复练习(图2－244)。

图2－244　挺举

（九）力量训练手段95：持哑铃前屈伸双臂

【目的】发展肱三头肌的力量。

【方法】双手掌心向内持哑铃，前屈上体成与地面平行姿势。上臂与躯干两侧靠拢，前臂与地面垂直。沿半圆运动路线向身后伸臂，形成双臂与地面平行姿势，持哑铃稍停顿。缓慢屈肘返回开始姿势，伸臂时吸气，屈臂时呼气（图2－245）。

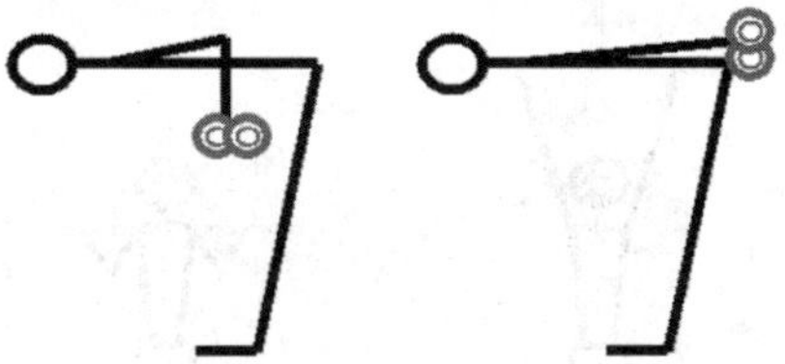

图2－245　持哑铃前屈伸双臂

（十）力量训练手段96：仰卧提腿拉胶带

【目的】发展下肢屈髋肌群力量。

【方法】仰卧在垫子上，踝关节上系胶带，拉力方向向下。双手在头后交叉稳定上体。双腿交替快速进行抬腿练习（图2－246）。

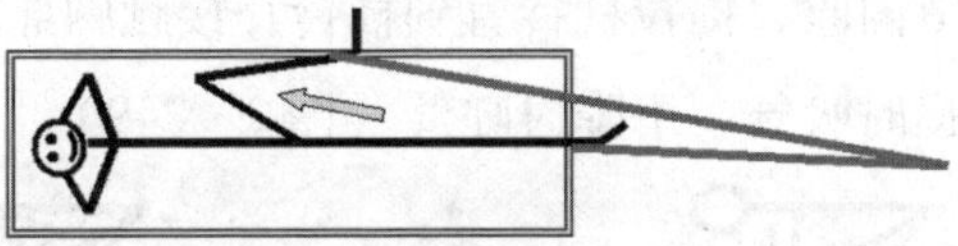

图2－246　仰卧提腿拉胶带

（十一）力量训练手段97：宽握颈前下拉

【目的】发展躯干两侧上部、背部肌群和臂部下拉的力量。

【方法】跪在地面支撑体重，在头上部双手以大约两倍肩宽的间距握住阻力钢索横杠的把手。下拉阻力钢索的横杠至前胸，下拉时吸气，抬起时呼气。交替重复练习（图2－247）。

（十二）力量训练手段98：持哑铃前屈伸单臂

【目的】发展肱三头肌的力量。

【方法】单手掌心向内持哑铃，上臂与躯干两侧靠拢，前臂与地面垂直。前屈上体成与地面平行姿势，另一只手扶在大腿上。持哑铃沿半圆运动路线向身后伸臂，形成双臂与地面平行姿势，持哑铃稍停顿。缓慢屈肘返回开始姿势。伸臂时吸气，屈臂时呼气。双臂交替练习（图 2－248）。

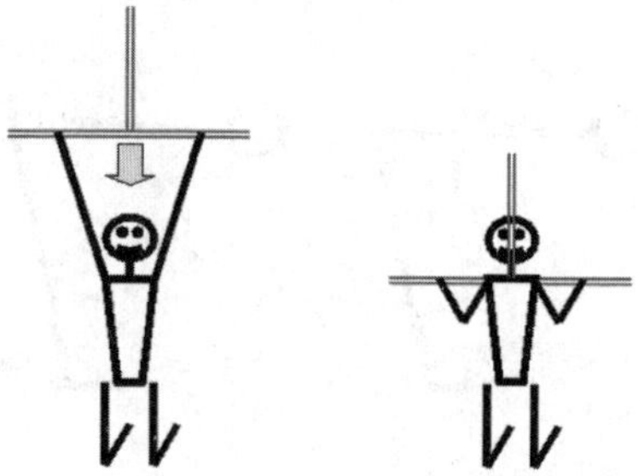

图 2－247　宽握颈前下拉

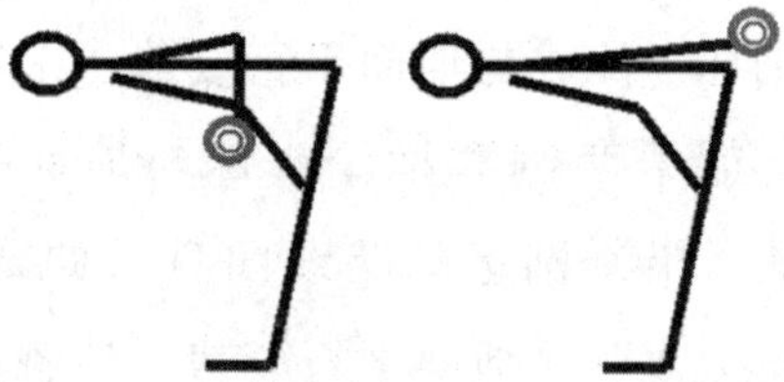

图 2－248　持哑铃前屈伸单臂

（十三）力量训练手段 99：体前屈双臂提拉

【目的】发展背部和躯干两侧下部肌群的力量。

【方法】将空杠铃杆一端顶住固定角落，另一端承重。杠铃杆在两小腿之间，上体前屈成与地面平行姿势。双膝微屈。双手在杠铃片下握住杠铃杆，肘关节内收，提拉杠铃直到杠铃片接触胸部。再下降杠铃恢复开始姿势。上提时吸气，下降时呼气（图 2－249）。

图 2－249　体前屈双臂提拉

（十四）力量训练手段 100：窄握颈前下拉

【目的】发展躯干两侧上部、背部肌群和臂部下拉的力量。

【方法】跪在地面支撑体重，在头上部双手以较窄的间距握住阻力钢索横杠的把手。下拉阻力钢索的横杠至前胸，下拉时吸气，抬起时呼气。交替重复练习（图 2－250）。

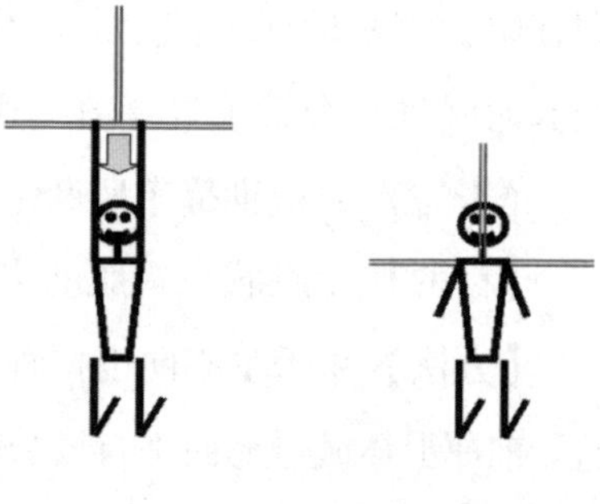

图 2－250　窄握颈前下拉

二、越野滑雪运动员力量训练方法

（一）一般准备期力量训练

1. 力量训练任务

越野滑雪运动员一般准备期力量训练的任务是发展力量和达到身体各个主要肌肉群的均衡发展。

2. 周训练负荷结构

越野滑雪运动员一般准备期力量训练的周训练负荷结构一般为：每周进行3次力量训练课，隔日安排力量训练。

3. 力量训练方法

（1）深蹲（见力量训练手段32，图2－182）

【要求】练习4组，4组重复次数为12－12－10－10次。

（2）伸膝（见力量训练手段11，图2－161）

【要求】练习1～2组，每组的重复次数为15次。

（3）屈膝（见力量训练手段12，图2－162）

【要求】练习1～2组，每组的重复次数为15次。

（4）屈髋（见力量训练手段13，图2－163）

【要求】练习2组，每条腿重复10次。

（5）伸髋（见力量训练手段14，图2－164）

【要求】练习2组，每组每条腿重复10次。

（6）髋内收（见力量训练手段78，图2－228）

【要求】练习3组，3组每条腿重复次数为10－10－10次。

（7）双臂坐拉引（见力量训练手段44，图2－194）

【要求】练习4组，4组重复次数为12－12－10－10次。

（8）宽握颈后侧拉（见力量训练手段81，图2－231）

【要求】练习2～3组，每组重复次数为12－10（8）次。

（9）卧推（见力量训练手段34，图2－184）

【要求】练习2～3组，每组重复次数为12－10（8）次。

（10）高提杠铃（见力量训练手段 53，图 2－203）

【要求】练习 3 组，3 组重复次数为 10－10－8 次。

（11）仰卧头后拉哑铃（见力量训练手段 46，图 2－196）

【要求】练习 3 组，3 组重复次数为 10－10－8 次。

（12）窄握下压（见力量训练手段 9，图 2－159）

【要求】练习 4 组，4 组重复次数为 12－12－10－10 次。

（13）斜立单臂哑铃屈肘（见力量训练手段 72，图 2－222）

【要求】练习 2～3 组，各组每只臂重复次数为 12－10（8）次。

（14）侧卧提腿（见力量训练手段 87，图 2－237）

【要求】练习 1 组，每条腿重复次数为 20～50 次。

（15）仰卧直腿转髋（见力量训练手段 88，图 2－238）

【要求】练习 1 组，每条腿重复次数为 15～30 次。

（16）臂撑提单腿（见力量训练手段 89，图 2－239）

【要求】练习 1 组，每条腿重复次数为 15～30 次。

（二）赛前准备期力量训练

1. 力量训练任务

越野滑雪运动员赛前准备期力量训练的任务是发展力量，结合专项滑雪动作练习。

2. 周训练负荷结构

越野滑雪运动员赛前准备期力量训练的周训练负荷结构一般为：每周进行 3 次力量训练课，隔日安排力量训练。

3. 力量训练方法

（1）垫脚跟前坐蹲（见力量训练手段 90，图 2－240）

【要求】练习 4 组，4 组重复次数为 10－10－8－8 次。

（2）负杠铃前弓箭步（见力量训练手段 57，图 2－207）

【要求】练习 2 组，2 组每条腿重复次数为 10－10 次。

（3）伸膝（见力量训练手段 11，图 2－161）

【要求】练习 2 组，2 组的重复次数为 15－15 次。

（4）屈膝（见力量训练手段 12，图 2－162）

【要求】练习 2 组，2 组的重复次数为 15－15 次。

（5）屈髋（见力量训练手段 13，图 2－163）

【要求】练习 2 组，2 组每条腿重复次数为 10－10 次。

（6）伸髋（见力量训练手段 14，图 2－164）

【要求】练习 2 组，2 组每条腿重复次数为 10－10 次。

（7）肩负杠铃提踵（见力量训练手段 91，图 2－241）

【要求】练习 2～3 组，每组重复次数为 15～20 次。

（8）颈前下拉（见力量训练手段 65，图 2－215）

【要求】练习 3 组，3 组重复次数为 10－8－8 次。

（9）窄反握引体向上（见力量训练手段 92，图 2－242）

【要求】练习 2 组，每组重复次数最多 10 次，否则增加负重。

（10）直体侧摆哑铃（见力量训练手段 7，图 2－157）

【要求】练习 3 组，3 组重复次数为 10－10－8 次。

（11）提拉哑铃（见力量训练手段 6，图 2－156）

【要求】练习 2 组，2 组重复次数为 10－8 次。

（12）站立靠斜板推哑铃（见力量训练手段 20，图 2－170）

【要求】练习 4 组，4 组重复次数为 10－10－8－8 次。

（13）臂撑起（见力量训练手段 71，图 2－221）

【要求】练习 3 组，重复次数最多 15 次，否则附加重量。

（14）直立哑铃屈肘（见力量训练手段 93，图 2－243）

【要求】练习 2 组，2 组每只臂重复次数为 10－8 次。

（15）臂撑提腿（见力量训练手段 52，图 2－202）

【要求】练习 1～2 组，每组重复次数为 15～30 次。

（16）垫高小腿仰卧起坐（见力量训练手段 1，图 2－151）

【要求】如加大难度，可在躯干适当负重，练习 1 组，重复 25 次。

（三）比赛期力量训练

1. 力量训练任务

越野滑雪运动员比赛期力量训练的任务是保持在一般准备期和赛前准备期达到的力量水平。

2. 周训练负荷结构

越野滑雪运动员比赛期力量训练的周训练负荷结构一般为：每周进行2次力量训练课、1次专项动作训练课，或者每周进行1次力量训练课、2次专项动作训练课，或者隔日安排力量训练课和专项动作训练课。

3. 力量训练方法

（1）负杠铃前弓箭步（见力量训练手段57，图2－207）

【要求】练习3组，3组每条腿重复次数为10－10－10次。

（2）侧弓箭步（见力量训练手段74，图2－224）

【要求】练习1～2组，每组每条腿重复次数为10～12次。

（3）屈髋（见力量训练手段13，图2－163）

【要求】练习2组，2组每条腿重复次数为10－10次。

（4）伸髋（见力量训练手段14，图2－164）

【要求】练习2组，2组每条腿重复次数为10－10次。

（5）窄握卧推（见力量训练手段35，图2－185）

【要求】练习2组，每组重复次数为10－10次。

（6）挺举（见力量训练手段94，图2－244）

【要求】练习1～2组，每组重复次数为10（8）次。

（7）窄反握引体向上（见力量训练手段92，图2－242）

【要求】练习2组，2组重复次数为10－8次。

（8）持哑铃前屈伸双臂（见力量训练手段95，图2－245）

【要求】练习2组，2组重复次数为10－10次。

（9）仰卧提腿拉胶带（见力量训练手段96，图2－246）

【要求】练习1～2组，每组每条腿重复次数为10～15次。

三、高山滑雪运动员力量训练方法

（一）一般准备期力量训练

1. 力量训练任务

高山滑雪运动员准备期力量训练的任务是发展力量和达到身体各个主要肌肉群的均衡发展，防止伤害事故。

2. 周训练负荷结构

高山滑雪运动员准备期力量训练的周训练负荷结构一般为：每周进行3次力量训练课，隔日安排力量训练。

3. 力量训练方法

（1）垫高小腿仰卧起坐（见力量训练手段1，图2－151）

【要求】如加大难度，可在躯干适当负重，练习2组，每组重复次数为25～50次。

（2）仰卧转髋（见力量训练手段16，图2－166）

【要求】练习1～2组，每组每侧重复次数为25～50次。

（3）坐负杠铃转体（见力量训练手段40，图2－190）

【要求】练习1～2组，向左、右转体各重复次数为25～50次。

（4）深蹲（见力量训练手段32，图2－182）

【要求】练习4组，4组重复次数为15－12－12－10次。

（5）伸膝（见力量训练手段11，图2－161）

【要求】练习3组，3组的重复次数为12－12－10次。

（6）屈膝（见力量训练手段12，图2－162）

【要求】练习3组，3组的重复次数为12－12－10次。

（7）负杠铃前弓箭步（见力量训练手段57，图2－207）

【要求】练习2组，2组每条腿重复次数为10－10次。

（8）伸背练习（见力量训练手段2，图2－152）

【要求】如加大难度，可在躯干适当负重，练习2组，每组重复次数为15～20次。

（9）斜推杠铃（见力量训练手段 38，图 2－188）

【要求】练习 4 组，4 组重复次数为 12－10－8－6 次。

（10）宽握颈前下拉（见力量训练手段 97，图 2－247）

【要求】练习 3 组，3 组重复次数为 12－10－8 次。

（11）高翻杠铃（见力量训练手段 54，图 2－204）

【要求】练习 1～2 组，每组重复次数为 10（8）次。

（12）窄反握引体向上（见力量训练手段 92，图 2－242）

【要求】练习 2 组，2 组重复次数最多为 15 次，否则增加负重。

（13）持哑铃前屈伸单臂（见力量训练手段 98，图 2－248）

【要求】练习 3 组，3 组每只臂重复次数为 12－10－8 次。

（14）臂撑起（见力量训练手段 71，图 2－221）

【要求】练习 2～3 组，每组重复次数最多 15 次，否则附加重量。

（15）斜立单臂哑铃屈肘（见力量训练手段 72，图 2－222）

【要求】练习 3 组，各组每只臂重复次数为 12－10－8 次。

（二）赛前准备期力量训练

1. 力量训练任务

高山滑雪运动员赛前准备期力量训练的任务是发展最大力量，准备比赛。

2. 周训练负荷结构

高山滑雪运动员赛前准备期力量训练的周训练负荷结构一般为：每周进行 3 次力量训练课，隔日安排力量训练。

3. 力量训练方法

（1）挺举（见力量训练手段 94，图 2－244）

【要求】练习 1～2 组，每组重复次数为 10（8）次。

（2）坐立斜推哑铃（见力量训练手段 3，图 2－153）

【要求】练习 4 组，4 组重复次数为 12－10－8－8 次。

（3）站立交替推举哑铃（见力量训练手段 84，图 2－234）

【要求】练习 4 组，4 组每只臂重复次数为 10－10－8－8 次。

（4）高提杠铃（见力量训练手段53，图2－203）

【要求】练习2组，2组重复次数为10－8次。

（5）体前屈双臂提拉（见力量训练手段99，图2－249）

【要求】练习4组，4组重复次数为12－10－8－8次。

（6）窄反握引体向上（见力量训练手段92，图2－242）

【要求】练习1～2组，每组重复次数最多为12次，否则增加负重。

（7）颈后伸肘（见力量训练手段24，图2－174）

【要求】练习3组，3组重复次数为10－10－8次。

（8）哑铃屈肘（见力量训练手段56，图2－206）

【要求】练习3组，3组重复次数为10－10－8次。

（9）深蹲（见力量训练手段32，图2－182）

【要求】练习4组，4组重复次数为12－10－10－8次。

（10）肩负杠铃上台阶（见力量训练手段73，图2－223）

【要求】练习2组，2组每条腿重复次数为10－10次。

（11）屈膝（见力量训练手段12，图2－162）

【要求】练习2组，2组的重复次数为10－10次。

（12）伸膝（见力量训练手段11，图2－161）

【要求】练习2组，2组的重复次数为10－10次。

（13）垫高小腿仰卧起坐（见力量训练手段1，图2－151）

【要求】如加大难度，可在躯干适当负重，练习1～2组，每组重复次数为25～50次。

（14）臂撑提单腿（见力量训练手段89，图2－239）

【要求】练习1～2组，每条腿重复次数为10～20次。

（15）伸背练习（见力量训练手段2，图2－152）

【要求】练习1～2组，每组重复最多15次，否则增加负重。

（三）比赛期力量训练

1. 力量训练任务

高山滑雪运动员比赛期力量训练的任务是保持在一般准备期和赛前准备期达到的力量水平。

2. 周训练负荷结构

高山滑雪运动员比赛期力量训练的周训练负荷结构一般为：每周进行2次力量训练课，力量训练课之间休息1～2天，比赛前2天不进行力量训练。

3. 力量训练方法

（1）高踏板坐蹬腿（见力量训练手段77，图2－227）

【要求】练习3组，3组重复次数为10－10－8次。

（2）伸膝（见力量训练手段11，图2－161）

【要求】练习2组，2组的重复次数为10－10次。

（3）屈膝（见力量训练手段12，图2－162）

【要求】练习2组，2组的重复次数为10－10次。

（4）高翻杠铃（见力量训练手段54，图2－204）

【要求】练习2组，2组重复次数为10－8次。

（5）伸背练习（见力量训练手段2，图2－152）

【要求】练习1～2组，每组重复最多15次，否则增加负重。

（6）坐立斜推哑铃（见力量训练手段3，图2－153）

【要求】练习2组，2组重复次数为10－8次。

（7）窄握颈前下拉（见力量训练手段100，图2－250）

【要求】练习3组，3组重复次数为10－10－8次。

（8）臂撑起（见力量训练手段71，图2－221）

【要求】练习3组，每组重复次数最多10次，否则附加重量。

（9）臂撑提单腿（见力量训练手段89，图2－239）

【要求】练习1～2组，每条腿重复次数为15～25次。

第十节 体操运动员力量训练方法

一、力量训练手段介绍

（一）力量训练手段101：颈前推举

【目的】发展三角肌前部和后部的力量。

【方法】胸前肩上负杠铃，双脚约以肩宽开立，双手约以肩宽为间距握住杠铃。双臂肘部内收，向头上方推举杠铃，伸直双臂，再将杠铃放回开始的肩上位置。腿和髋部固定，上举时吸气，放下时呼气。重复练习（图2－251）。

图2－251 颈前推举

（二）力量训练手段102：低踏板坐蹬腿

【目的】发展大腿上部肌群的力量。

【方法】在腿部力量练习器上坐下，双脚蹬在较低位置的踏板上。双手扶在臀部下方的扶手上，双膝略外展，蹬踏板伸直双腿。蹬伸时呼气，收腿时吸气。重复练习（图2－252）。

图2－252 低踏板坐蹬腿

（三）力量训练手段103：低踏板坐脚掌推

【目的】发展小腿后部肌群的力量。

【方法】在腿部力量练习器上坐下，双脚蹬在较低位置的踏板上。

双手扶在臀部下方的扶手上，伸直双腿，用前脚掌前推踏板。前推时吸气，后退时呼气。重复练习（图 2－253）。

图 2－253　低踏板坐脚掌推

（四）力量训练手段 104：倒斜板卧推

【目的】发展胸下部肌群的力量。

【方法】身体在臀部高、胸部低的斜板上，双手大约以一肩半宽间距握杠铃杆。头和髋部不要离开卧推斜板平面。下降杠铃至胸部乳头以下，肘部外展，稍停顿后推起。向下运动时吸气，向上运动时呼气。重复练习（图 2－254）。

图 2－254　倒斜板卧推

（五）力量训练手段 105：仰卧屈臂头后拉杠铃

【目的】发展胸上部和躯干肋间肌群的力量。

【方法】在长凳上仰卧，头部伸出凳子，双腿并拢，双脚平放地面。把杠铃杆放在胸部与乳头成一线的部位，双手间距较窄，双肘尽量并拢。将杠铃沿贴近头部的半圆路线，向头部上方运动，尽量下降高度至地面。沿原运动路线将杠铃拉回胸部位置，完成系列动作。开始动作时吸气，完成时呼气。重复练习（图 2－255）。

图2－255　仰卧屈臂头后拉杠铃

（六）力量训练手段106：宽握引体向上

【目的】发展躯干两侧肌群的力量。

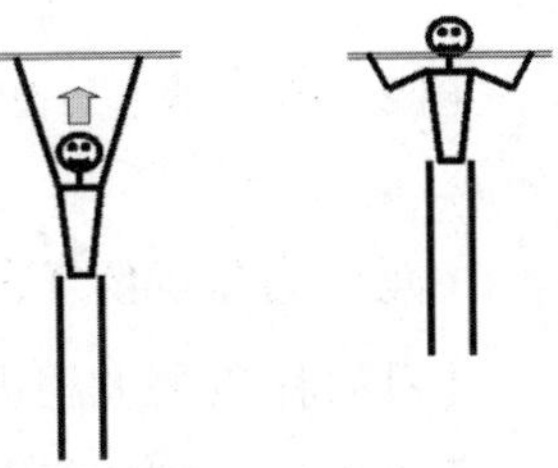

图2－256　宽握引体向上

【方法】双手掌心对前方，以较宽间距直臂握住头上单杠使身体悬垂。向上拉引身体，力图使下颌接触单杠，返回开始姿势。拉引身体时吸气，下降时呼气。重复练习（图2－256）。

（七）力量训练手段107：坐立单臂推举哑铃

【目的】发展三角肌前部和上部的力量。

【方法】双手拇指相对持哑铃于肩上，坐在凳子上，双脚紧贴地面，抬头、直背。双臂肘关节向内，伸直一只臂举起哑铃到头上方，下降哑铃返回开始姿势。再伸直另一只臂举起哑铃到头上方，下降哑铃返回开始姿势。哑铃上升时吸气，下降时呼气。重复练习（图2－257）。

（八）力量训练手段108：宽握颈后引体向上

【目的】发展躯干两侧上部肌群的力量。

【方法】双手掌心对前方，以较宽间距直臂握住头上单杠使身体悬垂。向上拉引身体，力图使颈后部接触单杠，返回开始姿势。拉引身体时吸气，下降时呼气。重复练习（图2－258）。

图 2－257　坐立单臂推举哑铃

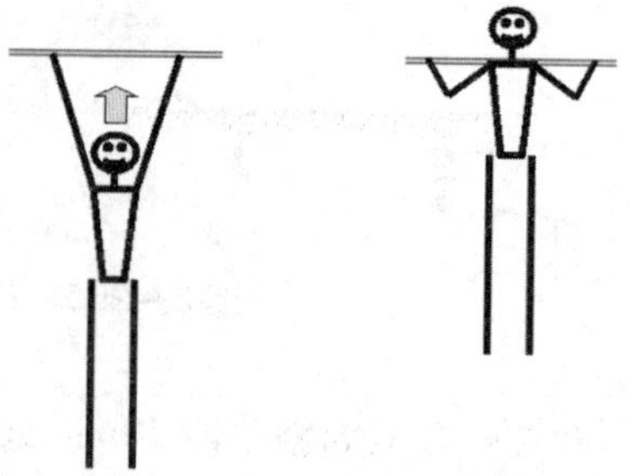

图 2－258　宽握颈后引体向上

（九）力量训练手段 109：垫脚跟前蹲

【目的】发展大腿内侧肌群的力量。

【方法】双脚约一肩半髋间距站立，放一木条将脚跟垫起。双臂胸前交叉稍高于水平姿势，将杠铃放在胸上和三角肌上部固定。抬头、直背，双膝微外展，下蹲至大腿上面与地面平行的姿势。站立返回开始姿势，身体站起时呼气，下蹲时呼气。重复练习（图 2－259）。

图 2－259　垫脚跟前蹲

（十）力量训练手段 110：坐立上推

【目的】发展躯干两侧上部和上背部肌群的力量。

【方法】背对力量练习器上推把手盘腿坐下，双手略大于肩宽间距握住肩上把手。直接向上推伸直双臂，再下降把手返回开始姿势。上推时吸气，返回时呼气（图 2－260）。

图 2-260　坐立上推

（十一）力量训练手段 111：体前屈单臂肘后伸

【目的】发展肱三头肌的力量。

【方法】坐在凳子上，手掌心向内持哑铃于体侧，另一只手扶膝上。体前屈直至水平姿势，持哑铃的上臂成水平姿势，前臂平行于地面。肘关节位置固定，在体侧沿半圆运动路线向后摆起哑铃。直到持哑铃臂伸直并形成平行于地面的姿势，稍停顿后返回开始姿势。上摆时吸气，下落时呼气。双臂交替练习（图 2-261）。

图 2-261　体前屈单臂肘后伸

二、竞技体操运动员力量训练方法

（一）一般准备期力量训练

1. 力量训练任务

竞技体操运动员一般准备期力量训练的任务是发展力量和达到身体各个主要肌肉群的均衡发展。

2. 周训练负荷结构

竞技体操运动员一般准备期力量训练的周训练负荷结构一般为：每周进行 3 次力量训练课，隔日安排力量训练。

3. 力量训练方法

（1）卧推（见力量训练手段34，图2－184）

【要求】练习4组，4组重复次数为12－10－10－8次。

（2）窄握颈前下拉（见力量训练手段100，图2－250）

【要求】练习4组，4组重复次数为12－10－10－8次。

（3）颈前推举（见力量训练手段101，图2－251）

【要求】练习3组，3组重复次数为12－10－8次。

（4）持哑铃硬拉（见力量训练手段86，图2－236）

【要求】练习3组，3组重复次数为12－10－8次。

（5）臂撑起（见力量训练手段71，图2－221）

【要求】练习3组，每组重复次数最多10次，否则附加重量。

（6）窄握下压（见力量训练手段9，图2－159）

【要求】练习3组，3组重复次数为12－10－10次。

（7）直立哑铃屈肘（见力量训练手段93，图2－243）

【要求】练习3组，3组每只臂重复次数为12－10－10次。

（8）低踏板坐蹬腿（见力量训练手段102，图2－252）

【要求】练习4组，4组重复次数为12－10－10－8次。

（9）伸膝（见力量训练手段11，图2－161）

【要求】练习3组，3组的重复次数为15－15－15次。

（10）屈膝（见力量训练手段12，图2－162）

【要求】练习3组，3组的重复次数为15－15－15次。

（11）髋外展（见力量训练手段79，图2－229）

【要求】练习2～3组，每组每条腿重复12次。

（12）髋内收（见力量训练手段78，图2－228）

【要求】练习2～3组，每组每条腿重复12次。

（13）低踏板坐脚掌推（见力量训练手段103，图2－253）

【要求】练习3组，每组重复次数为15～20次。

（14）臂撑提腿（见力量训练手段52，图2－202）

【要求】练习3组，每组重复次数为8~15次。

（15）仰卧直腿转髋（见力量训练手段88，图2-238）

【要求】练习1组，每条腿重复次数为25~50次。

（16）伸背练习（见力量训练手段2，图2-152）

【要求】练习1组，最多重复15次，否则增加负重。

（二）赛前准备期力量训练

1. 力量训练任务

竞技体操运动员赛前准备期力量训练的任务是发展最大力量，直到比赛期开始。

2. 周训练负荷结构

竞技体操运动员赛前准备期力量训练的周训练负荷结构一般为：每周进行3次力量训练课，隔日安排力量训练。

3. 力量训练方法

（1）坐立斜推哑铃（见力量训练手段3，图2-153）

【要求】练习4组，4组重复次数为10-8-8-6次。

（2）倒斜板卧推（见力量训练手段104，图2-254）

【要求】练习2~3组，每组重复次数为12-10（10）次。

（3）仰卧屈臂头后拉杠铃（见力量训练手段105，图2-255）

【要求】练习2~3组，每组重复次数为12-10（10）次。

（4）宽握引体向上（见力量训练手段106，图2-256）

【要求】练习4组，4组重复次数为10-10-8-6次。

（5）双臂坐拉引（见力量训练手段44，图2-194）

【要求】练习2组，每组重复次数为10-10次。

（6）坐立单臂推举哑铃（见力量训练手段107，图2-257）

【要求】练习4组，4组每只臂重复次数为10-8-8-6次。

（7）侧平举哑铃（见力量训练手段43，图2-193）

【要求】练习2组，2组重复次数为12-10次。

（8）宽握颈后引体向上（见力量训练手段108，图2-258）

【要求】练习4组，4组重复次数为10－10－8－6次。

（9）硬拉杠铃（见力量训练手段31，图2－181）

【要求】练习3组，3组重复次数为12－10－10次。

（10）垫脚跟前蹲（见力量训练手段109，图2－259）

【要求】练习3组，3组重复次数为12－10－8次。

（11）伸膝（见力量训练手段11，图2－161）

【要求】练习2～3组，每组的重复次数为12－10（10）次。

（12）屈膝（见力量训练手段12，图2－162）

【要求】练习2～3组，每组的重复次数为12－10（10）次。

（13）臂撑起（见力量训练手段71，图2－221）

【要求】练习3组，3组重复次数为12－10－10次。如果必要则附加重量。

（14）杠铃屈肘（见力量训练手段10，图2－160）

【要求】练习2～3组，每组重复次数为10－8（6）次。

（15）垫高小腿仰卧起坐（见力量训练手段1，图2－151）

【要求】如加大难度，可在躯干适当负重，练习2组，每组重复次数为20～50次。

（16）两头起（见力量训练手段39，图2－189）

【要求】练习1组，重复次数为15～25次。

（三）比赛期力量训练

1. 力量训练任务

竞技体操运动员比赛期力量训练的任务是保持一般准备期和赛前准备期达到的力量水平，并且结合体操专门技术动作要求进行力量训练。

2. 周训练负荷结构

竞技体操运动员比赛期力量训练的周训练负荷结构一般为：每周进行2次力量训练课，隔1～2日安排力量训练，比赛前2日不进行力量训练。

3. **力量训练方法**

（1）颈前推举（见力量训练手段 101，图 2－251）

【要求】练习 2 组，2 组重复次数为 10－8 次。

（2）仰卧哑铃体侧屈臂推（见力量训练手段 64，图 2－214）

【要求】练习 1～2 组，每组重复次数为 10－8 次。

（3）宽握引体向上（见力量训练手段 106，图 2－256）

【要求】练习 2 组，2 组重复次数为 12－10 次。

（4）挺举（见力量训练手段 94，图 2－244）

【要求】练习 2 组，每组重复次数为 10－8 次。

（5）伸背练习（见力量训练手段 2，图 2－152）

【要求】练习 1 组，最多重复 15 次，否则增加负重。

（6）窄握下压（见力量训练手段 9，图 2－159）

【要求】练习 2 组，2 组重复次数为 12－10 次。

（7）肩负杠铃上台阶（见力量训练手段 73，图 2－223）

【要求】练习 1～2 组，每组每条腿重复次数为 10～15 次。

（8）深蹲（见力量训练手段 32，图 2－182）

【要求】练习 2 组，2 组重复次数为 12－12。

（9）垫高小腿仰卧起坐（见力量训练手段 1，图 2－151）

【要求】如加大难度，可在躯干适当负重，练习 1 组，重复次数为 25～50 次。

（10）抗阻仰卧屈膝（见力量训练手段 85，图 2－235）

【要求】练习 1～2 组，每组重复 15 次。

三、有氧健身操运动员力量训练方法

（一）力量训练任务

有氧健身操运动员需要全年进行力量训练，主要任务是提高力量、速度力量和力量耐力水平，达到身体各部分主要肌肉群的均衡发展。

（二）周训练负荷结构

有氧健身操运动员的周训练负荷结构为：每周 2 日安排力量训练，力量训练日之间休息 1 ~3 日。

（三）课训练负荷结构

由于有氧健身操运动员的技术动作基本是连续性（周期性）动作，可以采用按功能对抗或协同的两组肌肉群进行配对练习组合的方法进行力量训练。在每一种练习组合中，当完成第一个练习后，马上进行第二个练习，休息 1 ~2 分钟后，再重复第二组这样的练习组合。

（四）力量训练方法

1. 练习组合一

（1）卧推（见力量训练手段 34，图 2 – 184）

【要求】与双臂坐拉引组合练习 3 组，3 组重复次数为 12 – 10 – 8 次。

（2）双臂坐拉引（见力量训练手段 44，图 2 – 194）

【要求】与卧推组合练习 3 组，3 组重复次数为 12 – 10 – 8 次。

2. 练习组合二

（1）坐立上推（见力量训练手段 110，图 2 – 260）

【要求】与侧平举哑铃组合练习 3 组，3 组重复次数为 12 – 10 – 8 次。

（2）侧平举哑铃（见力量训练手段 43，图 2 – 193）

【要求】与坐立上推组合练习 3 组，3 组重复次数为 12 – 10 – 8 次。

3. 练习组合三

（1）杠铃屈肘（见力量训练手段 10，图 2 – 160）

【要求】与体前屈单臂肘后伸组合练习 3 组，每组重复次数为 12 – 10 – 8 次。

（2）体前屈单臂肘后伸（见力量训练手段 111，图 2 – 261）

【要求】与杠铃屈肘组合练习 3 组，3 组每只臂重复次数为 12 – 10 – 8 次。

4. 练习组合四

（1）仰卧举腿（见力量训练手段33，图2－183）

【要求】与屈膝组合练习3组，3组重复次数为12－10－8次。

（2）屈膝（见力量训练手段12，图2－162）

【要求】与仰卧举腿组合练习3组，3组重复次数为12－10－8次。

5. 练习组合五

（1）髋内收（见力量训练手段78，图2－228）

【要求】与髋外展组合练习3组，每组每条腿重复次数为12～15次。

（2）髋外展（见力量训练手段79，图2－229）

【要求】与髋内收组合练习3组，每组每条腿重复次数为12～15次。

6. 练习组合六

（1）垫高小腿仰卧起坐（见力量训练手段1，图2－151）

【要求】如加大难度，可在躯干适当负重，与伸背组合练习4组，每组重复次数为20～30次。

（2）伸背练习（见力量训练手段2，图2－152）

【要求】与垫高小腿仰卧起坐组合练习4组，每组最多重复15次，否则增加负重。

第十一节　足球运动员力量训练方法

一、力量训练手段介绍

（一）力量训练手段112：驮人提踵

【目的】发展小腿后部肌群的力量。

【方法】上体前屈，双手扶固定物，双腿伸直，前脚掌踩在提踵练习小凳上。同伴骑在腰部以下，体重压在髋部，尽量高地向上提踵，并稍停顿。返回开始姿势，提起时吸气，下降时呼气。重复练习（图2－262）。

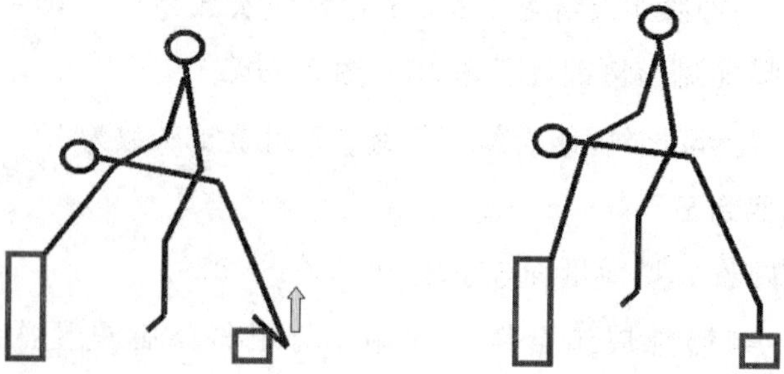

图2－262　驮人提踵

（二）力量训练手段113：斜立哑铃双臂屈肘

【目的】发展肱二头肌和臂部肌群的力量。

【方法】双手掌心相对，双臂伸直下垂，持哑铃站立，斜靠在斜板上。双臂屈肘，手到达大腿上部时由掌心向内转为掌心向上，直至达到肩部。然后下降哑铃，双手经过大腿后再由掌心向上转为掌心向内，保持上臂贴近体侧。哑铃向上运动时吸气，向下运动时呼气。重复练习（图2－263）。

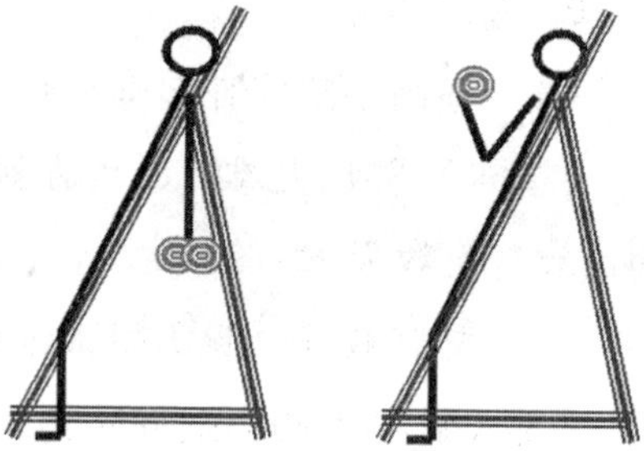

图2－263　斜立哑铃双臂屈肘

二、准备期力量训练

（一）力量训练任务

足球运动员准备期力量训练的任务是提高全身力量水平和达到身体各个主要肌肉群的均衡发展。

（二）周训练负荷结构

足球运动员准备期力量训练的周训练负荷结构一般为：每周进行3

次力量训练课，隔日安排力量训练。

（三）力量训练方法

1. 深蹲（见力量训练手段32，图2－182）

【要求】练习4组，4组重复次数为12－10－10－8次。

2. 徒手下蹲跳（见力量训练手段68，图2－218）

【要求】练习2组，每组重复次数为15～30次。

3. 屈髋（见力量训练手段13，图2－163）

【要求】练习2组，2组每条腿重复次数为15－15次。

4. 伸髋（见力量训练手段14，图2－164）

【要求】练习2组，2组每条腿重复次数为15－15次。

5. 髋内收（见力量训练手段78，图2－228）

【要求】练习2组，2组每条腿重复次数为15－15次。

6. 髋外展（见力量训练手段79，图2－229）

【要求】练习2组，2组每条腿重复次数为15－15次。

7. 驮人提踵（见力量训练手段112，图2－262）

【要求】练习3组，3组重复20～25次。

8. 仰卧屈臂头后拉杠铃（见力量训练手段105，图2－255）

【要求】练习4组，4组重复次数为12－10－10－8次。

9. 高提杠铃（见力量训练手段53，图2－203）

【要求】练习3组，3组重复次数为12－10－8次。

10. 宽握引体向上（见力量训练手段106，图2－256）

【要求】练习3组，每组最多重复10次，否则增加负重。

11. 伸背练习（见力量训练手段2，图2－152）

【要求】练习3组，每组最多重复15次，否则增加负重。

12. 窄握下压（见力量训练手段9，图2－159）

【要求】练习2组，2组重复次数为12－10次。

13. 斜立哑铃双臂屈肘（见力量训练手段113，图2－263）

【要求】练习2组，2组重复次数为10－8次。

14. 桥形练习（见力量训练手段49，图2－199）

【要求】练习1～2组，每组重复次数为25～40次。

15. 斜板屈膝仰卧起坐（见力量训练手段59，图2－209）

【要求】练习1～2组，每组重复次数为25～40次。

三、比赛期力量训练

（一）力量训练任务

足球运动员比赛期力量训练的任务是保持在准备期达到的全身力量能力和身体各个主要肌肉群的均衡发展水平。

（二）周训练负荷结构

足球运动员比赛期力量训练的周训练负荷结构一般为：每周进行2次力量训练课，隔1～2日安排力量训练，比赛前2日休息。

（三）力量训练方法

1. 高踏板坐蹬腿（见力量训练手段77，图2－227）

【要求】练习3组，3组重复次数为12－12－10次。

2. 低踏板坐脚掌推（见力量训练手段103，图2－253）

【要求】练习3组，每组重复次数为20～25次。

3. 挺举（见力量训练手段94，图2－244）

【要求】练习2组，2组重复次数为10－8次。

4. 仰卧头后拉哑铃（见力量训练手段46，图2－196）

【要求】练习2组，2组重复次数为12－10次。

5. 臂撑起（见力量训练手段71，图2－221）

【要求】练习2组，每组重复次数最多12次，否则附加重量。

6. 桥形练习（见力量训练手段49，图2－199）

【要求】练习1～2组，每组重复次数为5～15次。

7. 伸膝（见力量训练手段11，图2－161）

【要求】练习2组，每组的重复次数为15－12次。

8. 屈膝（见力量训练手段12，图2－162）

【要求】练习 2 组，每组的重复次数为 15 – 12 次。

9. 垫高小腿仰卧起坐（见力量训练手段 1，图 2 – 151）

【要求】如加大难度，可在躯干适当负重。练习 1 组，重复次数为 25 ~ 50 次。

第十二节　篮球运动员力量训练方法

一、力量训练手段介绍

（一）力量训练手段 114：坐推举杠铃

【目的】发展三角肌前部、上部和臂部上举的力量。

【方法】坐在凳子上，双脚牢固支撑地面，挺胸直背，在肩上推举杠铃。向上运动时吸气，向下运动时呼气。重复练习（图 2 – 264）。

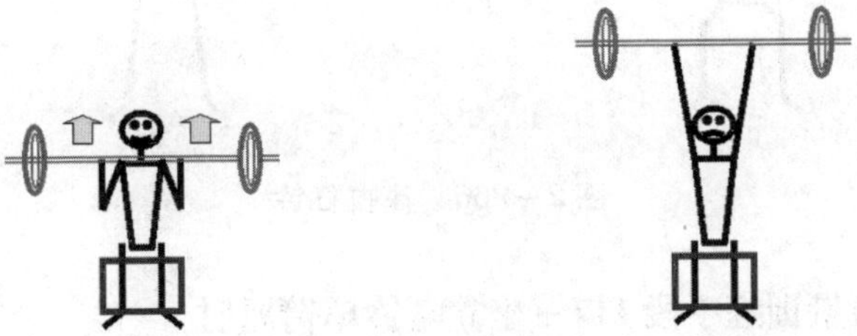

图 2 – 264　坐推举杠铃

（二）力量训练手段 115：仰卧屈臂头后拉哑铃

【目的】发展胸上部和躯干肋间肌群的力量。

【方法】在长凳上仰卧，头部伸出凳子，双腿并拢，双脚平放地面。双手持哑铃杆于体侧，在胸部与乳头成一线的部位，双肘尽量并拢。将哑铃沿经过耳部的半圆路线，向地面方向运动，尽量下降高度。沿原运动路线将哑铃拉回胸部位置。下降哑铃时吸气，拉回哑铃时呼气。重复练习（图 2 – 265）。

图 2－265　仰卧屈臂头后拉哑铃

（三）力量训练手段 116－高拉杠铃

【目的】发展腿和背部上提的力量。

【方法】下蹲，大腿约与地面平行，双手以较大间距握杠铃。抬头、直背，沿直线上提杠铃至肩部高度，下降杠铃。上提时吸气，下降时呼气。重复练习（图 2－266）。

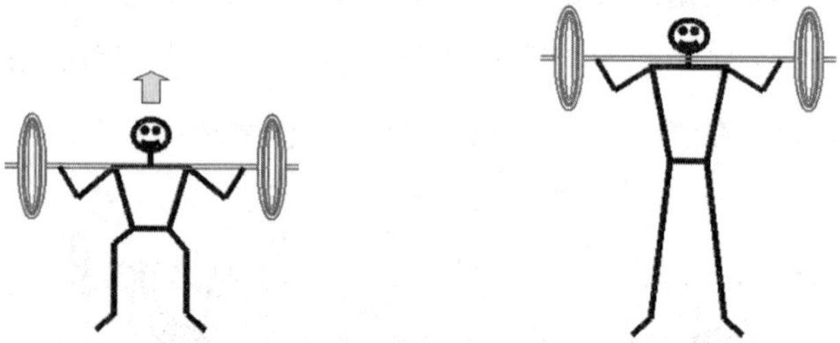

图 2－266　高拉杠铃

（四）力量训练手段 117－坐立哑铃单臂屈肘

【目的】发展肱二头肌和臂部肌群的力量。

【方法】双手掌心相对持哑铃于体侧坐在凳子上，双脚紧贴地面，抬头、直背。一只臂屈肘，手到达大腿上部时由掌心向内转为掌心向上，直至达到肩部。然后下降哑铃，手经过大腿后再由掌心向上转为掌心向内，保持上臂贴近体侧。臂伸直恢复开始姿势后另一只臂屈肘。哑铃时上升吸气，下降时呼气。重复练习（图 2－267）。

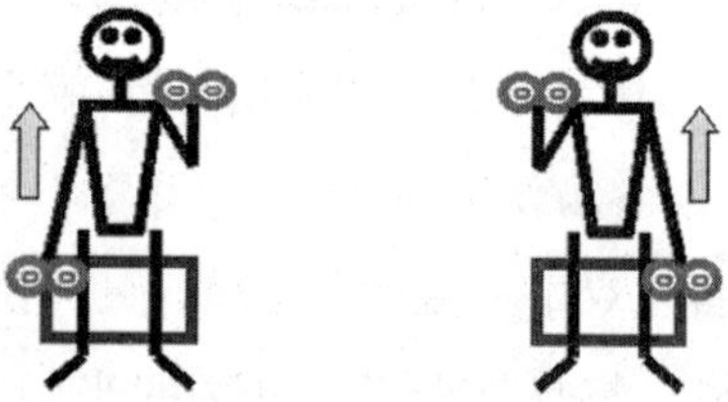

图 2－267　坐立哑铃单臂屈肘

二、一般准备期力量训练

（一）力量训练任务

篮球运动员一般准备期力量训练的任务是提高全身力量水平、达到身体各个主要肌肉群的均衡发展、纠正弱点。一般持续 4～6 周，为赛前准备期的训练打好基础。

（二）周训练负荷结构

篮球运动员一般准备期力量训练的周训练负荷结构一般为：每周进行 3 次力量训练课，隔日安排力量训练。

（三）力量训练方法

1. 卧推（见力量训练手段 34，图 2－184）

【要求】练习 4 组，4 组重复次数为 12－10－10－8 次。

2. 体前屈双臂提拉（见力量训练手段 99，图 2－249）

【要求】练习 4 组，4 组重复次数为 12－10－10－8 次。

3. 坐推举杠铃（见力量训练手段 114，图 2－264）

【要求】练习 3 组，3 组重复次数为 10－10－8 次。

4. 宽握侧下拉（见力量训练手段 4，图 2－154）

【要求】练习 3 组，3 组重复次数为 10－10－8 次。

5. 仰卧屈臂头后拉哑铃（见力量训练手段 115，图 2－265）

【要求】练习 3 组，3 组重复次数为 10－10－8 次。

6. 斜立哑铃双臂屈肘（见力量训练手段 113，图 2－263）

【要求】练习 3 组，3 组重复次数为 10－10－8 次。

7. 深蹲（见力量训练手段 32，图 2－182）

【要求】练习 4 组，4 组重复次数为 12－10－10－8 次。

8. 侧弓箭步（见力量训练手段 74，图 2－224）

【要求】练习 2 组，2 组每条腿重复次数为 10－10 次。

9. 伸膝（见力量训练手段 11，图 2－161）

【要求】练习 3 组，3 组的重复次数为 10－10－8 次。

10. 屈膝（见力量训练手段 12，图 2－162）

【要求】练习 3 组，3 组的重复次数为 10－10－8 次。

11. 提踵（见力量训练手段 58，图 2－208）

【要求】练习 2 组，每组重复次数为 15～25 次。

12. 伸背练习（见力量训练手段 2，图 2－152）

【要求】练习 2 组，每组最多重复 15 次，否则增加负重。

13. 斜板屈膝仰卧起坐（见力量训练手段 59，图 2－209）

【要求】练习 2 组，每组重复次数为 25～50 次。

三、赛前准备期力量训练

（一）力量训练任务

篮球运动员赛前准备期力量训练的任务是提高最大力量水平，以提高肌肉爆发力为主要目的，并且结合各种专项练习训练。一般持续 6～8 周，为比赛期的训练做好准备。

（二）周训练负荷结构

篮球运动员赛前准备期力量训练的周训练负荷结构一般为：每周进行 3 次力量训练课，隔日安排力量训练。

（三）力量训练方法

1. 仰卧哑铃体侧屈臂推（见力量训练手段 64，图 2－214）

【要求】练习 3 组，3 组重复次数为 10－10－8 次。

2. 体前屈提哑铃（见力量训练手段 36，图 2－186）

【要求】练习 3 组，3 组重复次数为 10－10－8 次。

3. 坐立单臂推举哑铃（见力量训练手段 107，图 2－257）

【要求】练习 2 组，2 组每只臂重复次数为 10－8 次。

4. 宽握引体向上（见力量训练手段 106，图 2－256）

【要求】练习 2 组，2 组重复次数为 12－10 次。

5. 高拉杠铃（见力量训练手段 116，图 2－266）

【要求】练习 2 组，2 组重复次数为 10－10 次。

6. 斜立头后伸臂（见力量训练手段55，图2－205）

【要求】练习3组，3组重复次数为10－8－8次。

7. 坐立哑铃单臂屈肘（见力量训练手段117，图2－267）

【要求】练习3组，3组每只臂重复次数为10－8－8次。

8. 两头起（见力量训练手段39，图2－189）

【要求】练习1～2组，每组重复次数为25～50次。

9. 深蹲（见力量训练手段32，图2－182）

【要求】练习3组，3组重复次数为10－10－8次。

10. 肩负杠铃上台阶（见力量训练手段73，图2－223）

【要求】练习2组，2组每条腿重复次数为10－10次。

11. 伸膝（见力量训练手段11，图2－161）

【要求】练习3组，3组的重复次数为10－10－8次。

12. 屈膝（见力量训练手段12，图2－162）

【要求】练习3组，3组的重复次数为10－10－8次。

13. 低踏板坐蹬腿（见力量训练手段102，图2－252）

【要求】练习2组，每组重复次数为15～25次。

14. 硬拉杠铃（见力量训练手段31，图2－181）

【要求】练习2组，每组重复次数为15～25次。

15. 垫高小腿仰卧起坐（见力量训练手段1，图2－151）

【要求】如加大难度，可在躯干适当负重。练习2组，每组重复次数为25～50次。

四、比赛期力量训练

（一）力量训练任务

篮球运动员比赛期力量训练的任务是保持在一般准备期和赛前准备期达到的力量水平。

（二）周训练负荷结构

篮球运动员比赛期力量训练的周训练负荷结构一般为：每周进行2

次力量训练课，隔1~2日安排力量训练，比赛前2天休息。

（三）力量训练方法

1. 斜推杠铃（见力量训练手段38，图2－188）

【要求】练习2组，2组重复次数为10－10次。

2. 双臂坐拉引（见力量训练手段44，图2－194）

【要求】练习2组，2组重复次数为10－10次。

3. 高提杠铃（见力量训练手段53，图2－203）

【要求】练习3组，3组重复次数为10－10－8次。

4. 臂撑起（见力量训练手段71，图2－221）

【要求】练习1组，重复次数最多15次，否则附加重量。

5. 窄握下压（见力量训练手段9，图2－159）

【要求】练习2组，2组重复次数为10－8次。

6. 杠铃屈肘（见力量训练手段10，图2－160）

【要求】练习2组，2组重复次数为10－8次。

7. 高踏板坐蹬腿（见力量训练手段77，图2－227）

【要求】练习2组，2组重复次数为10－10次。

8. 侧弓箭步（见力量训练手段74，图2－224）

【要求】练习2组，2组每条腿重复次数为10－10次。

9. 伸膝（见力量训练手段11，图2－161）

【要求】练习2组，2组的重复次数为10－10次。

10. 屈膝（见力量训练手段12，图2－162）

【要求】练习2组，2组的重复次数为10－10次。

11. 伸背练习（见力量训练手段2，图2－152）

【要求】练习1组，最多重复15次，否则增加负重。

12. 凳上仰卧起坐（见力量训练手段50，图2－200）

【要求】练习2组，每组重复10~20次。

13. 坐负杠铃转体（见力量训练手段40，图2－190）

【要求】练习1组，向左、右转体各重复次数为30~40次。

第十三节　排球运动员力量训练方法

一、力量训练手段介绍

（一）力量训练手段118：拉举杠铃

【目的】发展三角肌前部的力量。

【方法】直立，抬头、直背，双臂下垂，在大腿上部高度，双手约肩宽间距握住杠铃杆。沿半圆运动路线，尽量向上提拉杠铃，并举杠铃到头上部。举起杠铃成直立姿势，然后返回开始姿势。杠铃提升时吸气，下降时呼气。重复练习（图2－268）。

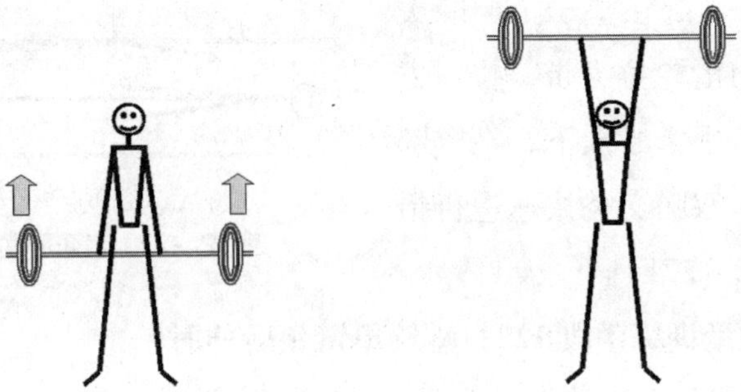

图2－268　拉举杠铃

（二）力量训练手段119：指尖俯卧撑

【目的】发展胸肌、肱三头肌和指尖支撑的力量。

【方法】俯卧撑姿势，手指向前，以指尖支撑身体。身体保持平直，下降身体直到胸部接触地面，稍停顿后迅速用双臂撑起。下降时吸气，上撑时呼气。重复练习（图2－269）。

图2－269　指尖俯卧撑

（三）力量训练手段 120：坐凳屈肘

【目的】发展肱二头肌的力量。

【方法】一只手掌心向上持哑铃，坐在凳子上，双脚牢固支撑地面。上体微前屈，另一只手扶在同侧膝关节上。持哑铃的臂肘关节顶在同侧大腿内侧，沿半圆运动路线屈肘，抬起哑铃至肩的高度。向上运动时吸气，向下运动时呼气。双臂交替重复练习（图 2－270）。

图 2－270　坐凳屈肘

（四）力量训练手段 121：仰卧拉腿

【目的】发展下肢屈髋肌群力量。

【方法】仰卧在垫子上，踝关节上固定阻力滑轮拉力带，拉力方向向脚下。双手掌心向下，在臀部下稳定上体，双腿交替快速进行抬腿练习（图 2－271）。

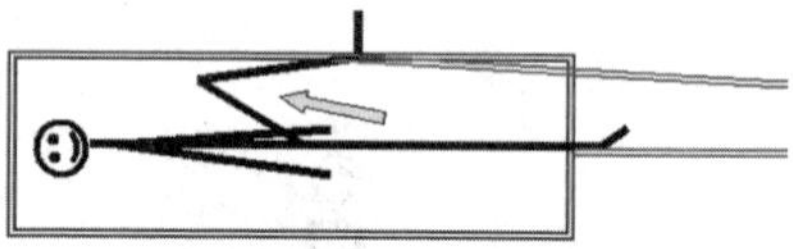

图 2－271　仰卧拉腿

（五）力量训练手段 122：哑铃单臂颈后伸肘

【目的】发展肱三头肌的力量。

【方法】直立抬头，一只手掌心向下握哑铃，将哑铃举过头顶，直臂。沿半圆运动路线向头后下降哑铃，直到前臂接触肱二头肌，上臂贴近头部。伸直肘关节，恢复哑铃在头上的姿势。向上运动时呼气，向下运动时吸气。重复练习（图 2－272）。

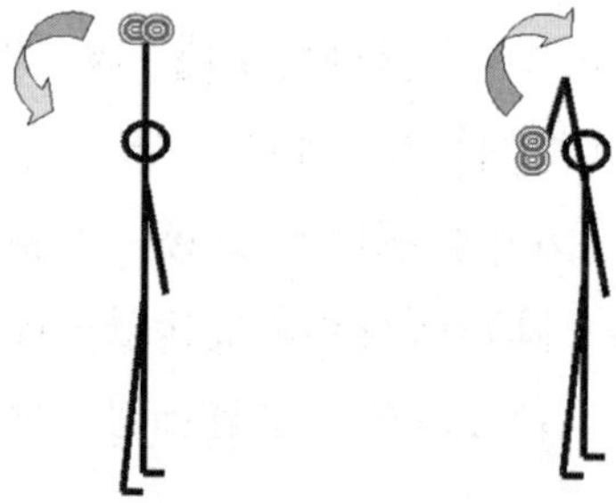

图 2－272　哑铃单臂颈后伸肘

二、准备期力量训练

（一）力量训练任务

排球运动员一般准备期力量训练的任务是提高全身力量水平，达到身体各个主要肌肉群的均衡发展，防止伤害事故，为比赛期的训练打好基础。

（二）周训练负荷结构

排球运动员一般准备期力量训练的周训练负荷结构一般为：每周进行 3 次力量训练课，隔日安排力量训练。

（三）力量训练方法

1. 深蹲（见力量训练手段 32，图 2－182）

【要求】练习 4 组，4 组重复次数为 10－8－8－6 次。

2. 徒手下蹲跳（见力量训练手段 68，图 2－218）

【要求】练习 2 组，每组重复次数为 15～30 次。

3. 站立靠斜板推哑铃（见力量训练手段 20，图 2－170）

【要求】练习 4 组，4 组重复次数为 10－8－8－6 次。

4. 双臂坐拉引（见力量训练手段 44，图 2－194）

【要求】练习 4 组，4 组重复次数为 12－10－10－8 次。

5. 颈前下拉（见力量训练手段 65，图 2－215）

【要求】练习 2 组，2 组重复次数为 10－10 次。

6. 伸背练习（见力量训练手段 2，图 2－152）

【要求】练习 1～2 组，最多重复 15 次，否则增加负重。

7. 拉举杠铃（见力量训练手段 118，图 2－268）

【要求】练习 3 组，3 组重复次数为 10－8－8 次。

8. 窄握下压（见力量训练手段 9，图 2－159）

【要求】练习 3 组，3 组重复次数为 10－8－8 次。

9. 指尖俯卧撑（见力量训练手段 119，图 2－269）

【要求】练习 1～2 组，每组重复次数为 15～30 次。

10. 坐凳屈肘（见力量训练手段 120，图 2－270）

【要求】练习 3 组，3 组每只臂重复次数为 10－8－8 次。

11. 凳上仰卧起坐（见力量训练手段 50，图 2－200）

【要求】练习 1～2 组，每组重复次数为 10～25 次。

12. 两头起（见力量训练手段 39，图 2－189）

【要求】练习 1～2 组，每组重复次数为 15～25 次。

13. 站立体前屈提拉哑铃（见力量训练手段 51，图 2－201）

【要求】练习 1 组，每侧身体重复次数为 25～50 次。

14. 仰卧收腿（见力量训练手段 37，图 2－187）

【要求】练习 1 组，重复次数为 25～50 次。

15. 仰卧直腿转髋（见力量训练手段 88，图 2－238）

【要求】练习 1 组，每条腿重复次数为 25～50 次。

16. 仰卧拉腿（见力量训练手段 121，图 2－271）

【要求】练习 1～2 组，每组每条腿重复次数为 10～15 次。

三、比赛期力量训练

（一）力量训练任务

排球运动员比赛期力量训练的任务是保持在准备期达到的全身力量能力和身体各个主要肌肉群的均衡发展水平。

（二）周训练负荷结构

排球运动员比赛期力量训练的周训练负荷结构一般为：每周进行 2 次力量训练课，隔 1～2 日安排力量训练，比赛前 2 日休息。

（三）力量训练方法

1. 高踏板坐蹬腿（见力量训练手段 77，图 2－227）

【要求】练习 3 组，3 组重复次数为 12－12－10 次。

2. 肩负杠铃上台阶（见力量训练手段 73，图 2－223）

【要求】练习 2 组，2 组每条腿重复次数为 12－10 次。

3. 仰卧头后拉哑铃（见力量训练手段 46，图 2－196）

【要求】练习 3 组，每组重复次数为 12 – 10 – 8 次。

4. 高翻杠铃（见力量训练手段 54，图 2 – 204）

【要求】练习 2 组，2 组重复次数为 10 – 8 次。

5. 坐立斜推哑铃（见力量训练手段 3，图 2 – 153）

【要求】练习 2 组，2 组重复次数为 10 – 8 次。

6. 颈前下拉（见力量训练手段 65，图 2 – 215）

【要求】练习 3 组，3 组重复次数为 12 – 10 – 8 次。

7. 哑铃单臂颈后伸肘（见力量训练手段 122，图 2 – 272）

【要求】练习 3 组，3 组每只臂重复次数为 12 – 10 – 8 次。

8. 杠铃屈肘（见力量训练手段 10，图 2 – 160）

【要求】练习 2 组，2 组重复次数为 15 – 15 次。

9. 两头起（见力量训练手段 39，图 2 – 189）

【要求】练习 1 ~ 2 组，每组重复次数为 15 ~ 25 次。

10. 臂撑提单腿（见力量训练手段 89，图 2 – 239）

【要求】练习 1 ~ 2 组，每条腿重复次数为 10 ~ 20 次。

第十四节　橄榄球运动员力量训练方法

一、力量训练手段介绍

力量训练手段 123：反握臂撑起

【目的】发展胸下部肌群和肱三头肌的力量。

【方法】双手指尖相对反握双杠，双臂在双杠上悬空撑起身体，双臂和双腿伸直，肘关节向内。肩和肘关节曲屈下降身体到最低位置，上臂和前臂折叠，稍停顿再伸直双臂撑起身体。返回开始姿势。下降时吸气，上撑时呼气。重复练习（图 2 – 273）。

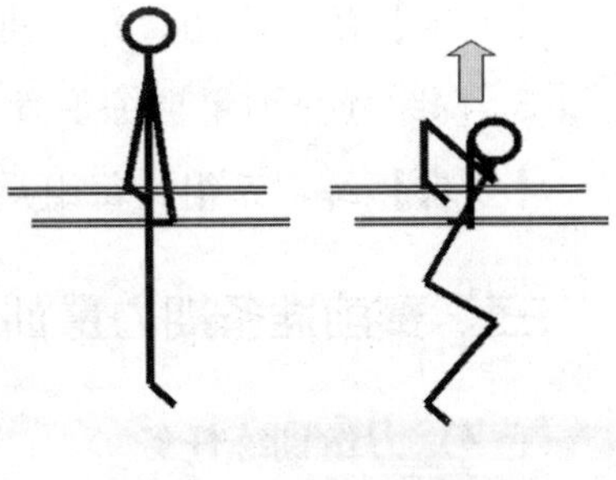

图 2 – 273　反握臂撑起

二、一般准备期力量训练

（一）力量训练任务

橄榄球运动员准备期力量训练的任务是提高力量水平和达到身体各个主要肌肉群的均衡发展，防止受伤。

（二）周训练负荷结构

橄榄球运动员准备期力量训练的周训练负荷结构一般为：每周进行3次力量训练课，隔日安排力量训练，如星期一大负荷、星期三小负荷、星期五中负荷，一般持续6周。

（三）课训练负荷结构

在进行力量训练课之前，先进行10～15分钟的伸展练习和腹部上、中、下部位的力量练习，以防止受伤。除了以下推荐的高翻、卧推和下蹲“三大力量”练习外，还需要进行两组“伸膝－屈膝”的组合练习，以保护膝关节。力量训练课之后，再进行10～15分钟的重点保护肩带和大腿后部肌群的伸展练习。

（四）力量训练方法

这里重点介绍高翻、卧推和下蹲“三大力量”练习，每天练习的组数和重复次数基本不变，利用重量变化调整负荷。

1. 高翻杠铃（见力量训练手段54，图2－204）

【要求】练习5组，每组重复5次。

2. 卧推（见力量训练手段34，图2－184）

【要求】练习5组，每组重复5次。

3. 深蹲（见力量训练手段32，图2－182）

【要求】练习5组，每组重复5次。

三、赛前准备期力量训练

（一）力量训练任务

橄榄球运动员赛前准备期力量训练的任务是提高最大力量水平和专

门能力。

（二）周训练负荷结构

橄榄球运动员赛前准备期力量训练的周训练负荷结构一般为：每周进行4次力量训练课，如星期一大负荷、星期二小负荷、星期三小负荷、星期五中负荷，一般持续6周。

（三）课训练负荷结构

在进行力量训练课之前，先进行10～15分钟的伸展练习和腹部上、中、下部位的力量练习，以防止受伤。除了以下推荐的每周4日的各个练习外，还需要进行“伸膝－屈膝”的组合练习，以保护膝关节。力量训练课之后，再进行10～15分钟的重点保护肩带和大腿后部肌群的伸展练习。

（四）力量训练方法

这里重点介绍部分练习，每天练习的组数和重复次数基本不变，利用重量变化调整负荷。

1. 星期一：大负荷

（1）高翻杠铃（见力量训练手段54，图2－204）

【要求】练习6组，6组重复次数为5－5－5－3－3－3次。

（2）卧推（见力量训练手段34，图2－184）

【要求】练习9组，9组重复次数为5－5－5－2－2－2－5－5－5次。

（3）深蹲（见力量训练手段32，图2－182）

【要求】练习6组，6组重复次数为5－5－5－5－5－5次。

（4）斜立哑铃双臂屈肘（见力量训练手段113，图2－263）

【要求】练习2组，2组重复次数为20－20次。

2. 星期二：小负荷

（1）高翻杠铃（见力量训练手段54，图2－204）

【要求】练习5组，5组重复次数为5－5－5－5－5次。

（2）颈前推举（见力量训练手段101，图2－251）

【要求】练习6组，6组重复次数为5－5－5－5－5－5次。

（3）反握臂撑起（见力量训练手段 123，图 2－273）

【要求】练习 6 组，6 组重复次数为 5－5－5－3－3－3 次。

（4）肩负杠铃提踵（见力量训练手段 91，图 2－241）

【要求】练习 3 组，3 组重复次数为 30－30－30 次。

3. 星期三：小负荷

（1）深蹲（见力量训练手段 32，图 2－182）

【要求】练习 5 组，5 组重复次数为 5－5－5－5－5 次。

（2）肩负杠铃体前屈（见力量训练手段 60，图 2－210）

【要求】练习 4 组，4 组重复次数为 8－8－8－8 次。

（3）斜立哑铃双臂屈肘（见力量训练手段 113，图 2－263）

【要求】练习 5 组，5 组重复次数为 5－5－5－5－5 次。

（4）窄握下压（见力量训练手段 9，图 2－159）

【要求】练习 2 组，2 组重复次数为 20－20 次。

4. 星期五：中负荷

（1）深蹲（见力量训练手段 32，图 2－182）

【要求】练习 6 组，6 组重复次数为 5－5－5－3－3－3 次。

（2）持杠铃提转肩（见力量训练手段 67，图 2－217）

【要求】练习 5 组，5 组重复次数为 5－5－5－5－5 次。

（3）卧推（见力量训练手段 34，图 2－184）

【要求】练习 5 组，5 组重复次数为 8－8－8－8－8 次。

（4）窄握卧推（见力量训练手段 35，图 2－185）

【要求】练习 5 组，5 组重复次数为 8－8－8－8－8 次。

四、比赛期力量训练

（一）力量训练任务

橄榄球运动员比赛期力量训练的任务是保持在一般准备期和赛前准备期达到的力量和专门能力水平。

（二）周训练负荷结构

橄榄球运动员比赛期力量训练的周训练负荷结构一般为：每周进行4次力量训练课，各周的负荷逐步增加。

（三）课训练负荷结构

在进行力量训练课之前，先进行10~15分钟的伸展练习和腹部上、中、下部位的力量练习，以防止受伤。除了以下推荐的每周4日的各个练习外，还需要进行“伸膝-屈膝”的组合练习，以保护膝关节。力量训练课之后，再进行10~15分钟的重点保护肩带和大腿后部肌群的伸展练习。

（四）力量训练方法

这里介绍在比赛期不同阶段中每天的重点练习，每天练习的组数和重复次数基本不变，利用重量变化调整负荷。

1. 比赛期力量训练前期阶段（持续2~3周）

（1）星期一：

- 高翻杠铃（见力量训练手段54，图2-204）

【要求】练习3组，3组重复次数为5-5-5次。

（2）星期二：

- 深蹲（见力量训练手段32，图2-182）

【要求】练习3组，3组重复次数为5-5-5次。

（3）星期三：

- 卧推（见力量训练手段34，图2-184）

【要求】练习3组，3组重复次数为5-5-5次。

（4）星期四：

- 高翻杠铃（见力量训练手段54，图2-204）

【要求】练习3组，3组重复次数为5-5-5次。

（5）星期五：伸展练习，比赛心理准备。

2. 比赛期力量训练中期阶段（持续2个月左右）

（1）星期一

- 深蹲（见力量训练手段32，图2－182）

【要求】练习4组，4组重复次数为5－5－5－5次。

（2）星期二

- 卧推（见力量训练手段34，图2－184）

【要求】练习3组，3组重复次数为5－5－5次。

- 高翻杠铃（见力量训练手段54，图2－204）

【要求】练习3组，3组重复次数为5－5－5次。

（3）星期三

- 深蹲（见力量训练手段32，图2－182）

【要求】练习5组，5组重复次数为5－5－5－5－5次。

（4）星期四

- 卧推（见力量训练手段34，图2－184）

【要求】练习3组，3组重复次数为5－5－5次。

- 高翻杠铃（见力量训练手段54，图2－204）

【要求】练习3组，3组重复次数为5－5－5次。

（5）星期五：伸展练习，比赛心理准备。

3. 比赛期力量训练后期阶段（持续2～3周）

（1）星期一

- 深蹲（见力量训练手段32，图2－182）

【要求】练习5组，5组重复次数为5－5－5－5－5次。

- 卧推（见力量训练手段34，图2－184）

【要求】练习4组，4组重复次数为5－5－5－5次。

（2）星期二

- 高翻杠铃（见力量训练手段54，图2－204）

【要求】练习4组，4组重复次数为5－5－5－5次。

- 高拉杠铃（见力量训练手段117，图2－267）

【要求】练习3组，3组重复次数为5-5-5次。

(3) 星期三

- 深蹲（见力量训练手段32，图2-182）

【要求】练习5组，5组重复次数为5-5-5-5-5次。

- 斜立哑铃双臂屈肘（见力量训练手段114，图2-264）

【要求】练习4组，4组重复次数为5-5-5-5次。

(4) 星期四

- 持杠铃提转肩（见力量训练手段67，图2-217）

【要求】练习4组，4组重复次数为5-5-5-5次。

- 颈前推举（见力量训练手段101，图2-251）

【要求】练习4组，4组重复次数为5-5-5-5次。

(5) 星期五：伸展练习，比赛心理准备。

第十五节 网球运动员力量训练方法

一、力量训练手段介绍

(一) 力量训练手段124：伸背侧移上体

【目的】发展腰部肌群的力量。

【方法】双脚固定，在鞍马或高长凳上以髋部为支撑点下屈躯干至与地面垂直的姿势。将双手交叉于头后部，伸背至躯干与地面成稍高于水平位置的姿势。伸背后在水平位置上体向一侧移动。返回开始姿势，伸背后在水平位置上体向另一侧移动。提起上体时吸气，落下时呼气。重复练习（图2-274）。

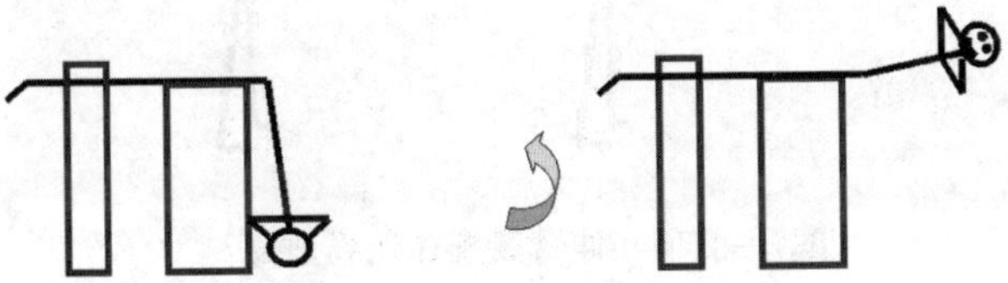

图2-274 伸背侧移上体

（二）力量训练手段125－横向仰卧头后拉哑铃

【目的】发展胸部和躯干肋间肌群的力量。

【方法】在长凳上横向直体仰卧，上背部支撑躯干，头部伸过凳子悬空，双脚离开地面。保持身体和双腿基本成一线，下沉髋部提升躯干上部。双臂在胸前伸直，双手手掌张开，在胸部上方顶住哑铃一端的片。沿半圆运动路线下降哑铃，并尽量远地向头后部延伸。返回开始姿势，肘关节固定，哑铃下降时吸气，顶起时呼气。重复练习（图2－275）。

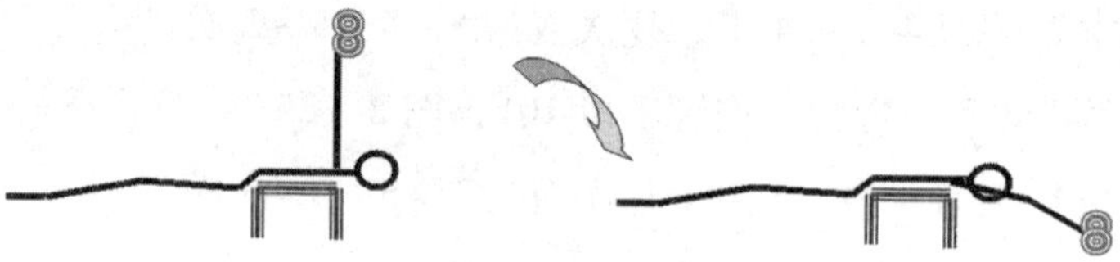

图2－275　横向仰卧头后拉哑铃

（三）力量训练手段126－伸臂屈腕往返卷重物

【目的】发展前臂外侧肌群的力量。

【方法】在一个木棍中间系上绳索，绳索另一端系上重物，作为练习器械。直立，直背抬头，双手掌心向下在绳索两侧握住木棍，前伸双臂，与地面平行。用一只手屈腕转动木棍，把重物卷上来接触木棍，再卷下去。然后用另一只手屈腕转动木棍，把重物卷上来接触木棍，再卷下去。双手交替练习（图2－276）。

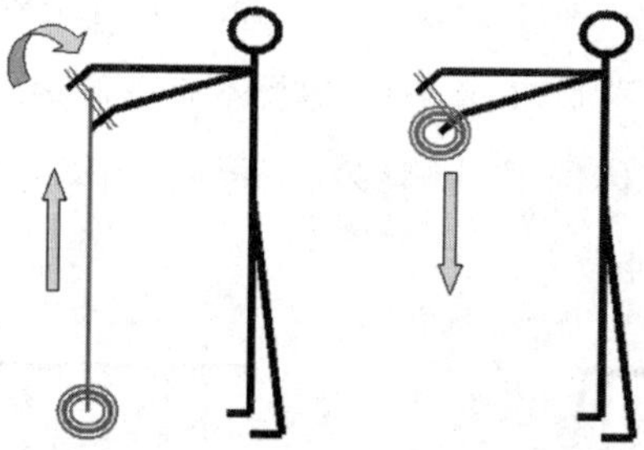

图2－276　伸臂屈腕往返卷重物

二、准备期力量训练

（一）力量训练任务

网球运动员准备期力量训练的任务是提高力量水平和达到身体各个主要肌肉群的均衡发展，防止受伤。

（二）周训练负荷结构

网球运动员准备期力量训练的周训练负荷结构一般为：每周进行3次力量训练课，隔日安排力量训练，一般持续4～6周。

（三）力量训练方法

1. 斜板屈膝仰卧起坐（见力量训练手段59，图2－209）

【要求】练习1～2组，每组重复次数为25～50次。

2. 坐负杠铃转体（见力量训练手段40，图2－190）

【要求】练习1组，向左、右转体各重复次数为25～50次。

3. 伸背侧移上体（见力量训练手段124，图2－274）

【要求】如加大难度，可在躯干适当负重，练习2～3组，每组每侧重复15次。

4. 伸背练习（见力量训练手段2，图2－152）

【要求】练习2～3组，每组最多重复15次，否则增加负重。

5. 仰卧哑铃体侧屈臂推（见力量训练手段64，图2－214）

【要求】练习3组，3组重复次数为12－10－10次。

6. 横向仰卧头后拉哑铃（见力量训练手段125，图2－275）

【要求】练习1～2组，1（2）组重复次数为12（10）次。

7. 颈前推举（见力量训练手段101，图2－251）

【要求】练习2～3组，2（3）组重复次数为12－10（10）次。

8. 体前屈双臂提拉哑铃（见力量训练手段61，图2－211）

【要求】练习3组，3组重复次数为12－10－10次。

9. 双臂坐拉引（见力量训练手段44，图2－194）

【要求】练习2组，2组重复次数为12－10次。

10. 臂撑起（见力量训练手段 71，图 2－221）

【要求】练习 2～3 组，重复次数最多 15 次，否则附加重量。

11. 哑铃屈肘（见力量训练手段 56，图 2－206）

【要求】练习 1～2 组，每组重复 10 次。

12. 杠铃屈腕（见力量训练手段 47，图 2－197）

【要求】练习 2 组，2 组重复次数为 15－20 次。

13. 杠铃伸腕（见力量训练手段 48，图 2－198）

【要求】练习 1～2 组，每组重复 15 次。

14. 徒手下蹲跳（见力量训练手段 68，图 2－218）

【要求】练习 2～3 组，每组重复次数为 15～20 次。

15. 负杠铃前弓箭步（见力量训练手段 57，图 2－207）

【要求】练习 1～2 组，每组每条腿重复 10 次。

16. 侧弓箭步（见力量训练手段 74，图 2－224）

【要求】练习 1～2 组，每组每条腿重复 10 次。

三、比赛期力量训练

（一）力量训练任务

网球运动员比赛期力量训练的任务是保持力量和身体各个主要肌肉群的均衡发展水平，满足比赛的要求。

（二）周训练负荷结构

网球运动员比赛期力量训练的周训练负荷结构一般为：每周进行 2 次力量训练课，隔 1～2 日安排力量训练，比赛前 2 日休息。

（三）力量训练方法

1. 仰卧转髋（见力量训练手段 16，图 2－166）

【要求】与跪后踢腿组合练习 1 组，每条腿重复次数为 20～40 次。

2. 肩负杠铃体前屈（见力量训练手段 60，图 2－210）

【要求】练习 1 组，重复次数为 15～30 次。

3. 站立靠斜板推哑铃（见力量训练手段 20，图 2－170）

【要求】练习 2 组，2 组重复 12 - 10 次。

4. 横向仰卧头后拉杠铃（见力量训练手段 125，图 2 - 275）

【要求】练习 1 ~2 组，每组重复 12 次（10 次）。

5. 直体侧摆哑铃（见力量训练手段 7，图 2 - 157）

【要求】练习 2 组，2 组重复次数为 12 - 10 次。

6. 窄握颈前下拉（见力量训练手段 100，图 2 - 250）

【要求】练习 2 组，2 组重复次数为 12 - 10 次。

7. 窄握下压（见力量训练手段 9，图 2 - 159）

【要求】练习 1 ~2 组，每组重复次数为 12（10）。

8. 肩负杠铃上台阶（见力量训练手段 73，图 2 - 223）

【要求】练习 2 组，每组每条腿重复次数为 12 ~15 次。

9. 侧弓箭步（见力量训练手段 74，图 2 - 224）

【要求】练习 1 组，每条腿重复 10 次。

10. 伸臂屈腕往返卷重物（见力量训练手段 126，图 2 - 276）

【要求】尽量快速完成。

第二篇　现代速度训练方法

第三章　现代速度训练基础知识

本章第一节“速度和速度训练”中，与大家讨论速度素质的定义和影响速度水平提高的因素，以及速度训练的主要作用与切入点等重要问题。在第二节“速度训练的基础知识”中，向大家介绍肌肉的基本生理特性基础上，提出肌肉酸痛问题、速度训练的负荷问题、速度训练的阶段划分、速度训练与耐力发展的关系，以及速度训练的注意事项等在实际教学和训练中受到普遍关注的核心内容。

第一节　速度素质和速度训练

一、什么是速度素质和速度训练

速度素质是人体快速运动的能力，它是人的基本运动素质。按照对于运动专项成绩的影响，速度素质可分为一般速度和专项速度。按不同的表现形式，可分为反应速度、动作速度和位移速度。运动员在大多数运动项目中所表现出来的速度素质，都是这 3 种表现形式的综合体现，但在不同项目中三者各占的比重有所不同。构成速度素质的反应速度、动作速度、位移速度之间既有联系又有区别。位移速度本身就是由各个单个动作速度和动作速率组合而成，如途中跑的后蹬速度、前摆腿动作速度、摆臂速度和重复次数的组合。反应速度又往往是位移速度的开始（如起跑），反应速度在运动时，已经成为反应后的第一个动作速度。因此，在发展速度素质中，要考虑三者之间的相互关系。例如，就位移速度的训练而言，反应速度是前提条件，动作速度则是基础。

速度与力量结合可构成速度力量，与耐力结合则构成速度耐力。运动员速度素质的发展水平对于运动技术水平的高低具有重要影响，各个运动项目的大多数动作都要求快速完成。良好的速度素质有利于运动员掌握更加合理和有效的运动技术，使肌肉快速收缩产生更大的输出功率和力量。高度发展的速度素质又为速度耐力和专项耐力的发展提供了更大的潜力。

速度在各个运动项目中的作用的大小由项目的特定要求、运动员的生理类型和项目的专门运动技术所决定。因此，训练单元中速度练习的性质、数量以及比例大小的安排也是多种多样的。速度能够作为运动项目的直接决定因素，如运动员对发令枪声的反应。此外，速度还能够作为运动项目的间接决定因素，如提高跳跃和击球动作的动能。速度作为运动项目的直接和间接决定因素之间存在着不同点，对直接因素来说，我们能够看到最大速度的产生；而对间接因素来说，则要求速度的最优化，以便能够产生所要求的最大的相应力量。所以，我们必须意识到速度的增加并不意味着成绩的必然提高。速度的形式和相应的加速运动必须保持同步一致，以便所产生的力量能够最优化的分配到人体各个部分的骨骼杠杆系统。例如，在掷铁饼时，当投掷臂的加速过快，超过腿和躯干的加速时，将会破坏投掷的超越器械动作；又如，当跳远起跳时的水平速度过大，也会导致垂直方向踏跳的时间过短和起跳角度偏小。

运动健身爱好者和运动员的速度训练是根据专项需要，采用适宜的训练手段和方法，开发人体的多方面速度潜力的系统教育和演练过程。由于人的速度素质发展潜力在较大程度上受遗传因素的影响，因此在运动员各个时期的选材过程中，先天速度能力始终是重要的早期观测指标。

二、影响速度水平提高的因素

速度水平的提高与下列因素有关。

（一）神经兴奋过程

人体动作程序中兴奋和抑制神经元之间的高频率转换，以及运动神经元精确的选择和调节，再加上最优化的肌纤维募集和肌肉发力方式，才有可能实现高速或高频率的运动。这是人体以最大速度移动肢体的基本能力。

（二）肌肉弹性和神经反射机制

指利用肌肉的弹性成分和特性来满足运动开始阶段较高的加速度或“快速冲击力”要求的能力。它们运动单位、反射作用、弹性成分和肌肉高速收缩能力等方面复杂协同作用的结果。肌肉弹性能力和神经反射机制与相对力量和弹性力量有关。

（三）生物化学因素

速度与肌肉中的专门能量供应过程有关，如无氧乳酸供能及其代谢效率等。短时最大强度的运动刺激能够提高肌肉的无氧乳酸代谢能力。

（四）肌肉放松能力

肌肉的放松能力能够保证速度练习中人体肌肉的伸展自如，并且能够作为人体高频率运动中流畅的完成技术动作的生理基础。如果肌肉的放松能力没有得到提高，那么运动过程中所应达到的动作幅度就不能够实现，尤其在开始进行反向运动的转折点时，主动和协同肌群将不得不克服巨大的阻力。通过训练能够使运动员学会放松那些不直接参与关节活动的肌肉，尤其当运动员疲劳的时候，放松能力是极其重要的。

（五）集中注意力能力和速度感的建立

运动员必须最大程度的集中注意力才能够实现运动的最大速度。然而，运动员除了身体的感觉和秒表的记录之外没有任何可以参照的注意力集中点，而人体的自身感觉常常会发生错误。因此，教练员必须确保能够给予运动员所有有关的速度和时间的正确信息，培养出准确的速度感。

（六）速度障碍

如果年轻运动员在训练中的练习手段过于单一，或是高水平运动员在训练中忽略了发展弹性力量的专门练习，将会出现速度障碍。运动员在最大强度的速度训练中由于形成了“动力定型”（如一直采用不变的训练模式），从而使速度的进一步提高变得很困难，甚至停止。因此，不断突破速度障碍是速度训练的重要内容之一。

三、速度训练的主要作用与切入点

（一）速度训练的主要作用

速度训练的主要作用包括以下几个方面。

1. 提高速度和力量水平，特别是在快速动作中发挥最大力量的能力。

2. 增加肌肉输出功率，提高大脑神经冲动控制动作的效率。

3. 提高人体运动感知觉和空间定位能力。

4. 提高运动技术质量和缩短动作反应时。

5. 根据实际情况创造性地突破速度障碍。

（二）速度训练的主要切入点

1. 人体重心位移速度

对于人体重心位移速度而言，通过如下 6 个方面的训练能够提高运动员的速度能力。

(1) 对信号的反应速度

如短跑运动员对起跑枪声的反应，或网球运动员对回击过来的网球的反应。

(2) 加速能力

这种能力对于那些通过地面上的移动来打击对手或需要在场地上尽可能快的到达某一地点并完成动作技术的项目尤为重要。

(3) 达到最大速度的能力

这是指运动员在保证技术动作有效性的前提下，能够尽可能快地完成特定技术动作的能力。这种人体的最大速度经常被误认为只是一个整体，实际上，这种复杂的运动技能，需要涉及到人体各个部分与整体保持协调一致，然后各自以最高速度运动的情况下才能够实现。

(4) 保持最大速度的能力

当人体达到最大速度时，还需要具备保持最大速度的能力。这种能力属于人体的协调能力范围，而不属于耐力范围，如短跑运动员约翰逊和刘易斯只能够保持它们的最高跑速 12.05 米/秒。当运动员通过降低跑速的方式来保持比赛节奏的平衡时，将不能够保持最大的跑速。更确切的说，即在运动员减速开始点之前的 10 米（约翰逊 11.1 米/秒；刘易斯 11.1 米/秒）人体的协调性就会被打破。

(5) 速度耐力水平

能源物质到达工作部位并且参与工作肌肉的效率，以及废物排出的效率，都会成为肌肉通过高强度的收缩和高质量的协同来维持人体最大速度的限制因素。

(6) 突破速度障碍

运动员可以通过一些最优化的训练手段来突破速度障碍，如速度训练中的“阻力训练法”（如采用弹性绳来为运动员的训练提供阻力）、“助力训练法”（如高原短跑训练，下坡跑，顺风跑）、采用轻器械或者提高比赛的要求等训练手段，都有助打破运动员已形成的速度障碍。

另外，通过增强神经系统的灵活性、提高运动神经元的兴奋性和协同性，强调肢体快速运动和运动感觉的技术动作的学习，都能够对突破速度障碍产生有利的影响。一般来说，速度障碍产生的原因是运动中的神经系统的灵活性、运动神经元的兴奋性和协同性较差。因此，速度训练可以尝试建立这种与人体运动神经元系统有关的训练手段。例如，对于高水平的短跑运动员来说，通过提高他们的技术动作的协同性水平，可能比提高他们训练的其他运动素质（如力量等），能够更有效地提高他们的成绩。

2. 身体环节动作速度

身体环节的动作速度在人体的各种投掷、跳跃、打击和踢腿动作中直接关系到动作质量和达到动作目的。

（1）提高相关身体素质水平

与速度能力有关的身体素质，如肌肉超等长快速收缩力量、反应力量、弹性力量、速度力量、绝对最大力量、相对最大力量、灵敏和协调性水平的发展，都是速度训练中的重要辅助内容。

（2）快速平衡调节的能力

指完成一个技术动作后，为了衔接下一个技术动作的快速平衡调节的能力。这种能力是任何项目都需要的。

（3）减小和增加动作阻力提高快速动作能力和专门力量

对于田径运动中的投掷项目，可以在投掷练习中用较轻的器械能够发展和提高投掷项目中器械的出手速度。但采用的器械重量不要过轻，以减少运动损伤的危险性和防止破坏正常的技术动作模式。可以使用比标准器械轻大约5%～10%的轻器械。另外，在同一训练单元中，也可以在使用轻器械训练组次的基础上间隔进行标准重量器械的训练，在这种不同重量器械的混合训练中，也可以过渡到使用比标准器械重的重器械来进行专门力量训练。

（4）完整技术协调性训练

正确地完成运动技术，也是提高运动员速度能力的一个重要条件。完整技术协调性训练可以考虑用来作为速度训练的辅助训练手段。这些类型的训练能够影响到运动员在完成身体环节的快速动作时，为了承担移动人体骨骼杠杆（腿，髋）所带来的负荷时，所引起的力量产生、传递和转化的快速转换过程。例如，对于掷标枪运动来说，助跑速度的增加将会给双腿带来巨大的负荷刺激，这时，运动员必须将注意力集中在投掷阶段，而不是助跑所引起的动量转换过程，在这种情况下，常见的错误就是运动员将注意力过多地集中在助跑上，从而导致助跑减速和动能向弹性势能转化的损耗。

（5）根据运动员的技术水平来选择相应的动作速度模式

应该根据运动员的技术水平来选择相应的动作速度模式，但是最基本的技术动作不应当受运动员速度水平的影响。

（6）根据项目需要选择适宜的练习

速度训练内容必须根据项目需要进行设计和安排。例如，田径运动跳跃项目速度的发展可以通过提高助跑速度（如短跑），发展利用动能来提高助跑速度的能力；也可以通过学习起跳脚快速扒地起跳的新的动作模式，将可利用的力量转化为起跳的速度。训练实践中可以采用如下一些训练手段提高跳跃项目运动员的速度能力：利用下坡进行助跑起跳练习、快速踏跳练习、快速助跑练习、提高除起跳腿以外的其他肢体的运动速度练习。

第二节　速度训练的过程控制

一、肌肉的基本生理特性与肌肉酸痛

了解骨骼肌的基本生理特性对于我们制订速度训练方案非常重要。每一块骨骼肌都是由结缔组织、肌肉组织、神经和血管组成，并且接受来源于中枢神经系统神经冲动的控制。这些组成部分协调工作，牵动骨骼使我们完成身体动作，达到我们的目的。肌肉组织与肌腱相连，肌腱没有收缩功能，只是肌肉与骨骼之间的连接部分，将肌肉产生的拉力作

用于骨骼。

在每一块骨骼肌内部有成千上万根纵向排列的肌纤维，在这些肌纤维内部具有两种能够产生收缩功能的蛋白质成分，它们之间相互牵拉引起肌肉收缩。在中枢神经系统神经冲动的支配下，这些蛋白质成分之间不断地牵拉和放松，使肌肉收缩完成我们需要的动作。

肌肉的牵张－收缩周期是指肌肉从被拉长到出现收缩的时间过程，就象你双手快速拉长一条皮筋，突然同时松开手时看到的情况。当肌肉在收缩前被拉长，马上进行收缩时产生的力量输出会明显增加。因此，这也是速度训练中需要注意的关键问题。如果在肌肉收缩前没有被拉长的过程，或者被拉长后停顿一段时间，其收缩产生的力量就会明显降低。速度训练能够显著提高肌肉的牵张－收缩周期产生的动作效果。

在我们进行一种新的速度练习时，尤其在练习后24～36小时，经常会出现肌肉酸痛的情况。这往往是肌肉在被牵拉阶段，所引起的肌肉内部微细损伤造成的，减小这种肌肉内部微细损伤发展的唯一有效方法是使肌肉逐步适应训练负荷。这需要保证练习之间足够的恢复，并需要数周内持续重复同样的练习。由于速度训练中包括了大量利用肌肉的牵张－收缩周期产生增力效应的练习，所以建议年轻运动员的速度训练课每周不要超过两次，并且保证每周的速度训练课之间有2～3天的间隔。

二、速度训练的负荷控制

（一）速度训练的强度

速度训练可以采用不同的强度，每个人的训练水平和身体状况不同，采用的训练强度安排也要区别对待。较低强度的速度训练内容可以用在学习技术动作、准备活动中进行，也不需要专门的准备。为了取得满意的训练效果和保障安全，高强度的速度训练内容则需要一段时期的准备过程，特别是需要练习者具有一定的专项技术水平和力量素质基础。

一般来说，发展人体速度能力的训练负荷强度在训练开始阶段一般为最大强度的75%左右。在这个较高的强度及限定时间的训练中，运动员能够学会调节和保持技术动作的速度节奏。这样运动强度逐渐的提高到100%。然而，更进一步的要求需要运动员去尝试超越原有的速度限制。由于运动员注意力集中程度、体内能量供应的限制，使得运动员在更高强度下进行技术练习变得比较困难。因此，可以采取高原训练、弹力绳牵引训练、减轻器械重量等训练手段来促进运动员的技术学习过程。

运动员在尝试提高技术动作的速度时，就必须先掌握技术动作，训练内容的发展顺序如下。

1. 通过一般训练来发展运动员完整的基本运动技术。
2. 发展运动员完整的基本运动技术。
3. 通过专项训练来发展运动员精细复杂的运动技术。
4. 发展和提高运动员完成技术动作的速度能力。

运动技术的学习应该在较低的动作速度下完成并稳定下来。然而，从训练的开始阶段，就应该鼓励运动员通过提高训练强度来保持其运动技术的稳定性。这对于在较低速度下学会运动技术并过渡到最大速度的这个复杂过程来说是非常必要的。例如，短跑运动员的训练通常跑75米的距离，先将注意力集中在跑的动作上跑40米，再提高跑速跑35米。另外，从短跑训练的技术角度而言，通常是先跑25米，然后运动员在接下来的50米内逐渐加速到最高速度。跨栏运动员通常先用5～7步跨过3个栏架，再用正常的3步栏间跑节奏跑过后3个栏架。网球运动员能够通过调节发球的速度，并使技术动作的各环节协调一致，从而使球精确的落在发球区内。因此，我们在训练中首先要考虑的是技术动作各个环节的时间限制，然后在此前提下再考虑提高步速，最后运动员在自身的能力范围内选择适合自己的特定步速从而发挥出自己的最佳速度水平，这足以应对所有对手的挑战。

为了保持神经系统的最佳兴奋状态，在速度训练中不应当出现明显的疲劳。因此，在速度训练之前必须进行专门的准备活动。而且，耐力训练和力量训练必须在速度训练之后进行，而不能提前。

（二）速度训练的负荷量

在负荷的量和强度之间存在相应的关系。如果运动员的负荷强度达到最大，那么负荷的量就达不到最大。另外，当运动员能够适应新的速度水平并稳定下来时，就必须在更高强度的负荷下进行技术练习。如何安排训练负荷量的具体要求如下。

1. 较少重复次数，较多组次和高强度

在技术动作重复性训练的负荷强度和量的安排中，必须确保在每个学习环节中都保持最高的动作完成速度，并且恢复的时间足够运动员去巩固和强化训练留在大脑中的神经肌肉刺激痕迹。因此，组内较少重复次数、较多组次、高强度的训练应该是最适宜的。

2. 采用运动员达到最大跑速的最短距离发展加速能力

在短跑训练中，通常采用运动员达到最大跑速的最短距离来发展运动员的加速能力。对于大多数运动员来说，这个距离在30～40米左右。然而，在其他的一些运动项目中，由于项目特点的限制，运动员必须学会在很短的加速距离（5～10米）内达到最大速度，并且在这个爆发式的加速过程完成时，能够选择和完成高精度的技术动作。如足球、网球、篮球等运动项目。

3. 可以采用助力达到最高速度以减少疲劳的影响

在发展最大速度的训练中，影响训练效果的一个因素是运动员加速至最大速度过程中所产生的疲劳。例如，跳远运动员必须以个人最高速度进行助跑，并且使步速从静止状态达到所需求的速度水平，这个过程很容易产生疲劳。为了克服疲劳带来的影响，一些运动员在训练中采用了较长加速距离的旋转加速或利用下坡助跑等训练手段。这就是说，运动员能够采用10～30米的距离来发展个人最大速度，但是它必须进行40～60米的助跑才能达到项目的要求。

4. 及时了解运动员保持最大速度距离的最佳水平

通过对运动员进行测试，能够确定其保持最大速度距离的最佳水

平。当然，首先的问题是运动员要达到个人最大速度。例如，世界优秀短跑选手约翰逊和刘易斯也只能保持他们的最大跑速 20 米。人体各部分之间的协调配合和注意力的高度集中是延长这段距离的关键。一般情况下，如果没有高原场地和顺风帮助，这段距离不可能达到或超过 30 米，甚至超过 25 ~ 40 米距离范围。

5. 采用适宜的练习距离

在短跑运动中，大多数运动员需要 5 ~ 6 秒来达到个人最大速度。因此，为了发展运动员从初加速度开始达到个人最大速度的能力，我们建议训练时采用 50 ~ 60 米的练习距离。

（三）速度训练的练习密度

在以最大跑速进行的两个跑次之间的恢复时间必须足以使人体的工作能力完全恢复，但是这个时间又必须尽可能的短，以便能够维持神经系统的兴奋性和最佳的体温。在比较温暖的气候中，以最大跑速进行的两个跑次之间的时间间隔一般为 4 ~ 6 分钟，而这个间隔时间对于在冬季来进行速度训练的英国运动员来说又是不合适的。

为了保证每个跑次中都获得最佳的训练效果，我们应该保证每个跑次之间的适宜的恢复时间，并且在每个跑次之前做适当的准备活动。在每个训练单元里边应包括 2 ~ 3 组，而每组中应包括 3 ~ 4 个跑次。

（四）速度训练单元

尽管有个体差异存在，但每个训练单元中的总跑量应该为 6 到 12 个跑次之间。每个周训练小周期中的训练单元数量在全年训练中是有所变化的，不考虑运动项目的差异，在年训练周期的第一阶段中的每个周训练小周期中至少应该有 1 个训练单元，在年度训练周期的第二阶段中的每个周训练小周期中应该有 2 ~ 3 个训练单元，在年度训练周期的第三阶段中的每个周训练小周期中应该有 2 ~ 4 个训练单元。对于耐力性运动项目来说，将以最大速度到比赛速度的强度来安排速度性训练，而且要根据比赛的距离、年度训练的阶段和运动员的个体特点来分配训练单元。

三、速度训练的阶段划分

训练的阶段划分通常是指运动员为了准备和迎接最重要的比赛，按照一定的周期将训练频度、负荷强度和负荷量有序组织，以达到最佳竞技状态的计划和实施过程。运动员速度训练的效果在年度训练的专门准备期和比赛期尤为注重，它是取得优异运动成绩的重要基础。这里，我们主要介绍速度训练的年度训练周期。

根据训练的目的，年度训练周期被分为三个特定的阶段。在第一阶段中将会增加训练的负荷量来为第二阶段训练负荷强度的增加做准备。而年度训练周期的最后一个阶段，第三阶段中将以提高和稳定比赛成绩为目的。

（一）第一阶段（准备期）

这一阶段的训练应该以发展运动员的有氧耐力、弹性力量、灵活性和技术动作的效率为主要目的。

采用一般训练和专门训练手段相结合的训练方法，如一般训练：游戏、法特莱克跑；专门训练：跳跃练习、技术练习。在技术训练中练习的强度必须有所变化，但是整个训练阶段运动员都应该保持放松、节奏稳定。当运动员力量和步频的提高影响到的技术稳定性时，练习的强度就应该减小，以便与运动员的技术水平相适应。在技术训练中，运动员应该把注意力主要集中在运动的过程上，而不是如何发出更大的力量，最后还应该进行一些加速的练习。

（二）第二阶段（适应期）

这一阶段的训练应该采用一些专门的手段来发展运动员的速度、速度耐力和弹性力量能力。当影响速度发展的诸多因素都起作用时，我们必须经常安排一些次最大强度和最大强度的训练，其中包括完整的准备活动和整理活动，而一些专门的灵活性（主动或被动）也应该包括在准备活动之中。

（三）第三阶段（比赛期）

这一阶段比赛密度的安排必须适合于运动员个体特点。弹性力量、积极的恢复和低强度的训练单元也包括在这一阶段之中。另外，在这一阶段的每个周训练小周期中的 2 ~4 个训练单元中应该安排一些最大强度的速度练习。

能够用来评价比赛密度安排情况的次最大强度或最大强度的速度耐力训练也应该包括在这一阶段之中。

四、速度训练与耐力发展

通过适宜负荷的有氧耐力训练能够发展运动员所需要的比赛专门速度耐力，这种类型的训练能够提高运动员的有氧能力和慢肌纤维中糖原含量。此外，这种类型的训练不仅对提高运动员的速度耐力水平有很好的效果，而且对运动员次最大负荷和最大负荷强度训练后恢复能力的提高有很好的影响。因此，运动员在最大或接近最大强度的速度训练中可以尝试进行更多重复次数的练习。

当运动员打好良好的有氧耐力基础后，就必须进行一些与比赛条件相类似的比赛负荷专门练习。总的来说，发展比赛专门速度耐力的训练手段可以包括以下几个方面。

①次最大强度或接近最大强度的重复跑。在接近最大强度的训练中两个跑次之间必须要有较长的恢复时间，以确保训练的质量。而次最大强度训练中的两个跑次之间则要求较短的间歇时间。一般推荐的两个跑次之间的间歇的时间为 2 ~4 分钟，而且组内跑次（如 2 ~4 次）不宜过多，以保证训练的质量。而组间间歇时间则较长，为 10 ~15 分钟，当采用积极的恢复手段时所需的恢复时间为这个时间的一半。

②用最大或接近最大强度的负荷来进行比赛距离的 2/3 ~2 的训练。

③用最大速度和大于比赛距离 10% ~20% 的训练负荷进行训练。

④节奏和强度不断变化的变速跑训练，如 50 米加速、50 米保持速度不变和 50 米减速的 150 米变速跑。

⑤保持最大步幅的短距离（30～60 米），多重复次数的短跑训练，如 6×6×40 米，组间不完全恢复的练习。

⑥比赛练习。

在年度训练周期第二阶段的周训练小周期中应该有 2～3 个训练单元。但是，如果按比赛的密度来安排耐力训练，在年度训练周期第二阶段的周训练小周期中有 1～2 个训练单元就足够了。

我们必须了解影响训练的这些耐力因素。如顶级网球选手的五盘比赛经常超过 5 个小时（1987 年戴维斯杯 McEnroe 和 Becker 之间的比赛就进行了 6 小时 38 分）、撑竿跳高和跳高的比赛时间能够持续超过六小时、跳跃或投掷项目的资格赛能够进行 60 分钟左右、运动员在试跳中的失败使连续几次试跳之间的间隔时间过短、资格赛和决赛安排在一天的比赛需要运动员进行九次最大强度的试投或试掷、田赛项目能够持续进行 60～90 分钟、拳击比赛能够持续 75 分钟、帆船运动的长时间比赛等等。由于人体需要在疲劳的存在下保持一定的速度，因此，上面这些因素说明速度耐力和力量耐力对于所有的运动项目都是必需的。

关于在身体环节动作速度训练中所涉及的发展耐力问题，也可以采用多种方式进行解决。

在田径运动投掷项目的训练中，运动员可以进行标准器械的快速连续投掷练习（完整动作投掷练习、分解动作练习和原地站立式投掷练习等）、用实心球或轻器械进行的快速连续投掷练习、持续 55～60 分钟的单一形式的投掷练习，以及投掷练习之后再接着进行径赛训练、在 30 秒内进行的最多重复次数的投掷模仿练习等。

在田径运动跳跃项目的训练中，运动员可以进行短助跑距离的快速连续跳跃练习、快速连续的跨步跳（如 21 步、17 步、13 步、9 步等，用慢走回来的方式进行恢复）、30 米以上快速单脚跳练习、400 米以上跳跃循环练习（如 50 米的单脚跳练习等）、15～60 分钟的单一形式的跳跃练习、用绳子和杠铃等进行的快速灵敏性练习、持撑竿进行的模仿练习。

在其他项目中，运动员可以采用快速连续进行的网球或壁球击球练习、篮球运动中有防守的连续突破练习、众多球类项目中无防守的持续练习、高原上进行的高速持续练习，以及在正常的训练之后进行有要求的持续速度练习等。

五、速度训练的注意事项

（一）保证训练安全

必须保证训练环境的安全，速度训练前进行充分的准备活动，保证速度训练后的充分休息和身体恢复。当运动员进行速度练习时，如果所发出的力量以及动作幅度、动作频率等等超过了最大的限度，这将给运动员带来巨大的受伤危险性。速度练习中的负荷对运动员的肌肉、肌腱和韧带提出了很高的要求，因此，运动损伤发生的潜在危险性很高。运动损伤的发生主要是由于如下原因，如负荷过大、训练手段缺乏变化、在气温较低或运动员疲劳的情况下运动负荷的安排不当，或是速度训练所要求的直接准备（准备活动）不充分而引起的肌肉放松能力下降等等。所以对任何速度练习来说，在比赛或训练前认真进行专门的准备活动是最基本的要求。此外，在早晨的训练时间里应该注意不要安排最大强度的速度练习。如果肌肉出现疼痛或痉挛等迹象，训练的原有负荷就应该停止。在气温较低的天气里，应当选择恰当的服装（径赛服）。还应该采用放松练习和按摩等训练手段，如果在皮肤上涂擦强力的物质来促进血液循环，必须使用经过有关医疗卫生部门批准的物质。最后，还需要在保障场地设施安全的条件下进行速度训练，注意穿透气、宽大的运动服和适宜的鞋袜。

（二）速度能力与其他身体能力协同发展

运动员整个身体或某些关节的运动速度，是实现理想运动成绩的决定性因素。而运动项目所要求的最佳运动速度经常是由于关节协同发力的结果，但是速度的发展与力量的发展并不同步。在一些速度能力起决定性作用的运动项目训练中，较早地进行技术动作的速度训练是很重要的，但是这些训练不一定必须遵照基本的技术模式。在一些项目中，速度与体能训练有密切联系，因为速度可能与力量、耐力和灵活性紧密相关。而且，速度训练还可能与复杂的技术训练有关，因为速度训练需要针对项目的专门要求来安排。此外，根据项目中所参与的有关力量、耐力和灵活性，以及项目所要求的最佳/最大速度和关节运动速度变化之间的协同配合程度的不同，这些专门要求也有所不同。

（三）从练习者的实际情况出发

训练内容的安排要充分考虑练习者训练水平和身体状态的可接受程度，在速度练习之间要保证练习者身体疲劳完全恢复。注意采用正确的技术动作，练习内容之间循序渐进的衔接顺序，先易后难，先慢后快。

速度素质的发展水平在很大程度上受到人体生长发育水平的制约，如7~13岁的少年儿童处在速度素质的快速增长期，在这个阶段他们的神经系统功能和协调能力快速发展。抓住这一阶段的速度训练，有助于促进动作频率、单个动作速度和反应速度的快速发展。一般的做法是，在13岁之前重点应放在提高单个动作速度和跑的步频的练习安排上，13岁以后在已经获得的单个动作速度和跑的步频的基础上，采用提高速度力量和肌肉最大力量的方法来提高步长，进而提高身体位移速度。

（四）学会放松地完成动作

速度训练中需要注意必要的练习要求。例如在达到最高速度后，需要学会放松地完成高速动作，以及尽量大幅度动作完成练习等。

（五）注意预防和正确消除“速度障碍”

速度素质发展到一定水平，往往会出现提高缓慢，甚至停滞现象，这也就是人们常说的“速度障碍”。为了预防和消除这种情况，第一，要掌握好基本技术，全面提高身体素质水平；第二，注意训练手段多样化，让练习者尝试以不同的节奏和频率完成动作；第三，施加助力或克服更小的阻力完成技术动作，突破和加快已经习惯的动作用力和速度结构。

（六）速度练习需要结合专项技术动作要求进行

最近体育科学研究人员发现，速度类练习对本身练习之外动作速度发展的迁移效果较低，也就是说速度练习只是更多地局限于诱发练习动作本身的速度能力。因此，速度练习需要结合专项技术动作要求进行，具有较高的专门性。

第四章　现代速度训练基本方法

在第一节“速度素质的基本表现形式与训练特点”中，系统介绍了速度素质的基本表现形式，以及反应速度、动作速度和位移速度的概念，影响因素和练习种类。在第二节“反应速度训练方法”中，系统介绍了多种反应性动作游戏和反应性动作练习。在第三节“动作速度训练方法”和第四节“位移速度训练方法”中，按照不同身体环节，详细说明了速度素质的多种训练方法。

为了方便大家了解和创造性地参考、借鉴和运用，按照运动项目类别和根据不同的身体部位，对于每个练习都分别提出了它们的适合运动项目、练习目的、方法、要求，并直观地为每个练习配备了图示。

第一节　速度素质的基本表现形式与训练特点

我们已经知道，速度素质可分为反应速度、动作速度和位移速度3种基本表现形式（图4－1）。

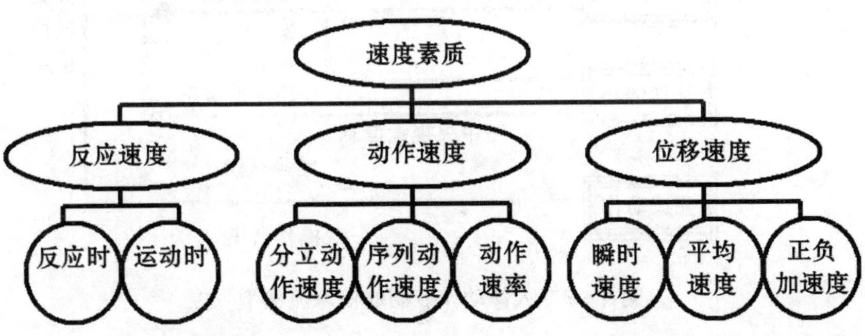

图4－1　速度素质3种基本表现形式

一、反应速度

（一）反应速度的概念

反应速度是指人体对所处环境的各种信号刺激（如声、光、触等）的快速应答能力。根据动作控制理论，各种信号刺激可以同时进入我们人体的各种感官，在中枢神经系统的执行器水平上经过“刺激确认”“反应选择”和“反应程序”阶段，组织出执行应答动作的“动作程序”指令到达受动器，通过脊髓和肌肉，使人体做出有目的的随意技术动作（图4－2）。

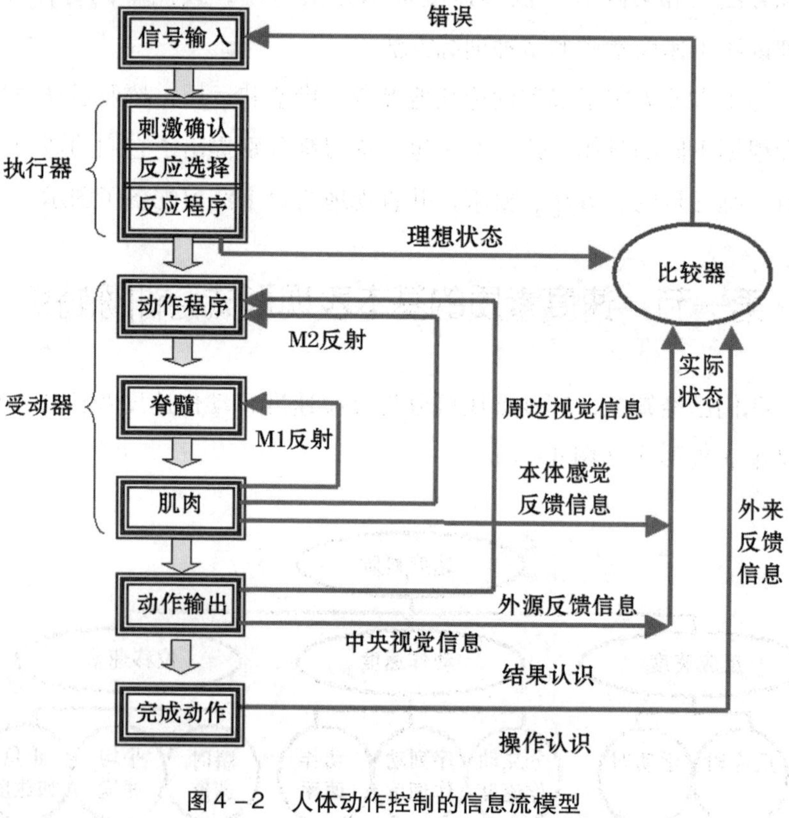

图4－2　人体动作控制的信息流模型

（二）反应速度的影响因素

“动作程序”指令的形成和传达需要通过感觉神经元、中间神经元和运动神经元等许多环节才能到达肌肉发挥作用，形成了动作在时间上的延迟，我们把它叫做反应时。尽管我们可以同时接受多种信号刺激，但做出的快速反应动作也只能按顺序逐个完成，一般来说每秒最多也只能完成3个不同的反应动作（图4－3）。从反应速度的角度出发，反应时越短，动作速度越快，反之则越慢。人体的对声音信号的反应时较短，但任何随意性反应动作也需要150～200毫秒才能够做出。这也是为什么国际田联把100毫秒作为短距离竞速项目起跑成功与否的一个评判标准，即比赛中在发令枪响后，由全自动电子起跑器记录下的少于100毫秒开始起跑的运动员仍然判定为抢跑犯规的原因。反应速度以信息流传输和处理过程的反应时（其中包括“刺激确认”“反应选择”和“反应程序”阶段，直至动作始动的时间）为基础。反应时受遗传的因素影响较大，遗传力高达0.75以上。另外，反应时的长短与刺激信号的强度和注意的集中程度与指向有关。

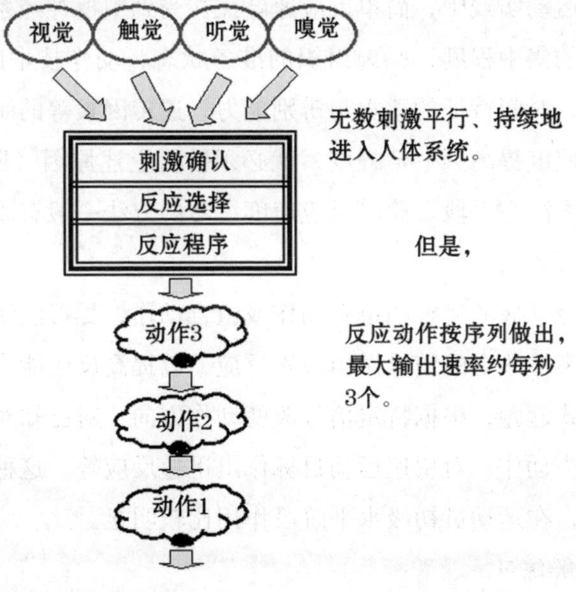

图4－3　获得感觉信息是持续的，但反应动作信息是集合成单位按序列输出的

以下因素能够对加快反应速度带来积极的影响，反之就会减慢反应速度。

1. 刺激信号的简单化和熟悉程度。

2. 需要选择的动作数量少。

3. 动作练习的积累数量多。

4. 感受器的敏感程度高。

5. 身体机能状态好。

（三）反应速度的练习种类

针对不同的运动项目类型，反应速度的练习种类也有所区别。反应速度的练习包括简单反应速度和复杂反应速度的练习。

1. 简单反应速度练习

对于短跑、游泳、速度滑冰等运动员只需要根据固定信号执行自身动作的“闭式”技能运动项目，适合采用简单反应速度练习。简单反应速度练习的特点是通过练习尽量缩短感觉（视、听、触）—动作反应的时间。

在体育运动实践中，简单反应速度往往受到中枢神经系统的兴奋程度，注意力的集中程度，肌肉组织的准备状态，动作技术的掌握程度，对信号特征、时间特征的感觉与辨别能力，遗传因素等的制约。如果要把简单反应速度提高到一定程度，就必须针对上述原因（除遗传因素）采用相应的方法与手段。简单反应速度练习的方法一般有以下几种。

（1）完整练习

利用已经掌握的完整的单个动作或组合动作，尽可能快地对突然出现的信号或突然改变的信号做出应答反应，以提高反应能力。例如，反复完成蹲踞式起跑；根据特定信号改变动作方向；对已知对手的运动作出不同的反应动作；对快速运动目标作出迅速反应等。这种对信号反应的完整练习，在运动员初级水平阶段作用比较明显。

（2）分解练习

由于简单动作反应是通过具体的、有目的的运动动作及其组合来完成的，因此采用分解练习能充分利用动作速度向简单反应速度转移效果。分解练习是相对完整练习而言，就是分解回答反应的动作，使之处于较容易或更为简单的条件，提高分解动作的速度来提高简单反应速度。例如，田径运动员采用蹲踞式低姿起跑的反应时间比站立式高姿起跑慢的原因，主要是蹲踞式起跑时，运动员的手臂支撑着较大的体重，要较快离开支撑点是困难的。因此，可进行分解练习：先用高姿起跑或手扶其他物体的形式，单独练习对起跑信号的反应速度，然后再逐步过渡到低姿起跑练习。

（3）变换练习

通过改变练习的形式让运动员在变化的情况下完成练习。改变练习的形式主要包括两方面内容；第一，改变对刺激信号的接收形式，如由视觉接收的刺激信号改变成听觉或触觉的形式；第二，改变回答反应的动作形式。利用变换练习，既能有效地提高人体各感觉器的功能和缩短简单反应的时间，又能提高练习积极性和训练效果。

（4）运动感觉练习

运动感觉练习是身体训练与心理训练相结合的一种方法。在人体反应过程中，提高对微小时间辨别的时间知觉，从而发展反应速度，这种练习对运动实践具有一定的实际意义。运动感觉练习一般要经过3个阶段。第一阶段是运动员接收到信号后，以最快的速度对信号作出应答反应（如做5米的起跑），然后获得该次反应练习的实际时间。第二阶段是运动员自己估计反应练习的所用时间，而后与实际时间对照比较，由此提高运动员对时间感觉的准确性。第三阶段是当运动员的估计时间与实际时间在大多数情况下吻合时，运动员就能较准确地判断反应时间的变化，在练习中按所要求的时间完成一次反应过程，运动员辨别时间差的能力越强，越精细，就越能自由地掌握反应速度，并使反应速度得到提高。

另外，运动员的注意力指向与反应速度能力有关。在练习中应要求运动员把注意力集中在将要进行的动作上，因为注意力集中在动作比集中在信号反应速度要快一些。注意力的指向和肌肉紧张度有关。注意力集中在动作上，完成该动作有关的肌肉群紧张就会升高，从而加快动作的完成。

2. 复杂反应速度练习

对于篮球、排球、足球、乒乓球、网球、羽毛球、曲棍球、冰球、橄榄球、拳击、跆拳道等运动员需要根据对手和环境情况做出反制性变化反应动作的“开式”技能运动项目，适合采用复杂反应速度练习。复杂反应速度练习的特点则是尽量缩短感觉（视、听、触）—中枢分析选择判别—动作反应的时间。

复杂反应在运动中大部分属于选择反应。选择反应一般包含两种形式：一是对移动目标的反应，即指对运动客体的变化作出反应；二是选择动作的反应，主要指根据对手动作变化作出相应动作反应。所以，复杂反应速度的练习也包括移动目标练习和选择动作练习。

（1）移动目标练习

对移动目标产生反应并作出选择，一般要经历4个阶段。例如，对球类运动中的运动客体—球的反应，一是要看到球，二是判断球的速度与方向，三是选择自己动作的方案，四是实现这个方案。这四个阶段组成了复杂反应过程，整个过程时间一般为0.25～1秒。实践表明，前两个阶段的时间大约要耗费整个反应时间的一半以上。就是这两个阶段中，时间分配也不平均，绝大部分时间用在第一阶段，第二阶段只占极少部分，约0.05秒。因此，移动目标练习中要特别考虑到反应时间分配的特点。

首先，要重视视觉观察移动物体能力的练习。通过不同的位置、方向和以不同速度的传球，能使这种能力得到提高。不过在练习中要注意注意力的指向与分配。其次，加强“预料”能力的培养，培养在视野中预先“观察到”和“盯住”运动物体，以及预先确定运动物体可能移动的方向和速度的能力。这种能力要在技术和战术动作的提高过程中得到相应的提高。再次，有意识地引入和增加外部刺激因素，如可以在专项训练练习时增加球的数量，采用多球的游戏法练习，安排一对二的训练等。还可采用带有程序设计装置的练习器和其他专门设备，如乒乓球、排球发球机，射击中移动靶等。

（2）选择动作练习

根据对手动作变化作出相应的动作反应是人体反应与专项运动密切相结合的一种形式。这种练习专项化程度很高，但对专项运动的作用却十分明显。选择动作练习内容包括两部分。其一，在专项训练练习中使需要选择的情况复杂化。例如，在练习中提供更多的需作出反应的动作。由此增加反应过程中的选择面和难度，促进中枢神经系统的分析辨别能力，缩短反应的时间。其二，练习中努力教会运动员合理利用对手可能作出动作变化的“预先信息”。这种预先信息可从观察对手的姿态、面部表情、眼神、准备动作、总体风格中得到。一旦能准确意识到对手可能采用的动作变化，就可以快速、准确地选择相应的动作来应答。

二、动作速度

（一）动作速度的概念

动作速度是指人体或人体的一部分完成单个动作或成套动作的快慢以及单位时间内重复动作次数多少的能力。因此，动作速度又分为分立（单个）动作速度、序列（成套）动作速度及动作速率3种。分立动作速度如投掷运动员的器械出手速度，排球运动员的扣球速度，跳远运动员的起跳速度；序列动作速度如体操和武术运动员完成成套动作，跳高运动员完成完整动作的速度；动作速率如拳击运动员在单位时间内的出拳速率等。在技术动作中，动作速度可分为瞬时速度（其速度产生于一瞬之间，如三级跳远的起跳速度）和角速度（运动时人体在单位时间内旋转的角度，如旋转掷链球）等。

（二）动作速度的影响因素

以下因素能够对加快动作速度带来积极的影响，反之就会减慢动作速度。

1. 信号在各环节中神经传递速度高。
2. 神经系统对人体运动器官指挥能力强。
3. 人体各个器官系统的准备状态好。
4. 快肌纤维数量在肌肉中比例高。
5. 良好的肌肉弹性、肌肉之间的协调性和柔韧性。
6. 快速力量与速度耐力水平高。
7. 技术动作熟练程度高。

（三）动作速度的练习种类

动作速度寓于具体的动作之中。在动作速度的练习中，专项要求不同，动作速度练习的任务和内容也有区别，因此，动作速度和动作技术的完善程度紧密联系在一起。另外，动作速度直接受到力量、柔韧、灵敏等其他身体素质发展水平的制约，所以动作速度的练习与其他素质的发展也密切有关。动作速度的培养，必须通过技术水平的巩固与提高，以及有关身体素质的发展才能实现。

1. 完善技术练习

动作速度的提高，在很大程度上取决于完善的运动技术，因为动作幅度大小、工作距离长短、工作时间多少以及动作的方向、角度与部位等都与动作速度大小有着极为密切的关系。其次，在技术练习中，人体协调性会得到相应的提高。那么完成动作时，人体各肌肉群之间，肌肉活动与内脏活动之间，各内脏活动之间就会表现出同时或前后协同配合的现象，这有利于在发展动作速度时最大程度地减少人体内部的阻力（如被动肌肉群的阻力、人体运动时内脏器官的阻力等），从而提高动作速度。

2. 利用助力练习

指在动作速度练习中，利用外界自然条件的助力和人为因素的助力来发展动作速度。外界自然条件的助力是指利用风的方向或水的流向，如自行车运动员顺风骑、速滑运动员顺风滑、短跑运动员顺风跑和游泳运动员顺水游等。这种方法对提高动作速率既经济又有效。人工因素的助力可分为机械助力和人为助力，机械助力是由专门机械设备的牵引形成的，如摩托车的牵引、牵引机的牵引等。人为助力是教练员或他人直接或间接施加给运动员顺运动方向的力，帮助运动员提高动作速率或完成某一技术环节的动作速度。例如，短跑项目一带一、快带慢的牵引跑；体操项目教练员直接给予运动员助力，帮助其提高动作速度。不论是哪一种助力形式，运用时都应循序渐进。以提高动作速率为主的练习，助力应逐渐加大；以提高单个动作为主的练习，助力应逐渐减小。

3. 利用后效作用练习

也就是利用动作加速和器械重量变化而获得的后效作用来提高动作速度。例如，在跳高训练中，先穿沙背心或沙袋进行负重跳可获得重量减轻后的后效作用；利用下坡跑可获得加速的后效作用；在推标准铅球之前可先用加重铅球做练习而获得重量减轻后的后效作用。这是由于在第一次动作完成后，神经中枢剩余的兴奋在随后的动作过程中仍然保持着运动指令，从而可以大大缩短动作进行的时间，提高动作速度。但是，这种后效作用的产生取决于负荷量的大小和随后减轻的情况，以及练习重量的重复次数和不同重量的练习交换次数与比例。例如，用增加重量的铅球练习后，再用标准重量的铅球进行练习，两者合理比例应为1:2～1:3。而在用标准重量铅球练习后，再进行减轻重量的铅球练习，两者比例应为1:1。在同一次课中，把3种重量的速度练习组合在一起，顺序安排应是加重—标准—减轻。在短跑练习中应该是上坡跑—水平跑—下坡跑。这种由重到轻的安排就是要利用动作的后效作用。

4. 加大难度练习

加大难度练习主要是通过缩小练习完成的空间与时间界限，用特定的要求来促使动作速度的发展。如球类小场地快速完成练习。因为运动活动中动作速度表现的平均水平和快速动作的完成，在相当程度上受专项活动持续时间和活动场地等影响，因此，在动作速度的练习中，限制练习的时间、空间条件，使运动员以最大速度完成动作，从而提高训练效果。

三、位移速度

（一）位移速度的概念

位移速度是指在周期性运动中，单位时间内人体快速位移的能力。通常用通过一定距离的时间或单位时间内所通过的距离来表示，如短跑运动员的跑速、跳高运动员的助跑速度等。从物理学上讲，位移速度是表示物体运动快慢的物理量，它是距离（S）与通过该距离的时间（T）之比，可用公式 $V=S/T$ 表示。在技术动作中，位移速度可分为平均速度（v），加速度（a）和最高速度（V）。位移速度也受到遗传因素影响，有的资料表明，50 米跑速的遗传力为 0.78。

（二）位移速度的影响因素

以下因素能够对加快位移速度带来积极的影响，反之就会减慢位移速度。

1. 神经兴奋与抑制过程的灵活性高。
2. 人体各个器官系统的准备状态好。
3. 快肌纤维数量在肌肉中比例高。
4. 快速力量与速度耐力水平高。
5. 肌肉之间的协调性和肌肉放松能力强。
6. 下肢长和肌肉弹性与柔韧性好。
7. 运动技能的巩固程度高。

（三）位移速度的练习种类

位移速度在某种意义上可看成是一种人体综合运动能力。位移速度的快慢不仅和动作技术水平有关，而且和力量、柔韧、速度耐力以及协调性的发展也有着十分密切的关系。从另外一个角度，也可把位移速度看成是动作速度、速度耐力与意志力的组合。所以位移速度练习可采用以下方法。

1. 力量练习

力量练习是提高位移速度的基本方法之一。常用的发展位移速度的力量练习有负重杠铃，各种单双足跳、多级跳和跳深等形式。力量水平特别是爆发力水平的提高对位移速度的提高具有相当重要的意义。不过，在力量练习中应注意以下几点。

（1）力量练习时，以提高速度力量为主，通常是强调负重力量练习的速度，力争快速完成。

（2）注意采用极限和次极限负荷强度，以提高快肌纤维的功能。练习的次数与组数不宜过多。

（3）通过力量练习提高肌肉、韧带的坚韧性，防止在速度训练中受伤。

（4）力量练习后应有 2 ~ 6 周的减量练习阶段，以便通过“延缓转化”把所提高的力量能力转移到速度能力上去。

（5）多做一些超等长的力量练习（如多级跳、跳深等），以提高肌肉收缩时的快速力量。

2. 重复练习

是指以一定的速度，多次重复一定距离的练习。这种方法对提高人体在快速移动中克服各种内外阻力以及速度耐力十分重要。采用重复练习时要重视以下问题。

（1）练习强度

练习强度是提高运动员快速移动能力的主导因素。位移速度属极限强度，应以高强度进行位移速度的练习，强度一般可控制在 90% ~ 95% 左右，在此之前要安排一些中等或是中上强度的练习作为适应。在高强度在练习中，运动员要高度集中注意力，最大限度地动员肌肉力量，并加大动作速度与幅度，发挥最高速度水平。

（2）练习量

位移速度练习要保证一定时间，但不宜太长。高强度练习一般持续时间在 20 秒以内，距离 30 ~ 60 米，游泳 10 ~ 15 米，速滑 100 ~ 200 米为宜。次数和组数的确定应根据运动员高速度出现与保持的时间，以及克服疲劳和机体恢复能力来决定。一般说，极限负荷时间短，一组 6 ~ 7 次，重复 5 ~ 6 组。非极限负荷时间长，重复次数与组数减少。

（3）间歇安排

间歇安排应以运动员机体相对得到恢复为标准。运动员在下一次练习开始前，中枢神经系统又再度兴奋，机体内物理化学变化在很大程度上已经中和，能保证下次练习的能量供应。间歇时间的长短主要和练习持续时间有关。一般说，练习持续时间 5 ~ 10 秒，各次练习间休息 1 ~ 2 分钟，组间间歇 2 ~ 5 分钟；若练习持续时间 10 ~ 15 秒，各次练习间休息 3 ~ 5 分钟，组间间歇 10 ~ 20 分钟。

（4）肌肉的放松能力

在重复练习中，肌肉在极限强度负荷下完成最快的收缩功能，容易疲劳，恢复较慢。所以，在练习中要重视提高肌肉的放松能力，也就是肌肉主动恢复疲劳的能力。大量的材料表明，放松能力对速度运动项目的影响越来越大。

3. 步频、步幅练习

步频和步幅是影响位移速度的两个主要因素。尤其是步频受肌纤维类型和神经活动灵活性制约，步幅受腿的长度、柔韧性、后蹬技术力量的制约。这五个因素中，只有柔韧性和后蹬技术通过训练能得到改善，其他 3 个因素受遗传的影响后天改善的程度有限。因此，对有一定训练水平的运动员，主要是通过提高步幅来提高移动速度。目前，通过人为条件发展步频步幅的手段很多，如牵引机、加吊架的领先装置、转动跑道、惯性跑道等。

4. 比赛法、游戏法练习

比赛法是速度训练中经常采用的方法。由于移动速度练习时间短，经常采用比赛法是可行的。采用比赛法能促使运动员情绪高涨，表现最大速度的可能性就会增加。通过比速度、比技术、比成绩等可以起到激励斗志，鼓舞情绪的作用。在比赛的条件下，往往能比平时更快地作出反应，完成快速移动。

游戏法同比赛法作用一样，可以激起运动员高涨的情绪。同时，由于游戏过程能引起各种动作变化，还可以防止因经常安排最大速度练习而引起的“速度障碍”形成。

（四）位移速度比赛项目中的供能系统与发展各个供能系统的方法之间的关系

在位移速度的比赛项目中，不同的比赛距离要求的供能系统有所区别。因此，我们在进行速度训练中所采用的训练方法也应该具有不同的练习方式和特点。我们这里以各种距离的赛跑为例，说明了跑步训练中供能系统与发展各个供能系统训练方法之间的关系（表 4－1）。

表 4－1　跑步训练中供能系统与发展各个供能系统训练方法之间的关系

比赛跑速	速　度	速度耐力	稍短距离专项耐力	稍长距离专项耐力	高速度	多种速度	持续速度
能量系统供能的主要形式	ATP－CP 供能系统		乳酸供能系统		有氧供能系统		
强　度	95%～100%	95%～100%	95%～100%	95%～100%	80%～90%	60%～80%	40%～80%
练习距离	20～60 米	60～150 米	150～300 米	300～600 米	达到 1200 米	每次达到 1200 米重复直至 5000 米持续跑	5000 米＋
次/组	3～4	2～5	1～5	1～3	3～12	6～30	—
组　数	3～4（5）	2～3	—	—	1～3	1～3	1
每组总距离	80～120 米	150～600 米	—	—	长距离	长距离	长距离
每次训练总距离	200～600 米	300～1200 米	300～1000 米	600～1800 米	600～5000 米	长距离	超长距离
组内间歇	［2～3s］	［2～5s］	接近完全恢复［10～20s］	完全恢复［20～30s］	最大心率的 50%～60%［3～5s］	最大心率的 60%～70%［1～3s］	—
组间间歇	［8～10s］	［8～10s］	—	—	接近完全恢复［7～20s］	未完全恢复［5～7s］	—

根据《国际田联高级教练理论教科书》修改，2002

第二节　反应速度训练方法

一、老鹰抓小鸡

【适合运动项目】田径运动径赛项目、篮球、排球、足球、手球、橄榄球、曲棍球、网球、壁球、羽毛球、乒乓球等。

【目的】发展反应动作速度和下肢动作灵活性。

【方法】一人为“老母鸡”张开双臂，保护身后一列若干人扮成的“小鸡”，后者双手扶住前者腰部。“老鹰”试图用手拍到队列最后面的一只“小鸡”。被拍到的“小鸡”充当“新老鹰”，原来的“老鹰”充当“新老母鸡”，原来的“老母鸡”充当“新老母鸡”身后的“小鸡”，循环练习（图4－4）。

图4－4　老鹰抓小鸡

【要求】快速、机敏地完成动作。

二、两人拍击

【适合运动项目】田径运动径赛项目、篮球、排球、足球、手球、橄榄球、曲棍球、网球、壁球、羽毛球、乒乓球、拳击等。

【目的】发展反应动作速度和上体动作灵活性。

【方法】两人面向开立，听到开始口令后，设法拍击对方背部，而又不被对方击中自己。在规定时间内（每次1分钟左右），拍击对手多者为胜（图4－5）。

图4－5　两人拍击

【要求】快速、机敏地完成动作。

三、反应起跳

【适合运动项目】田径运动径赛项目、篮球、排球、足球、手球、橄榄球、曲棍球、网球、壁球、羽毛球、乒乓球、拳击、跆拳道等。

【目的】发展反应动作速度。

【方法】练习者围圈面向圈内站立，圈内 1 至 2 人，站在圆心附近手持小树枝或小竹竿（竿长超过圈半径）。游戏开始，持竿者将竹竿绕过站圈人脚下划圆，竿经谁脚下即起跳，不让竿打上脚，被打即失败进圈换持竿者（图 4 –6）。

【要求】持竿者可突变划圈方向。快速、机敏地完成动作。

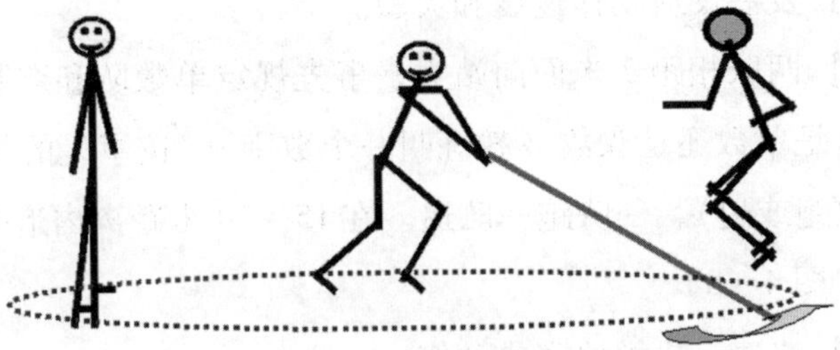

图 4 –6　反应起跳

四、贴人游戏

【适合运动项目】田径运动径赛项目、篮球、排球、足球、手球、橄榄球、曲棍球、网球、壁球、羽毛球、乒乓球等。

【目的】发展反应动作速度和灵敏。

【方法】练习者若干人，成两人前后面向圈内站立围成一圆圈，左右间隔 2 米。两人在圈外沿圈跑动追逐，被追者可跑至某两人的前面站立，则后面的第三者即逃跑，追者即改追这第三者，如被追上为失败（图 4 –7）。

【要求】快速、机敏地完成动作。

图 4－7 贴人游戏

五、追逐游戏

【适合运动项目】田径运动径赛项目、篮球、排球、足球、手球、橄榄球、曲棍球、网球、壁球、羽毛球、乒乓球等。

【目的】发展反应动作速度和灵敏。

【方法】两队相距 2 米面向站立，事先规定单数队和双数队。听教练口令发出是单数还是双数（教练叫一个数字），按事先的规定（叫到单数，单数跑或追），一队跑一队追。在 15～20 米距离内追上为胜，追不上为败（图 4－8）。

【要求】快速、机敏地完成动作。

图 4－8 追逐游戏

六、起动追拍

【适合运动项目】田径运动径赛项目、篮球、排球、足球、手球、橄榄球、曲棍球、网球、壁球、羽毛球、乒乓球等。

【目的】发展反应动作速度和灵敏。

【方法】两人一组前后相距2～3米慢跑，听到信号开始加速跑，后者追前者，追上并拍击他背部就停止。也可在追赶时，教练发出第二个信号，让其后转身互换追赶（图4－9）。

【要求】在20米内追上有效。

图4－9 起动追拍

七、抢球游戏

【适合运动项目】田径运动项目、篮球、排球、足球、手球、橄榄球、曲棍球、网球、壁球、羽毛球、乒乓球等。

【目的】发展反应动作速度和灵敏。

【方法】用实心球围成一个圆圈，球数比练习人数少一。游戏开始练习者绕球圈外慢跑，听到信号各人就近抢球谁没有抢到被淘汰，并去掉一球继续进行（图4－10）。

【要求】每进行一轮成功者得一分，看谁得分多为胜。

图4－10 抢球游戏

八、伙伴组合

【适合运动项目】田径运动径赛项目、篮球、排球、足球、手球、橄榄球、曲棍球、网球、壁球、羽毛球、乒乓球等。

【目的】发展反应动作速度和灵敏。

【方法】练习者绕圈跑，听教练口令信息，要求几人组合，就几人成组。不符合组合人数者为失败（图4－11）。

【要求】失败者进行惩罚性俯卧撑等活动。

图4－11　伙伴组合

九、压臂固定瑞士球

【适合运动项目】田径运动项目、摔交、柔道、击剑、篮球、排球、足球、手球、橄榄球、曲棍球、网球、壁球、羽毛球、乒乓球等。

【目的】发展臂部和肩部肌肉群动作反应速度。

【方法】躯干正直坐在长凳上，一侧臂水平外展用手压住球。同伴以60%～75%的力量向侧面各个方向拍球，练习者尽最大努力防止球运动（图4－12）。

【要求】球和身体保持稳定。如果加大难度，练习者可以在身体的各个方向伸臂固定瑞士球。

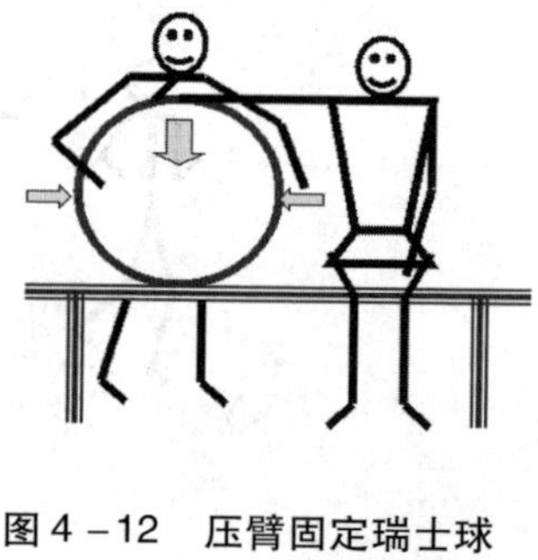

图4－12　压臂固定瑞士球

第三节 动作速度训练方法

前文论述的大量力量练习方法在快速用力的情况下，对于发展动作速度也适用。在这里，我们按照动作速度训练的要求介绍一些基本练习方法。

一、上肢和躯干练习

（一）俯卧撑起击掌

【适合运动项目】撑竿跳高、铅球、铁饼、标枪、篮球、排球、足球、橄榄球、曲棍球、网球、壁球、羽毛球、乒乓球等。

【目的】发展上臂后部和肩部肌肉群动作速度和爆发力。

【方法】双手撑地，双脚掌撑地，身体成一线。向身体下方屈肘，而后快速撑起身体并击掌，恢复开始姿势。重复练习（图4－13）。

【要求】快速完成动作，以肘部下降引导身体下降。全身充分伸展，保持平衡。

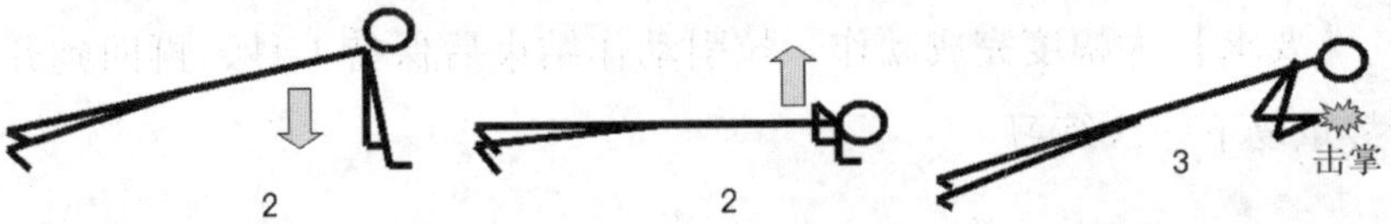

图4－13 俯卧撑起击掌

（二）仰卧快速斜推哑铃

【适合运动项目】撑竿跳高、铅球、铁饼、标枪、篮球、排球、足球、橄榄球、曲棍球、网球、壁球、羽毛球、乒乓球等。

【目的】发展胸部、肩部肌肉群速度力量，以及身体平衡和稳定能力。

【方法】把瑞士球放在地面上，练习者先坐在瑞士球上。向前迈步成仰卧姿势，头枕在球上，上背部支撑体重，双脚在地面上。连续快速上推哑铃（图4－14）。

【要求】双脚距离大于骨盆宽。将哑铃推举到眼睛的垂直上方。

图4－14 仰卧快速斜推哑铃

（三）仰卧快速单臂拉引

【适合运动项目】撑竿跳高、铅球、铁饼、标枪、篮球、排球、足球、橄榄球、曲棍球、网球、壁球、羽毛球、乒乓球等。

【目的】发展胸部、肩部肌肉群力量，以及身体支撑和稳定能力。

【方法】把瑞士球放在地面上，靠近滑轮拉引练习器。练习者单手握滑轮拉引练习器把手，成仰卧姿势。头和上背部在瑞士球上支撑，双脚在地面上，髋和背部与地面平行。肘关节微屈，臂从较低位置开始拉引（图4－15）。

【要求】大幅度完成动作。拉引动作结束后保持1秒，再回到开始姿势重复下一次练习。

图4－15 仰卧快速单臂拉引

（四）双球支撑快速扩胸

【适合运动项目】撑竿跳高、铅球、铁饼、标枪、篮球、排球、足球、橄榄球、曲棍球、网球、壁球、羽毛球、乒乓球等。

【目的】发展胸部、肩部肌肉群速度力量，以及身体支撑和稳定能力。

【方法】把两个瑞士球左右相邻放在地面上，俯卧用双臂的前臂支撑体重。双脚在地面支撑，身体与地面约成30°夹角。将两个球向外侧滚动，打开双臂，直到自己能够控制的动作幅度。然后回收双臂，将球滚回开始位置（图4－16）。

【要求】身体完全伸直。肩部有损伤时禁止做这种练习。

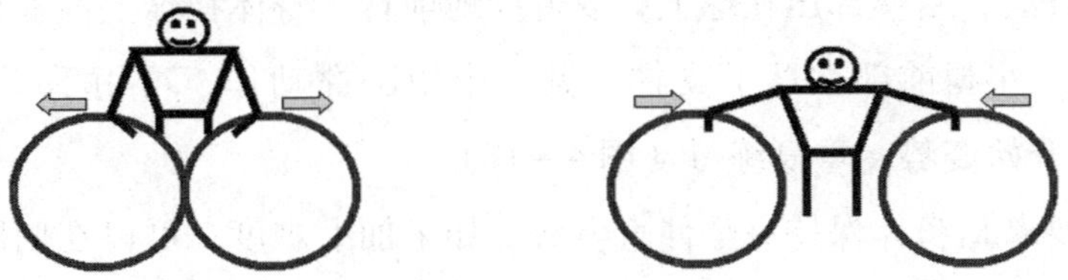

图4－16　双球支撑快速扩胸

（五）斜立扩胸

【适合运动项目】撑竿跳高、铅球、铁饼、标枪、篮球、排球、足球、橄榄球、曲棍球、网球、壁球、羽毛球、乒乓球等。

【目的】发展胸部、肩部肌肉群速度力量，以及身体支撑和稳定能力。

【方法】把两个瑞士球左右相邻放在地面上，俯卧用双扶住球面支撑上体。双脚脚掌支撑地面，身体屈膝，并向球倾斜。将两个球向外侧滚动，打开双臂，直到自己能够控制的动作幅度。然后回收双臂，将球滚回开始位置（图4－17）。

图4－17　斜立扩胸

【要求】保持躯干伸直。达到最大动作幅度后，保持 2 秒，再回到开始姿势重复练习。

（六）快速滑动俯卧撑

【适合运动项目】撑竿跳高、铅球、铁饼、标枪、篮球、排球、足球、橄榄球、曲棍球、网球、壁球、羽毛球、乒乓球等。

【目的】发展胸部、肩部肌肉群速度力量，以及身体支撑和稳定能力。

【方法】将髋部压在球上，双臂撑地前行。身体在球上前移成俯卧撑姿势，小腿前部在球上支撑。做一个俯卧撑动作，再用手“走路”退回到开始姿势。重复练习（图 4 - 18）。

【要求】身体保持完全伸直姿势。如果加大难度，可以在俯卧撑姿势下提起一条腿，以双手和一条腿在球上支撑完成俯卧撑。也可以用一只手撑地，两条腿在球上支撑，来加大难度。

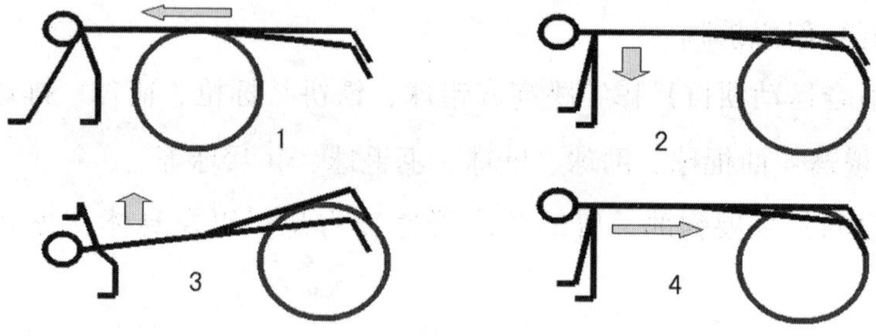

图 4 - 18　快速滑动俯卧撑

（七）快速传接实心球

【适合运动项目】撑竿跳高、铅球、铁饼、标枪、篮球、排球、手球、橄榄球、曲棍球、网球、壁球、羽毛球、乒乓球等。

【目的】发展胸部、肩部、臂部肌肉群速度力量和爆发力。

【方法】与同伴相对站立，稍微屈膝，2 人间距 3 ~ 4 米。双手持实心球于胸前，进行连续传接练习（图 4 - 19）。

【要求】双臂充分伸直接球。如果加大难度，可以增加球的重量和

2 人间距。

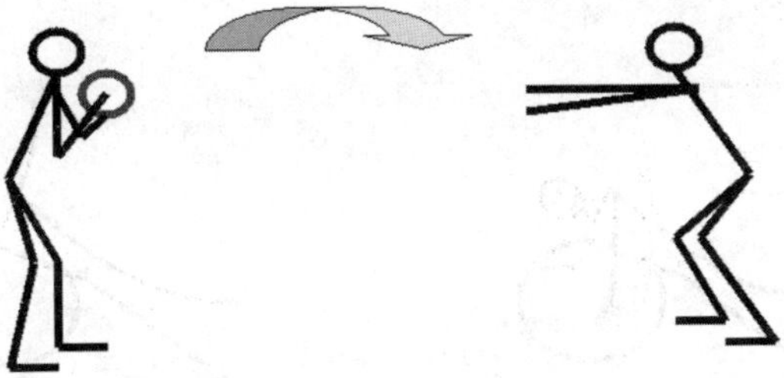

图 4－19　快速传接实心球

（八）俯卧快速提转哑铃

【适合运动项目】撑竿跳高、铅球、铁饼、标枪、链球、篮球、排球、手球、橄榄球、曲棍球、网球、壁球、羽毛球、乒乓球等。

【目的】发展肩部、臂部肌肉群速度力量和爆发力。

【方法】将球垫在胸部，身体完全伸直。双手持哑铃，上臂外展，前臂垂直向下。提拉上臂，当上臂到达水平姿势时，前旋前臂进一步提升哑铃高度（图 4－20）。

【要求】肘关节保持 90°弯曲。哑铃高度达到最大高度时保持 1 秒。

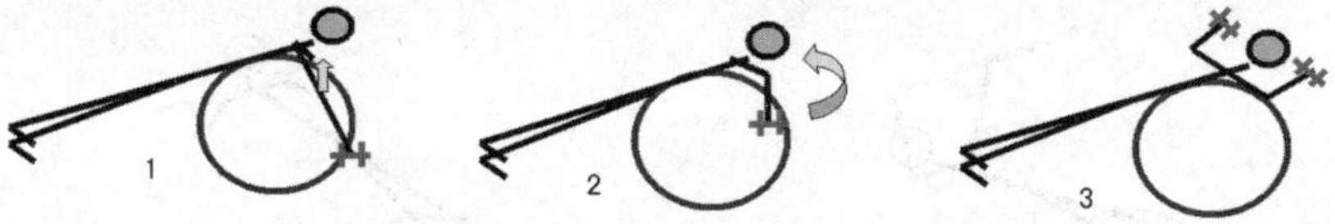

图 4－20　俯卧快速提转哑铃

（九）侧卧快速挥哑铃

【适合运动项目】撑竿跳高、铅球、铁饼、标枪、链球、篮球、排球、手球、橄榄球、曲棍球、网球、壁球、羽毛球、乒乓球等。

【目的】发展肩部、臂部和上背肌肉群速度力量和爆发力。

【方法】将球垫在躯干一侧腋窝下，身体完全伸直。前后分腿，下方脚在前，上方脚在后侧放在地面上。上侧手臂持哑铃充分伸展，指向地面，由身体侧面向上快速挥动哑铃（图 4－21）。

【要求】保持身体在球上的平衡。在持哑铃手臂离垂直位置大约5°姿势时保持2秒。

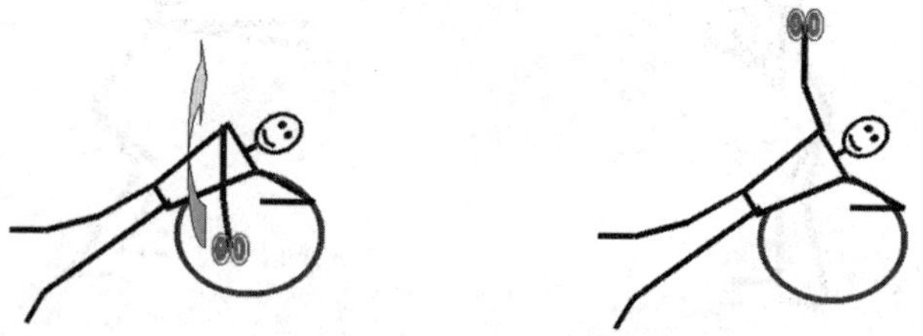

图4－21　侧卧快速挥哑铃

（十）仰卧快速引体

【适合运动项目】撑竿跳高、铁饼、标枪、链球、篮球、排球、手球、橄榄球、曲棍球、网球、壁球、羽毛球、乒乓球等。

【目的】发展肩部、臂部和上背肌肉群速度力量和爆发力。

【方法】仰卧，双手握住固定横杠，将球垫在膝关节下。上引身体使下颌接触横杠，重复练习。

【要求】如果加大难度，可以逐渐把球移到脚后。动作过程中身体完全伸直（图4－22）。

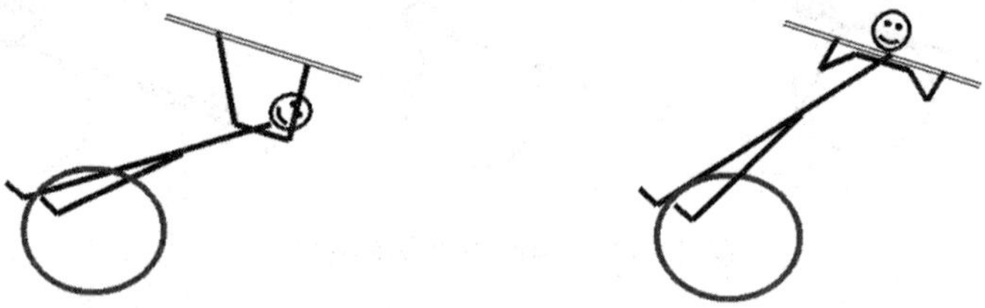

图4－22　仰卧快速引体

（十一）头上传接实心球

【适合运动项目】撑竿跳高、铁饼、标枪、篮球、排球、手球、橄榄球、曲棍球、网球、壁球、羽毛球等。

【目的】发展肩部、臂部肌肉群速度力量和爆发力。

【方法】与同伴相对站立，稍微屈膝，2人间距3～4米。双手持实心球于头上，进行连续传接练习（图 4 – 23）。

【要求】双臂接球引至头上、身后位置。如果加大难度，可以降低身体重心、增加球的重量或 2 人间距。

图 4 – 23　头上传接实心球

（十二）杠铃片快速头后拉

【适合运动项目】撑竿跳高、铁饼、标枪、篮球、排球、手球、橄榄球、曲棍球、网球、壁球、羽毛球等。

【目的】发展胸部、肩下部和臂部肌群力量及爆发力。

【方法】背靠在横向长凳或山羊上，双手持握杠铃片于头上方，双脚前后开立于地面。向头后沿半圆路线下降杠铃片，然后沿原路线拉起杠铃片。重复练习（图 4 – 24）。

【要求】放下杠铃片时吸气，拉起时呼气。尽量快速完成练习。

图 4 – 24　杠铃片快速头后拉

（十三）纵向飞鸟

【适合运动项目】铁饼、标枪、篮球、排球、手球、橄榄球、曲棍球、网球、壁球、羽毛球、乒乓球等。

【目的】发展肩上部肌群速度力量和爆发力。

【方法】双手掌心向内，持握杠铃片于体侧，双脚左右开立于地面。向体侧直臂快速提起杠铃片至头顶，然后沿原路线返回。重复练习（图4－25）。

【要求】身体保持正直，只用双臂同时完成动作。尽量快速完成练习。

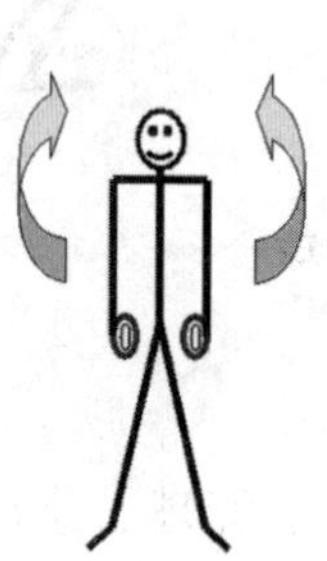

图4－25　纵向飞鸟

（十四）横向飞鸟

【适合运动项目】铁饼、标枪、链球、篮球、排球、手球、橄榄球、曲棍球、网球、壁球、羽毛球、乒乓球等。

【目的】发展肩上部肌群速度力量和爆发力。

【方法】双手掌心向内，双臂平举杠铃片于体前，双脚左右开立于地面。沿体侧向后直臂水平快速移动杠铃片至最大限度，然后沿原路线返回。重复练习（图4－26）。

图4－26　横向飞鸟

【要求】身体保持正直，只用双臂同时完成动作。尽量快速完成练习。

（十五）侧俯卧快速屈肘

【适合运动项目】短跑、撑竿跳高、推铅球、篮球、排球、手球、橄榄球、曲棍球、网球、壁球、羽毛球、乒乓球等。

【目的】发展上臂前部肌肉群速度力量。

【方法】手持一个哑铃，其重力能够使人屈肘时在球上前后移动。躯干侧俯卧于球上，并固定练习臂，充分伸展练习臂后进行快速屈肘练习（图4－27）。

【要求】伸展练习臂时人随球滚动前移。身体后移过程中完成屈肘。

图4－27　侧俯卧快速屈肘

（十六）仰卧快速伸臂

【适合运动项目】短跑、撑竿跳高、铅球、标枪、篮球、排球、足球、手球、橄榄球、曲棍球、网球、壁球、羽毛球、乒乓球等。

【目的】发展上臂后部肌肉群速度力量。

【方法】双手持哑铃，仰卧在球上，双臂向上快速伸直。保持上臂固定下降哑铃至头两侧的球上。充分伸展练习臂后再进行快速屈肘练习。重复练习（图4－28）。

图4－28　仰卧快速伸臂

【要求】伸臂过程中肘部始终指向上方。背和臀部贴紧球。

（十七）瑞士球快速俯卧伸臂撑

【适合运动项目】短跑、撑竿跳高、铅球、铁饼、标枪、篮球、排球、足球、手球、橄榄球、曲棍球、网球、壁球、羽毛球、乒乓球等。

【目的】发展上臂后部和肩部肌肉群速度力量。

【方法】双手撑在球上，双脚掌撑地，身体成一斜线。向身体下方屈肘，使前臂“包”在球上，而后撑起身体。重复练习（图4－29）。

【要求】以肘部下降引导身体下降。全身充分伸展，保持平衡。

图4－29　瑞士球快速俯卧伸臂撑

（十八）俯卧撑起跪推实心球

【适合运动项目】短跑、撑竿跳高、铅球、铁饼、标枪、篮球、排球、足球、手球、橄榄球、曲棍球、网球、壁球、羽毛球、乒乓球等。

【目的】发展胸部、肩部、上臂后部和手腕肌肉群速度力量和爆发力。

【方法】与同伴相对跪立，约5米间距，其中一人双手在胸前持实心球。持球人身体前倒顺势向上方双手推出实心球，推出球后双手撑地。双手迅速推地，将身体恢复跪立姿势，准备接球。重复练习（图4－30）。

图4－30　俯卧撑起跪推实心球

【要求】两人始终目光接触，协调配合。动作尽量迅速完成。

（十九）实心球快速俯卧撑

【适合运动项目】短跑、撑竿跳高、铅球、铁饼、标枪、篮球、排球、足球、手球、橄榄球、曲棍球、网球、壁球、羽毛球、乒乓球等。

【目的】发展上臂后部和肩部肌肉群速度力量和平衡能力。

【方法】双手撑在球上，双脚掌撑地，身体成一线。向身体下方屈肘，而后撑起身体。重复练习（图4－31）。

【要求】双手放在实心球两侧，以肘部下降引导身体下降。全身充分伸展，保持平衡。

图4－31 实心球快速俯卧撑

（二十）实心球快速移动俯卧撑

【适合运动项目】短跑、撑竿跳高、铅球、铁饼、标枪、篮球、排球、足球、手球、橄榄球、曲棍球、网球、壁球、羽毛球、乒乓球等。

【目的】发展上臂后部和肩部肌肉群速度力量和平衡能力。

【方法】俯卧，一手撑在球上，一手和双脚掌撑地，身体成一线。把两只手都放在实心球上，完成俯卧撑，换另一只手撑地。身体左右移动，两只手轮流撑在球上。重复练习（图4－32）。

【要求】双手放在实心球两侧，以肘部下降引导身体下降。尽量快速完成练习，全身充分伸展，保持平衡。

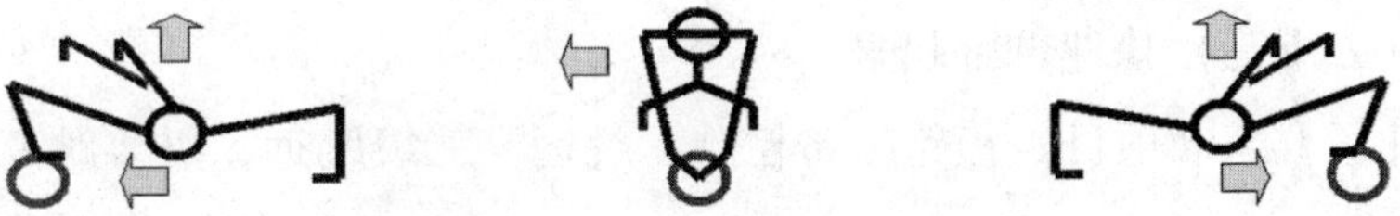

图4－32 实心球快速移动俯卧撑

（二十一）快速引体向上

【适合运动项目】短跑、撑竿跳高、标枪、铁饼、篮球、排球、手球、橄榄球、曲棍球、网球、壁球、羽毛球、乒乓球等。

【目的】发展肩部和臂部肌群快速拉引力量。

【方法】双手掌心向前，约以肩宽为间距直臂握住单杠。屈肩和肘关节向上拉引身体。重复练习（图4－33）。

【要求】由直臂身体悬垂姿势开始，拉引身体至下颌接近单杠。尽量用肩、臂力量完成动作。

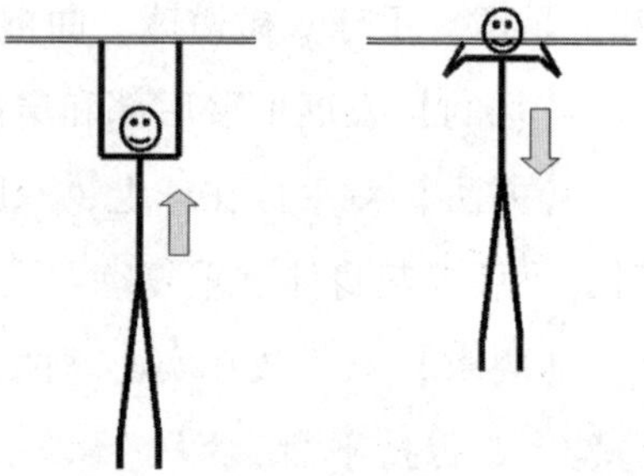

图4－33　快速引体向上

（二十二）双杠快速臂撑起

【适合运动项目】短跑、撑竿跳高、标枪、篮球、排球、手球、橄榄球、曲棍球、网球、壁球、羽毛球、乒乓球等。

【目的】发展肩部和臂部肌群支撑快速力量。

【方法】双手掌心向下，约以肩宽为间距直臂在双杠上支撑身体。屈肩和肘关节向下降低身体高度，然后再撑起身体。重复练习（图4－34）。

【要求】由直臂支撑身体姿势开始，向下降低身体使双手接近肩部。尽量用肩、臂力量完成动作。

图4－34　双杠快速臂撑起

（二十三）快速仰卧起坐

【适合运动项目】短跑、跨栏跑、跳远、三级跳远、撑竿跳高、铅球、铁饼、标枪、篮球、排球、足球、橄榄球、曲棍球、网球、壁球、羽毛球等。

【目的】发展腹部肌群速度力量。

【方法】双脚支撑地面仰卧于瑞士球上。连续进行仰卧起坐练习（图4－35）。

【要求】仰卧时背部全部贴在瑞士球上。动作过程中颈部保持正直，不要收紧下颌。动作结束时躯干与水平面约呈45°夹角。为了加大难度，动作过程中也可以持重物，或扭转躯干进行练习。

图4－35　快速仰卧起坐

（二十四）双脚抵墙快速体侧起

【适合运动项目】短跑、跨栏跑、跳远、三级跳远、撑竿跳高、铅球、铁饼、标枪、篮球、排球、足球、橄榄球、曲棍球、网球、壁球、羽毛球、乒乓球等。

【目的】发展躯干两侧肌群速度力量。

【方法】将球放在离墙壁约1米的地方。一侧髋部支撑侧卧于瑞士球上。下方腿在前，上方腿在后，双脚贴地面前后分开，并利用地面墙根固定。双臂胸前持实心球，或交叉抱胸，进行侧向抬起躯干的重复练习（图4－36）。

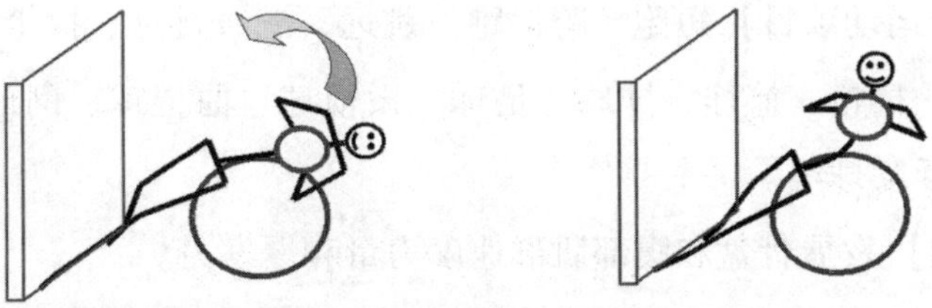

图4－36　双脚抵墙快速体侧起

【要求】侧卧时躯干充分伸展，全部贴在瑞士球上。动作过程中颈部保持正直，动作结束时头部为正直姿势。在躯干、骨盆和双腿充分稳定的姿势下开始练习。

（二十五）仰卧双腿快速提球

【适合运动项目】短跑、跨栏跑、跳远、三级跳远、撑竿跳高、铅球、铁饼、标枪、篮球、排球、足球、橄榄球、曲棍球、网球、壁球、羽毛球、乒乓球等。

【目的】发展下腹部肌群速度力量。

【方法】在地面仰卧，双腿放在球上，在双踝系一条带子固定住球。双臂向体侧斜下方向伸展贴在地面上，双手掌心向下。将双膝向胸部拉引，直至大腿与地面之间的夹角稍微超过90°。重复练习（图4－37）。

【要求】练习过程中腰部不得离开地面。随着能力的提高，可以采用实心球练习。

图4－37　仰卧双腿快速提球

（二十六）快速举腿

【适合运动项目】短跑、跨栏跑、跳远、三级跳远、撑竿跳高、铅球、铁饼、标枪、篮球、排球、足球、橄榄球、曲棍球、网球、壁球、羽毛球、乒乓球等。

【目的】发展骨盆和腹部肌群速度力量和爆发力。

【方法】将球放在一个可以固定双手的横杠（肋木或杠铃杆）之前，有一同伴保护。腰背部支撑身体，双膝提起仰卧于瑞士球上，双手握住横杠。先提起骨盆，向胸部拉引双膝。当大腿达到与地面垂直位置时，展体并进一步上举骨盆和下肢。重复练习（图4－38）。

【要求】利用球面支撑腰部。当骨盆和下肢达到最高点时，保持2～3秒，然后重复练习。

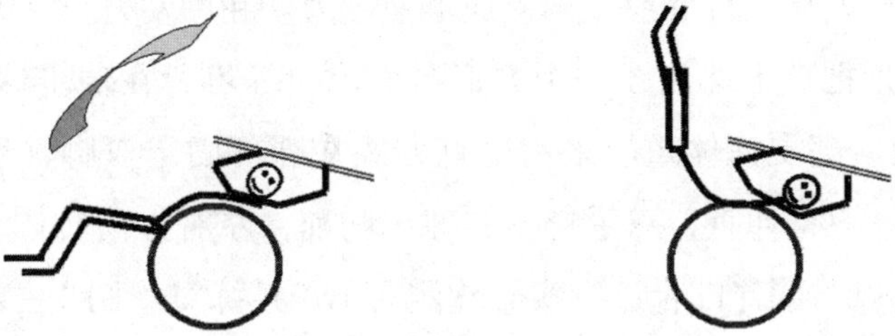

图4－38　快速举腿

（二十七）俯卧快速伸背

【适合运动项目】短跑、跨栏跑、跳远、三级跳远、撑竿跳高、铅球、铁饼、标枪、篮球、排球、足球、橄榄球、曲棍球、网球、壁球、羽毛球、乒乓球等。

【目的】发展背部、臀部和大腿后部肌群速度力量。

【方法】把瑞士球放在宽长凳上，在瑞士球上俯卧，双手握住长凳两侧，双脚离地。头和颈保持自然姿势，以臀部肌群发力。提起双腿至与膝、髋和肩成为一线的高度（图4－39）。

【要求】将背部和下肢作为一个整体进行练习。在伸展膝、髋关节前挤压球。

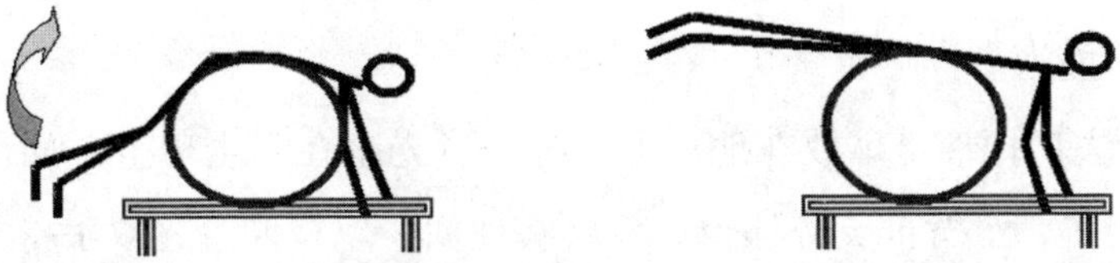

图4－39　俯卧快速伸背

（二十八）仰卧快速转体

【适合运动项目】短跑、跨栏跑、跳远、三级跳远、撑竿跳高、铅球、铁饼、标枪、篮球、排球、足球、橄榄球、曲棍球、网球、壁球、羽毛球、乒乓球等。

【目的】发展腹部和躯干两侧肌群速度力量和爆发力。

【方法】把瑞士球放在一个方形台面上，练习者在瑞士球上仰卧，臀部和大腿后部支撑体重。采用适宜方式在踝部固定双脚（肋木或由同伴帮助）。双臂伸直，双手持实心球于胸前，左右方向转体。高水平运动员也可以与同伴配合进行实心球侧向抛、接练习（图4－40）。

【要求】以腹部和腰部发力开始动作。大幅度、快速地完成动作。

图4－40 仰卧快速转体

（二十九）仰卧快速滚肩转体

【适合运动项目】短跑、跨栏跑、跳远、三级跳远、撑竿跳高、铅球、铁饼、标枪、篮球、排球、足球、橄榄球、曲棍球、网球、壁球、羽毛球、乒乓球等。

【目的】发展腹部、背部和躯干两侧肌群的速度力量，以及身体平衡和稳定能力。

【方法】把瑞士球放在地面上，练习者先坐在瑞士球上。向前迈步成仰卧姿势，上背部支撑体重，双脚在地面。双臂伸直，双手持实心球于胸前，躯干和臀部悬空，并与地面平行。持实心球左右方向连续转体（图4－41）。

【要求】眼睛盯住实心球，用肩在瑞士球上滚动。以腹部和腰部发力开始动作。

图 4－41　仰卧快速滚肩转体

（三十）斜板快速滚球

【适合运动项目】短跑、跨栏跑、跳远、三级跳远、撑竿跳高、铅球、铁饼、标枪、篮球、排球、足球、橄榄球、曲棍球、网球、壁球、羽毛球、乒乓球等。

【目的】发展腹部、背部和肩部肌群速度力量。

【方法】使宽长凳的角度为 30°，面向站在长凳低端，双手扶球在长凳上。屈膝，以两个脚掌支撑体重和身体转动轴，前倒身体双手推球向上滚球，把球滚回。重复练习（图 4－42）。

【要求】主要使用腹部肌肉力量将球上下快速滚动。如果加大难度，可以把长凳顶端靠近人体，将球放在长凳顶端，滚上后再滚下，恢复人体直立姿势。

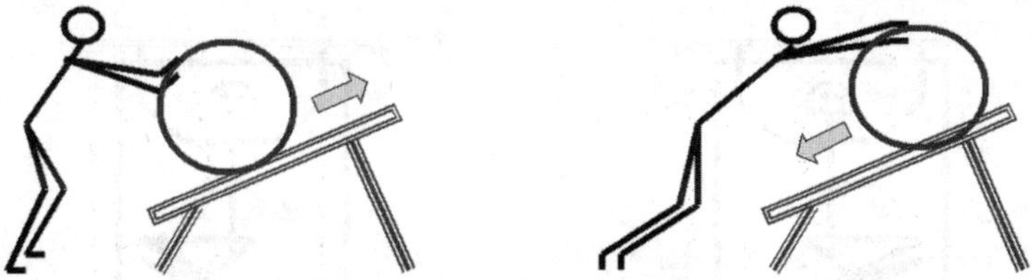

图 4－42　斜板快速滚球

（三十一）快速两头起

【适合运动项目】短跑、跨栏跑、跳远、三级跳远、撑竿跳高、铅球、铁饼、标枪、篮球、排球、足球、橄榄球、曲棍球、网球、壁球、羽毛球、乒乓球等。

【目的】发展腹部肌群速度力量和爆发力。

【方法】仰卧在垫子上，身体充分伸展，双臂贴在头两侧伸直。用腹部肌群力量快速屈体，使手和脚在空中接触。重复练习（图4－43）。

【要求】四肢充分伸直，快速完成练习。

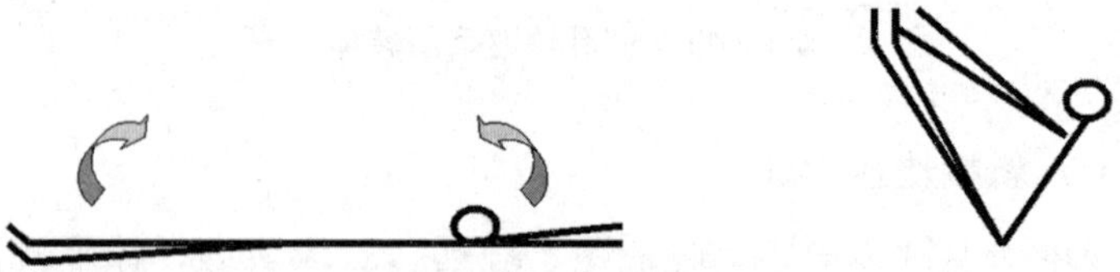

图4－43 快速两头起

（三十二）**仰卧屈腿快速转腰**

【适合运动项目】短跑、跨栏跑、跳远、三级跳远、撑竿跳高、铅球、铁饼、标枪、篮球、排球、足球、橄榄球、曲棍球、网球、壁球、羽毛球、乒乓球等。

【目的】发展腹部和躯干两侧肌群速度力量和爆发力。

【方法】仰卧在垫子上，双手握在头后固定横杆上，收腹屈膝。快速向身体两侧转髋，使腿贴在垫子上。重复练习（图4－44）。

【要求】双脚并拢，贴在垫子上。只用腰部完成动作。

图4－44 仰卧屈腿快速转腰

（三十三）双手接推实心球

【适合运动项目】铅球、铁饼、标枪、篮球、排球、足球、橄榄球、曲棍球等。

【目的】发展下肢、胸部、肩部和上肢的动作速度和爆发力。

【方法】面对抛掷方向，双脚前后开立，双手胸前接同伴传来的实心球。接球后顺势下蹲、后移重心，把实心球引到靠近胸部。向前蹬腿，向身体前上方双手推回实心球给同伴。重复练习（图 4 -45）。

【要求】身体环节用力顺序自下而上，迅猛完成动作。

图 4 -45　双手接推实心球

（三十四）双手接实心球头上抛

【适合运动项目】铅球、铁饼、标枪、篮球、排球、足球、橄榄球、曲棍球、网球、壁球、羽毛球等。

【目的】发展下肢、腹部、胸部和上肢的动作速度和爆发力。

【方法】面对抛掷方向，双脚前后开立，直臂双手举过头顶接同伴传来的实心球。接球后顺势形成“满弓”姿势。蹬腿、挺身、挥臂向身体前上方抛回实心球给同伴。重复练习（图 4 -46）。

【要求】身体环节用力顺序自下而上，迅猛完成动作。

图 4－46 双手接实心球头上抛

（三十五）双手接实心球体侧抛

【适合运动项目】铅球、铁饼、标枪、篮球、排球、足球、橄榄球、曲棍球、网球、壁球、羽毛球等。

【目的】发展下肢、髋部、躯干两侧、肩部和上肢的动作速度和爆发力。

【方法】面对抛掷方向，双脚前后开立，双手胸前接同伴传来的实心球。接球后顺势下蹲，并向体侧转体，形成身体“扭紧”姿势。向前蹬腿、送髋、转体和挥臂，向身体前上方抛回实心球。重复练习（图 4－47）。

【要求】身体环节用力顺序自下而上，迅猛完成动作。

图 4－47 双手接实心球体侧抛

二、髋部和下肢练习

（一）立定跳远

【适合运动项目】短跑、跳高、跳远、三级跳远、标枪、铁饼、铅球、链球、篮球、排球、足球、橄榄球、曲棍球、网球、壁球、羽毛球等。

【目的】提高下肢动作速度和爆发力。

【方法】面对沙坑或垫子，双脚以肩宽左右开立，双臂上举并充分伸展身体。下蹲后双腿迅速蹬伸，向前上方跳起，前引双脚落地（图4－48）。

【要求】跳起时充分展体，在腾空过程中收腹、屈髋。双脚落地间距约与起跳时相同。

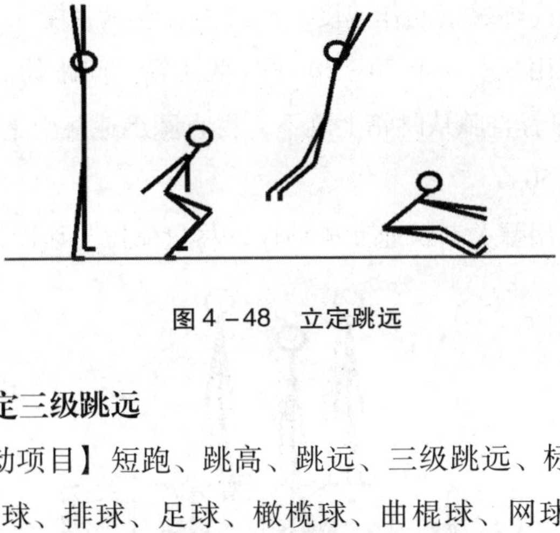

图4－48　立定跳远

（二）立定三级跳远

【适合运动项目】短跑、跳高、跳远、三级跳远、标枪、铁饼、铅球、链球、篮球、排球、足球、橄榄球、曲棍球、网球、壁球、羽毛球等。

【目的】提高下肢动作速度和爆发力。

【方法】预备姿势与立定跳远相同，双脚起跳以单脚落地接跨步动作。另一只脚落地再跨步，双脚落地（图4－49）。

【要求】双脚起跳动作要求与立定跳远相同，跨步跳中以扒地方式积极快速落地。最后一跳在腾空过程中展体后收腹、屈髋。

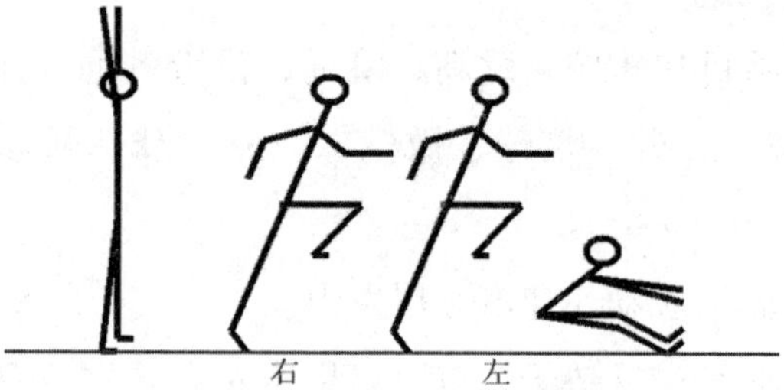

图 4－49　立定三级跳远

（三）直膝跳深

【适合运动项目】短跑、跳高、跳远、三级跳远、标枪、铁饼、铅球、链球、篮球、排球等。

【目的】提高踝关节动作速度、反应力量和紧张度。

【方法】采用 8～10 个 20～30 厘米低跳箱，间距约 50 厘米，依次横向排列。练习者直膝从跳箱上跳下，再直膝迅速跳上下一个跳箱。连续练习（图 4－50）。

【要求】只用踝关节快速完成动作，尽量缩短与地面接触时间。

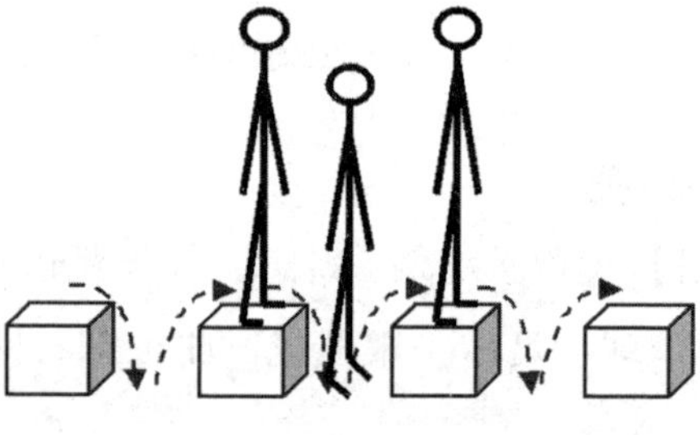

图 4－50　直膝跳深

（四）跨步跳

【适合运动项目】短跑、跳高、跳远、三级跳远、标枪、铁饼、铅球、链球、篮球、排球、足球、橄榄球、曲棍球、网球、壁球、羽毛球等。

【目的】提高伸髋和屈髋的速度和爆发力，增加踝关节肌群的紧张度和步长。

【方法】双脚交替起跳和落地。跳起高度不要太高，摆动腿大腿与地面平行，步长大于正常跑进（图 4－51）。

图 4－51　跨步跳

【要求】脚落地时不要前伸小腿，并采用主动扒地方式快速落地。

（五）单腿跳

【适合运动项目】短跑、跳高、跳远、三级跳远、标枪、铁饼、铅球、链球、篮球、排球、足球、橄榄球、曲棍球、网球、壁球、羽毛球等。

【目的】提高下肢动作速度和爆发力。

【方法】单脚重复起跳和落地。跳起高度不要太高，起跳腿在身体腾空中前摆，大腿与地面平行（图 4－52）。

【要求】脚落地时不要前伸小腿，并采用主动扒地方式快速落地。上体保持正直。

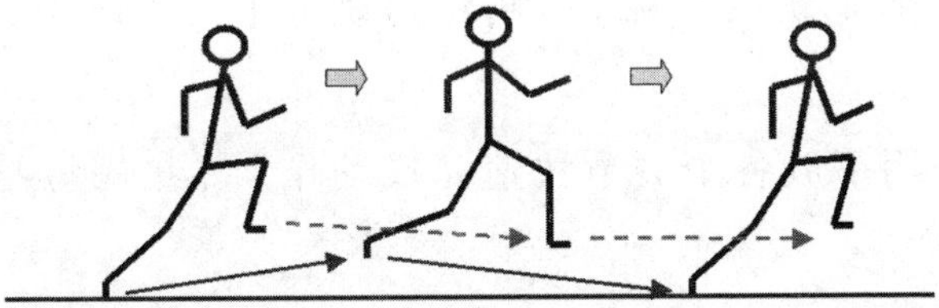

图 4－52　单腿跳

（六）连续蛙跳

【适合运动项目】短跑、跳高、跳远、三级跳远、标枪、铁饼、铅球、链球、篮球、排球、足球、橄榄球、曲棍球、网球、壁球、羽毛球等。

【目的】提高下肢动作速度和爆发力。

【方法】双脚重复起跳和落地。起跳和腾空动作与立定跳远相同（图4－53）。

图4－53　连续蛙跳

【要求】身体向前上方跳起，动作连贯。

（七）跳　深

【适合运动项目】短跑、跳高、跳远、三级跳远、标枪、铁饼、铅球、链球、篮球、排球、足球、橄榄球、曲棍球、网球、壁球、羽毛球等。

【目的】提高下肢动作速度和反应力量。

【方法】采用8～10个高60～80厘米的跳箱，间距约1米，依次横向排列。练习者从跳箱上跳下，再迅速跳上下一个跳箱。连续练习（图4－54）。

【要求】用下肢各个关节快速完成动作，尽量缩短与地面接触时间。

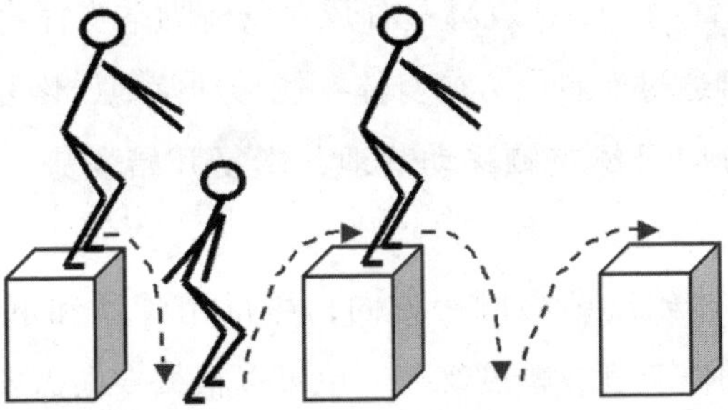

图 4－54　跳深

（八）跳栏架

【适合运动项目】短跑、跳高、跳远、三级跳远、标枪、铁饼、铅球、篮球、排球、足球、橄榄球、网球、壁球、羽毛球等。

【目的】提高下肢动作速度和反应力量。

【方法】采用 8～10 个高 40～60 厘米的栏架，栏间距约 1 米，依次横向排列。练习者双脚起跳和落地依次越过各个栏架。连续练习（图 4－55）。

【要求】用下肢各个关节快速完成动作，尽量缩短与地面接触时间。

图 4－55　跳栏架

（九）连续左右转髋

【适合运动项目】标枪、铁饼、铅球、链球、篮球、排球、足球、橄榄球、曲棍球、乒乓球、网球、壁球、羽毛球等。

【目的】发展骨盆、髋部和双脚的动作速度和灵活性。

【方法】双臂侧平举，双脚左右开立以前脚掌支撑身体，身体快速侧向移动。右脚通过左脚前方向身体左侧移动落地，恢复开始姿势。右脚通过左脚后方向身体左侧移动落地，恢复开始姿势。重复练习（图4-56）。

【要求】身体始终朝向同一方向，尽量用骨盆和下肢快速完成动作。可以加大动作速度或幅度练习，也可以根据专向需要反方向练习。

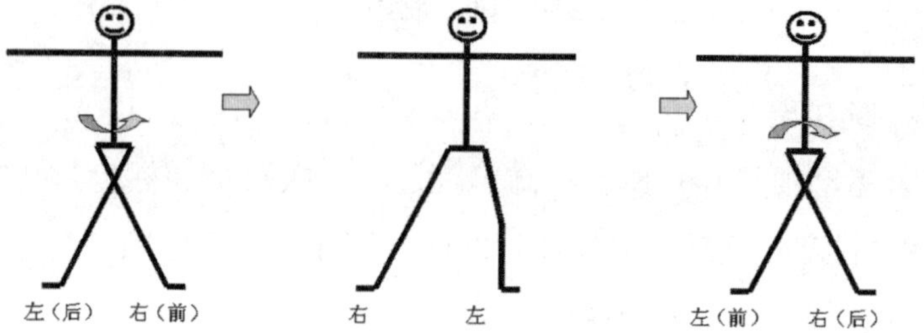

图4-56 连续左右转髋

（十）连续交叉步

【适合运动项目】标枪、铁饼、铅球、网球、壁球、乒乓球、羽毛球等。

【目的】发展骨盆、髋部和双脚的动作速度和灵活性。

【方法】双臂侧平举，双脚左右开立以前脚掌支撑身体，身体快速侧向移动。右脚通过左脚前方向身体左侧移动落地，恢复开始姿势。重复练习（图4-57）。

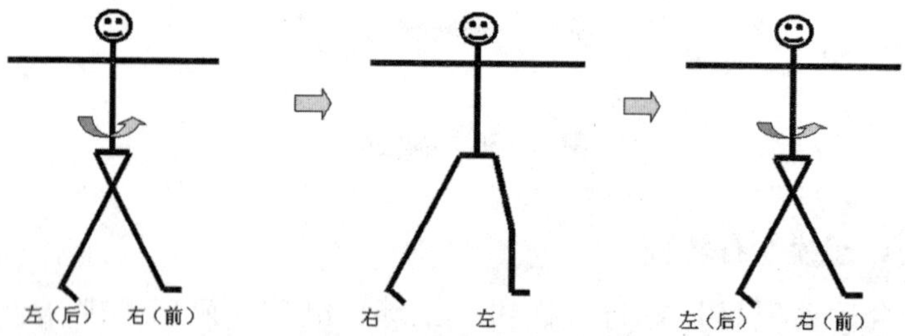

图4-57 连续交叉步

【要求】身体侧对、双脚始终朝向移动方向，尽量用骨盆和下肢快速完成动作。可以加大动作速度或幅度练习，也可以根据专向需要反方向练习。

（十一）绳梯连续左右转髋

【适合运动项目】标枪、铁饼、铅球、篮球、排球、足球、橄榄球、曲棍球、乒乓球、网球、壁球、羽毛球等。

【目的】发展骨盆、髋部和双脚的动作速度、灵活性以及周边视觉能力。

【方法】双臂体侧伸展，双脚左右开立以前脚掌支撑身体，身体快速侧向移动。右脚通过左脚前方向身体左侧移动落地，恢复开始姿势。右脚通过左脚后方向身体左侧移动落地，恢复开始姿势。重复练习（图4-58）。

【要求】身体侧对、双脚始终朝向移动方向，尽量用转动骨盆和下肢快速完成动作。可加大动作速度在绳梯的格子中练习，也可以根据专向需要反方向练习。

图4-58　绳梯连续左右转髋

（十二）绳梯连续交叉步

【适合运动项目】标枪、铁饼、铅球、篮球、排球、足球、橄榄球、曲棍球、乒乓球、网球、壁球、羽毛球等。

【目的】发展骨盆、髋部和双脚的动作速度、灵活性，以及周边视觉能力。

【方法】双臂侧平举，双脚左右开立以前脚掌支撑身体，身体快速侧向移动。右脚通过左脚前方向身体左侧移动落地，恢复开始姿势。重复练习（图 4－59）。

【要求】身体侧对、双脚始终朝向移动方向，尽量用转动骨盆和下肢快速完成动作。可加大动作速度在绳梯的格子中练习。

图 4－59　绳梯连续交叉步

（十三）绳梯 180°转体跳

【适合运动项目】铁饼、铅球、篮球、排球、足球、橄榄球、曲棍球、乒乓球、网球、壁球、羽毛球等。

【目的】发展骨盆、髋部和双脚的动作速度、灵活性，以及周边视觉能力。

【方法】身体半蹲，双脚左右开立以前脚掌支撑身体，每只脚站在一个格子里。身体跳起在空中转体 180°，双脚各落在前面的格子中。身体跳起向反方向在空中转体 180°，双脚各落在前面的格子中。重复练习（图 4－60）。

图 4－60　绳梯 180°转体跳

【要求】身体始终向同一方向移动。尽量用骨盆和下肢快速完成动作。

（十四）抱头旋转

【适合运动项目】铁饼、铅球、链球等。

【目的】发展下肢快速旋转动作速度、空间定向和平衡能力。

【方法】双手交叉放在头后，上体前倾约与地面平行、低头。快速旋转 1 ~ 15 秒，紧接着沿一直线走 8 ~ 10 米（图 4 - 61）。

【要求】尽可能快速旋转，并且在旋转后走直线。

图 4 - 61　抱头旋转

（十五）倒退大步走

【适合运动项目】铅球、铁饼等。

【目的】发展下肢快速后移动作速度、空间定向和平衡能力。

【方法】压低重心，身体前倾，双手放在背后。背对前进方向，沿跑道向后大步快速走 15 ~ 20 米（图 4 - 62）。

【要求】尽量大幅度和快速完成练习，跑道必须平整和无人干扰。如果加大难度，也可以进行倒退大步跑练习。

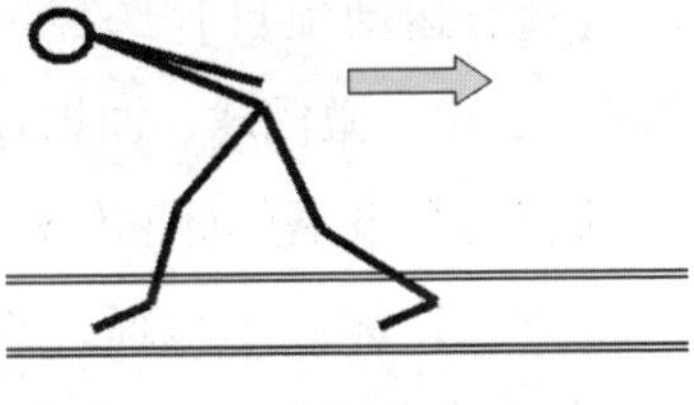

图 4 - 62　倒退大步走

（十六）蜘蛛人

【适合运动项目】跨栏、跳高、铁饼、铅球、标枪、链球、篮球、排球、足球、橄榄球、曲棍球、乒乓球、网球、壁球、羽毛球等。

【目的】发展下肢快速侧向动作速度和髋部灵活性。

【方法】身体俯卧在垫子上，双臂向体侧伸展平放。一条腿直膝侧摆，使脚接触同侧的手（图4－63）。

【要求】大幅度和快速完成练习,双腿膝关节伸直。双腿快速交替练习。

（十七）仰卧转髋

【适合运动项目】跨栏、跳高、铁饼、铅球、标枪、链球、篮球、排球、足球、橄榄球、曲棍球、乒乓球、网球、壁球、羽毛球等。

【目的】发展躯干和髋部快速转动动作速度和髋部灵活性。

【方法】身体仰卧在垫子上，双臂向体侧伸展平放。一条腿直膝向内侧摆，使脚接触对侧手的上部地面（图4－64）。

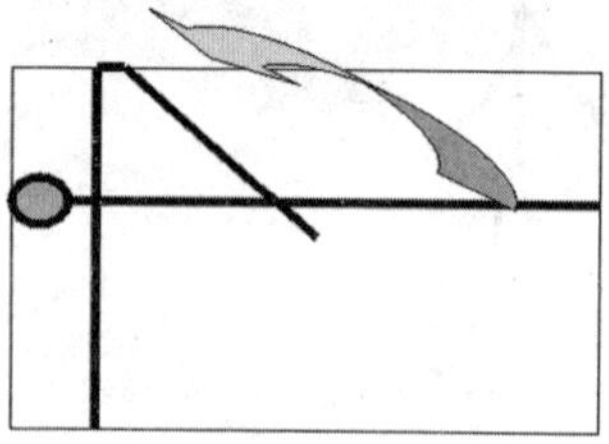

图4－63 蜘蛛人

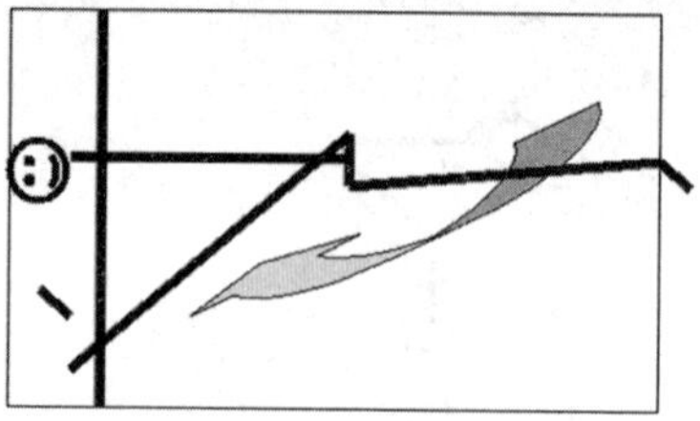

图4－64 仰卧转髋

【要求】大幅度和快速完成练习，双腿膝关节伸直。双腿快速交替练习。

（十八）仰卧膝夹球转髋

【适合运动项目】跨栏、跳高、铁饼、铅球、标枪、链球、篮球、排球、足球、橄榄球、曲棍球、乒乓球、网球、壁球、羽毛球等。

【目的】发展转体和转髋肌肉群，以及腿部内收肌肉群的力量。

【方法】仰卧于地面，双臂向体侧方向伸展。膝关节成90°弯曲，夹住实心球进行左右方向的快速转动练习。也可以增加难度伸直双腿，用脚夹住实心球进行左右方向的转动练习（图4－65）。

【要求】开始练习时动作速度不宜过快。肩和背部必须贴在地面上。

图 4－65　仰卧膝夹球转髋

（十九）侧卧快速提腿

【适合运动项目】跨栏、跳高、铁饼、铅球、标枪、链球、篮球、排球、足球、橄榄球、曲棍球、乒乓球、网球、壁球、羽毛球等。

【目的】发展髋部和躯干两侧肌群速度力量。

【方法】身体伸展侧卧在斜板上，上侧脚的踝关节固定系在拉力器绳索或橡胶带上。拉力方向靠近身体斜下方，尽量快速向上提腿。重复练习（图 4－66）。

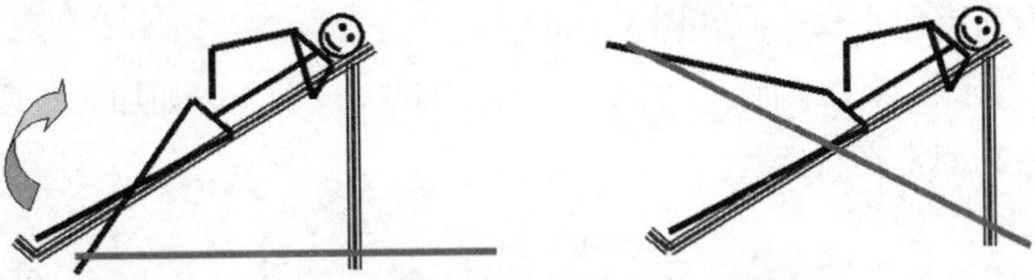

图 4－66　侧卧快速提腿

【要求】膝关节伸直，只用髋部和躯干两侧肌群力量快速完成动作。

（二十）侧卧腿绕环

【适合运动项目】跨栏、跳高、铁饼、铅球、标枪、链球、篮球、排球、足球、橄榄球、曲棍球、乒乓球、网球、壁球、羽毛球等。

【目的】发展髋部和躯干两侧肌群速度力量和爆发力。

【方法】身体伸展侧卧在斜板上，上侧腿做绕环动作。尽量大幅度完成动作，换腿重复练习（图 4－67）。

【要求】膝关节伸直，只用髋部肌群力量快速完成动作。

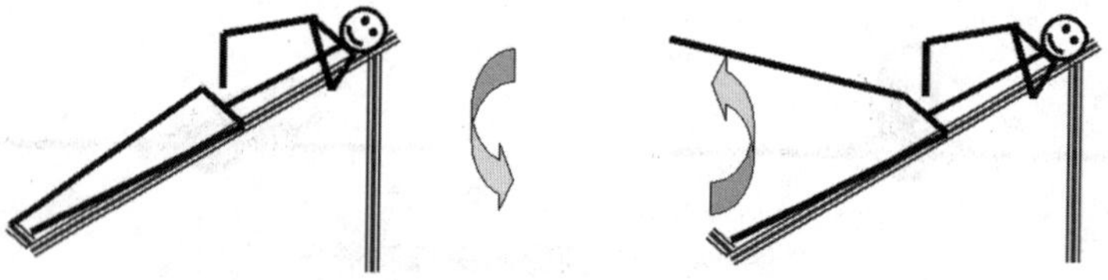

图 4-67　侧卧腿绕环

（二十一）快速背肌转体

【适合运动项目】跨栏、跳高、铁饼、铅球、标枪、链球、篮球、排球、足球、橄榄球、曲棍球、乒乓球、网球、壁球、羽毛球等。

【目的】发展背部和躯干两侧肌群速度力量和爆发力。

【方法】身体伸展俯卧在山羊上，腿部固定在肋木上或由同伴帮助固定，上体下屈。双手交叉贴在头后，快速伸展身体至水平位置转体。身体左右方向重复练习（图 4-68）。

【要求】膝关节伸直。用背部肌群力量完成动作，如加大难度可以手持重物固定在头后。

图 4-68　快速背肌转体

（二十二）俯卧快速腿拉球

【适合运动项目】短跑、跨栏、撑竿跳高、跳高、铁饼、铅球、标枪、链球、篮球、排球、足球、橄榄球、曲棍球、乒乓球、网球、壁球、羽毛球等。

【目的】发展下腹部和屈髋肌群速度力量。

【方法】以俯卧撑姿势，小腿前部放在球上。屈髋、屈膝用小腿前部和脚向躯干部位拉球（图 4-69）。

【要求】身体充分伸展，成为一线。如果加大难度，可以一条腿提起悬空，用另一条腿完成练习。

图 4－69　俯卧快速腿拉球

（二十三）俯卧球上快速转髋

【适合运动项目】短跑、跨栏、撑竿跳高、跳高、铁饼、铅球、标枪、链球、篮球、排球、足球、橄榄球、曲棍球、乒乓球、网球、壁球、羽毛球等。

【目的】发展下腹部、腰部、臀部和转髋肌群速度力量。

【方法】以俯卧撑姿势，一条腿伸直以小腿前部放在球上。另一条腿屈髋、屈膝，并且悬空。向身体两侧左右快速摆动悬空的腿至与地面平行的姿势（图 4－70）。

【要求】在球上的支撑腿充分伸展，与身体成为一线。如果加大动作幅度，可让同伴帮助固定瑞士球。

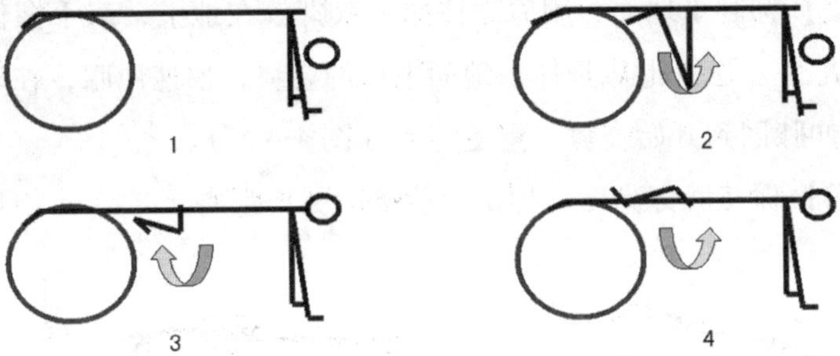

图 4－70　俯卧球上快速转髋

（二十四）仰卧快速腿拉球

【适合运动项目】短跑、跨栏、撑竿跳高、跳高、铁饼、铅球、标枪、链球、篮球、排球、足球、橄榄球、曲棍球、乒乓球、网球、壁球、羽毛球等。

【目的】发展伸髋、大腿后部和屈膝肌群速度力量。

【方法】仰卧于地面，脚跟放在球上，双臂向体侧伸展维持平衡。提臀向上顶髋离地，当踝、膝、髋关节成为一线时快速屈膝收腿。伸膝降低髋部高度。重复练习（图4－71）。

【要求】如果加大难度，将双臂靠近身体，或使用更大的球。可以使用胶带拉紧双踝，或尝试用一条腿做动作。

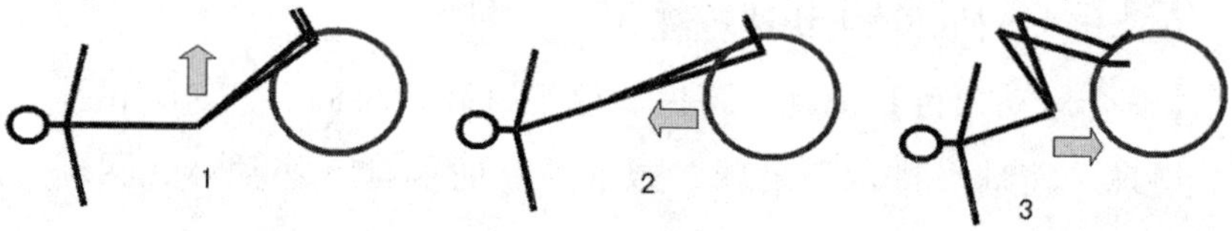

图4－71　仰卧快速腿拉球

（二十五）仰卧快速腿拉引

【适合运动项目】短跑、跨栏、跳远、三级跳远、撑竿跳高、跳高、铁饼、铅球、标枪、链球、篮球、排球、足球、橄榄球、曲棍球、乒乓球、网球、壁球、羽毛球等。

【目的】发展伸髋、大腿后部和屈膝肌群速度力量。

【方法】仰卧于地面，用肩靠住球，双脚放在地上，双手握住头后方滑轮的把手。送髋形成身体与地面平行的姿势，快速屈膝，在球上向前滚动。伸膝回到开始姿势。重复练习（图4－72）。

【要求】保持髋部高度。尽量向前滚动更长距离。

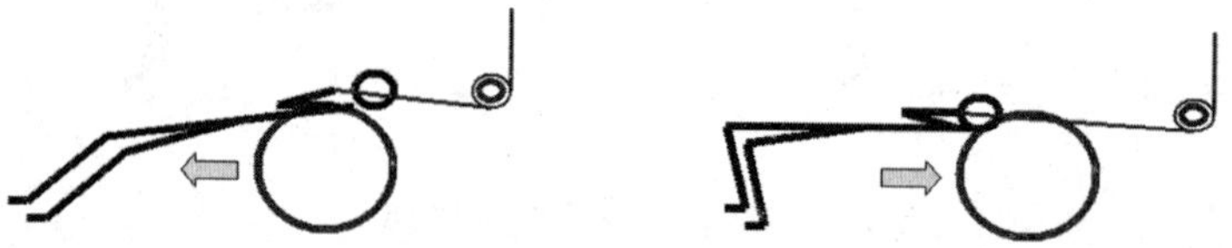

图4－72　仰卧快速腿拉引

（二十六）靠墙单腿快速下蹲

【适合运动项目】所有体能类运动项目。

【目的】发展髋部、腿部速度力量。

【方法】背向墙面站立，在腰部与墙面之间放一个球。双脚在身体重心前约 30 厘米，以肩髋间距左右开立，脚尖指向前方。靠墙下蹲直到屈膝 90°姿势，保持 2 秒，再站起换腿重复（图 4－73）。

【要求】体重以脚跟支撑，球在背部滚动，仰头，眼睛向前上方看。支撑腿膝关节向前移动不得超过脚尖，如加大难度可双手持哑铃。

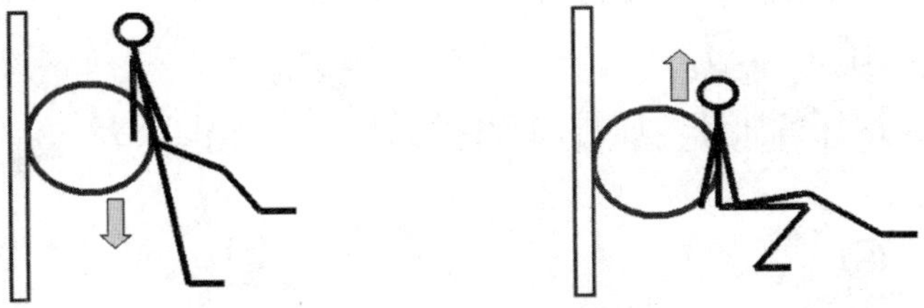

图 4－73 靠墙单腿快速下蹲

（二十七）靠墙快速单腿侧蹲

【适合运动项目】所有体能类运动项目。

【目的】发展髋部、腿部速度力量。

【方法】侧对墙面站立，在肘部高度与墙面之间放一个球。体侧以约 45°斜靠在球上，外侧腿支撑体重，内外侧腿屈膝悬空。靠墙下蹲，球从肘部高度滚动到肩部高度，站起后换腿重复（图 4－74）。

【要求】保持髋和躯干正对方。屈膝降低重心。

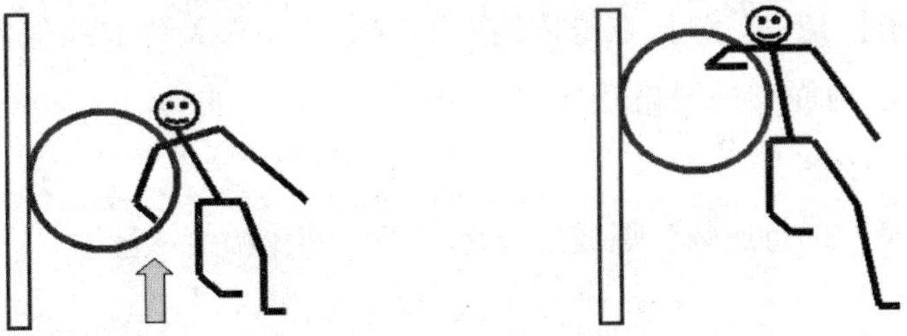

图 4－74 靠墙快速单腿侧蹲

（二十八）快速内拉腿

【适合运动项目】跨栏、铁饼、铅球、标枪、链球、篮球、排球、足球、橄榄球、曲棍球、乒乓球、网球、壁球、羽毛球等。

【目的】发展大腿内侧肌群速度力量。

【方法】把一只脚放在身体侧面的球上，在踝关节上系阻力滑轮绳索或胶带。地面支撑腿略微屈膝、屈髋。把球上的脚向身体内侧拉引。重复练习（图4－75）。

【要求】保持屈膝、屈髋的身体姿势。动作幅度尽量大。

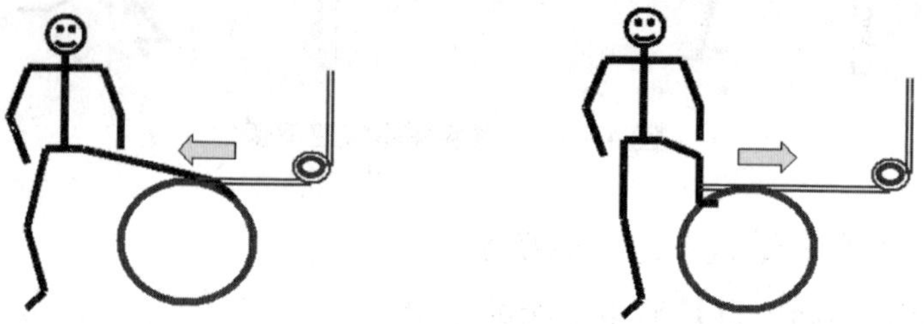

图4－75　快速内拉腿

（二十九）快速外推腿

【适合运动项目】跨栏、铁饼、铅球、标枪、链球、篮球、排球、足球、橄榄球、曲棍球、乒乓球、网球、壁球、羽毛球等。

【目的】发展大腿外侧肌群速度力量。

【方法】把一只脚放在身体侧面的球上，在踝关节上系阻力滑轮绳索或胶带。地面支撑腿略微屈膝、屈髋。把球上的脚向身体外侧推移。重复练习（图4－76）。

【要求】保持屈膝、屈髋的身体姿势。动作幅度尽量大。

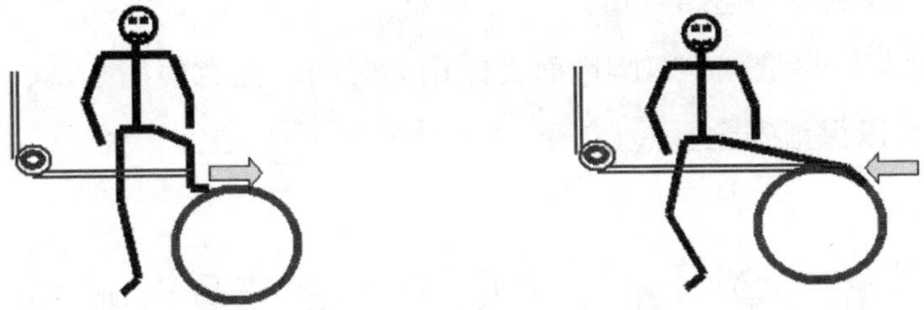

图 4-76　快速外推腿

（三十）负杠铃连续蹲跳

【适合运动项目】所有体能类运动项目。

【目的】发展臀部、大腿前部肌群速度力量和下肢爆发力。

【方法】肩负轻杠铃，双脚约以肩宽间距左右开立，双手握在体侧杠铃杆上。下蹲至大腿与地面约成45°姿势后迅速向上跳起。落地后恢复开始姿势。重复练习（图 4-77）。

图 4-77　负杠铃连续蹲跳

【要求】微抬头，躯干保持伸直，注意地面平整，保障安全。落地后尽快跳起。

（三十一）负重交换腿跳

【适合运动项目】所有体能类运动项目。

【目的】发展下肢对抗缓冲、支撑身体力量和蹬伸速度力量及爆发力。

【方法】肩负轻杠铃，双手握在体侧杠铃杆上。快速跳起交换双腿位置、持续练习（图4－78）。

【要求】尽量减少双脚地面支撑用力时间。注意使用平整、不光滑的地面，以保证安全。

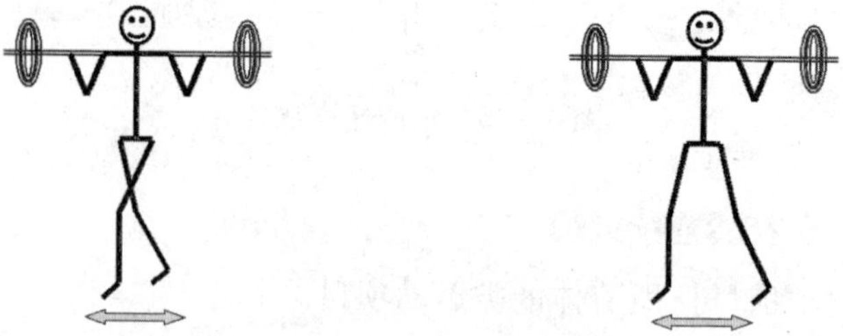

图4－78　负重交换腿跳

（三十二）负重交换腿上下跳台阶

【适合运动项目】所有体能类运动项目。

【目的】发展下肢对抗缓冲、支撑身体力量和蹬伸速度力量及爆发力。

【方法】肩负轻杠铃，双手握在体侧杠铃杆上。一只脚踩在约25～35厘米高台阶上，另一只脚踩在地面。快速蹬上台阶并跳起，下降过程交换双腿位置。持续练习（图4－79）。

【要求】尽量减少双脚支撑和双腿蹬伸用力时间。注意使用稳固的台阶和平整、不光滑的地面，以保证安全。

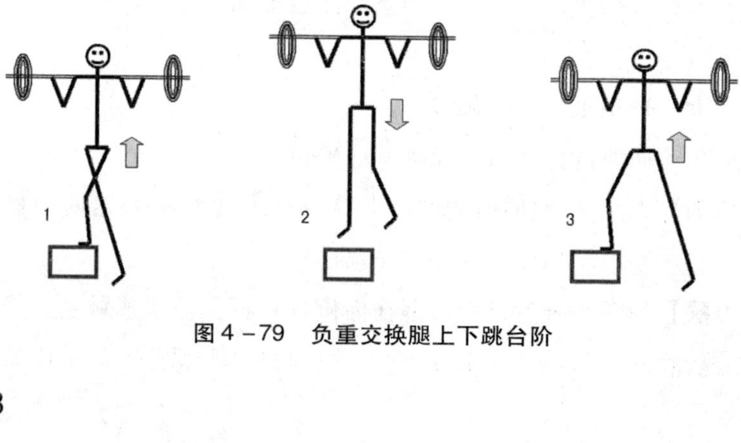

图4－79　负重交换腿上下跳台阶

（三十三）仰卧快速提腿拉胶带

【适合运动项目】跨栏、铁饼、铅球、标枪、篮球、排球、足球、橄榄球、曲棍球、乒乓球、网球、壁球、羽毛球等。

【目的】发展下肢屈髋肌群速度力量和爆发力。

【方法】仰卧在垫子上，踝关节上系胶带，拉力方向向下。双手在头后交叉稳定上体，双腿交替快速进行抬腿练习（图4－80）。

【要求】快速动作完成练习。大腿绕身体额状轴运动。

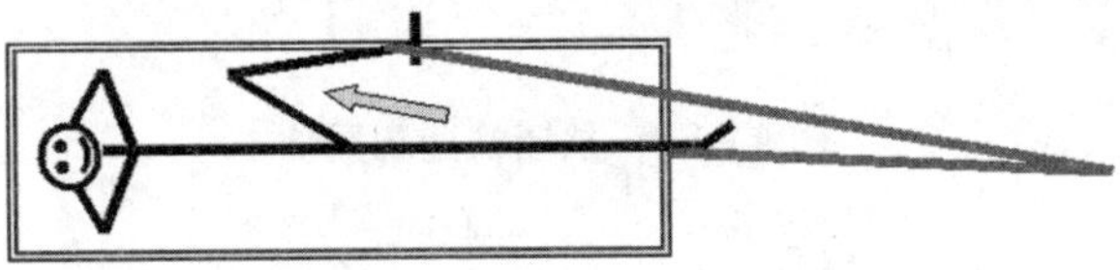

图4－80　仰卧快速提腿拉胶带

（三十四）俯卧屈膝快速拉胶带

【适合运动项目】跨栏、铁饼、铅球、标枪、篮球、排球、足球、橄榄球、曲棍球、乒乓球、网球、壁球、羽毛球等。

【目的】发展下肢屈膝肌群速度力量和爆发力。

【方法】俯卧在垫子上，踝关节上系胶带，拉力方向向下。双臂在头两侧稳定上体，双腿交替快速进行屈膝练习（图4－81）。

【要求】快速动作完成练习。小腿绕额状轴运动。

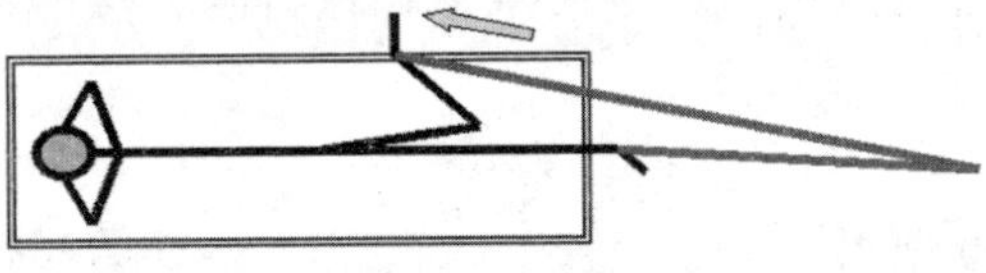

图4－81　俯卧屈膝快速拉胶带

（三十五）扶墙快速踝屈伸

【适合运动项目】所有体能类运动项目。

【目的】发展小腿后部肌群速度力量。

【方法】双手扶墙，单腿支撑，一只脚的脚背贴在支撑腿的脚后部。身体向墙倾斜双臂稳定身体，支撑腿进行踝关节屈伸重复练习，双腿交替（图 4－82）。

【要求】快速动作完成练习。身体伸展，成一直线。

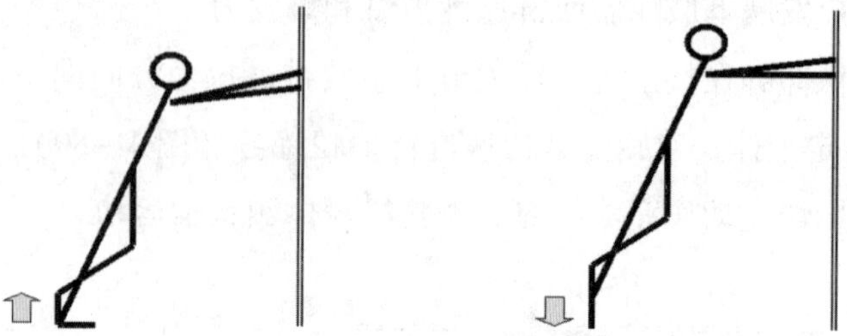

图 4－82　扶墙快速踝屈伸

（三十六）单腿上下跳台阶

【适合运动项目】所有体能类运动项目。

【目的】发展腿部肌群蹬伸、支撑快速力量和爆发力。

【方法】在一个 30～40 厘米高的台阶上进行单腿上下跳跃练习。双臂配合腿部动作重复练习，双腿交换（图 4－83）。

图 4－83　单腿上下跳台阶

【要求】快速完成练习，尽量减少脚在台阶下接触地面的时间。注意台阶的稳固性和环境安全。

三、全身配合练习

（一）垫上后空翻

【适合运动项目】短跑、跳高、标枪、铁饼、铅球、篮球、排球、足球等。

【目的】提高下肢、背部动作速度和反应力量。

【方法】在海绵包或垫子上双脚以肩宽左右开立，双臂上举并充分伸展身体。下蹲后双腿迅速蹬伸，向后上方跳起后仰头，双脚离地进入180°后空翻。双手先支撑海绵包或垫子引导身体下落，再收腹使双脚落地（图4－84）。

【要求】跳起和腾空时充分后旋身体，双手落地间距约与肩宽相同。初学者要慎重进行这个练习，或加强保护。

图4－84　垫上后空翻

（二）双腿起跳背越过杆

【适合运动项目】短跑、跳高、标枪、铁饼、铅球、足球等。

【目的】提高下肢、背部动作速度和反应力量。

【方法】背对海绵包和横杆，双脚以肩宽左右开立，双臂上举并充分伸展身体。下蹲后双腿迅速蹬伸，向后上方跳起，仰头形成背弓越过横杆。过杆后收腹、团身使背部先落在海绵包上（图4－85）。

【要求】下肢迅速蹬地，腾空时充分形成身体背弓，初学者注意降低横杆高度练习。

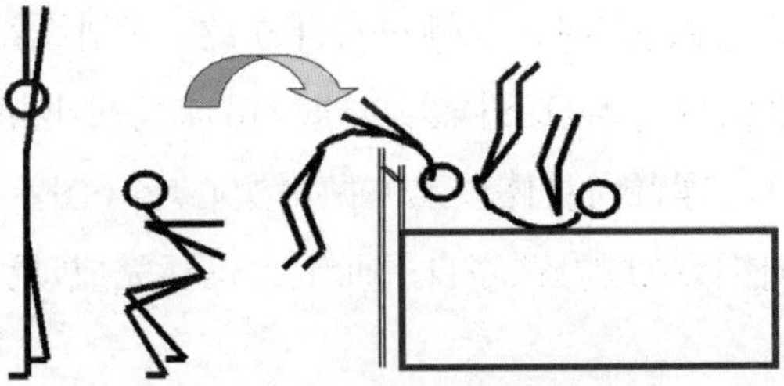

图4－85　双腿起跳背越过杆

（三）前抛实心球或铅球

【适合运动项目】短跑、跳高、跳远、三级跳远、标枪、铁饼、铅球、篮球、排球、足球、橄榄球、曲棍球等、网球、乒乓球、羽毛球、壁球等。

【目的】发展下肢、背部、肩部和上肢的动作速度和爆发力。

【方法】面对抛掷方向，双脚左右开立约一肩半宽，直臂双手持实心球或铅球举过头顶。团身下摆实心球或铅球至两小腿间并接近地面。迅速蹬腿、挺身、挥臂向身体前上方抛出实心球或铅球（图 4－86）。

【要求】身体环节用力顺序自下而上，迅猛完成动作。

图 4－86　前抛实心球或铅球

（四）后抛实心球或铅球

【适合运动项目】短跑、跳高、跳远、三级跳远、标枪、铁饼、铅球、篮球、排球、足球、橄榄球、网球、乒乓球、羽毛球、壁球等。

【目的】发展下肢、背部、肩部和上肢的动作速度和爆发力。

【方法】背对抛掷方向，双脚左右开立约一肩半宽，直臂双手持实心球或铅球举过头顶。团身下摆实心球或铅球至两小腿间并接近地面。迅速蹬腿、挺身、挥臂向身体后上方抛出实心球（图 4－87）。

【要求】身体环节用力顺序自下而上，迅猛完成动作。

图 4－87　后抛实心球或铅球

（五）跳起转体接实心球

【适合运动项目】跳高、标枪、铁饼、铅球、篮球、排球、足球、手球等。

【目的】发展下肢、骨盆、躯干和上肢的跳跃和转体动作速度及爆发力。

【方法】背对接球方向，双脚左右开立紧紧夹住轻实心球。迅速跳起，用双腿将轻实心球抛向空中，身体落地迅速转体接住实心球（图 4－88）。

【要求】身体环节协调配合，迅猛、连贯地完成动作。

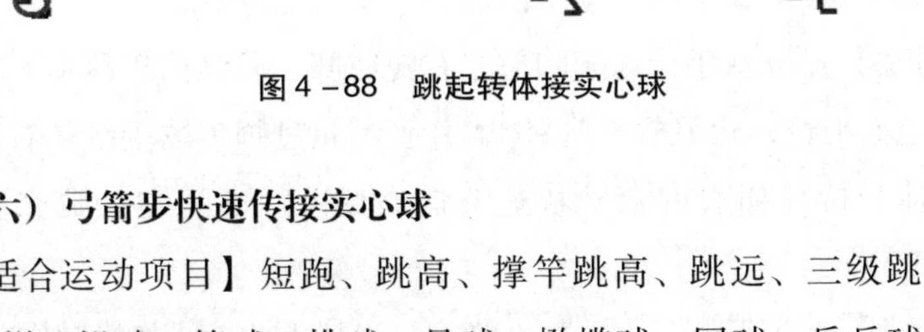

图 4－88　跳起转体接实心球

（六）弓箭步快速传接实心球

【适合运动项目】短跑、跳高、撑竿跳高、跳远、三级跳远、标枪、铁饼、铅球、篮球、排球、足球、橄榄球、网球、乒乓球、羽毛球、壁球等。

【目的】发展上、下肢速度力量和爆发力。

【方法】与同伴保持 3 ~4 步的距离相对站立。一人双手持实心球，一条腿屈膝、屈髋前迈并缓缓落地。前面腿的大腿与地面平行，膝关节弯曲 90°，并且不超过脚尖的垂线。在脚落地前把实心球传给同伴，接球时前面的脚蹬地恢复开始姿势（图 4 –89）。

【要求】保持弓箭步姿势，维持好身体平衡。

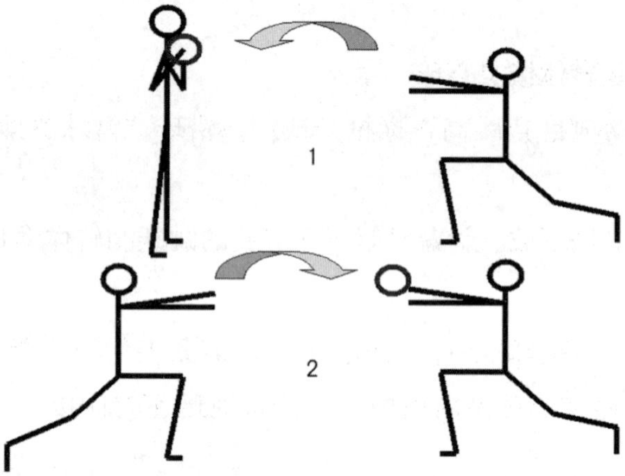

图 4 –89　弓箭步快速传接实心球

（七）持实心球弓箭步转体

【适合运动项目】短跑、跳高、撑竿跳高、跳远、三级跳远、标枪、铁饼、铅球、篮球、排球、足球、橄榄球、网球、乒乓球、羽毛球、壁球等。

【目的】发展腿、髋和躯干部位的全身速度力量。

【方法】站立双手持球于胸前，右腿屈膝、屈髋前迈落地。右腿的大腿与地面平行，膝关节弯曲 90°，并且不超过脚尖的垂线。右脚落地时，身体和持球伸直的双臂快速转向右侧。行进间左右腿交替练习（图 4 –90）。

【要求】躯干保持竖直。加大难度可以持重球，或加快动作节奏。

（八）持实心球侧蹲

【适合运动项目】跨栏、标枪、铁饼、铅球、链球、篮球、排球、足球、橄榄球、网球、乒乓球、羽毛球、壁球等。

【目的】发展腿、髋和背部的全身速度力量。

【方法】双脚以肩宽左右开立，向左侧分步进入侧蹲姿势，重心移到左腿上。同时充分快速前伸双臂前送实心球，保持这个姿势2秒。右腿蹬离地面形成开始姿势，左右腿交换。重复练习（图4－91）。

【要求】躯干不得扭转。加大难度可以持重球，或加快动作节奏。

图4－90　持实心球弓箭步转体

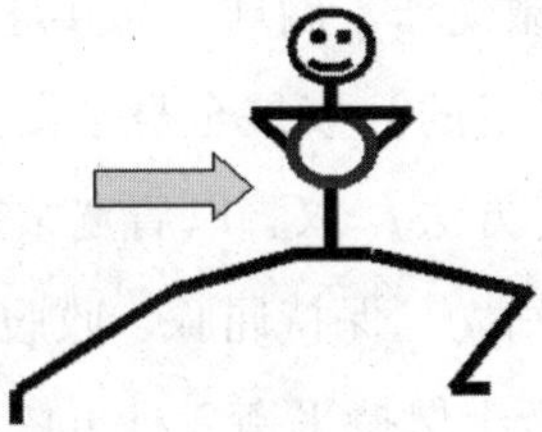

图4－91　持实心球侧蹲

（九）蹲跳传接实心球

【适合运动项目】短跑、撑竿跳高、铅球、篮球、排球、足球、橄榄球、网球、乒乓球、羽毛球、壁球等。

【目的】发展全身速度力量和爆发力。

【方法】双手持实心球，与同伴相距约6步相对站立。在传球前下蹲使球接触地面。腿、髋和躯干依次发力，人体爆发式地跳起双手向前方推出实心球（图4－92）。

【要求】同伴在球落地反弹后接球。加大难度可以持重球，改变多种动作方向或加快动作节奏。

图 4－92　蹲跳传接实心球

（十）踩 T 形板传接实心球

【适合运动项目】撑竿跳高、铅球、铁饼、链球、篮球、排球、手球、橄榄球、网球、乒乓球、羽毛球、壁球等。

【目的】发展全身平衡控制能力，以及臂部和腿部速度力量。

【方法】双脚以肩宽站在 T 形板上手持实心球，与同伴相距约 2 步相对站立。保持屈膝、收腹身体姿势。两人相互传接实心球，接球后在 T 形板上保持平衡 2 秒再快速传出（图 4－93）。

【要求】尽量保持膝关节在踝关节垂直上方。加大难度可以持重球，改变多种动作方向或加快动作节奏。

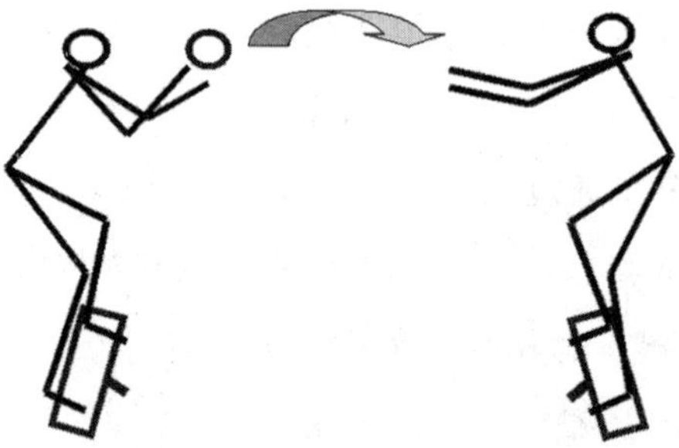

图 4－93　踩 T 形板传接实心球

（十一）肩上侧后抛实心球

【适合运动项目】铅球、铁饼、链球、篮球、手球、橄榄球、网球、乒乓球、羽毛球、壁球等。

【目的】发展全身转动用力的速度力量，培养腿部、髋部、躯干和臂部的用力顺序。

【方法】双手持实心球于胸前，背对投掷方向，双脚以肩宽左右开立。保持屈膝、收腹身体姿势。抛球前下蹲，将球沿身体一侧转到身后。然后以下肢发力带动躯干回转实心球，将球从身体另一侧肩上向后抛出（图4－94）。

【要求】注意身体环节自下而上的用力顺序。加大难度可以持重球，改变多种动作方向或跳起抛球。

（十二）单腿站立持实心球快速侧移

【适合运动项目】撑竿跳高、铅球、铁饼、链球、篮球、手球、橄榄球、网球、乒乓球、羽毛球、壁球等。

【目的】发展下肢和腹部肌肉速度力量，提高身体平衡能力。

【方法】眼睛注视前方，单腿站立，微屈膝，维持身体平衡。双手持实心球胸前平举，将球移向身体左侧。躯干不得转动，再将球移向右侧，左右方向移动和换腿支撑重复练习（图4－95）。

【要求】依靠下肢和腹部肌肉力量维持平衡，膝关节角度可以根据负荷变化调节。如果加大难度，可加快球移动的速度、加大重量，或者左右手相互传接球。

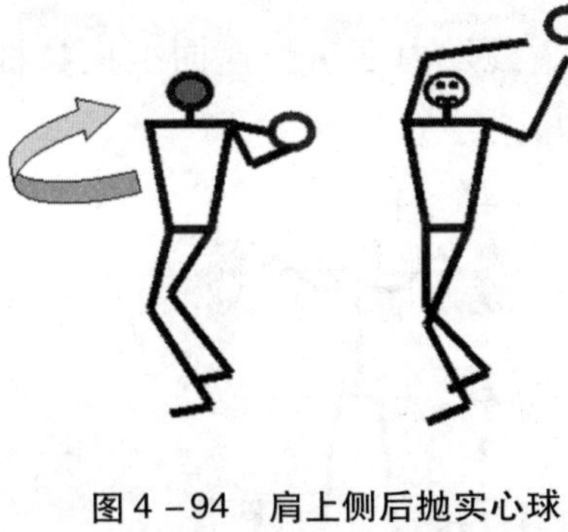

图4－94　肩上侧后抛实心球

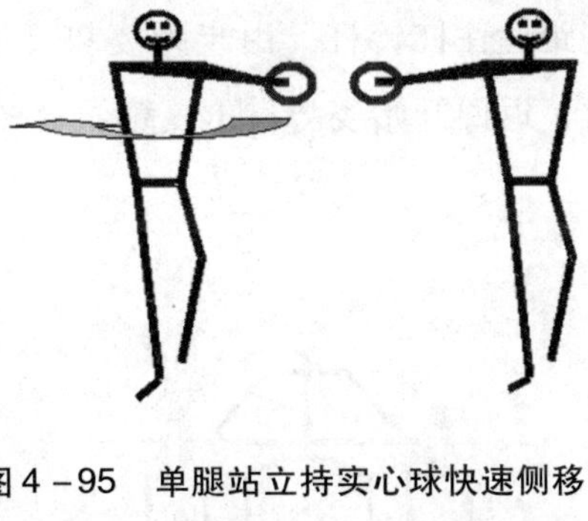

图4－95　单腿站立持实心球快速侧移

（十三）上步推实心球

【适合运动项目】撑竿跳高、铅球、铁饼、篮球、手球、橄榄球、网球、乒乓球、羽毛球、壁球等。

【目的】发展腿、髋、躯干和上肢的速度力量和爆发力。

【方法】双脚以肩宽左右开立面向同伴，同伴手持实心球。同伴将球传向一侧肩部，当球接近身体时向前跨一步单手接球。接到球立即将球推出，再传给同伴，恢复开始姿势。重复练习（图4－96）。

【要求】身体环节以自下而上的顺序用力，快速完成动作过程。

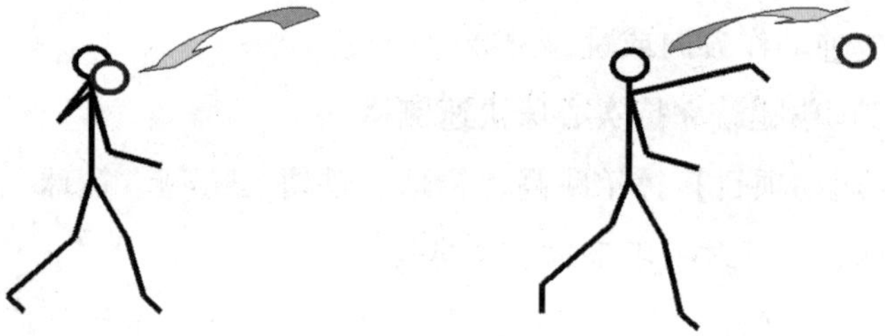

图4－96　上步推实心球

（十四）快速高拉

【适合运动项目】所有体能类运动项目。

【目的】发展腿部、背部和肩部向上拉引力量，以及全身协调能力、速度力量和爆发力。

【方法】将杠铃放在身体两侧40～50厘米高的支撑物上，双手宽间距握住杠铃杆。由半蹲姿势开始，腿、髋发力尽量快速向上提拉杠铃，返回开始姿势。重复练习（图4－97）。

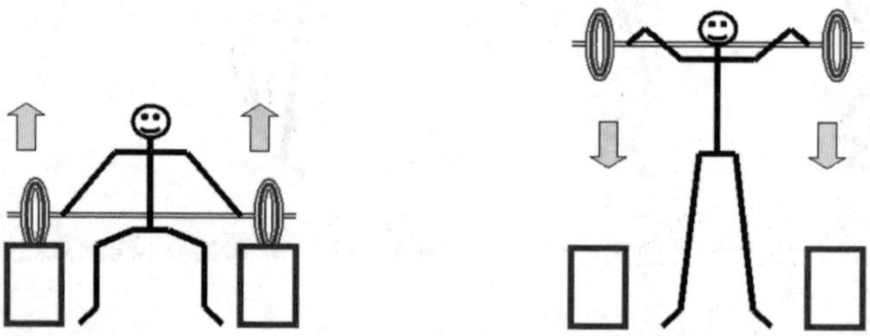

图4－97　快速高拉

【要求】快速完成动作过程。腿、髋发力带动躯干和肩部用力，完成动作脚跟尽量提起。

（十五）快速抓举

【适合运动项目】所有体能类运动项目。

【目的】发展腿部、背部和肩部向上拉引和支撑力量，以及全身协调能力、速度力量爆发力。

【方法】下蹲，双手宽间距握住杠铃杆，然后用腿、髋发力尽量向上提拉杠铃。当杠铃接近最高点时降低身体重心，翻肩、翻腕上推，并移杠铃到头后上部。举起杠铃成直立姿势，然后返回开始姿势。重复练习（图4－98）。

【要求】快速完成动作过程，掌握好翻肩、翻腕上推杠铃的时机。腿、髋发力带动躯干和肩部协调用力，上拉动作过程中脚跟尽量提起。

图4－98　快速抓举

（十六）连续快速高抓

【适合运动项目】所有体能类运动项目。

【目的】发展腿部、背部和肩部向上拉引和支撑力量，以及全身协调能力、速度力量和爆发力。

【方法】将杠铃放在身体两侧40～50厘米高的支撑物上，双手宽间距握住杠铃杆。由半蹲姿势开始，腿、髋发力尽量快速向上提拉杠铃。当杠铃接近最高点时降低身体重心，翻肩、翻腕上推，并移杠铃到头后上部。举起杠铃成直立姿势，然后返回开始姿势。重复练习（图4－99）。

【要求】快速完成动作过程，掌握好翻肩、翻腕上推杠铃的时机。腿、髋发力带动躯干和肩部用力，完成动作脚跟尽量提起。

图 4－99　连续快速高抓

（十七）快速高翻

【适合运动项目】所有体能类运动项目。

【目的】发展腿部、背部向上拉引和支撑力量，以及全身协调能力、速度力量和爆发力。

【方法】将杠铃放在地面上，双手以肩宽为间距握住杠铃杆。由下蹲姿势开始，腿、髋发力尽量快速向上提拉杠铃。当杠铃接近胸上部时降低身体重心，翻肩、翻腕支撑，固定杠铃在胸上部。身体成直立姿势，然后返回开始姿势。重复练习（图 4－100）。

【要求】快速完成动作过程，掌握好翻肩、翻腕支撑杠铃的时机。腿、髋发力带动躯干和肩部协调用力，上拉动作过程中脚跟尽量提起。

图 4－100　快速高翻

（十八）快速挺举

【适合运动项目】所有体能类运动项目。

【目的】发展腿部、背部向上拉引和支撑力量，以及全身协调能力、速度力量和爆发力。

【方法】将杠铃放在地面上，双手以肩宽为间距握住杠铃杆。由下蹲姿势开始，腿、髋快速发力尽量向上提拉杠铃。当杠铃接近胸上部时降低身体重心，快速翻肩、翻腕支撑，固定杠铃在胸上部。身体成直立姿势，略微下蹲快速上举杠铃，双腿成弓箭步，直臂支撑杠铃。再成直立姿势支撑杠铃，然后返回开始姿势。重复练习（图 4 – 101）。

【要求】快速完成动作过程，掌握好翻肩、翻腕支撑杠铃的时机。腿、髋发力带动躯干和肩部协调用力，上拉动作过程中脚跟尽量提起。

图 4 – 101　快速挺举

（十九）连续快挺

【适合运动项目】所有体能类运动项目。

【目的】发展腿部、肩部上举快速力量和支撑力量，以及全身协调能力和爆发力。

【方法】翻肩、翻腕支撑，固定杠铃在胸上部，双手以肩宽为间距握住杠铃杆。身体成直立姿势，略微降低身体重心，利用双腿发力快速上举杠铃。双腿成弓箭步，直臂支撑杠铃，然后返回开始姿势。重复练习（图4－102）。

【要求】快速、连贯地完成动作过程，下肢完成弓箭步与上举杠铃动作同时完成。腿、髋发力带动躯干和肩部协调用力，动作过程中脚跟尽量提起。

图4－102　连续快挺

（二十）力卧撑

【适合运动项目】所有体能类运动项目。

【目的】发展上肢、下肢、腹部、背部快速力量和全身协调用力能力。

【方法】由站立姿势开始，下蹲身体前倾双手撑地。同时双脚离地向身体后方伸直双腿，然后快速收腿身体再成下蹲姿势。双手快速推起上体，下肢迅速蹬伸并跳起。身体落下后重复练习（图4－103）。

【要求】身体跳起时身体充分伸展，尽量快速完成练习。

（二十一）跳起手触脚

【适合运动项目】跨栏、跳高、撑竿跳高、铁饼、铅球、标枪、链球、篮球、排球、足球、橄榄球、曲棍球、乒乓球、网球、壁球、羽毛球等。

【目的】发展上肢、下肢、腹部、背部快速力量和全身协调用力能力。

【方法】由站立姿势开始，垂直向上跳起直腿收腹、身体前倾，双手触摸脚尖。身体落下后重复练习（图 4－104）。

【要求】身体跳起时，只进行屈髋动作，膝关节充分伸展。可以根据项目需要跳起后可以向身体前方或两侧分腿，尽量快速完成练习。

图 4－103　力卧撑

图 4－104　跳起手触脚

第四节　位移速度训练方法

一、上肢和躯干练习

（一）摆　臂

【适合运动项目】短跑、跳远、三级跳远、足球、橄榄球等。

【目的】提高摆臂动作效率和学习正确上体姿势。

【方法】双脚并拢站立以短跑动作前后摆臂，肘关节弯曲约 90°，双手放松。前摆手摆到约肩部高度，后摆手摆到臀部之后（图 4－105）。

【要求】摆臂动作不要越过身体中线，可以采用坐姿或持重物练习。

（二）跑步动作平衡

【适合运动项目】短跑、跳远、三级跳远、足球、橄榄球等。

【目的】提高踝关节肌肉群的紧张度和稳定支撑能力。

【方法】采用最高速度时的单腿支撑姿势，左脚用脚掌支撑，肘关节弯曲约 90°。左手在肩部高度，右手在髋部高度，右腿高抬，右脚踝靠近臀部（图 4－106）。

【要求】保持这个姿势 20～60 秒。可以采用负重背心，或站在不稳定的海绵垫上加大动作难度。

图 4－105　摆臂

图 4－106　跑步动作平衡

二、髋部和下肢练习

（一）跑步姿势交换腿高跳

【适合运动项目】短跑、篮球、排球、足球、橄榄球等。

【目的】发展跑动中的腿部蹬伸爆发力。

【方法】从慢跑开始，用跑的身体姿势进行高跳。起跳后用另一只脚落地（图 4－107）。

【要求】高抬膝，尽量高跳。对于初学者和体重较大的练习者，适当减少跳起的高度和次数，一般每条腿起跳动作不超过 4 次。

（二）跑步姿势交换腿高跳落点向内

【适合运动项目】短跑、篮球、排球、足球、橄榄球等。

【目的】发展跑动中的腿部蹬伸爆发力和控制方向的能力。

【方法】从慢跑开始，沿分道线或直线练习，用跑的身体姿势进行高跳。起跳后用另一只脚落地，继续练习（图 4－108）。

【要求】高抬膝，尽量高跳。脚在跑进方向上的直线内侧落地。

图 4－107　跑步姿势交换腿高跳

图 4－108　跑步姿势交换腿高跳落点向内

（三）跑步姿势交换腿高跳落点向外

【适合运动项目】短跑、篮球、排球、足球、橄榄球等。

【目的】发展跑动中的腿部蹬伸爆发力和控制方向的能力。

【方法】从慢跑开始，沿分道线或直线练习，用跑的身体姿势进行高跳。起跳后用另一只脚落地，继续练习（图 4－109）。

【要求】高抬膝，尽量高跳。脚在跑进方向上的直线外侧落地。

（四）踝关节小步跑

【适合运动项目】短跑、跳远、三级跳远、篮球、排球、足球、橄榄球等。

【目的】发展脚的动作速度和踝关节肌群弹性力量。

【方法】采用很小的步长快跑，强调脚底肌群的蹬地和踝关节屈伸动作。以脚掌蹬离地面（图 4 – 110）。

【要求】脚部动作快速而安静，尽量减少脚掌与地面的接触时间。

图 4 – 109　跑步姿势交换腿高跳落点向外

图 4 – 110　踝关节小步跑

（五）直腿跑

【适合运动项目】短跑、跳远、三级跳远、篮球、排球、足球、橄榄球等。

【目的】发展髋部肌群力量，提高踝关节肌群弹性力量。

【方法】膝关节伸直跑进，脚尖翘起（图 4 – 111）。

【要求】强调用前脚掌与地面的快速接触，髋部肌群用力向前“拉”动身体。

图 4 – 111　直腿跑

（六）后踢腿

【适合运动项目】短跑、跳远、三级跳远、篮球、排球、足球、橄榄球、曲棍球等。

【目的】提高脚的动作速度。

【方法】从慢跑开始，使摆动腿脚跟拍击臀部，膝关节在弯屈过程中向前上摆动（图 4－112）。

【要求】上体保持正直，可以根据运动员能力适当加快步频。

（七）高抬腿折叠跑

【适合运动项目】短跑、跳远、三级跳远、篮球、排球、足球、橄榄球、曲棍球等。

【目的】发展快速提高膝关节的能力和摆动腿折叠速率。

【方法】与后踢腿相同（图 4－113）。

【要求】折叠摆动腿时脚跟必须在身体前面。

图 4－112　后踢腿

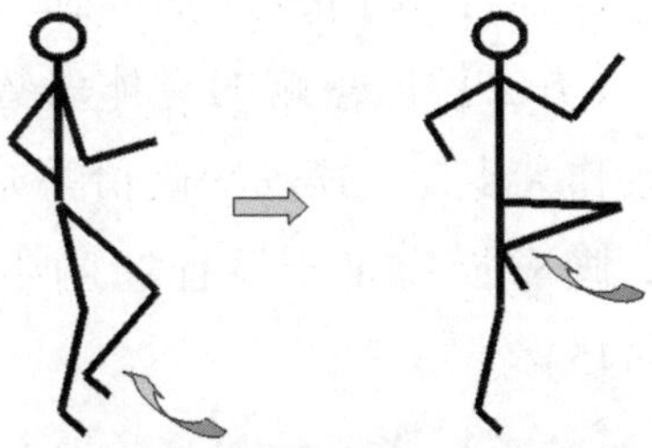

图 4－113　高抬腿折叠跑

（八）脚回环

【适合运动项目】短跑、跳远、三级跳远、篮球、排球、足球、橄榄球、曲棍球等。

【目的】发展摆动腿快速折叠和前摆能力。

【方法】单腿支撑，手扶固定物维持平衡。一只脚以短跑动作进行回环练习（图 4－114）。

【要求】在动作过程中回环拍击臀部，以扒地动作结束。脚的回环动作路线在身体前面完成。

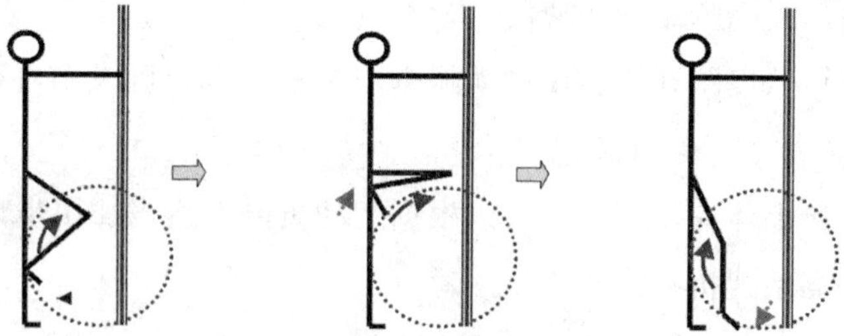

图 4－114　脚回环

（九）折叠腿大步走

【适合运动项目】短跑、跳远、三级跳远、篮球、排球、足球、橄榄球、曲棍球等。

【目的】提高脚的动作速度。

【方法】以短跑的身体姿势和摆臂动作大步走。摆动腿高抬并充分屈膝，脚靠近臀部，并且翘脚尖（图 4－115）。

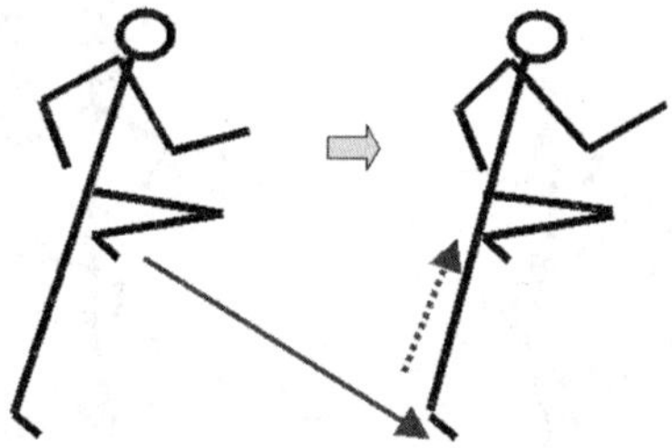

图 4－115　折叠腿大步走

【要求】当摆动腿高抬至最高位置，后蹬腿支撑脚底部肌群用力屈踝快速蹬地。

（十）踮步折叠腿大步走

【适合运动项目】短跑、跳远、三级跳远、篮球、排球、足球、橄榄球、曲棍球等。

【目的】发展快速屈髋和伸髋能力，提高踝关节紧张度。

【方法】与折叠腿大步走相同，但后蹬腿需加上踮步，人体腾空时摆动腿充分折叠（图 4－116）。

【要求】脚以爆发动作形式落地，但不要发出声音，强调踝关节的紧张度。

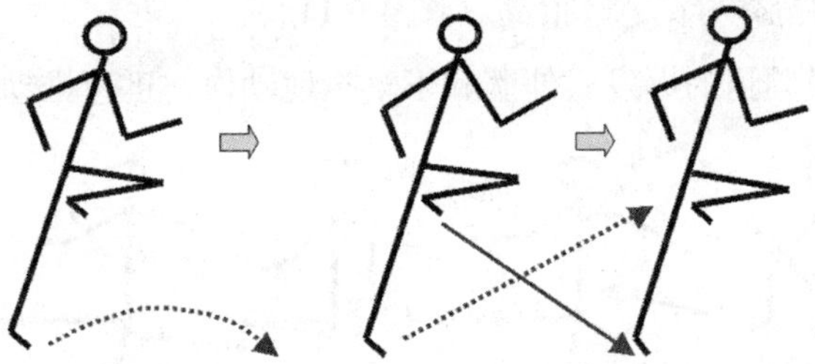

图 4 - 116 踮步折叠腿大步走

（十一）高抬腿伸膝走

【适合运动项目】短跑、跳远、三级跳远、篮球、排球、足球、橄榄球、曲棍球等。

【目的】提高快速伸髋和大腿后部肌群的快速发力能力。

【方法】与折叠腿大步走相同，但在高抬摆动腿后需在身体前充分伸膝（图 4 - 117）。

【要求】摆动腿的脚下落时扒地，推动髋部向前。

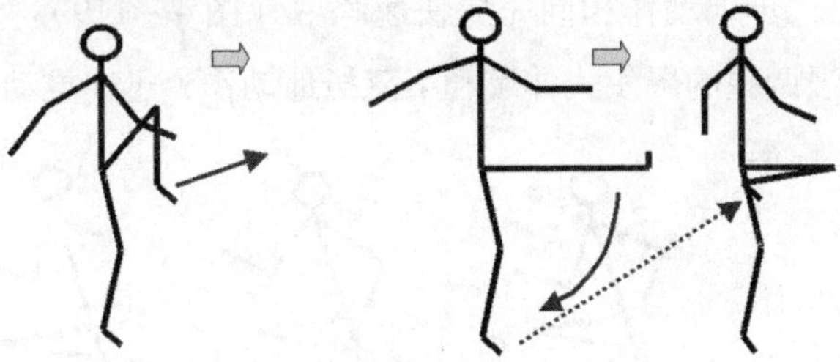

图 4 - 117 高抬腿伸膝走

（十二）踮步高抬腿伸膝走

【适合运动项目】短跑、跳远、三级跳远、篮球、排球、足球、橄榄球、曲棍球等。

【目的】增加步长和步频，提高快速伸髋能力和固定踝关节肌群的紧张度。

【方法】与高抬腿伸膝走相同，但支撑腿需加上踮步动作。踮步动作过程中摆动腿膝关节尽量抬高（图 4－118）。

【要求】强调腿的爆发式伸髋和下落扒地动作，迅速推动髋部向前。

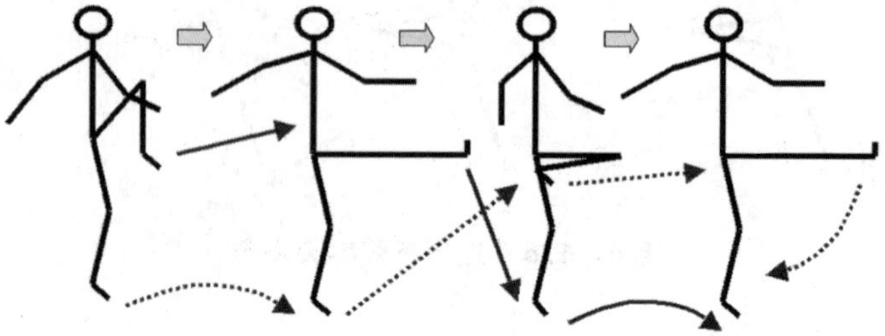

图 4－118　踮步高抬腿伸膝走

（十三）踮步折叠腿大步走拉胶带

【适合运动项目】短跑、跳远、三级跳远、篮球、排球、足球、橄榄球、曲棍球等。

【目的】提高步频，提高快速伸髋和折叠膝关节能力。

【方法】在两个踝关节上系胶带，胶带的另一端固定于地面高度。与踮步折叠腿大步走动作相同完成快速练习（图 4－119）。

【要求】强调腿的爆发式伸髋和下落扒地动作，迅速推动髋部向前。

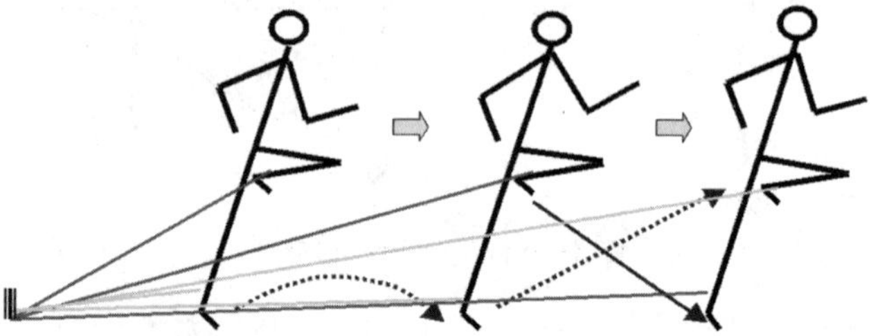

图 4－119　踮步折叠腿大步走拉胶带

（十四）踮步高抬腿伸膝走拉胶带

【适合运动项目】短跑、跳远、三级跳远、篮球、排球、足球、橄榄球、曲棍球等。

【目的】增加步长和步频，提高快速伸髋能力和固定踝关节肌群的紧张度。

【方法】在两个踝关节上系胶带，胶带的另一端固定于地面高度。与踮步高抬腿伸膝走相同完成快速练习（图 4－120）。

【要求】强调腿的爆发式伸髋和下落扒地动作，迅速推动髋部向前。

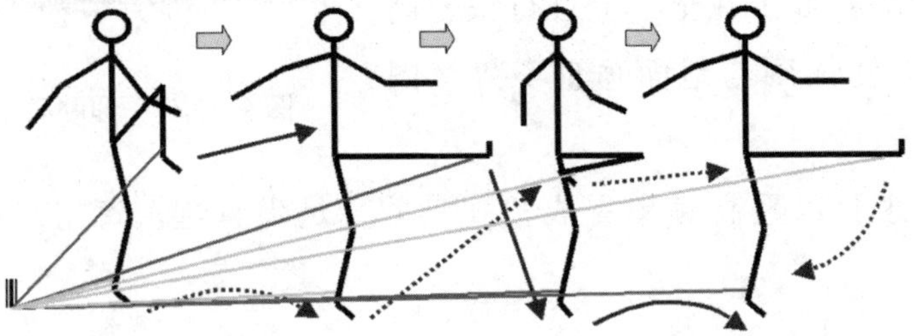

图 4－120 踮步高抬腿伸膝走拉胶带

（十五）弓箭步纵跳

【适合运动项目】短跑、跳远、三级跳远、篮球、排球、足球、橄榄球、曲棍球等。

【目的】提高髋部动作速度和增加步长。

【方法】从弓箭步姿势开始，垂直跳起。以开始姿势落地，重复练习，然后交换双腿位置练习（图 4－121）。

【要求】后部膝关节不接触地面，重复时无停顿。双手叉腰，或摆动协助双腿用力。

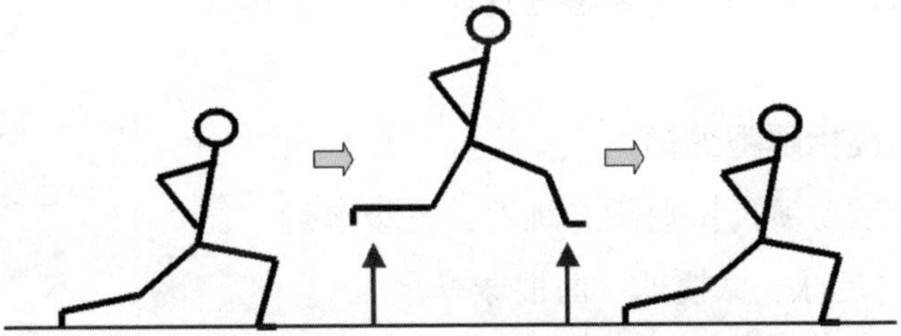

图 4－121 弓箭步纵跳

（十六）仰卧高抬腿

【适合运动项目】短跑、跳远、三级跳远、篮球、排球、足球、橄榄球、曲棍球等。

【目的】提高下肢动作频率、动作速度和髋部灵活性。

【方法】仰卧在垫子上进行快速高抬腿。大腿摆到与地面垂直姿势（图4－122）。

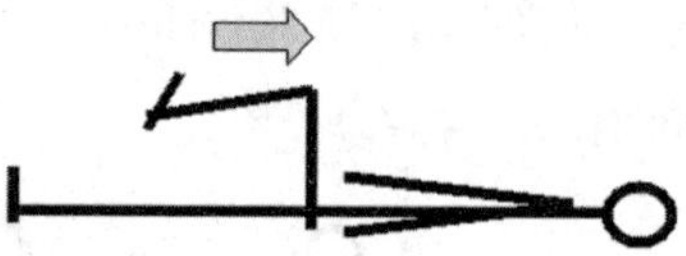

图4－122　仰卧高抬腿

【要求】以最高频率完成抬腿动作，足尖钩起。每组练习15～30次。

三、全身配合练习

（一）原地快速高抬腿

【适合运动项目】短跑、跳远、三级跳远、篮球、排球、足球、橄榄球、曲棍球等。

【目的】提高摆臂动作效率和下肢动作频率。

【方法】以短跑动作前后摆臂进行原地快速高抬腿，肘关节弯曲约90°。前摆手摆到约肩部高度，后摆手摆到臀部之后。大腿摆到与地面平行姿势（图4－123）。

图4－123　原地快速高抬腿

【要求】摆臂动作不要越过身体中线，上体保持正直。

（二）高抬腿跑绳梯

【适合运动项目】短跑、跳远、三级跳远、篮球、排球、足球、橄榄球、曲棍球等。

【目的】提高步频和快速高抬折叠腿的能力。

【方法】双脚在同一格内落地，尽快跑过每格约50厘米间距的绳梯或小棍（图4－124）。

【要求】强调先进入小格的摆动腿高抬。支撑腿与地面短暂的接触。

图 4－124　高抬腿跑绳梯

（三）跑绳梯

【适合运动项目】短跑、跳远、三级跳远、篮球、排球、足球、橄榄球、曲棍球等。

【目的】提高步频和快速折叠腿的能力。

【方法】双脚在不同格内落地，尽快跑过每格约 50 厘米间距的绳梯或小棍（图 4－125）。

【要求】强调身体正直的姿势和上、下肢配合动作。支撑腿与地面短暂的接触。

图 4－125　跑绳梯

（四）单腿过栏架跑

【适合运动项目】短跑、跳远、三级跳远、标枪、铁饼、铅球、链球、篮球、排球、足球、橄榄球、曲棍球等。

【目的】提高步频、快速屈髋能力和下肢灵活性。

【方法】以约 1 米间距摆放 8 ~ 10 个 30 ~ 40 厘米高的栏架。在栏架一端支撑腿直膝跑进，摆动腿从栏架上越过（图 4 – 126）。

【要求】强调栏架外侧支撑腿伸直，摆动腿栏架上的快速高抬和折叠。

图 4 – 126　单腿过栏架跑

（五）双腿过栏架跑

【适合运动项目】短跑、跳远、三级跳远、标枪、铁饼、铅球、链球、篮球、排球、足球、橄榄球、曲棍球等。

【目的】提高步频、快速屈髋能力和下肢灵活性。

【方法】以约 1 米间距摆放 8 ~ 10 个 30 ~ 40 厘米高的栏架。在栏架上做高抬腿跑，在每一个栏间距内双脚落地，采用同一条攻栏摆动腿（图 4 – 127）。

【要求】强调摆动腿高抬，翘起脚尖。

图 4 – 127　双腿过栏架跑

（六）拖轮胎跑

【适合运动项目】短跑、跳远、三级跳远、篮球、排球、足球、橄榄球、曲棍球等。

【目的】提高跑进速度力量和爆发力，增加步长。

【方法】练习者腰部系绳索，拖动一个汽车轮胎跑（图4－128）。

【要求】强调正确跑进动作技术。轮胎不可太重，保持跑进的加速节奏。

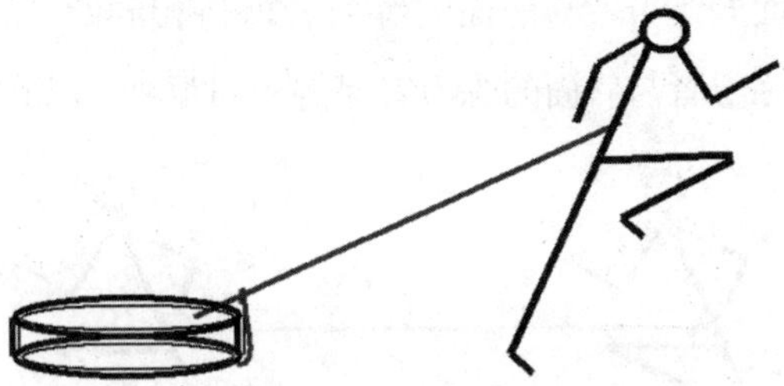

图4－128　拖轮胎跑

（七）缓坡上坡跑

【适合运动项目】短跑、跳远、三级跳远、标枪、铁饼、铅球、链球、篮球、排球、足球、橄榄球、曲棍球等。

【目的】提高跑进速度力量和爆发力，增加步长。

【方法】在坡道上向上跑进。

【要求】发展最大速度采用的坡度在3°以下。发展加速能力采用的坡度可以适当增加（图4－129）。

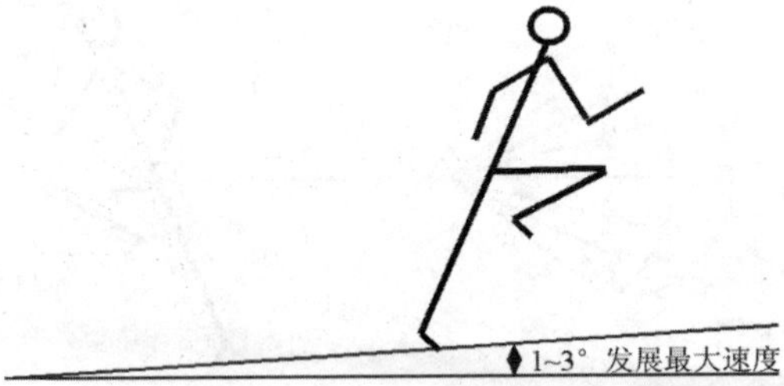

图4－129　缓坡上坡跑

（八）拖人和牵引跑

【适合运动项目】短跑、跳远、三级跳远、篮球、排球、足球、橄榄球、曲棍球等。

【目的】前面练习者提高跑进速度力量和爆发力，增加步长。后面练习者提高跑进速度和突破速度障碍。

【方法】两位练习者在腰部系一绳索前后连接起来，相距 3 ~ 5 米同时起跑。前面的练习者拖动后面的练习者跑进（图 4 – 130）。

【要求】后面的练习者与前面的练习者保持相同距离，以施加相同的阻力。或前面的练习者与后面的练习者保持相同距离，以施加相同的助力。

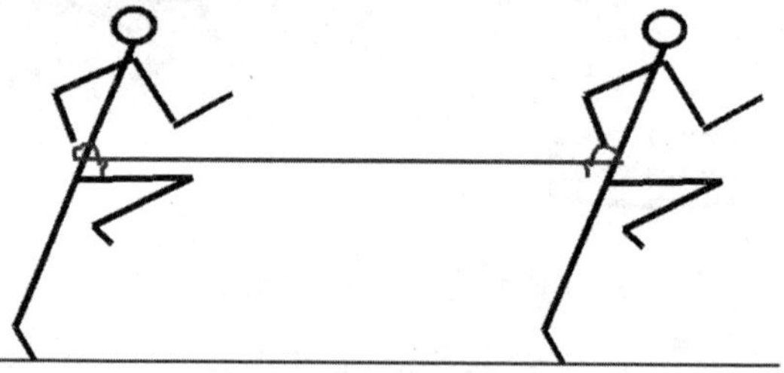

图 4 – 130　拖人和牵引跑

（九）拖降落伞跑

【适合运动项目】短跑、跳远、三级跳远、篮球、排球、足球、橄榄球、曲棍球等。

【目的】提高跑进速度力量和爆发力，增加步长。

【方法】练习者在腰部系一绳索拖一个小降落伞跑（图 4 – 131）。

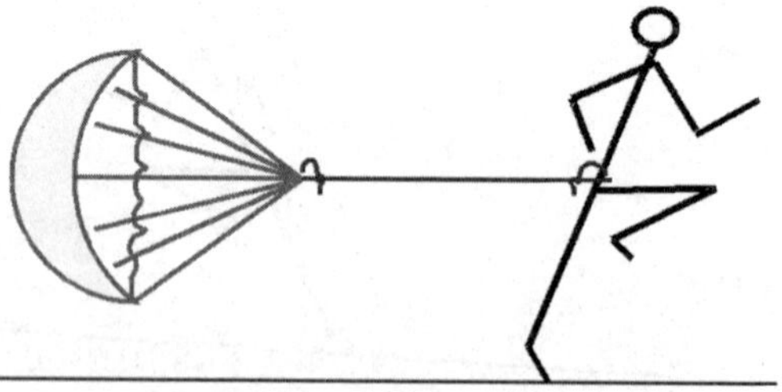

图 4 – 131　拖降落伞跑

【要求】降落伞在练习者后面3～4步距离，以施加阻力。

（十）沙滩跑

【适合运动项目】短跑、跳远、三级跳远、标枪、铁饼、铅球、链球、篮球、排球、足球、橄榄球、曲棍球等。

【目的】提高跑进速度力量和髋部力量。

【方法】练习者在松软的沙滩上快跑（图4－132）。

【要求】练习者利用沙子施加的阻力，提高跑进速度力量和运动感知觉水平。

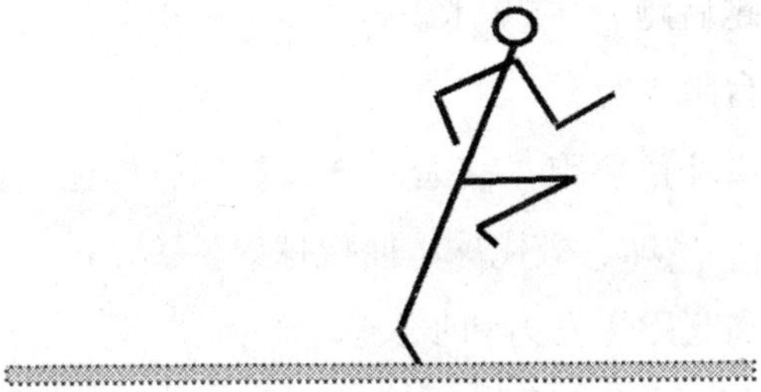

图4－132 沙滩跑

（十一）下坡跑

【适合运动项目】短跑、跳远、三级跳远、篮球、排球、足球、橄榄球、曲棍球等。

【目的】提高跑进最大速度和加快步频，突破速度障碍。

【方法】练习者在下坡跑道上快跑。下坡跑道在3°～7°范围之内，不要迈大步（图4－133）。

图4－133 下坡跑

【要求】强调最高速度的动作节奏。为安全起见，在草地上练习更加理想。

（十二）身体前倾起跑

【适合运动项目】短跑、跳远、三级跳远、足球、橄榄球、曲棍球等。

【目的】提高起跑时的腿部动作速度和身体加速时的适宜前倾。

【方法】练习者双脚并拢站立，前倾身体直至失去平衡，而后以最快速度加速（图 4－134）。

【要求】起跑后跑 15～20 米。

（十三）跑台阶

【适合运动项目】短跑、跳远、三级跳远、标枪、铁饼、铅球、链球、篮球、排球、足球、橄榄球、曲棍球等。

【目的】提高起跑爆发力和步长。

【方法】向上跑台阶（图 4－135）。

【要求】持续 4～8 秒。

图 4－134　身体前倾起跑

图 4－135　跑台阶

（十四）陡坡上坡跑

【适合运动项目】短跑、跳远、三级跳远、标枪、铁饼、铅球、链球、篮球、排球、足球、橄榄球、曲棍球等。

【目的】提高起跑爆发力，增加步长。

【方法】在 20°～35°坡道上跑进 4～8 秒（图 4－136）。

【要求】争取在一定时间内跑更长距离。

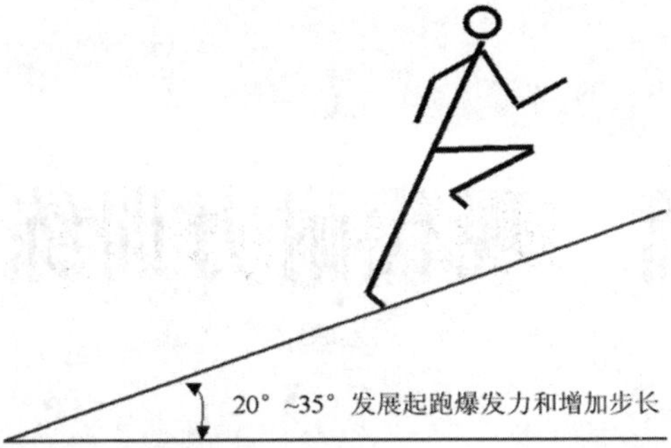

图 4－136　陡坡上坡跑

（十五）助力起跑

【适合运动项目】短跑、跳远、三级跳远、篮球、排球、足球、橄榄球、曲棍球等。

【目的】提高起跑时腿的快速折叠能力和步频，突破速度障碍。

【方法】练习者和同伴相距 3～5 米，两人在腰部系一胶带前后拉紧连接起来起跑（图 4－137）。

【要求】练习者进入自己选择的“预备”姿势后，听命令在胶带助力牵引下起跑。

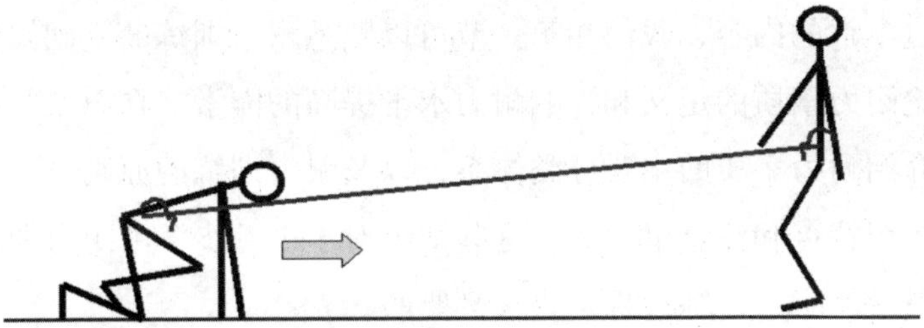

图 4－137　助力起跑

第三篇　现代耐力训练方法

第五章　现代耐力训练基础知识

通过本章的内容，我们在第一节可以熟悉耐力训练的基础知识，与大家讨论耐力素质的定义和影响耐力水平提高的因素。在第二节中，将向大家介绍耐力素质的主要分类体系，以及耐力训练的原则、耐力训练负荷的组织特点和注意事项等。这些知识对于进一步学习耐力训练知识和实施科学的耐力训练过程是非常必要的。

第一节　耐力素质和耐力训练

一、什么是耐力素质和耐力训练

耐力素质指有机体在较长的时间内，保持特定强度负荷或动作质量的能力。耐力与力量和速度这两种素质的结合，分别表现为力量耐力和速度耐力。影响耐力素质的因素有：运动员对长时间工作的心理耐受程度、运动器官持续工作的能力、能源物质的储存情况和长时间工作中氧代谢的能力，以及掌握运动技术的熟练程度和功能节省化的水平等。长时间运动出现的疲劳是导致机体工作能力暂时性下降的主要因素。运动员耐力素质越好，则抗疲劳的能力越强，保持特定强度负荷或动作质量工作的时间越长。耐力素质对于各个项目的运动员来说都是重要的基础素质，而对于那些以有氧代谢为主要供能来源的项目来说，它对提高运动成绩更有直接的意义。因此，我们说耐力素质是运动成绩的基础先决条件，而运动爱好者和运动员的耐力训练则是根据专项需要，采用适宜的训练手段和方法，开发人体多方面耐力潜力的系统演练和适应过程。

二、影响耐力水平提高的因素

耐力素质与人体其他身体素质密切相关，是多种因素共同作用的结果。因此我们说，耐力水平的提高也受到多种因素的影响。

（一）中枢神经系统的功能

中枢神经系统的功能对耐力素质有很大的影响。中枢神经系统通过交感神经对肌肉、内部器官和各神经中枢起到适应与协调作用，如各神经中枢间的协调性程度，神经中枢与运动系统间的协调性程度，运动系统间的协调性程度等，对提高肌肉活动的耐力水平具有重要意义。除此之外，中枢神经系统还能通过神经体液的调节，提高人体的耐力素质水平。例如，加强肾上腺素的分泌和肾上腺皮素激素的分泌，使心血管系统和肌肉工作能力提高，从而提高耐力水平。从上可知，中枢神经系统的功能对耐力素质有制约作用。反过来，耐力素质的练习又能促进神经系统有关方面功能的提高。这一点在发展耐力素质过程中要引起充分重视。

（二）个性心理特征

运动员的心理品质、在运动活动中的心理稳定性以及主观努力程

度、运动动机与兴趣，自持力和忍耐力等都直接影响到耐力素质水平的发展。特别是忍耐力与耐力素质的关系更为密切。所谓忍耐力是指人体忍受有机体发生变化后的能力。忍耐力的强弱和有机体发生变化的程度以及对其忍受时间的长短有关。忍耐力越强，也就越能长时间的忍受有机体发生的剧烈变化。如在以强度为主的长时间练习中，有机体就会发生很大的变化（如缺氧、酸性物质堆积等），在这种情况下如果运动员的忍耐力不能忍受这种变化，练习就将中止，耐力素质的发展也只能停留在一定的水平上。一般说，耐力素质要得到最大限度的发展，就必须利用充分动员起来的忍耐力去克服耐力发展过程中一个又一个的“极点”，不断突破机体的结构和功能上的“临界状态”。

（三）最大吸氧量水平

最大吸氧量是指在运动过程中，人体的呼吸和循环系统发挥出最大机能水平时，每分钟所能吸取的最大氧气量。最大吸氧量的大小对耐力素质的影响十分明显。因为最大吸氧量本身就是反映有氧耐力水平的一个重要指标。最大吸氧量越大，有氧耐力水平也就越高。在有氧过程为主的运动项目中，运动员的最大吸氧量明显大于其他人。同样，最大吸氧量水平越高，耐力性运动的成绩就越好。

最大吸氧量在很大程度上是受遗传影响。除此之外，最大吸氧量与肺的通气机能、氧从肺泡向血液弥散的能力、血液结合氧的能力、心脏的泵血功能、氧由血液向组织弥散的能力、组织的代谢能力等也有十分密切的关系。在以上诸多因素中，具有明显可控量化指标的是血液结合氧的能力。血液结合氧的能力可通过血液中血红蛋白的含量来反映。血液中血红蛋白含量越高，血液结合氧的能力越大。

（四）机体的能量储备与供能能力

机体活动时的能量供应和能量交换的程度，在某种意义上取决于各种能量储备的大小和能量交换过程的动员水平。能量储备越大，耐力发展的潜力也就越大。例如，肌肉中磷酸肌酸（CP）、糖元的含量增多，就有利于无氧、有氧耐力水平的提高。肌肉中的 CP 储备能保证速度耐力活动中的能量供应；而肌肉中的糖元储备则是耐力活动中能量供应的主要方面。能量供应的速度主要在于能量交换的速度，耐力水平高的运动员，其体内能量交换的速度也快，从而保证了能量供应在人体活动中不间断。能量交换的速度主要和各种酶系的活性有关，耐力训练能有效地提高各种酶的活性（如肌酸激酶、氧化酶等），加快 ATP 的分解与合成速度。

（五）机体机能的稳定性

机体机能的稳定性是指机体的各个系统在疲劳逐步发展、内环境产生变化时，机能仍然能够保持在一个必要的水平上。由于耐力活动会产生大量乳酸，乳酸的逐步堆积也会引起肌肉组织和血液中的 pH 值（酸碱度）下降，因此造成一系列人体机能能力下降的现象。如神经肌肉接点处兴奋的传递受到阻碍，影响冲动传向肌肉；酶系的活性受到限制，使 ATP 合成速度减慢；钙离子浓度下降，肌肉收缩能力降低等。由此可见，机体机能的稳定性往往取决于机体的抗酸能力，抗酸能力越强，稳定的程度就越高，时间也越长。影响机体抗酸能力的因素有许多，但主要和血液中的碱储备有关。碱储备是缓冲酸性的主要物质，习惯上以血浆中与碳酸结合的碱含量来表示。运动员的碱储备比未受过训练的人高出 10% 左右，这对提高运动员的抗酸能力，保持机能稳定性是有利的。

（六）机体机能的节省化

耐力素质的水平还取决于机体的机能节省化程度。机能节省化和机体能量储备的利用率有很大关系。耐力活动过程中，各种协调性的完善、体力的合理分配都能有效地提高能量储备的利用率。如协调性的完善可以减少不必要的能量消耗；体力的合理分配则可以提高能量的合理利用程度（匀速能量消耗少，变速能量消耗大）。总之，高度的机能节省化，能使人体在活动时单位时间内能量消耗减少到一个最小的程度，从而保证人体长时间的活动。

（七）红肌纤维数量

人体肌肉纤维的类型及数量对耐力素质也有影响。据研究，肌肉中红肌纤维因含血红蛋白多，线粒体多，氧化酸化供氧能力强，收缩速度虽慢但能持久，适宜有氧耐力训练。据测定，耐力性项目运动员肌肉中红肌纤维占的比重极大。优秀的长距离游泳运动员的三角肌中，红肌纤维可达90%左右。所以红肌纤维占优势的人，给发展耐力素质提供了物质条件。

（八）速度储备能力

速度储备即以较少的能量消耗保持一定速度的能力。这也是影响耐力特别是影响专项耐力的因素之一。在周期性运动项目中，其重要作用尤为突出。如一名100米跑10.5秒的运动员，跑400米成绩达到50秒是很容易的，他的速度储备指数是50秒÷4－10.5秒＝2秒；而一名100米跑12秒的运动员，如400米成绩要达到50秒是很困难的，因为他的速度储备指数只是50秒÷4－12秒＝0.5秒。这就是说，如果运动员能以极快的速度跑完一个短距离，也能更容易地以较低的速度跑完较长的距离。因为速度储备较高的运动员能以较少的能量消耗保持一定的速度，达到轻松持久的效果，这是中距离项目运动员所要求的专项耐力。除此之外，运动技能水平的高低、体型、性别、体温等因素也都会在不同程度上影响耐力素质的水平。

第二节　耐力素质的分类和训练原则

一、耐力素质的分类

（一）训练学分类体系

从训练学的角度看，耐力素质可分为一般耐力和专项耐力。

1. 一般耐力

一般耐力是一种多肌群、多系统长时间工作的能力。无论专项特点如何，良好的一般耐力都有助于各种形式的训练取得成功。但是，由于一般耐力是不同形式耐力的综合表现，对不同的运动项目来说，项目特点对它也有不同的要求。因此，在进行一般耐力训练时，应充分考虑一般耐力与专项耐力之间的关系。

2. 专项耐力

专项耐力是指运动员有机体为取得专项成绩而最大限度地动员机体的能力，克服因专门负荷所产生的疲劳的能力。专项耐力取决于专项运动的特点，运动员在进行训练和比赛的任何活动中都体现出这种能力。

（二）生理学分类体系

从生理学的角度看，耐力素质可分为心血管耐力和肌肉耐力。而心血管耐力又包括有氧耐力、无氧耐力和有氧与无氧混合耐力。

1. 有氧耐力

有氧耐力是指有机体在氧气供应比较充分的情况下，坚持长时间工作的能力。有氧代谢能力可归结为氧气的吸收、运输和利用的有关机体特性的综合。有氧耐力训练的目的在于提高运动员机体输送氧气的能力，促进有机体的新陈代谢，为今后运动负荷的增加创造条件。如大多数球类项目和田径运动中的马拉松、越野跑、长跑、长距离竞走项目所需要的耐力。

2. 无氧耐力

无氧耐力是指有机体在氧气供应不足的情况下，能坚持在较长时间内工作的能力。无氧耐力工作是在机体长时间处于供氧不足的状态下进行工作，所以无氧耐力训练的目的在于提高运动员机体承受氧债的能力。如体操、短距离游泳，以及田径运动中的短跑和大多数投掷和跳跃项目所需要的耐力。

3. 有氧与无氧混合耐力

有氧与无氧混合耐力是介于无氧供能和有氧供能之间的一种耐力。它的特点是持续时间长于无氧耐力而短于有氧耐力。如大多数对抗性项目，如拳击、摔跤、柔道、跆拳道，以及田径运动中 400 米、400 米栏和 800 米等项目所需要的耐力。

二、耐力训练负荷的组织特点

现在以田径运动耐力项目为例，我们可以了解耐力训练负荷的组织特点（表 5－1）。

表 5－1　田径运动耐力项目负荷的组织特点

训练目的	恢复量度	运动量	运动强度	主要练习方式
专项能力	大	小	大	重复练习
专门能力	中	中	中	短距离间歇练习
一般身体能力	小	大	小	长距离间歇练习

注：本表内容主要指 800 米和 1500 米耐力项目。

根据诺姆·奥斯伯恩（澳），国际田联男子中长跑训练营讲义修改，2004

三、耐力训练的原则

发展耐力的关键是为运动员制定出个性化的训练负荷参数监控体系和完善的综合训练计划。适宜的耐力训练所要求的重要训练原则包括以下原则。

（一）从实战出发原则

必须取得实战要素和训练要素之间的和谐一致。

（二）适宜时机提高专门性原则

提高耐力素质需要掌握适宜时机进行专门性训练。

（三）周期性原则

耐力素质的成功训练过程呈现出鲜明的周期特征。

（四）一致和协调性原则

取得发展耐力运动成绩要素之间的目的一致和相互协调。

（五）针对性和持续性原则

耐力素质训练具有明确的目的，而且系统连贯。

（六）循序渐进原则

训练负荷应该逐步增加。

（七）持久训练控制原则

在发展耐力过程中必须不间断和高效率控制训练全过程。

四、耐力训练的注意事项

耐力训练的注意事项主要包括以下几个方面。

（一）加深呼吸深度

练习者在训练中应该培养以加深呼吸深度为主要方式的供氧能力。同时，还要注意呼吸节奏与动作节奏配合的一致性。

（二）以有氧耐力为基础

无氧耐力的提高是建立在有氧耐力发展的基础上的，这是因为通过有氧耐力的训练，能够促进心脏容积的增大，从而提高每搏输出量，为无氧耐力发展奠定基础。所以在进行无氧耐力训练之前或同时，应当适当安排有氧耐力的练习。

（三）注重专项特点

不同项目对耐力素质的要求不同，在训练时必须根据项目的特点和需要，选择合适的训练内容、方法和手段，以取得理想的结果。

（四）有意识地培养意志品质

意志品质在耐力训练和耐力素质的提高中起到十分重要的作用。因此，在耐力训练过程中既要注意练习者承受的生理负荷，同时又要重视对意志品质的培养。

（五）适当控制体重

人体肌肉中脂肪过多，会增加肌肉阻力，摄氧量的相对值也会因体重的增加而下降。体重的增加还会造成能量消耗的增加，影响耐力素质的发展。因此，提高耐力素质需要适当控制体重。

（六）正确的饮食结构

耐力项目运动员除了需要摄入必要的营养物质保持健康外，还必须产生具有充足的能量满足训练和恢复的需要。因此，正确饮食结构的要点包括：高碳水化合物、低脂肪、足够的蛋白质、大量的纤维素、低盐、足够的维生素和矿物质以及多饮水等。

（七）注重少年儿童和女子的耐力训练特点

少年儿童和女子的耐力训练具有特殊性，要充分考虑到这些特殊要求，避免对于少年儿童和女子练习者生长发育过程和健康的损害。

第六章　现代耐力训练基本方法

进行耐力训练是一个相对长期和系统的过程，而要想取得理想的训练效果，则必须根据具体情况采用科学的方法。我们需要注意的是，发展耐力素质主要是通过各种负荷结构的变化形式来取得不同效果的。当然，持续、较长时间地进行各种力量和速度练习，本身也具有发展力量耐力和速度耐力的作用。

本章第一节介绍发展有氧耐力的方法，在第二节介绍发展无氧耐力的方法，在第三节介绍有氧和无氧混合耐力素质的训练方法。前 3 节内容中对于每个练习都分别提出了它们适用的运动项目、练习目的、方法、要求。在第四节中，针对国际高水平运动员耐力训练过程中各种训练方法的实施要点和细节内容，以及高原训练负荷控制等关键问题进行了深入、细致的讨论。

第一节　有氧耐力训练方法

一、匀速持续跑

【适合运动项目】马拉松跑、1000 米跑、5000 米跑、公路竞走等。

【目的】发展有氧耐力。

【方法】跑的负荷量尽可能多，运动时间在 1 小时以上。心率控制在 150 次/分左右。

【要求】匀速连续地跑进。

二、越野跑

【适合运动项目】所有中长跑和竞走项目。

【目的】发展有氧耐力。

【方法】跑的速度可以适当变化，心率控制在150~170次/分。运动时间1.5~2小时。

【要求】在空气清新、相对松软、有弹性的地面练习。

三、变速跑

【适合运动项目】1500米跑、3000米障碍跑、2000米障碍跑、5000米跑。

【目的】发展有氧耐力。

【方法】负荷强度由低到高，心率控制在130~150次/分、170~180次/分。练习持续时间在半小时以上。

【要求】根据运动员能力控制速度和距离。

四、间歇跑

【适合运动项目】800米跑、1500米跑、3000米障碍跑、2000米障碍跑。

【目的】发展有氧耐力。

【方法】训练负荷量较小，训练中每一次练习的持续时间不长。负荷强度较大，心率达到170~180次/分。在身体尚未完全恢复的情况下进行下一次练习，心率在120~140次/分。

【要求】整个训练的持续时间尽可能延长，至少半小时以上。练习之间采用积极性休息方式，如放松走和慢跑。

五、法特莱克速度游戏

【适合运动项目】所有中长跑和竞走项目。

【目的】发展有氧耐力。

【方法】在野外、丘陵、山坡、平原的地形条件下，由练习者自己控制距离不等的快跑、慢跑、匀速跑、加速跑交替进行的连续练习。

【要求】多用于调整训练课或过渡训练期。

六、高原训练法

【适合运动项目】所有中长跑和竞走项目。

【目的】激发机体的补偿机制，发展有氧和无氧耐力。

【方法】世居海拔1600米以上高原的运动员在系统的高原训练中，再上海拔更高的高原，进行4～6周的系统训练，再回到居住地训练3～4周，下平原参加重大比赛。世居平原的运动员定期上海拔1900～2500米的高原训练4～6周，而后下平原训练3～4周后，参加重大比赛。

【要求】注意解决高原训练能量消耗大、易疲劳、恢复时间长，以及训练过程难以控制等问题。也可以采用“仿高原训练器”“低压氧舱”等训练设备，模仿高原训练的环境和条件进行训练。

第二节　无氧耐力训练方法

一、固定间歇时间跑

【适合运动项目】100米跑、200米跑、400米跑、400米栏跑。

【目的】发展乳酸供能无氧耐力。

【方法】采用80%～90%的练习强度，心率达到180～190次/分。一次练习的持续时间和距离稍长，练习的重复次数不宜过多。

【要求】间歇时间固定不变，可采用段落相等或不等的练习。如果段落不等，练习顺序由短到长，在最后一组练习时基本保持规定的强度。

二、逐渐缩短间歇时间跑

【适合运动项目】100 米跑、200 米跑、400 米跑、400 米栏跑。

【目的】发展乳酸供能无氧耐力。

【方法】采用 80% ~90% 的练习强度，心率达到 180 ~190 次/分。一次练习的持续时间和距离稍长，练习的重复次数不宜过多。

【要求】间歇时间逐渐缩短，可采用段落相等或不等的练习。如果段落不等，练习顺序由短到长，在最后一组练习时基本保持规定的强度。

三、短段落间歇跑

【适合运动项目】100 米跑、110 米栏跑、100 米栏跑、200 米跑。

【目的】发展非乳酸供能无氧耐力。

【方法】可采用 30 ~60 米距离，间歇时间 1 分钟左右。采用 95% 以上的大强度练习，持续时间 10 秒左右。

【要求】保持高训练强度。较多的练习重复次数，组数根据练习者情况而定。

四、长段落间歇跑

【适合运动项目】100 米跑、110 米栏跑、100 米栏跑、200 米跑。

【目的】发展非乳酸供能无氧耐力。

【方法】可采用 100 ~150 米距离，间歇时间 2 分钟以上。采用 95% 以上的大强度练习，持续时间 10 秒以上。

【要求】保持高训练强度。练习的重复次数可以较多，组数根据练习者情况而定。

第三节　有氧和无氧混合耐力训练方法

一、反复跑

【适合运动项目】400 米跑、400 米栏跑、800 米跑、1500 米跑。

【目的】发展有氧和无氧混合耐力。

【方法】采用 80% 以上的强度，每组反复跑 150 米、250 米、500 米之间距离 4 ~ 5 次。每组练习之间休息约 20 分钟。

【要求】以预定的时间跑完全程。也可以采用专项的 3/4 距离进行练习。

二、间歇快跑

【适合运动项目】400 米跑、400 米栏跑、800 米跑、1500 米跑。

【目的】发展有氧和无氧混合耐力。

【方法】以接近 100% 强度跑完 100 米后，接着慢跑 1 分钟，间歇练习。快慢方式对照组成一组，反复训练 10 ~ 30 组。

【要求】根据练习者实际情况增减和调整训练负荷。

三、力竭重复跑

【适合运动项目】400 米跑、400 米栏跑、800 米跑、1500 米跑。

【目的】发展有氧和无氧混合耐力。

【方法】采用专项比赛距离，或稍长距离，以 100% 强度全力跑若干次。每次之间充分休息。

【要求】短跑运动员可以采用 30 米。中跑运动员可以采用 800 米或 1500 米距离。

四、俄式间歇跑

【适合运动项目】400 米跑、400 米栏跑、800 米跑、1500 米跑。

【目的】发展有氧和无氧混合耐力。

【方法】固定练习中间休息时间，随训练水平提高逐渐缩短中间休息时间。

【要求】如在跑 400 米练习中，用规定速度跑完 100 米后，休息 20 ~ 30 秒，如此循环反复训练。当运动员的能力可以缩短练习中间休息时间时，调整休息时间为 15 ~ 25 秒。

五、短距离重复跑

【适合运动项目】200 米跑、400 米跑、400 米栏跑、800 米跑。

【目的】发展有氧和无氧混合耐力。

【方法】采用 300 ~ 600 米距离，每次练习强度为 80% ~ 90%，进行反复跑。

【要求】注意速度分配的准确性，可以采用全程或半程的速度分配计划。

六、持续接力

【适合运动项目】100 米跑、200 米跑、400 米跑、400 米栏跑。

【目的】发展有氧和无氧混合耐力。

【方法】以 100 ~ 200 米的全力跑，每组 4 ~ 5 人轮流接力。

【要求】注意安全和练习过程中的协调配合。如果练习者人数充足也可以分成若干组进行训练比赛。

第四节　国际高水平耐力训练的实施概要

在这里，我们着重介绍国际田联教练员培训和证书系统理论教程

（国际田联高级教练理论教科书）中关于高水平耐力项目运动员训练实施过程的部分内容，以帮助大家把握国际最新动态。我们知道，科学、系统的训练是实现耐力性项目高水平运动成绩的基础。特定种类的练习方法只能提高特定的身体机能，而其它的练习方法则可能会降低这种身体机能。研究结果表明（Williams，1974），训练的效果是与负荷的时间和强度直接相关的。我们不仅需要了解运动训练的科学基础，而且还要更加详细的研究整个训练体系中训练方法的分类情况。依照国际田联高级教练理论教科书，所有耐力训练方法都能够被归纳为三种方式：持续方式、重复方式、比赛和测验方式（图 6－1）。

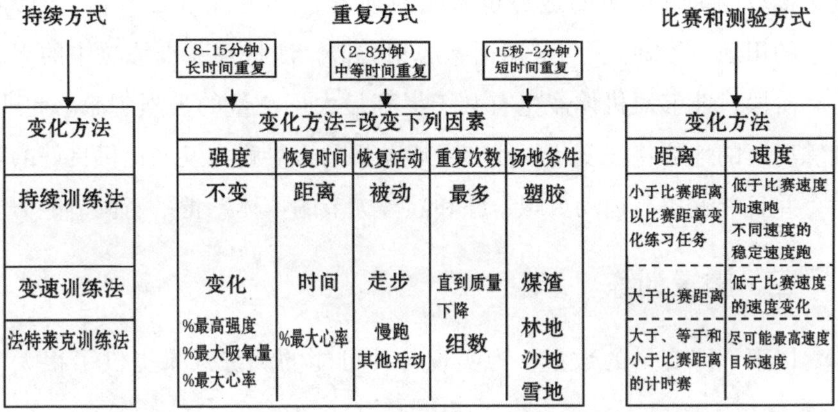

图 6－1　耐力训练方法体系

（根据《国际田联高级教练理论教科书》修改，2002）

一、持续训练

持续训练是指以相对稳定的速度、心率维持在 130～160 次/分连续练习的方法。年轻运动员进行这种方法的跑的练习时间应该超过 30 分钟，而对于成熟运动员来说时间应该在 60～120 分钟。在有氧情况下负荷时间较长的持续训练法能够提高运动员的最大摄氧量（有氧能力）。这种方法尤其适合于长距离耐力项目运动员的训练。

变速训练是指在相对较长的时间里，根据训练计划在连续的各段距离内变化跑速的训练方法。如在最简单的变速训练法中，运动员须先以较慢的速度（心率 = 130 ~ 150 次/分）跑 1.0 千米，紧接着以较快的速度（心率 = 170 ~ 180 次/分）跑 0.5 千米，交替进行。在紧接着的 1.0 千米中，偿还之前跑段强迫进行无氧运动所产生的氧债，对机体产生了有利于提高最大摄氧量的强烈刺激。这种方法被广泛应用于中长距离项目运动员的训练中。

法特莱克训练是指根据运动员的需求和训练场所的地势特征，来不断变换练习负荷强度的训练方法。为了使训练对运动员的要求不断变化，选取的训练场所的地势也必须有所起伏和变化（如丘陵、林地、犁过的田地、沙地）。与变速训练法相类似，法特莱克训练法中的无氧运动阶段，能够对机体产生有利于提高最大摄氧量的强烈刺激。此外，训练场所的地势特征变化，能够对运动员的力量耐力发展提供良好的刺激，并且能够提高运动员踝、膝和髋等关节的本体感觉平衡调节能力。

二、重复训练

以下训练变量的数量，为实现各种可能的训练效果提供了很大的范围。

①跑的训练持续方式（距离或时间：分为短、中、长）。

②恢复期的持续方式（距离或时间）。

③跑的训练强度（米、秒、百分比、最大摄氧量、速度等）。

④重复次数和组数。

⑤恢复的方式（慢走、慢跑、被动恢复）。

⑥训练场所的地面条件（上坡、田径场、沙地、海浪地形等）。

训练的安排必须符合特定运动项目对耐力的要求。调节上述这些训练变量的效果存在着惊人的差异，以下的这些内容值得注意。

三、间歇训练

这种训练方法能够快速发展运动员的有氧耐力能力，并且已经在训练实践中被证明是成功的。根据上述训练变量，间歇训练方法如下。

①200 米。

②200 米。

③能够足够使心率达到 180 次/分左右的强度。

④逐渐增加重复次数。

⑤慢跑 90 秒——使心率降到 120 次/分左右。

⑥田径场上进行练习。

这种形式的训练课就是我们常说的快——慢 200 米间歇训练，它能够比其他的训练手段（长距离稳定速度）更快的发展运动员的有氧能力，但是这种训练效果的保持时间很短。

四、速度耐力训练

尽管有无氧代谢副产品的产生，速度耐力训练能够提高运动员创造高水平运动成绩的能力。有多种多样的训练单元能够实现这个目标，但要真实评价这些训练单元的作用，就需要研究它们在整个训练计划中的位置。例如，在一名女运动员八月份的训练中，用 27 秒的强度跑 200 米 ×4，跑次恢复间歇 30 秒的训练，能够使训练的强度和量逐渐提高，但是如果采用一月份的用 30 秒的强度跑 200 米 ×10，跑次恢复间歇 75 秒的训练，将会使训练的效果下降。对于各种类型的径赛训练来说，最困难的就是控制和调节这些训练单元，而教练员常常是靠过去的经验来安排和调节训练单元的。一般来说，应该遵循如下的训练规则。

①增加重复次数（如 4 ×200 米→12 ×200 米）。

②在训练采用的距离中，确定跑的强度标准及恢复时间（每个跑次都在规定的时间内完成，如 34 秒强度的 200 米 ×12，跑次恢复间歇 75 秒）。

③逐渐增加训练的强度（增加跑速，如 34 秒强度的 200 米 ×12→30 秒强度的 200 米 ×12，跑次恢复间歇 75 秒）。

④减少重复次数（如 30 秒强度的 200 米 ×12，跑次恢复间歇 75 秒→27 秒强度的 200 米 ×2 ×4，跑次恢复间歇 75 秒，组间恢复间歇 15 ~ 20 分钟）。

⑤逐渐增加练习的密度（缩短恢复时间，如 27 秒强度的 200 米 × 2 ×4，跑次恢复间歇 75 秒→跑次恢复间歇 30 秒）。

这种类型的训练追求练习的质量和步频，按组数练习。如果训练单元里重复次数中的时间变量脱节，训练将转变成力量耐力训练，而不是速度耐力训练。因此，在训练过程中必须要保证训练的质量。还要注意，在一个训练单元中，各组中采用不同的练习速度——如“递减”式的训练单元：

- 48 秒强度的 300 米 ×3，跑次间采用在 60 秒内慢跑 100 米的恢复方式（组间采用在 60 秒内慢跑 100 米的恢复方式）
- 45 秒强度的 300 米 ×3，跑次间采用在 60 秒内慢跑 100 米的恢复方式（组间采用在 60 秒内慢跑 100 米的恢复方式）
- 42 秒强度的 300 米 ×3，跑次间采用在 60 秒内慢跑 100 米的恢复方式（组间采用在 60 秒内慢跑 100 米的恢复方式）

同样，在一个训练单元中，可以采用变化练习距离和练习速度相结合的训练方式。例如，下面是一个由 3 组训练组成的训练单元中的其中一组，组间和跑次间采用慢跑 100 米的恢复方式。

- 108 秒内跑完 600 米。
- 68 秒内跑完 400 米。
- 48 秒内跑完 300 米。
- 30 秒内跑完 200 米。
- 14 秒内跑完 100 米。

上述这两个训练单位中变化训练的目的是培养运动员的速度感，并且使身体的生理状态适应速度变化的要求。速度耐力训练对运动员身体的能量供应、协调性和力量提出了复杂的要求，它能够对中距离跑运动员身体内复杂的训练适应过程产生强烈的刺激。

五、力量耐力训练

力量耐力训练能够发展运动员在无氧乳酸环境中的运用力量的能力。在这种训练中对训练的质量要求相对降低，并且被完成训练单元中任务的要求所取代。尽管训练中运动员跑的强度很少被监控，但运动员必须尽最大努力去跑，而且恢复期的要求通常非常严格。如下面的一些训练单元。

- 循环训练。
- 2×4×100 米的“双向跑”（跑次恢复间歇 30 秒）。
- 2×5×80 米的“折返跑”（穿梭跑）。
- 6×150 米的山地跑（慢跑 90 秒的恢复方式）。
- 5×80 米爬上沙丘（走下沙丘的恢复方式）。
- 6×200 米的海浪地形跑（3 分钟的被动恢复）。
- 4×200 米的 B 式踮步跳（高抬腿的扒地动作，3 分钟的被动恢复）。
- 在需要运动员耐力性特定活动的抗阻练习，如 6×50 米的阻力游泳练习（牵引重物），8×500 米的阻力的划船练习和牵引重物练习。

力量耐力训练会对运动员的机体产生相当大的损耗，在一个小周期的训练单元中，这种类型的训练安排过多，会使运动员身体和心理恢复能力大大下降。然而，这些训练单元能够使运动员在体内较高的乳酸水平情况下保持继续运动。尽管年度训练计划是相对变化的，但是这种训练单元最好放在第一阶段和第二阶段之间，和（或）第二阶段后期。

六、比赛和测验训练

毫无疑问，比赛和测验是对发展专项耐力水平最好的刺激，特别是在采用实际比赛的时间要求时。能够发展专项耐力的一些训练方法如下：

①等于、小于或大于比赛距离的计时测验。

②在跑的特定要求的时间内达到特定程度，要求以最大强度的练习完成训练任务（如运动员在600米的练习中，先必须在60秒内跑完400米，再以全速跑完全程）。

③在标准的训练单元中，运动员先完成训练单元的特定任务，再测试各种重要的生物学指标。

④运动员采用比赛练习，如室内的比赛和越野赛等。在这些比赛中也可以给运动员布置特定的任务。

⑤在需要耐力参与的情况下，保持特定技术练习的高速率和精确性。

每种训练方法及其变化都会带来特定的心理、生理和生物力学反应。对于特定项目的运动员来说，为了最好地发展他们的专项耐力能力，仅靠一种训练方法是远远不够的。间歇训练法能够增加心脏容血量；而通过持续方法的训练手段（持续训练法和法特莱克法）能够比间歇训练更为有效的增加血液的携氧能力。单一的训练方法不能使有机体得到全面发展，最终可能会使运动员的成绩水平下降。只有巧妙地综合运用各种主要的训练方法，并且有所变化，才能够使有机体接近或达到所需要的适应水平。

（一）制订训练计划的标准

一名运动员的训练计划必须由如下内容决定：

①运动项目的比赛要求。

②运动员的个人训练水平。

③运动员所处的发育阶段（年龄、性别、生理和解剖特征等）。

④长期的和短期的训练目标。

⑤训练环境的限制。

⑥非训练环境因素的要求。

⑦运动员的个性特征。

（二）运动项目的比赛要求

表6－1所示的是不同运动项目中的供能方式所占的供能百分比，据此来进行类似的训练分类。另外一类观点认为，也可以根据不同项目对短时间、中等时间和长时间的耐力，速度耐力，力量耐力的相对要求来评价运动项目。

表6－1　不同跑距中有氧和无氧供能系统的参与百分比

距离（米）	有氧供能	无氧供能
200	5%	95%
400	17%	83%
800	34%	66%
1500	50%	50%
5000	80%	20%
10000	90%	10%
马拉松	98%	2%

（引自《国际田联高级训练理论》）

1. 短时间耐力

其指时间要求在45秒～2分钟之间的运动。显然在这种运动中无氧耐力占很高的百分比。运动员的速度耐力和力量耐力水平在短时间耐力运动中起关键性的作用。

2. 中等时间耐力

其指时间要求在2分钟～8分钟之间的运动。同样有无氧耐力的参与，但人体趋于达到一个相对比较稳定的状态。由于在整个运动过程中运动员需要持续以较高的发力频率对抗相对较大的阻力，因此运动员的力量耐力和速度耐力水平将决定中等时间耐力的效率。尽管目前的实际情况已经远远超出这个范围，但障碍跑仍被看作为一个需要很强中等时间耐力的项目。

3. 长时间耐力

其指时间要求超过 8 分钟，而且运动期间速度不出现明显降低的运动。长时间耐力项目的运动成绩几乎完全决定于运动员的有氧耐力效率。运动时间越长，有氧耐力的作用就越大。运动员的长时间耐力实际上也是有氧耐力和心脏耐力的同义词。

4. 速度耐力

其指需要运动员在次最大和最大强度（约为最大强度的 85% ~ 100%）负荷的运动中对抗疲劳的能力。在这种运动中主要为无氧供能系统供能。在疲劳或神经支配受到抑制的情况下保持速度的速度耐力，是这一类运动项目的最基本要求。

5. 力量耐力

其指在无氧代谢副产品不断积累的环境中，持续表现出相对较高的力量效率的能力。这不仅与参与工作肌肉中酸碱不平衡而产生的肌肉疼痛终止运动有关，而且与运动员意志力等心理因素和忍受疼痛的能力有关。

图 6 - 2 是各种不同耐力能力之间的关系示意图。

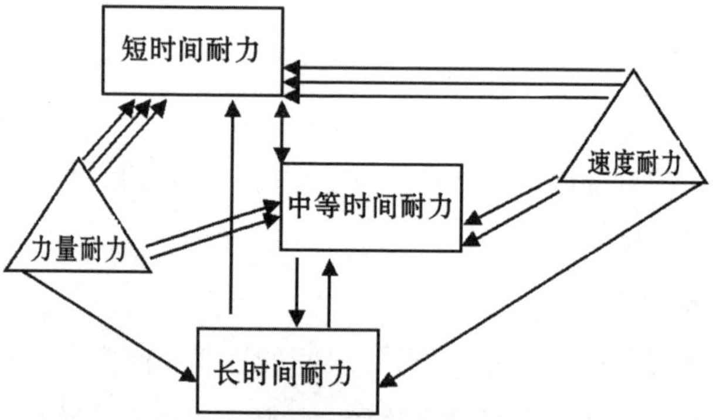

图 6 - 2　各种不同耐力之间的关系

（引自《国际田联高级训练理论》）

另一类观点认为，所有耐力性项目的训练都是建立在广泛的有氧耐力效率基础上的，几乎年度训练计划内容的67%是围绕训练的持续方式及其相关内容而展开的，而约20%的年度训练计划内容是为了满足特定耐力项目的专门需求，还有13%的内容是围绕比赛而制定的。由于不同运动项目对耐力要求的差异，因此无论依据什么样的理论基础，来评价特定项目对耐力的要求，都必须仔细考虑所选择的评价方式。

（三）运动员的个人训练水平

运动员的个人训练水平能够通过个体的生物学特征、血液学分析、最大摄氧量测试指标、运动员开始训练时的个人最好成绩，以及运动员以预定的速度（如20秒跑100米的速度）所跑的距离和标准训练计划（如运动员以90秒跑500米的速度跑5×500米，间歇恢复时间固定）等方法来评价。另外，在每次重复练习和整个训练前后，记录运动员心率和血乳酸水平。

（四）运动员所处的发育阶段

有专家（Williams，1974）指出，处于青春发育期前的青少年运动员不宜采用发展无氧能力的训练单元，而且在发展一般耐力的训练中应当采用持续长时间的较低强度的训练方法，而不宜采用以间歇练习为主的训练方法。另外，青少年运动员也不宜采用负荷过大的力量或力量耐力、速度耐力等练习。

（五）长期的和短期的训练目标

每个运动员都会有自己训练的最高目标追求，如奥运会金牌、世界纪录等。然而，在每个运动员的成长过程中都有一些他们必须经过的里程碑，如达到一个特别的成绩水平、在全国比赛中获得冠军等。所以，为了达到这些目标，就必须为运动员制定实现各个阶段目标，并不断通向最高目标的系统训练计划。

（六）训练环境的限制

在设计运动员的训练手段时，必须结合训练的实际环境，如山坡、海滩、田地、海浪地形、完善的运动场、具备基础设施的运动场、室内体操馆、体育馆等，并且考虑这些不同训练环境的潜在的可利用训练价值。因为不是每个运动员都能够使用到理想的综合训练设施，所以在训练环境不是很完善的情况下，要有创造性地来设计适宜的训练手段。

（七）非训练环境因素的要求

运动员和教练员，以及在制定的详细训练计划中，都必须考虑和解决由家庭、事业、教育、社会背景、个人文化追求等非训练环境因素带来的问题。

（八）运动员的个性特征

有专家（海尔 Harre，1973）指出训练的持续方法有助于发展运动员的心理控制和调节适应能力，心理控制行为“包括个性特征中所有意志控制的品质，通过持续的、有准备的意志努力，克服内在、外在的困难和解决问题。”间歇训练能够发展运动员这种能力，被称之为“意志驱动力”。这就意味着人体意志力的波动性和变化性的本质。只有考虑到训练的专门要求，运动员心理控制和意志力才具有意义，并且成为运动员完整行为方式的一部分。

七、力量性耐力训练法与补偿性耐力训练

关于耐力项目运动员的专项需要，存在着两种对立的观点。第一种观点认为，应该根据运动员现有力量水平制订训练计划，然后在此基础上逐步改善运动员的不足之处。第二种观点认为，应该把训练的注意力集中在运动员的不足之处，并制定出相应的补偿性训练计划。持这种观点的人认为，运动员的力量只需要很少的训练就能够维持较高的水平，而不足之处要达到相当于力量的同等水平，则需要花费较多时间来弥补。例如，一名运动员的 200 米跑成绩为 23.00 秒，800 米跑成绩为 2 分钟，显而易见这名运动员的耐力水平需要提高。因此，“力量性耐力训练”的教练员，将围绕着 100 米、200 米、300 米的重复训练制订训练计划，然后逐渐增加重复跑的时间和距离。“补偿性耐力训练”的教练员，将从一开始就选择较长时间的耐力训练和较长的重复距离。“力量性耐力训练”比较符合海尔（Harre）根据运动员个性特征制订训练

计划的指导思想。而且，最起码它能够保证运动员，在一段时间刻苦训练之后建立起积极的训练动机。

八、耐力训练计划

对于一名教练员来说，制定耐力训练计划和相应渐进性的训练单元（来自于广泛的训练实践），对于取得理想的运动成绩是最具有实效的创造性工作。丰富的有关生理学知识，为我们把训练的专门化、超量负荷、可逆性等原则，应用于训练单元中提供了优越的理论基础框架。据此，教练员能够准确的评价耐力性运动项目的需求，并且设计出使运动员个体产生生理适应，来满足这些需求的适宜训练计划。耐力训练计划主要有两种类型：利迪阿德法（Lydiard Method）和综合法。前者现在已经有了很多的形式和变化，采用这种计划的最近的例子是芬兰长跑运动员卡里·辛克农（Kari Sinkkonen，1975）的训练计划（图 6 - 3）。而后者则产生着日新月异的变化。

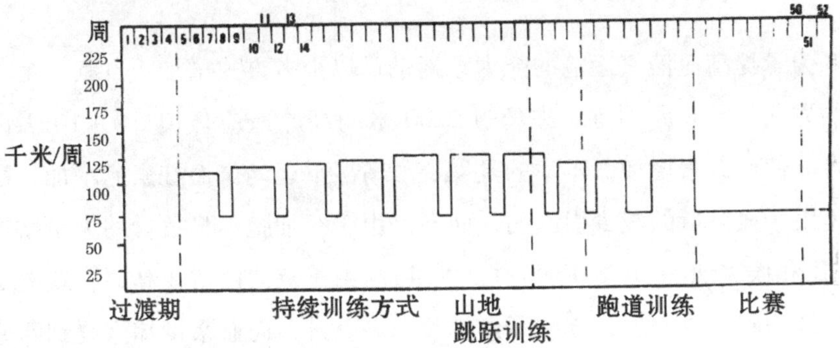

图 6 - 3　利迪阿德法耐力训练计划图解（摘自辛克农 Sinkkonen，1975）

每个运动员和教练员都有各自不同的表达方式。为了说明这个问题，我们在图 6 - 4 中介绍俄勒冈大学的比尔·鲍曼（Bill bowerman）使用的的训练计划模式（又称为“俄勒冈法”）。

本月跑速　62秒/400米：　下个月跑速61秒/400米

	第一周	第二周	第三周	第四周
星期日	20英里持续跑	→	→	→
星期一	8×400米：62秒，慢跑400米	10×400米：62秒，慢跑200米	8×400米：62秒，慢跑100米	10×400米：62秒，慢跑100米
星期二	10英里变速跑，组间恢复方式为800米慢跑	（同前）	（同前）	（同前）
星期三	2×5×300米：46.5秒,慢跑300米	3×4×300米：46.5秒,慢跑200米	4×3×300米：46.5秒,慢跑100米	5×3×300米：46.5秒,慢跑100米
星期四	法特莱克跑-60分钟	→	→	→
星期五	10英里持续跑	→	→	→
星期六	比赛-训练、越野跑、计时测验、室内训练等			

图6－4　综合法耐力训练计划图解

（引自《国际田联高级训练理论》）

九、高原训练的实际应用

为了提高血液氧运输的能力，运动员以很多方式增加血红素。最常用的方法就是高原训练。在超过2200米的高原适应环境，8～10天内就可能使血红素增加。不幸的是，一般情况下运动员血红素的增加，最初是由于血浆量的减少引起的，而不是由于红细胞本身数量的大量增加（塞比和埃克纳 Selby & Eichner，1994）。由于持续停留在高原，缺氧引起血红细胞生成增加，导致了血红素水平上升，而血浆量却恢复到高原训练之前的水平。运动员为了达到理想的血红素增加值和血浆总量水平，必须采用比目前更加长时间（需要10～12周，而不是2～3周）的高原环境适应期。列文和斯特雷·根德森（Levine and Stray－Gundersen，1997）提出了一个“高住低训”方法，能够在不引起血液总量变化的情况下使红细胞数量增加。这些生理学指标在血红素方面的提高，可能还被运动员看作是有助于提高耐力项目成绩的趣闻。然而，关于男女运动员的高原训练对于在海平面高度取得成绩的益处，目前仍然缺乏明确的科学证明。

越来越多的运动员和教练员为了达到更高的训练负荷，和（或）为了准备在海平面高度举行的比赛采用了高原训练的方法。高原训练分为至少4周的3个阶段，另外还有一些更加强烈的倡导者建议采用至少超过六周的训练。在高原停留的时间过程，取决于对人体生理适应带来的优势，与打乱人体正常的生活方式带来的劣势之间权衡利弊的结果。一般来说，4周高原训练的3个阶段如下：适应环境训练阶段5天、高难度训练阶段18天、同化和恢复性训练阶段5天。

（一）适应环境训练阶段

这一阶段的训练中，运动员采用减慢速度的稳定速度跑和延长准备活动时间的训练单元。青少年运动员在训练的开始两天进行一些慢走和一般性活动，然后在之后的3天内逐渐的过渡到一些稳定速度跑的练习。在这一阶段的五天内，训练单元的时间应该短些，如4×30分钟跑的练习就比2×60分钟的练习要好些。

（二）高难度训练阶段

在这个阶段运动员执行与海平面高度相同的训练计划，而在高原上训练的难度相对要大得多。但通过对训练计划以下3个方面的调节，能够使训练负荷变得更容易承受。

1. 在这个阶段的18天训练中要谨慎地提高训练的负荷。而且，在持续训练方法开始阶段的采用的跑速，以及采用重复训练法的初期跑次，都必须使运动员相对容易承受。如果训练没有遵循这样的负荷安排，训练单元将过早地向超过运动员个体无氧阈的方向转变，从而使训练单元过早结束，无法达到训练目标。

2. 在训练单元中和训练单元之间的恢复间歇时间，应该比海平面高度训练的正常情况更长些。这就是说需要安排总体负荷量相对较低的训练。

在高原训练中，由于缺乏运动员生理适应性的相应监测手段，教练员可能会根据与海平面训练相类似的经验来判断高原训练。

（1）间歇训练中，运动员的心率应该恢复到高原心率范围的50%左右——即安静心率和最大心率的中间值。

（2）稳定跑速练习的心率范围应该是，安静心率加上运动员高原心率范围的65%～70%。

（3）当运动员的心率降低到安静心率加上大约20%的心率范围时，就可以再开始一个新的训练单元（系统的按摩能够加速训练单元之间的恢复过程）。

3. 运动员在跑的练习中必须学会不同的呼吸节奏。

总之，在高难度训练阶段，运动员应当进行一些比比赛距离短的控制跑速练习。

（三）同化和恢复性训练阶段

在这一阶段的5天训练中，负荷的强度和量都有所减小。一方面能够使运动员从非常艰苦训练中恢复过来，另一方面能够使运动员的生理指标适应高难度的高原训练应激，产生训练的同化效果。

当回到海平面时，运动员应该重复进行在高原上进行高难度训练，最初的7天训练难度大。然后，在接下来的大约14天的时间里，运动员将会体会到高原训练带来的最大收益。波里兹（Pohlitz，1986）指出，对于女性运动员来说“当经过高原训练回到海平面高度后的28天内，发现女运动员在顶级比赛中能够创造非常好的成绩，这种很高的成绩水平能够维持几个星期”。

毫无疑问，运动员对高原训练反应存在着很大的差异。因此，在尝试通过高原训练来准备一个重要的锦标赛时，运动员和教练员必须安排一些远离比赛的“纯粹跑”的练习来积累经验，并且要仔细的观察运动员在每天训练中的反应。

帕胡德和高贝拉（Pahud & Gobbeler，1986）建议在高原训练中应该注意如下几点。

1. 运动员在准备进行高原训练之前，必须具备良好的健康状况。

因为感染或发炎在高原上会恶化。

2. 即使在夏季的训练中，仍然要带上保暖服装。

3. 在训练中必须耐心地逐渐提高训练负荷。

4. 保证运动员有足够的睡眠。

5. 提供必要的含电解质的饮料。

6. 由于运动员能够达到很高的体温，所以必须注意及时穿衣，以免出现受凉或感冒。如果忽略了这一点，所引起的感冒将会使运动员丧失训练时间。

7. 高原上的紫外线照射较为强烈，所以运动员应该使用太阳镜和防晒霜来保护皮肤和嘴唇。

8. 运动队在高原训练中必须配备随队医生。

第四篇　现代柔韧训练方法

第七章　现代柔韧训练基础知识

通过本章的内容，我们在第一节可以熟悉柔韧素质及其影响因素，以及柔韧训练的基础知识，与大家讨论柔韧素质的定义和影响柔韧水平提高的因素。在第二节中，将向大家介绍柔韧素质的主要分类体系，以及柔韧训练方法的分类和注意事项等。这些知识对于进一步学习柔韧训练知识和实施科学的柔韧训练过程是非常必要的。

第一节　柔韧素质和柔韧训练

一、柔韧素质及其影响因素

柔韧素质是指跨关节的肌肉、肌腱、韧带等软组织的伸展能力及弹性，即关节活动幅度和范围的大小。

运动员的柔韧素质分为一般柔韧素质和专门柔韧素质。一般柔韧素质是指适应于一般身体、技术、战术等训练所需要的柔韧素质。由于体育运动各个项目或各个动作都对人体主要关节部位活动范围有不同程度的要求，所以常常将人体最主要关节的活动能力视为一般柔韧素质。专门柔韧素质是指专项运动所需的特殊柔韧素质。专门柔韧素质是掌握和提高专项运动技术不可缺少的重要条件之一。根据柔韧素质的表现和身体状况由可分为动柔韧素质和静柔韧素质，根据完成柔韧练习时的动作方式又可分为主动柔韧素质和被动柔韧素质。

影响人体柔韧素质的因素包括关节类型和结构、关节周围的肌肉厚度和强度、年龄、性别、体温和肌肉温度、肌肉力量、健康状况，以及疲劳、情绪和心理唤醒水平等因素。

二、柔韧训练

系统地提高或保持柔韧素质，对于改进技术质量、提高运动成绩和预防运动伤害具有重要作用，是运动训练过程中必不可少的组成部分。体育运动爱好者和运动员的柔韧素质训练正是根据专项需要，采用适宜的训练手段和方法，提高人体多方面柔韧素质水平的系统演练和适应过程。

第二节　柔韧训练方法分类与训练注意事项

一、柔韧训练方法的分类

关节活动幅度的改变主要是通过提高跨关节韧带、肌腱、肌肉的伸展性和弹性的手段获得的，而伸展性和弹性的提高主要是施加拉力作用的结果。因此，柔韧素质训练的基本方法是对身体及各个环节的拉伸，或称为伸展练习。拉伸方法又分为动力拉伸、静力拉伸和“神经－肌肉本体促进”拉伸（Proprioceptive Neuromuscular Facilitation）等基本类型。

这些基本方法类型在使用过程中，均有主动练习和被动练习两种不同的方式。主动练习是指人体依靠自己的力量将肌肉、肌腱、韧带等软组织拉长；而被动练习是指人体在外力帮助下使肌肉、肌腱、韧带等软组织得到拉长。运动员的柔韧素质训练，在大多数情况下是多种练习方法的类型和方式的结合运用。

（一）动力拉伸

动力拉伸是指通过多次重复某一拉伸动作练习，使肌肉、肌腱、韧带等软组织逐渐地被拉长。近年来人们发现，由于动力拉伸会激发人体神经－肌肉的牵张反射机制，下意识地造成被拉伸肌肉的肌紧张或拉伤肌肉而影响练习效果和练习者安全。所以，运动专家目前更多地建议人们采用静力拉伸练习和“神经－肌肉本体促进”拉伸等方法类型。

（二）静力拉伸

静力拉伸是指通过缓慢的动力拉伸，将肌肉、肌腱、韧带等软组织拉长。当拉长到一定程度时保持静止不动，使这些软组织受到拉长的持续刺激。

（三）“神经－肌肉本体促进”拉伸

“神经－肌肉本体促进”拉伸是一种由练习者和同伴互相配合，通过一系列的主动和被动的动力、静力拉伸步骤，能够避免被拉伸肌肉牵张反射现象的发生和获得更大拉伸效果的训练方法类型。以拉伸大腿后部肌群为例，它可以分为3个相连的具体操作步骤。

1. 练习者仰卧，被拉伸腿的膝关节伸直，踝关节成90°，同伴帮助上推被拉伸腿弯屈髋关节至有轻微疼痛感，保持10秒。而后放松片刻。

2. 练习者静力收缩大腿后部肌群，下压腿部对抗同伴的上推力，保持6秒。而后放松片刻。

3. 练习者放松大腿后部肌群，用力收缩大腿前部肌群，帮助同伴的继续上推腿部，保持6秒。而后放松片刻，重复练习。

二、柔韧训练的基本要求

（一）负荷强度

柔韧素质训练一方面反映在用力大小上，另一方面也反映在负重多少上。被动练习多是借助教练员或同伴的帮助，用力逐渐加大，其程度以运动员的自我感觉为依据。如采用负重柔韧练习，负重量一般不能超过拉长肌肉力量所能达到的50%。负重量的确定也与练习的性质有关，在完成静力拉伸的慢动作时，负重量可相对大些，在完成动力性动作时，负重量则应小些。

增加强度应当逐步进行，练习时不可用力过大过猛。训练强度过大，会造成练习者精神和肌肉紧张，必然会影响伸展能力，导致肌肉、肌腱和韧带等软组织损伤。长时间中强度拉力练习所产生的柔韧效果优于短时间大强度的练习效果。

（二）负荷量

在柔韧发展性阶段和保持柔韧性阶段中，不同关节为达到最大活动范围，其练习的重复次数是不相同的。柔韧训练中应根据不同关节活动范围的需要来确定发展柔韧性阶段和保持柔韧性阶段练习的重复次数。柔韧练习的重复次数还取决于练习者的年龄和性别。少年练习者在一次课中练习的重复次数比成年练习者少，女练习者练习的重复次数比男练习者少。每个练习达到最大拉伸状态的持续时间可保持大约10秒左右，动作时间也可稍长。采用静力拉伸练习，当关节伸展到最大限度时，停留在相对固定位置的时间可控制在30秒左右。

（三）间歇时间

柔韧训练间歇时间的基本原则是：保证练习者在完全恢复的情况下完成下一组练习。恢复与否可根据练习者的自我感觉来确定，当其感觉已恢复并准备好做下组练习时便可开始。此外，练习间歇时间还与练习的部位有关，做躯干弯曲动作后就应比做踝关节伸展动作后的休息时间要长。在间歇休息时间可安排一些肌肉放松练习，或进行一些按摩等。

这样做能为下次练习加大关节活动幅度创造有利条件，使训练达到更好的效果。

（四）动作要求

柔韧练习在进行动力拉伸时，一是要求逐渐加大动作幅度，使肌肉、肌腱、韧带等尽量被拉长；二是充分利用肌肉退让工作，使肌肉被渐渐地拉长。柔韧练习在动作的速度上，一是用缓慢的速度拉伸肌肉，二是用较快的速度拉伸肌肉。由于在训练时多用缓慢速度拉伸肌肉，而比赛中又多是以急剧的方式拉伸肌肉，故在保持柔韧素质阶段可用一些速度较快的练习，以适应比赛需要。

三、柔韧训练的注意事项

（一）控制柔韧素质发展水平

每一运动项目对运动员的柔韧素质都有一定要求，其发展程度以满足该项目运动的需要为限，而无必要最大限度地发展每一运动员的最大柔韧素质。过分发展柔韧素质会对运动员的其他素质产生影响，如造成关节与韧带变形，影响关节结构的牢固性和练习者的体态，对力量和爆发力的发挥不利等。但是，为确保该项目技术动作的顺利完成，又必须有一定的柔韧素质储备，因而控制柔韧素质在适当程度上是有必要的。

（二）注意主要及相关部位柔韧素质练习

有些技术动作对柔韧素质的要求不仅体现在某一关节或部位上，而且还涉及到两个或更多关节和身体部位，如“满弓”动作就与肩、脊柱、髋等关节的柔韧素质有关。因此，在柔韧练习的安排上要求不仅对主要关节施以训练，还应对各有关关节部位加以练习，做到有主有从，主从结合。

（三）柔韧素质练习要经常持久

专门训练可使柔韧素质快速提高并效果明显，但当练习停止之后，所获柔韧素质便会很快消退。柔韧素质这一提高快消失也快的特点，决定了柔韧素质练习必须经常坚持并持之以恒。根据项目特点和需要，在全年训练中的各个阶段都应有一定数量相应的柔韧素质练习。

（四）柔韧训练与力量训练相结合

柔韧素质训练安排不当，就会影响力量素质的发展。欲使练习者在保持一定柔韧性的时候力量也能得到发展，首先应注意韧素质练习后的肌肉韧带放松，把肌肉韧带练得柔而不软、韧而不僵；其次，选择有效的手段和方法，把柔韧性练习与力量性练习结合起来，或合理地安排柔韧性练习与力量性练习的顺序和比例，将两者的相互干扰降低至最低限度。

（五）注意外界温度和练习时间

外环境温度过低或过高，都会影响柔韧练习的效果。当然，外界温度不可能永远保持在一理想状态下不变，这就需要用适当的准备活动加以调节，以渐进的方式进行练习，从而防止损伤。虽然柔韧素质随时可练，但就人体本身而言，早晨，机体的柔韧素质明显较低，下午机体能表现出良好的柔韧素质。根据人体这一特征安排柔韧训练时间，可起到事半功倍的效果。

（六）儿童柔韧素质训练问题

儿童的肌肉弹性好，关节韧带的伸展幅度较大，所以柔韧性好。年龄越小，柔韧性越好，女孩比男孩的柔韧性要更好，柔韧性随着年龄的增长而下降。脊柱伸展的灵活性在 7～10 岁时提高显著，11～13 岁时提高速度降低。肩关节的灵活性提高至 12～13 岁，髋关节的灵活性提高幅度最大时期是 7～10 岁，此后提高的速度放慢。

少年儿童与成年人相比，关节面角度较大、软骨厚、关节内外韧带较松弛。这些解剖特点决定了少儿时期是柔韧性练习的好时机，在 7 岁前就应抓紧柔韧素质训练，并在 12 岁前使柔韧素质得到较好的发展。应当特别注意的是，任何项目对少儿运动员的柔韧训练都要考虑本专项需要并适可而止，以免干扰其他素质的发展和影响运动员体型的正常发育。

（七）女子柔韧素质训练问题

因为女子具有关节囊、韧带较薄，弹性韧性较好，椎间盘厚等生理解剖特点，所以关节活动范围大，柔韧性好，使女子在从事某些项目时，动作幅度大，稳定性好，这就决定了女子在柔韧素质上优于男子。但是，由于女子骨骼比男子细而短，骨密质的厚度较男子薄，坚固性差，抗压抗弯能力较弱，又由于柔韧素质可能会对其他素质产生影响，故在练习时也要谨慎并适可而止。

第八章　现代柔韧训练基本方法

进行柔韧训练是一个相对长期和循序渐进的过程，而要想取得理想的训练效果，则必须根据具体情况采用科学的方法。系统地提高或保持柔韧素质，对于改进技术质量、提高运动成绩和预防运动伤害具有重要作用，是运动训练过程中必不可少的组成部分。本章介绍的柔韧训练基本方法在使用过程中，在大多数情况下可以是多种练习方法的类型和方式的结合运用。

根据身体部位，本章第一节介绍发展腿部柔韧性的训练方法，在第二节介绍发展髋部、臀部和躯干部位柔韧性的训练方法，在第三节介绍发展颈部、肩部和臂部柔韧性的训练方法。各节内容中对于每个练习都分别提出了它们适用的练习目的、方法和要求。

第一节　腿部柔韧性训练方法

一、脚部和踝部

（一）上拉脚趾

【目的】拉伸脚掌和脚趾下部。

【方法】坐下将一条腿的小腿放另一条腿的大腿上。一只手抓住踝关节，另一只手抓住脚趾和脚掌。双脚轮流练习（图 8 –1）。

【要求】呼气，并向上（脚背方向）拉引脚趾。

（二）脚趾下部拉伸

【目的】拉伸脚掌和脚趾下部。

【方法】两脚前后开立，前面腿微屈膝，脚趾下部支撑在地面，双手放在其大腿上。双脚轮流练习（图 8－2）。

【要求】吸气，逐渐把体重移到前面腿的脚掌上，并缓慢下压。动作幅度尽量大，每个动作结束保持 10 秒左右。

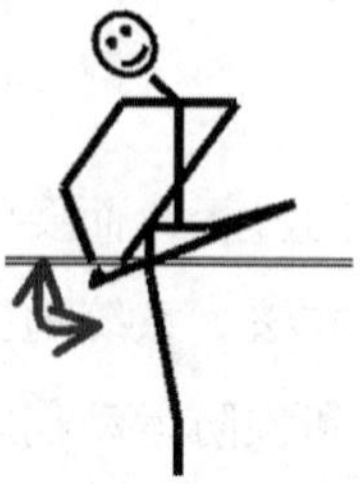

图 8－1　上拉脚趾

图 8－2　脚趾下部拉伸

（三）脚趾下部和小腿后部拉伸

【目的】拉伸脚趾下部、脚掌和小腿后部。

【方法】面对墙双脚相距约 50 厘米前后开立，前脚距墙约 50 厘米。双手扶墙，身体向墙倾斜。后脚正对墙，脚跟贴在地面。呼气，提起后脚的脚跟，将体重移到后脚的脚掌上，并下压。双腿轮流练习（图 8－3）。

图 8－3　脚趾下部和小腿后部肌群拉伸

【要求】动作幅度尽量大，每个动作结束保持 10 秒左右。

（四）跪撑后坐

【目的】拉伸脚趾下部、脚掌和大腿前部。

【方法】跪在地面，双手撑地，双脚并拢以脚掌支撑。呼气，向后下方移动臀部（图 8 -4）。

【要求】动作幅度尽量大，动作结束保持 10 秒左右。

（五）下拉脚趾

【目的】拉伸脚掌和脚趾上部。

【方法】坐下将一条腿的小腿放另一条腿的大腿上。一只手抓住踝关节，另一只手抓住脚趾和脚掌。双脚轮流练习（图 8 -5）。

【要求】呼气，并向下（脚掌方向）拉引脚趾。

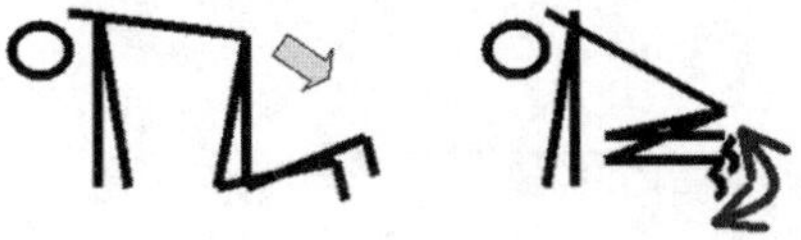

图 8 -4　跪撑后坐

图 8 -5　下拉脚趾

（六）脚趾上部拉伸

【目的】拉伸脚掌和脚趾上部。

【方法】两脚前后开立，前面腿微屈膝，脚趾上部支撑在地面，双手放在其大腿上。双脚轮流练习（图 8 -6）。

【要求】吸气，逐渐把体重移到前面腿的脚趾上，并缓慢下压。动作幅度尽量大，动作结束保持 10 秒左右。

（七）踝关节向内拉伸

【目的】拉伸踝关节外侧。

【方法】坐下将一条腿的小腿放另一条腿的大腿上。一只手抓住踝关节上部小腿，另一只手抓住脚的外侧。双脚轮流练习（图 8 -7）。

【要求】呼气，并向内（足弓方向）拉引踝关节外侧。动作幅度尽量大，动作结束保持 10 秒左右。

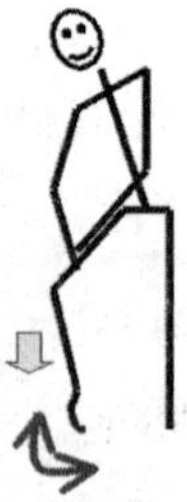

图8-6　脚趾上部拉伸

图8-7　踝关节向内拉伸

二、小　腿

（一）靠墙滑动踝内翻

【目的】拉伸小腿前部和外侧。

【方法】背靠墙站立，双手叉腰，双脚向前滑动，踝关节和脚掌内翻。呼气，髋关节前屈。重复练习（图8-8）。

【要求】动作幅度尽量大，动作结束保持10秒左右。

（二）扶柱屈髋

【目的】拉伸小腿前部和外侧。

【方法】在一根柱子前面，双手握住柱子，双脚左右开立并尽量内旋。呼气，屈髋并后移髋关节，双腿与躯干形成约45°夹角（图8-9）。

【要求】动作幅度尽量大，动作结束保持10秒左右。

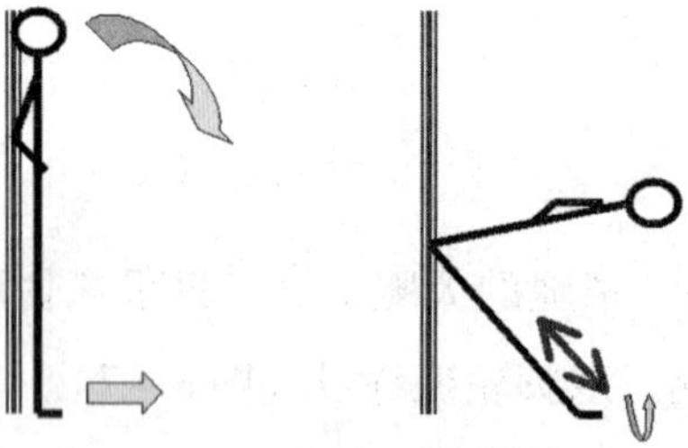

图8-8　靠墙滑动踝内翻

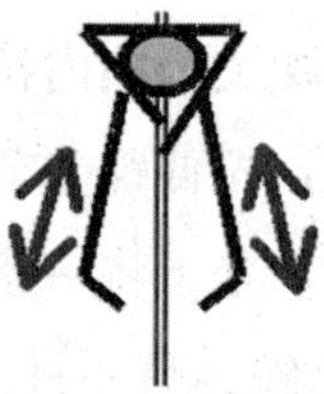

图8-9　扶柱屈髋

（三）跪拉脚趾

【目的】拉伸小腿前部和外侧。

【方法】跪下脚趾向后，坐在脚跟上，用一只手抓住脚趾前部向上拉引。双脚轮流练习（图 8－10）。

【要求】动作幅度尽量大，动作结束保持 10 秒左右。如果膝关节受伤，就不做这个练习。

（四）单脚跪拉

【目的】拉伸小腿后部和跟腱。

【方法】跪下脚趾向后，坐在脚跟上，双手在地面支撑。一只脚平放地面缓慢前移，呼气，膝关节下压并向脚趾前面移动。双腿轮流练习（图 8－11）。

【要求】动作幅度尽量大，动作结束保持 10 秒左右。

图 8－10　跪拉脚趾

图 8－11　单脚跪拉

（五）俯撑拉伸

【目的】拉伸小腿后部和跟腱。

【方法】从俯卧撑预备姿势开始，双手逐渐向双脚靠近，升高髋部与地面形成三角形。缓慢下压脚跟到地面，双脚轮流练习（图 8－12）。

【要求】双臂和背部伸直，并成一线。动作幅度尽量大，动作结束保持 10 秒左右。

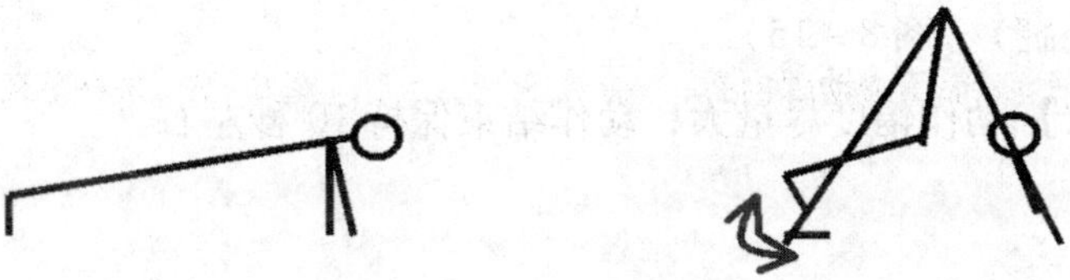

图 8－12　俯撑拉伸

（六）扶墙拉伸

【目的】拉伸小腿后部和跟腱。

【方法】面对墙壁站力，双手扶墙支撑身体，双脚始终贴在地面，脚趾指向墙。呼气，屈肘前移重心，两前臂贴墙，身体斜靠在墙上。重复练习（图 8－13）。

【要求】保持头、颈、躯干、骨盆、腿和踝成一直线。动作幅度尽量大，动作结束保持 10 秒左右。

（七）坐拉脚掌

【目的】拉伸小腿后部和跟腱。

【方法】双腿分开坐在地面上，一条腿屈膝，脚跟接触伸展腿的腹股沟。呼气，上体前倾，一只手抓住伸展腿的脚掌向躯干方向牵拉。重复练习（图 8－14）。

【要求】伸展腿膝部始终伸直。动作幅度尽量大，动作结束保持 10 秒左右。

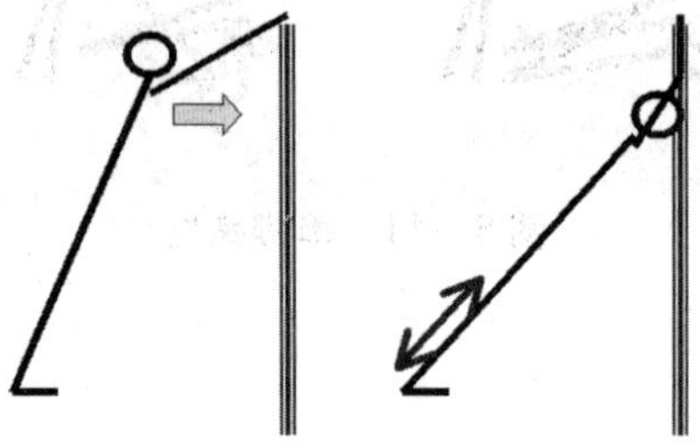

图 8－13　扶墙拉伸

图 8－14　坐拉脚掌

（八）仰卧足内翻

【目的】拉伸小腿外侧和外踝。

【方法】仰卧，臀部顶墙，双腿向上伸展分开。呼气，将双脚内翻（外踝向上翻）（图 8－15）。

【要求】动作幅度尽量大，动作结束保持 10 秒左右。

（九）体前屈足背屈

【目的】拉伸小腿后部。

【方法】两脚相距约30厘米前后开立，前脚背屈，脚跟支撑地面。呼气，体前屈，力图双手触摸前脚，胸部贴在腿上。换腿重复练习（图8－16）。

【要求】双腿膝关节保持伸直，动作幅度尽量大，动作结束保持10秒左右。

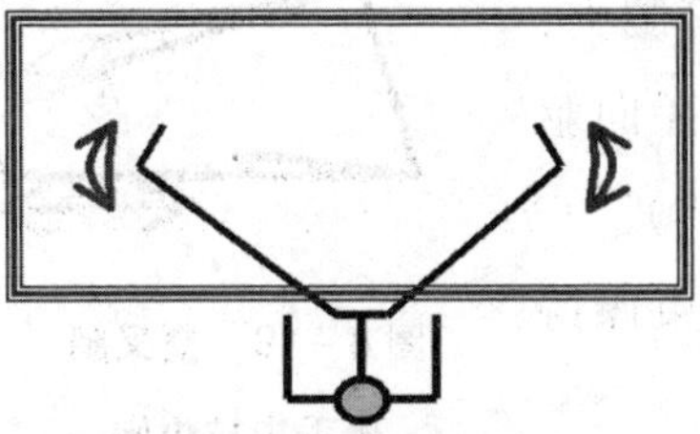

图8－15　仰卧足内翻

图8－16　体前屈足背屈

（十）扶墙拉小腿

【目的】拉伸小腿后部内侧。

【方法】面对墙，双脚内旋，以肩宽间距左右开立，直臂双手扶墙。头、颈、躯干、骨盆、双腿和踝成一直线，直臂屈肘，人体向墙倾斜。头和肘接触墙面（图8－17）。

【要求】始终保持脚跟接触地面，双脚内旋。动作幅度尽量大，动作结束保持10秒左右。

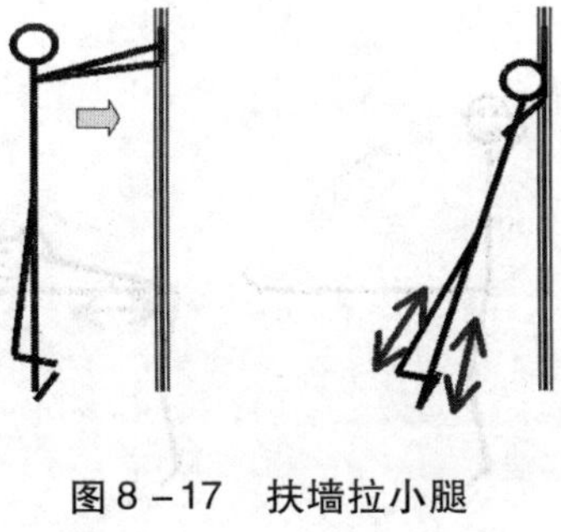

图8－17　扶墙拉小腿

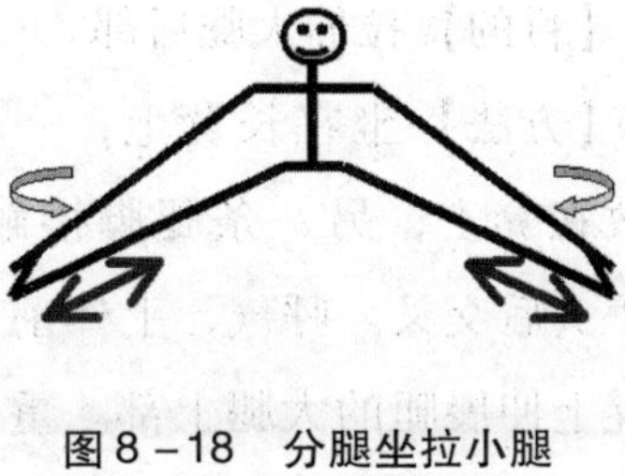

图8－18　分腿坐拉小腿

（十一）分腿坐拉小腿

【目的】拉伸小腿后部和外侧。

【方法】分腿、直膝坐在地面，身体直背前倾，双手抓住双脚脚掌。呼气，向髋部方向拉脚趾，同时内翻踝关节（图 8－18）。

【要求】动作幅度尽量大，动作结束保持 10 秒左右。

（十二）交叉腿坐毛巾拉小腿

【目的】拉伸小腿后部。

【方法】右腿伸直，左腿交叉压在右腿上，双手握毛巾两端缠住右脚掌。呼气，双手向躯干方向拉毛巾。换腿重复练习（图 8－19）。

【要求】动作幅度尽量大，动作结束保持 10 秒左右。

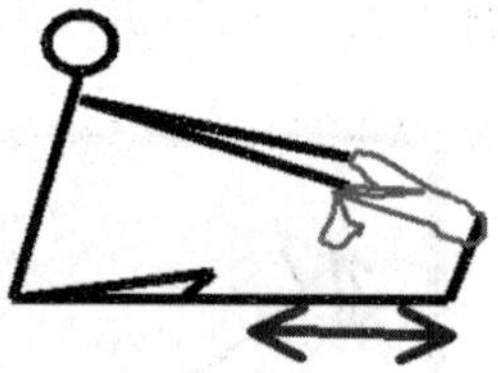

图 8－19　交叉腿坐毛巾拉小腿

三、大腿后部

（一）坐压腿

【目的】拉伸大腿后部。

【方法】双腿分开坐在地面上，一条腿屈膝，脚跟接触伸展腿的内侧。呼气，上体前倾贴近伸展腿的大腿上部。换腿重复练习（图 8－20）。

图 8－20　坐压腿

【要求】伸展腿膝部和背部保持伸直。动作幅度尽量大，动作结束保持 10 秒左右。

（二）长凳坐压腿

【目的】拉伸大腿后部。

【方法】坐在长凳上，一条腿伸膝放在凳上，另一条腿脚接触地面。双手头后交叉。呼气，上体前倾贴近长凳上伸展腿的大腿上部。重复练习（图 8－21）。

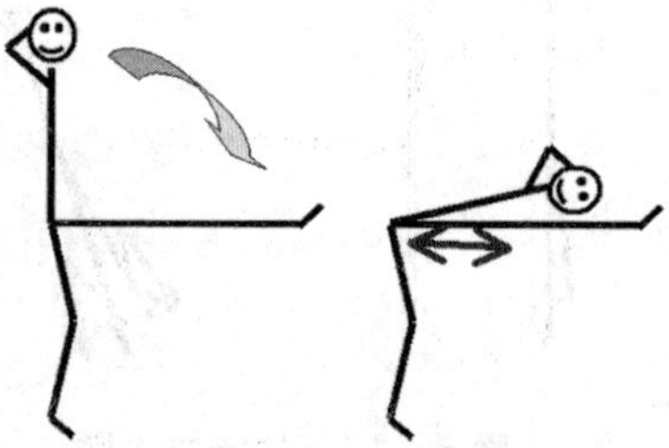

图 8－21　长凳坐压腿

【要求】伸展腿膝部和背部保持伸直，肘关节上提。动作幅度尽量大，动作结束保持10秒左右。

（三）仰卧拉引

【目的】拉伸大腿后部。

【方法】仰卧屈膝，脚跟靠近臀部。吸气，一条腿向上伸膝。呼气，缓慢将在空中伸展的腿直膝向头部拉引（图8－22）。

【要求】被拉引的腿始终保持膝关节伸展。动作幅度尽量大，动作结束保持10秒左右。

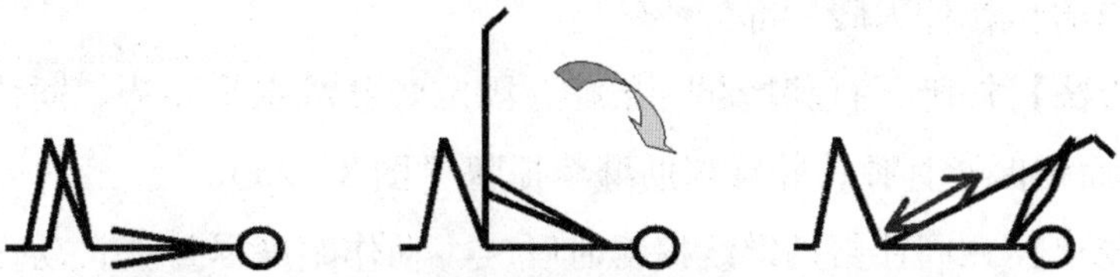

图8－22　仰卧拉引

（四）坐拉引

【目的】拉伸大腿后部。

【方法】坐在地面，双腿体前伸展，双手在髋后部地面支撑。一条腿屈膝，用一只手抓住脚跟内侧。呼气，屈膝腿伸展，直到与地面垂直（图8－23）。

【要求】动作幅度尽量大，动作结束保持10秒左右。

图8－23　坐拉引

（五）压　腿

【目的】拉伸大腿后部。

【方法】在一个台子前站立，一条腿伸膝放台子上，另一条腿支撑地面。呼气，双腿膝关节伸直，髋关节正对台子。上体前倾贴近台子上大腿上部。重复练习（图 8－24）。

【要求】伸展腿膝部和背部保持伸直，肘关节上提。动作幅度尽量大，动作结束保持 10 秒左右。

（六）仰卧拉伸

【目的】拉伸大腿后部。

【方法】仰卧，直膝抬起一条腿，固定骨盆成水平姿势。同伴帮助固定地面腿保持直膝，并且帮助继续提腿（图 8－25）。

【要求】在同伴帮助继续提腿时呼气，动作幅度尽量大，动作结束保持 10 秒左右。

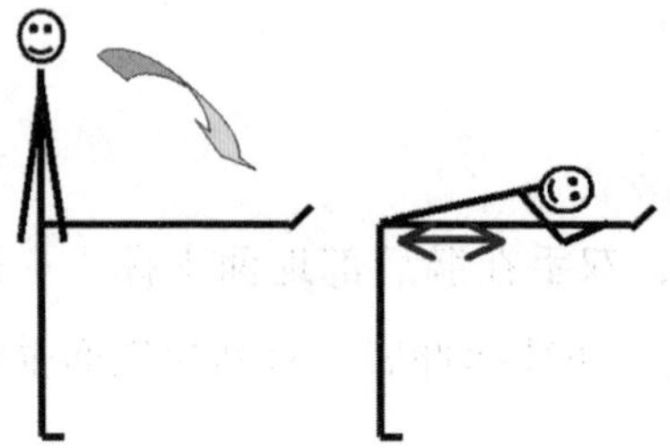

图 8－24　压腿

图 8－25　仰卧拉伸

（七）站立拉伸

【目的】拉伸大腿后部。

【方法】背贴墙站立，吸气，直膝抬起一条腿。同伴用双手抓住踝关节上部，帮助腿上举（图 8－26）。

【要求】帮助腿上举腿时呼气，动作幅度尽量大，动作结束保持 10 秒左右。

图 8－26　站立拉伸

四、大腿内侧

（一）顶墙坐拉引

【目的】拉伸大腿内侧。

【方法】臀部顶墙坐在地面，双腿体前屈膝展开，脚跟和脚掌相对。双手握住双脚脚掌尽量向腹股沟方向拉。呼气，上体缓慢直背前倾（图 8－27）。

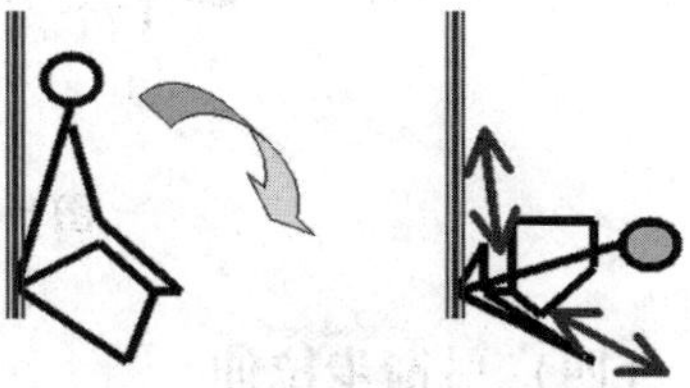

图 8－27　顶墙坐拉引

【要求】动作幅度尽量大，试图将胸部贴在地面，动作结束保持 10 秒左右。

（二）直膝分腿坐压腿

【目的】拉伸大腿内侧。

【方法】双腿尽量分开坐在地面，呼气，转体，上体前倾贴在一条腿上部。交换腿拉伸。重复练习（图 8－28）。

【要求】充分伸展双腿和腰部，动作幅度尽量大，动作结束保持 10 秒左右。

图 8－28　直膝分腿坐压腿

（三）青蛙伏地

【目的】拉伸大腿内侧。

【方法】分腿跪地，脚趾指向身体两侧，前臂向前以肘关节支撑地面。呼气，继续向身体两侧分腿，同时向前伸双臂，胸和上臂完全贴在地上（图 8－29）。

【要求】动作幅度尽量大，动作结束保持 10 秒左右。

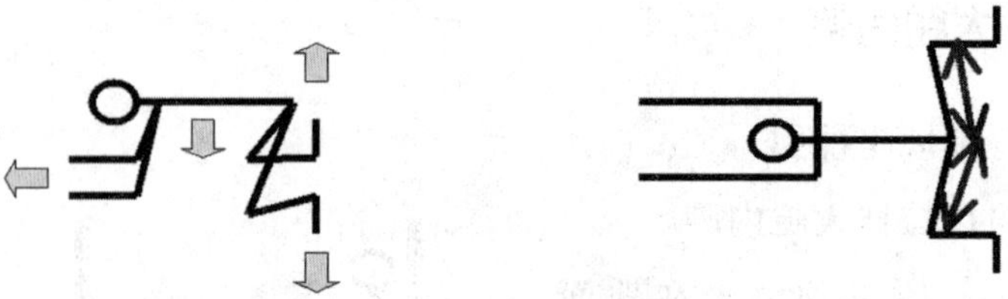

图 8－29　青蛙伏地

（四）弓箭步拉伸

【目的】拉伸大腿内侧。

【方法】弓箭步站立，双脚间距约 60 厘米，后面脚外旋 90°，双手叉腰。呼气，前脚继续前移，后面腿的髋部下压。换腿重复练习（图 8－30）。

【要求】动作幅度尽量大，动作结束保持 10 秒左右。

（五）扶墙侧提腿

【目的】拉伸大腿内侧。

【方法】双手扶墙站立，吸气，一条腿屈膝，向体侧分腿提起。同伴抓住踝关节和膝关节，帮助继续向上分腿提膝，同时呼气（图 8－31）。

【要求】动作幅度尽量大，动作结束保持 10 秒左右。

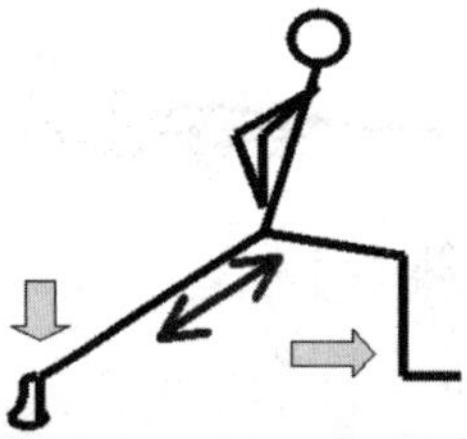

图 8－30　弓箭步拉伸

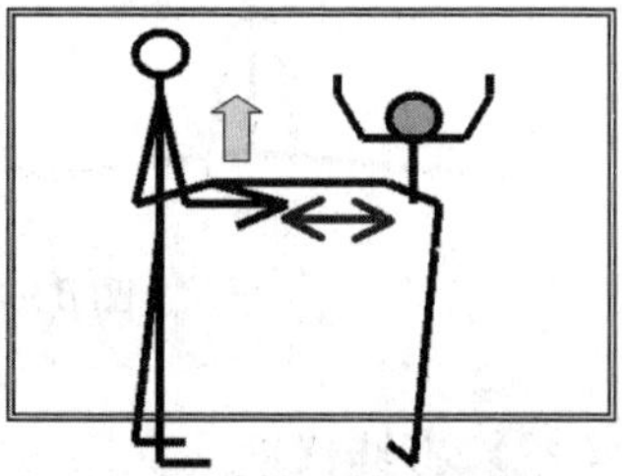

图 8－31　扶墙侧提腿

（六）跪撑侧分腿

【目的】拉伸大腿内侧。

【方法】双腿跪立，脚趾指向后方，直臂双手撑地。一条腿侧伸，呼气，双臂屈肘，降下跪撑腿的髋部至地面，并向外侧转髋（图8－32）。

【要求】动作幅度尽量大，动作结束保持10秒左右。双腿交替练习。

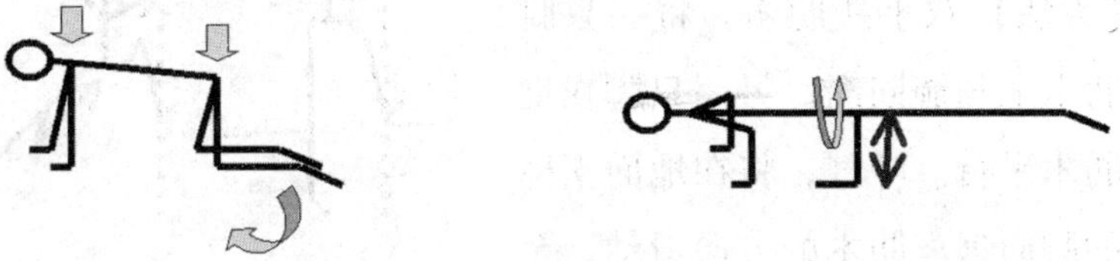

图8－32　跪撑侧分腿

（七）体侧屈压腿

【目的】拉伸大腿内侧。

【方法】侧对一个约与髋同高的台子站立，两脚与台子平行。将一只脚放在台子上。双手在头上交叉，呼气，向台子方向体侧屈（图8－33）。

【要求】动作幅度尽量大，动作结束保持10秒左右。双腿交替练习。

图8－33　体侧屈压腿

图8－34　分腿坐体侧屈

（八）分腿坐体侧屈

【目的】拉伸大腿内侧。

【方法】直膝、尽量大幅度向体侧分腿坐在地面，左臂贴近髋前部，右臂头上伸展。呼气，上体尽量从髋部向左侧屈。再向右侧重复练习（图 8－34）。

【要求】动作幅度尽量大，动作结束保持 10 秒左右。

（九）肋木大腿滑拉

【目的】拉伸大腿内侧。

【方法】双手扶肋木，将一只脚放在肋木上与髋同高，另一只脚在地面与肋木平行。呼气，将在地面支撑体重的脚向远离肋木的方向滑动，至最大限度（图 8－35）。

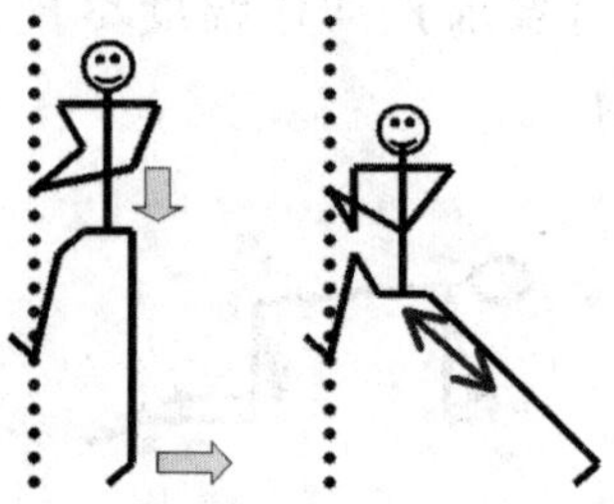

图 8－35　肋木大腿滑拉

【要求】动作幅度尽量大，动作结束保持 10 秒左右。双腿交替练习。

五、大腿前部

（一）扶墙上拉脚

【目的】拉伸大腿前部。

【方法】一只手扶墙站立，一条腿屈膝，使脚跟靠近臀部。呼气，另一只手抓住屈膝腿提起的脚背，吸气，缓慢向臀部方向提拉（图 8－36）。

【要求】动作幅度尽量大，动作结束保持 10 秒左右。

（二）台上仰卧拉引

【目的】拉伸大腿前部。

【方法】躺在台子边缘，台子内侧的腿屈膝，脚靠近臀部帮助固定髋关节。台子内侧手抓住台子内侧腿的膝关节下部。呼气，在髋关节处从台子上移下外侧腿。台子外侧手抓住外侧腿踝关节或脚，缓慢向臀部方向拉引。换腿重复练习（图 8－37）。

【要求】动作幅度尽量大，动作结束保持 10 秒左右。

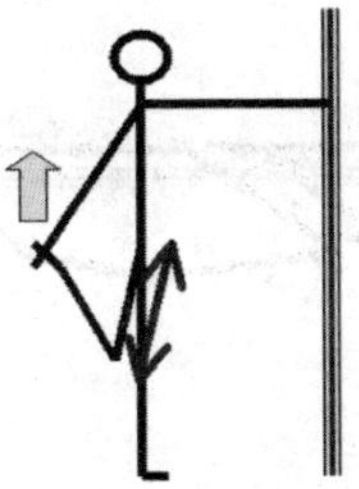

图 8 -36　扶墙上拉脚

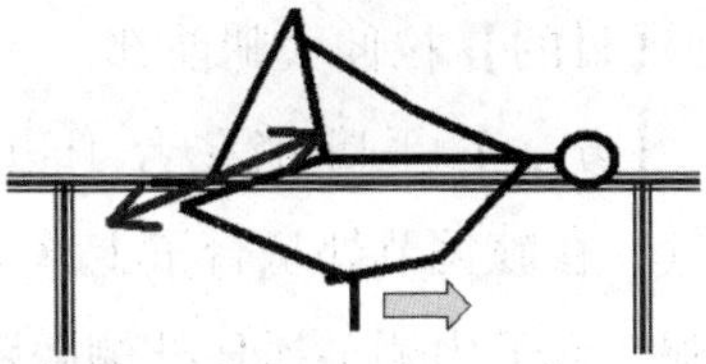

图 8 -37　台上仰卧拉引

（三）垫上仰卧拉引

【目的】拉伸大腿前部。

3.【方法】臀部坐在垫上跪立，后倒身体到躺在垫上，脚跟在大腿两侧，脚尖向后。身体后倒过程中呼气，直到背部平躺在垫上。重复练习（图 8 -38）。

【要求】动作幅度尽量大，动作结束保持 10 秒左右。

（四）坐立后仰腿折叠

【目的】拉伸大腿前部。

【方法】坐立，一条腿屈膝折叠，大腿和膝内侧接触地面，脚尖向后。呼气，身体后仰，先由双臂的前臂和肘关节支撑上体，最后平躺地面（图 8 -39）。

【要求】动作幅度尽量大，动作结束保持 10 秒左右。双腿交替练习。

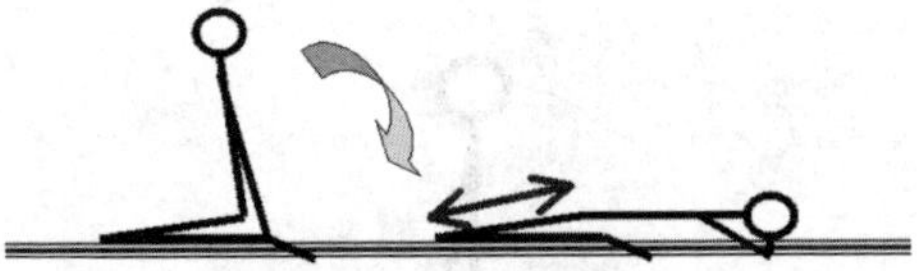

图 8 -38　垫上仰卧拉引

图 8 -39　坐立后仰腿折叠

（五）台上平卧拉引

【目的】拉伸大腿前部。

【方法】平卧躺在台子边缘，呼气，在髋关节处从台子上移下外侧腿。台子内侧手抓住外侧腿踝关节或脚，缓慢向臀部方向拉引。换腿重复练习（图8－40）。

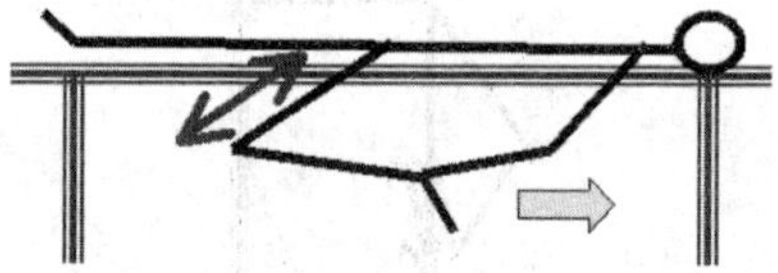

图8－40　台上平卧拉引

【要求】动作幅度尽量大，动作结束保持10秒左右。

（六）分腿拉脚

【目的】拉伸大腿前部。

【方法】前后分腿，右腿在前屈膝约90°支撑，左腿在后以膝关节支撑，右手扶地。上体前倾，左手在身后抓住左脚，向臀部方向拉。双腿交替练习（图8－41）。

【要求】保持髋关节、膝关节、踝关节和脚在前后方向上成一线。动作幅度尽量大，动作结束保持10秒左右。

（七）坐压脚

【目的】拉伸大腿前部。

【方法】跪在地面，脚趾向后。呼气，坐在双脚的脚跟上（图8－42）。

【要求】保持10秒左右，放松后重复练习。如果膝关节受伤，就不要采用这个练习。

图8－41　分腿拉脚

图8－42　坐压脚

第二节　髋部、臀部和躯干部位柔韧性训练方法

一、髋部和臀部

（一）台上侧卧拉引

【目的】拉伸髋部外侧。

【方法】侧卧在台子边缘，双腿伸展。呼气，上部的腿直膝分腿后移，悬在空中。换腿重复练习（图8－43）。

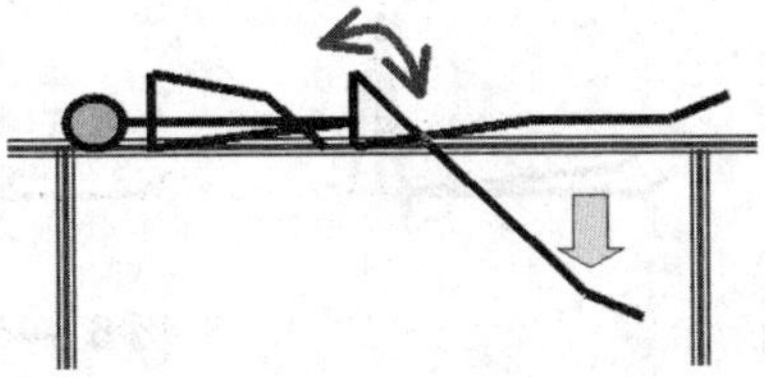

图8－43　台上侧卧拉引

【要求】动作幅度尽量大，动作结束保持10秒左右。

（二）坐立反向转体

【目的】拉伸髋部和臀部。

【方法】坐在地面，双腿体前伸展，双手在髋后部地面支撑。一条腿与另一条腿交叉，屈膝使脚跟向臀部方向滑动。呼气，转体，头转向身体后方继续转体，使身体对侧的肘关节顶在屈膝腿的外侧，并缓慢推动屈膝腿（图8－44）。

【要求】动作幅度尽量大，动作结束保持10秒左右。

图8－44　坐立反向转体

（三）垫上前后分腿

【目的】拉伸髋部和臀部。

【方法】坐在垫上，双腿体前伸展，双手在髋部两侧地面支撑。右

腿大腿外展，接触垫子屈膝，使脚接触左腿膝部。吸气，双臂撑起身体。左腿向身后伸展，大腿上部、膝盖、胫前部和脚掌内侧接触垫子（图 8－45）。呼气，下压左腿的髋部。换腿重复练习。

【要求】动作幅度尽量大，动作结束保持 10 秒左右。

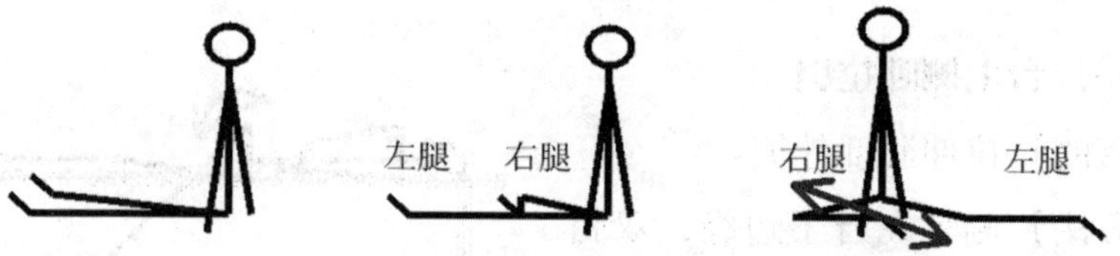

图 8－45　垫上前后分腿

（四）身体扭转侧屈

【目的】拉伸髋部和臀部。

【方法】直立，左腿伸展、内收，在右腿前尽量与其交叉。呼气，躯干向右侧屈，双手力图接触左脚跟。身体两侧轮换练习（图 8－46）。

【要求】动作幅度尽量大，动作结束保持 10 秒左右。

（五）仰卧髋臀拉伸

【目的】拉伸髋部和臀部。

【方法】平卧躺在台子边缘，从台子上移下外侧腿悬垂空中。吸气，台子上的内侧腿屈膝，用双手抱膝缓慢拉向胸部（图 8－47）。

【要求】动作幅度尽量大，动作结束保持 10 秒左右。

图 8－46　身体扭转侧屈

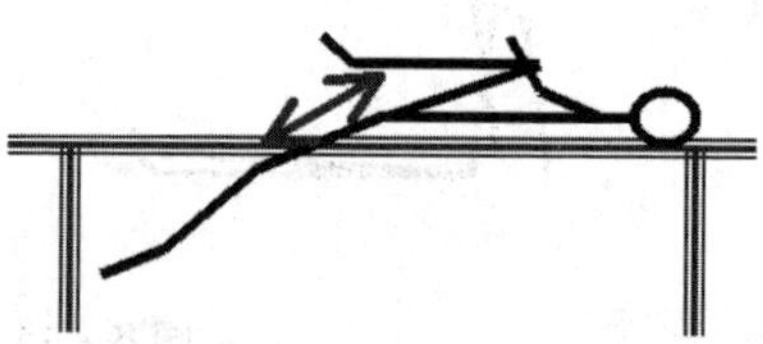

图 8－47　仰卧髋臀拉伸

（六）弓箭步压髋

【目的】拉伸髋部。

【方法】弓箭步站立，前面腿膝关节成90°，后面腿脚背触地，脚尖向后。双手叉腰。屈膝降低重心，后面腿的膝触地。呼气，下压后面腿髋部。换腿重复练习（图8－48）。

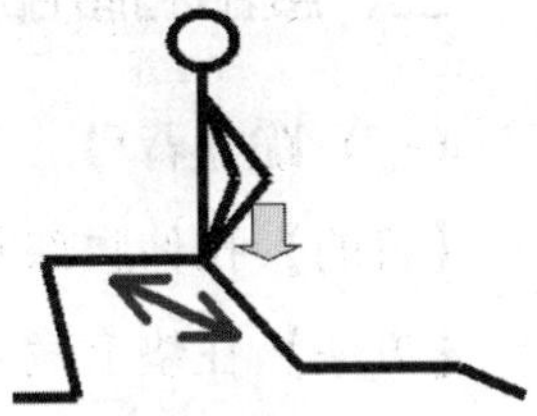

图8－48　弓箭步压髋

【要求】动作幅度尽量大，动作结束保持10秒左右。

（七）仰卧转压腿

【目的】拉伸髋部。

【方法】仰卧双腿伸展，左腿屈膝提至胸部，用右手扶住左膝外侧。左臂向左侧伸展。呼气，用右手横向将左膝压至身体右侧地面。双腿交替练习（图8－49）。

【要求】保持头、肘、双肩接触地面。动作幅度尽量大，动作结束保持10秒左右。

（八）仰卧交叉腿屈髋

【目的】拉伸臀部。

【方法】仰卧左腿在右腿上交叉，双手交叉在头后部。呼气，右腿屈膝，并提起右脚离地。缓慢向头部方向推动左腿。双腿交替（图8－50）。

【要求】保持头、双肩和背部接触地面。动作幅度尽量大，动作结束保持10秒左右。

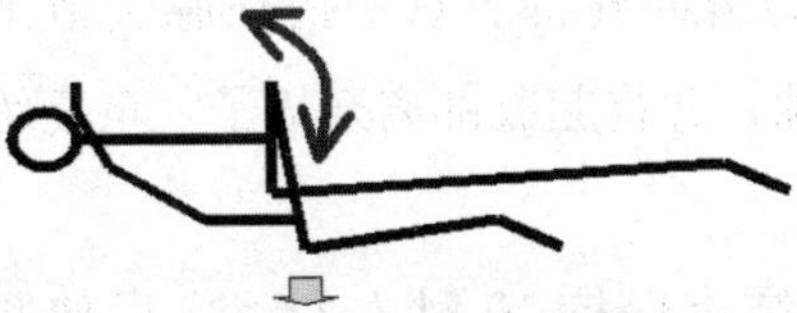

图8－49　仰卧转压腿

图8－50　仰卧交叉腿屈髋

二、腰部和腹部

（一）跪立背弓

【目的】拉伸腹部和大腿前部。

【方法】在垫上跪立，脚尖向后。双手扶在臀上部，形成背弓，臀部肌肉收缩送髋。呼气，加大背弓，头后仰、张口，逐渐把双手滑向脚跟。重复练习（图 8－51）。

【要求】动作幅度尽量大，动作结束保持 10 秒左右。

（二）俯卧背弓

【目的】拉伸腹部和大腿前部。

【方法】俯卧在垫上，屈膝，脚跟向髋部移动。吸气，双手抓住双踝。臀部肌肉收缩，提起胸部和双膝离开垫子。重复练习（图 8－52）。

【要求】动作幅度尽量大，动作结束保持 10 秒左右。

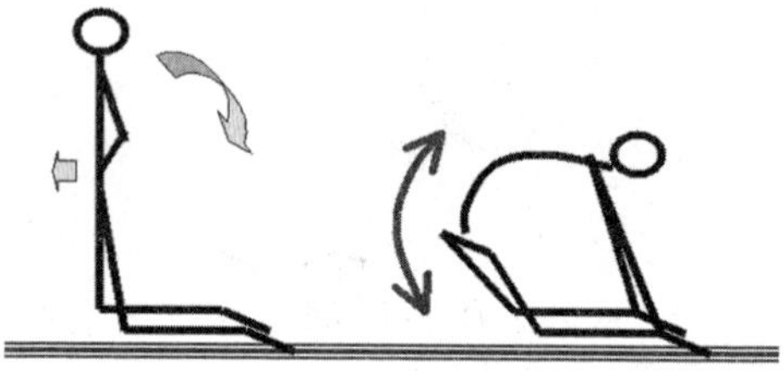

图 8－51　跪立背弓

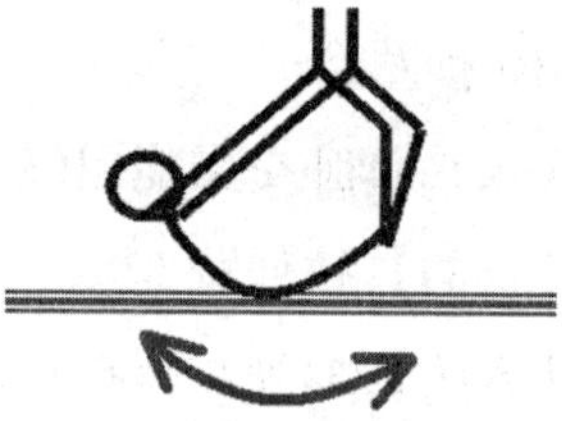

图 8－52　俯卧背弓

（三）仰卧团身

【目的】拉伸腰部。

【方法】在垫上仰卧，屈膝，双脚滑向臀部。双手扶在膝关节下部。呼气，双手向胸部和肩部牵拉双膝，并提起髋部离开垫子。重复练习（图 8－53）。

【要求】动作幅度尽量大，动作结束保持 10 秒左右，之后伸膝放松。

图 8－53　仰卧团身

（四）体前屈蹲起

【目的】拉伸腰部和大腿后部。

【方法】双脚并拢俯身下蹲，双手手指向前，放在脚两侧地面。躯干贴在大腿上部。伸膝至最大限度。重复练习（图 8－54）。

【要求】动作幅度尽量大，动作结束保持 10 秒左右。

（五）站立体侧屈

【目的】拉伸腰部和躯干两侧。

【方法】双脚左右开立，双手交叉举过头顶向上伸臂。呼气，一侧耳朵贴在肩上，体侧屈至最大限度。向身体另一侧重复练习（图 8－55）。

【要求】动作幅度尽量大，动作结束保持 10 秒左右。

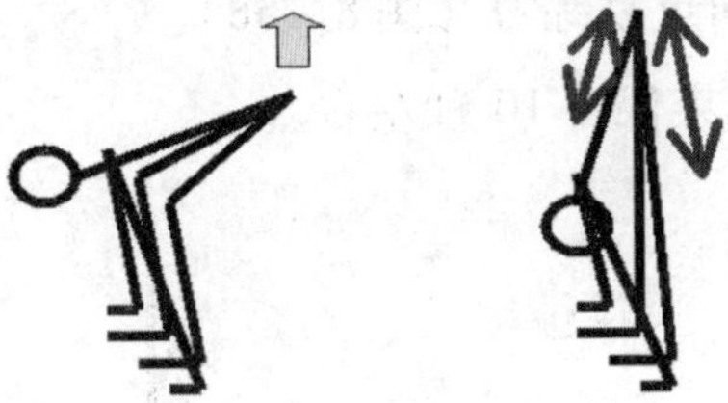

图 8－54　体前屈蹲起

图 8－55　站立体侧屈

（六）上体俯卧撑起

【目的】拉伸腹部。

【方法】俯卧，双手掌心向下、手指向前放在髋两侧。呼气，用双臂撑起上体，头后仰，形成背弓。重复练习（图 8－56）。

【要求】动作幅度尽量大，动作结束保持 10 秒左右。

（七）倒立屈髋

【目的】拉伸腰部。

【方法】身体由仰卧姿势开始成垂直倒立，头后部、肩部和上臂支撑体重，双手扶腰。呼气，双腿并拢，直膝，缓慢降低双脚高度直至接触地面。重复练习（图 8－57）。

【要求】动作结束保持 10 秒左右。

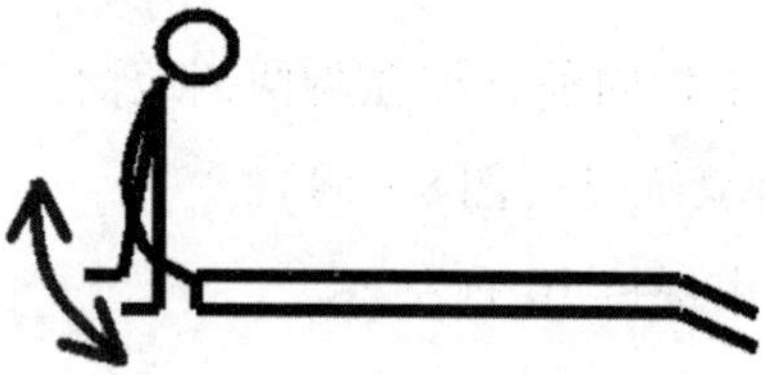

图 8－56　上体俯卧撑起

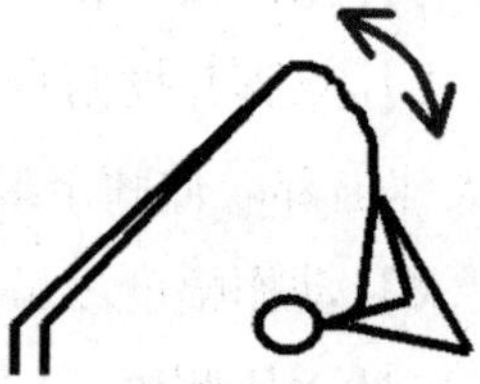

图 8－57　倒立屈髋

（八）助力腰腹侧屈

【目的】拉伸腰腹两侧。

【方法】双脚左右开立，一只臂自然下垂，另一只臂上举在头上部屈肘。同伴一只手帮助固定髋部，另一只抓住上举臂的肘部。呼气，同伴帮助向下垂臂一侧屈上体。改变方向重复练习（图 8－58）。

【要求】动作幅度尽量大，动作结束保持 10 秒左右。

图 8－58　助力腰腹侧屈

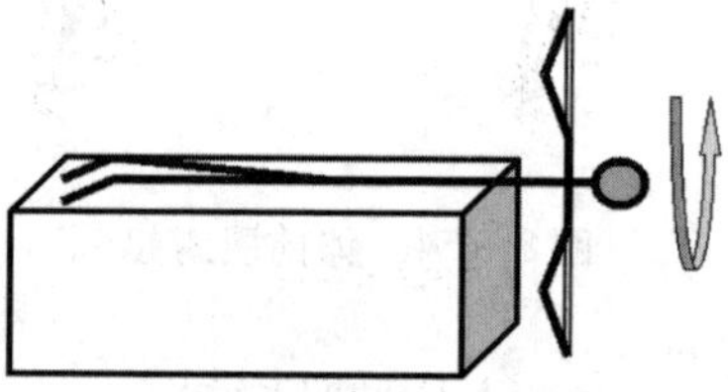

图 8－59　俯卧转腰

（九）俯卧转腰

【目的】拉伸腰部两侧。

【方法】俯卧在台子上，躯干上部伸出边缘之外悬空，颈后肩上扛一根木棍。双臂体侧展开固定木棍。呼气，尽量大幅度转动躯干，不同方向重复练习（图 8－59）。

【要求】动作结束保持数秒再回转躯干。

三、背部和胸部

（一）站立伸背

【目的】拉伸背部和肩部。

【方法】双脚并拢站立，上体前倾至与地面平行姿势，双手扶在栏杆上，略高于头。四肢保持伸直，屈髋。呼气，双手抓住栏杆下压上体，使背部下凹形成背弓（图 8－60）。

【要求】动作幅度尽量大，动作结束保持 10 秒左右。

（二）坐立拉背

【目的】拉伸背部。

【方法】坐立，双膝微屈，躯干贴在大腿上部，双手抱腿，肘关节在膝关节下面。呼气，上体前倾，双臂从大腿上向前拉背，双脚保持与地面接触（图 8－61）。

【要求】动作幅度尽量大，动作结束保持 10 秒左右。

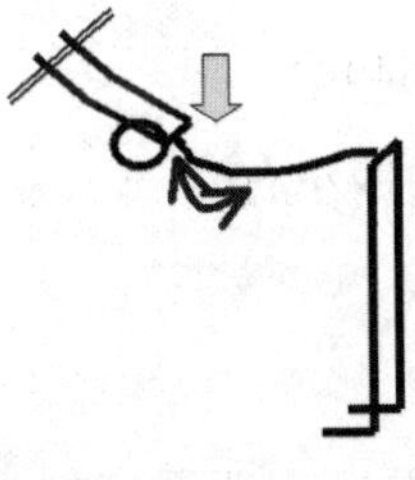

图 8－60　站立伸背

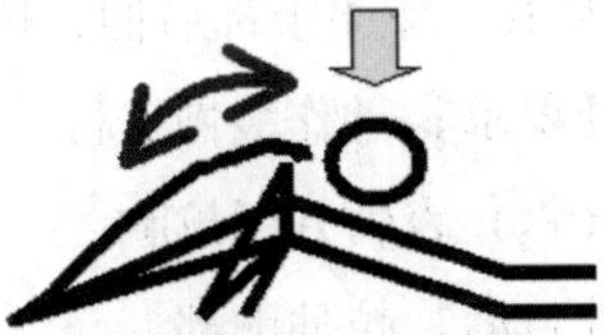

图 8－61　坐立拉背

（三）跪拉胸

【目的】拉伸胸部。

【方法】跪在地面，身体前倾，双臂前臂交叉高于头部放在台子上。呼气，下沉头部和胸部，一直到接触地面。重复练习（图8－62）。

【要求】动作幅度尽量大，动作结束保持10秒左右。

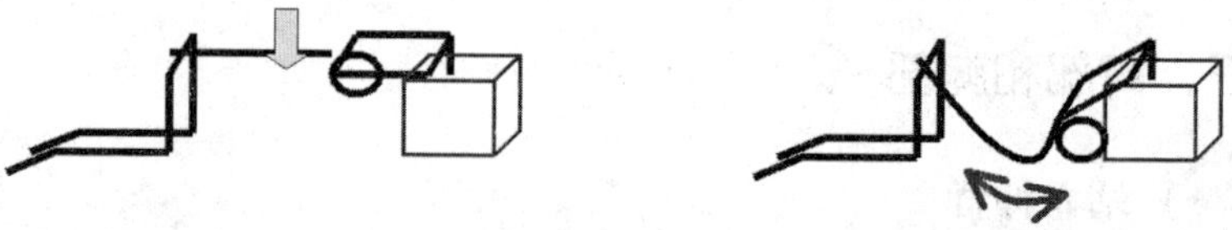

图8－62　跪拉胸

（四）开门拉胸

【目的】拉伸胸部。

【方法】在一扇打开的门框内，双脚前后开立，双臂肘关节外展到肩的高度。双臂前臂向上，掌心对墙。呼气，身体前倾拉伸胸部。重复练习（图8－63）。

【要求】动作幅度尽量大，动作结束保持10秒左右。也可以将双臂继续提高，拉伸胸下部。

（五）坐椅胸拉伸

【目的】拉伸胸部。

【方法】坐在椅子上，双手头后交叉，椅背高度在胸中部。吸气，双臂后移，躯干上部后仰，拉伸胸部（图8－64）。

【要求】动作缓慢进行，动作结束保持10秒左右。

（六）直臂开门拉胸

【目的】拉伸胸部。

【方法】在一扇打开的门框内，双脚前后开立，双臂向斜上方伸直顶在门框和墙壁上。双手掌心对墙。呼气，身体前倾拉伸胸部。重复练习（图8－65）。

【要求】动作幅度尽量大，动作结束保持 10 秒左右。

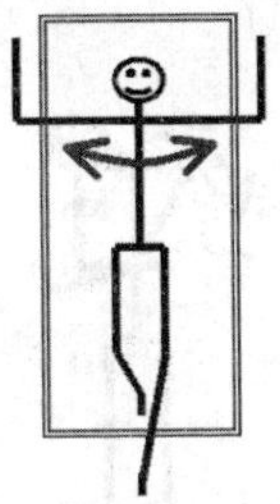

图 8－63　开门拉胸

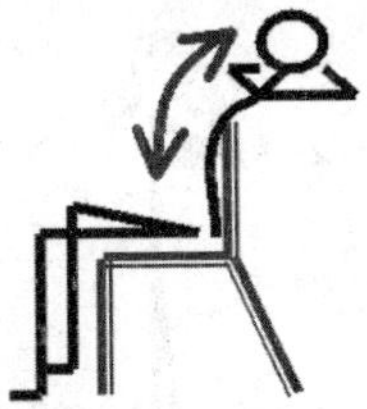

图 8－64　坐椅胸拉伸

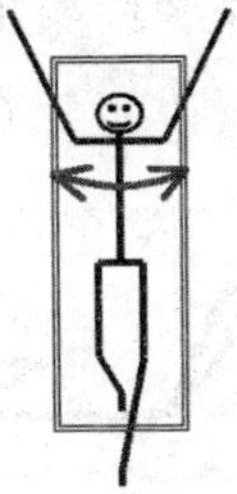

图 8－65　直臂开门拉胸

第三节　颈部、肩部和臂部柔韧性训练方法

一、颈部和肩部

（一）仰卧前拉头

【目的】前拉颈部。

【方法】屈膝仰卧，双手在头后交叉。呼气，向胸部方向拉头部（图 8－66）。

【要求】肩胛部位贴在地面上。动作幅度尽量大，动作结束保持 10 秒左右。

（二）前拉头

【目的】前拉颈部。

【方法】站立或坐立，双手在头后交叉。呼气，向胸部方向拉头部，下颌接触胸部（图 8－67）。

【要求】双肩下压，动作幅度尽量大，动作结束保持 10 秒左右。

（三）侧拉头

【目的】侧拉颈部。

【方法】站立或坐立，左臂在背后屈肘，右臂从背后抓住左臂肘关节。将左臂肘关节向右拉过身体中线。呼气，将右耳贴到右肩上（图

8－68）。

【要求】动作幅度尽量大，动作结束保持 10 秒左右。

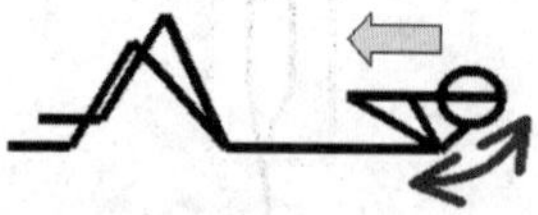

图 8－66　仰卧前拉头

图 8－67　前拉头

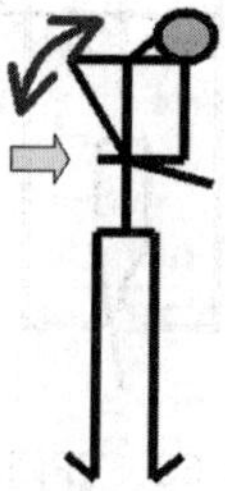

图 8－68　侧拉头

（四）后拉头

【目的】后拉颈部。

【方法】站立或坐立，小心地向后仰头，把双手放在前额，缓慢后拉颈部（图 8－69）。

【要求】动作轻缓，动作结束保持 10 秒左右。

（五）团身颈拉伸

【目的】拉伸颈后部、腰背部和臀部。

【方法】身体由仰卧姿势开始举腿团身，头后部和肩部支撑体重，双手膝后抱腿。呼气，向胸部拉大腿，双膝和小腿前部接触地面。重复练习（图 8－70）。

【要求】动作结束保持 10 秒左右。

（六）持哑铃颈拉伸

【目的】拉伸颈侧部。

【方法】双脚并拢站立，右手持哑铃使肩部尽量下沉。左手经过头顶扶在头右侧。呼气，左手向左侧拉头部，使头左侧贴在左肩上。改变方向重复练习（图 8－71）。

【要求】动作缓慢进行，动作结束保持 10 秒左右。

图 8－69　后拉头

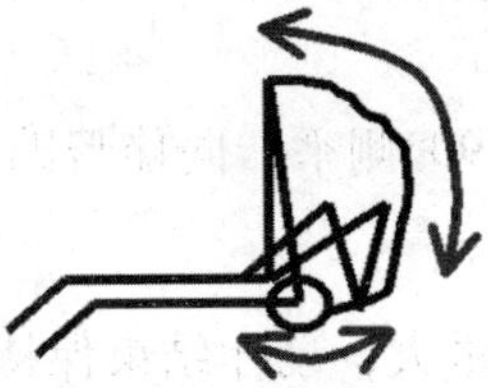

图 8－70　团身颈拉伸

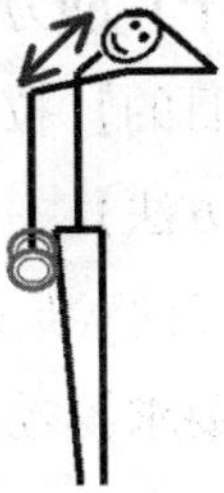

图 8－71　持哑铃颈拉伸

（七）背向压肩

【目的】拉伸肩部。

【方法】背对墙站立，向后抬起双臂，与肩同高直臂扶墙，手指向上。呼气，屈膝降低肩部高度。重复练习（图 8－72）。

【要求】动作幅度尽量大，动作结束保持 10 秒左右。

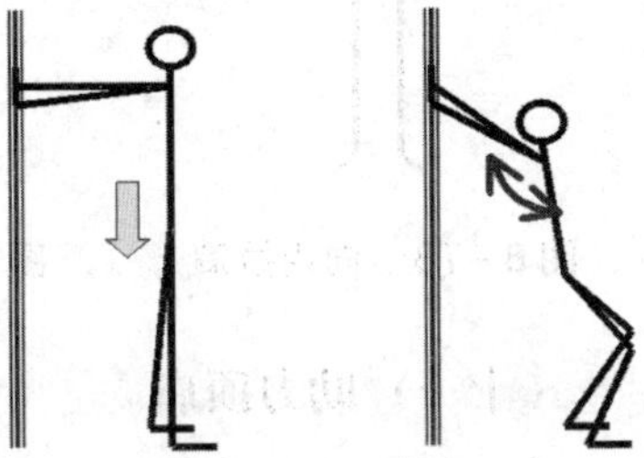

图 8－72　背向压肩

（八）向内拉肩

【目的】拉伸肩外侧。

【方法】站立或坐立，抬起一只臂肘关节至肩部高度，屈肘与另一只臂交叉。另一只臂抬起至肩部高度抓住对侧肘关节，呼气，向后拉。换臂重复练习（图 8－73）。

【要求】动作幅度尽量大，动作结束保持 10 秒左右。

（九）向后拉肩

【目的】拉伸肩前部。

【方法】站立或坐立，在背后双手合掌，手指向下吸气，转动手腕使手指向上。吸气，向上移动双手直最大限度，并后拉肘部。重复练习（图 8－74）。

【要求】动作幅度尽量大，动作结束保持 10 秒左右。

（十）助力转肩

【目的】拉伸肩前部。

【方法】一只臂屈肘90°侧举，同伴帮助固定肘关节，向后推手腕。换臂重复练习（图8－75）。

【要求】动作幅度尽量大，动作结束保持10秒左右。

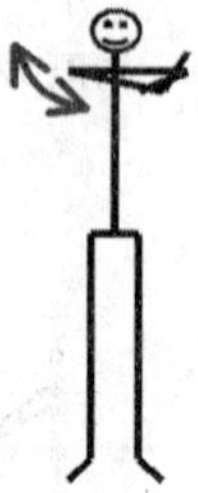

图8－73　向内拉肩

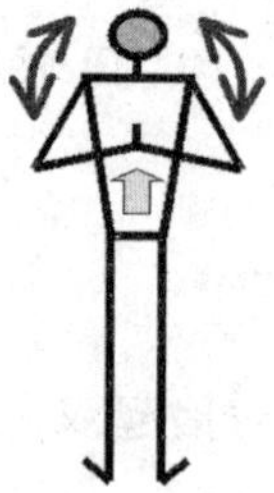

图8－74　向后拉肩

图8－75　助力转肩

（十一）助力顶肩

【目的】拉伸肩部。

【方法】跪立双臂上举，双手在同伴颈后交叉。同伴手扶在髋部与练习者肩胛接触，双脚左右开立站在练习者身后。身体后仰，用髋部向前上顶练习者肩胛部位。重复练习（图8－76）。

【要求】动作幅度尽量大，动作结束保持10秒左右。

图8－76　助力顶肩

图8－77　握棍直臂绕肩

（十二）握棍直臂绕肩

【目的】拉伸肩部。

【方法】双腿并拢站立，双手握一木棍或毛巾在髋前部。吸气，直臂从髋前部经头上绕到髋后部。再经原路线绕回。重复练习（图8－77）。

【要求】速度不宜过快，双臂始终保持伸直。

（十三）单臂开门拉肩

【目的】拉伸肩部。

【方法】在一扇打开的门框内，双脚前后开立，拉伸臂肘关节外展到肩的高度。拉伸臂前臂向上，掌心对墙。呼气，上体向对侧转动拉伸肩部。重复练习（图8－78）。

【要求】动作幅度尽量大，动作结束保持10秒左右。

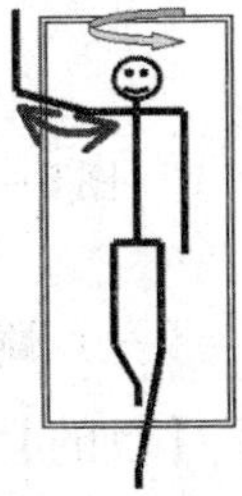

图8－78　单臂开门拉肩

二、臂部和腕部

（一）背后拉毛巾

【目的】拉伸臂部。

【方法】站立或坐立，一只臂肘关节在头侧，另一只臂肘关节在腰背部。吸气，双手握一条毛巾逐渐互相靠近。换臂重复练习（图8－79）。

【要求】动作幅度尽量大，动作结束保持10秒左右。

（二）上臂颈后拉

【目的】拉伸上臂后部和肩部。

【方法】站立或坐立，左臂屈肘上举至头后，左肘关节在头侧，左手下垂至肩胛处。右臂屈肘上举，右手在头后部抓住左臂肘关节。呼气，在头后部向右拉左臂肘关节。换臂重复练习（图8－80）。

【要求】动作幅度尽量大，动作结束保持10秒左右。

图 8－79　背后拉毛巾

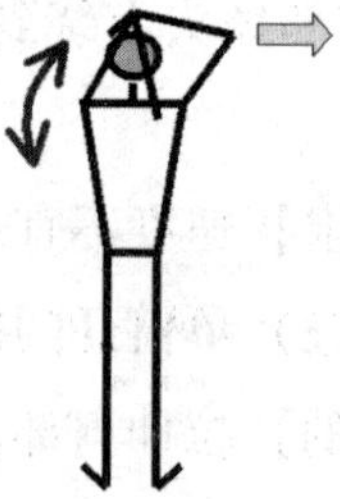

图 8－80　上臂颈后拉

（三）跪撑正压腕

【目的】拉伸腕部。

【方法】双膝和双臂直臂撑地，双手间距约与肩同宽，手指向前。呼气，身体重心前移。恢复开始姿势。重复练习（图 8－81）。

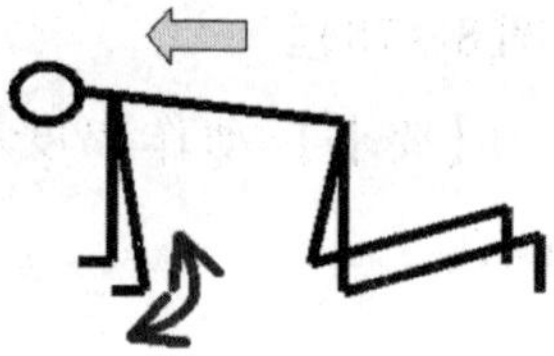

图 8－81　跪撑正压腕

【要求】动作幅度尽量大，动作结束保持 10 秒左右。

（四）跪撑反压腕

【目的】拉伸腕部。

【方法】双膝和双臂直臂撑地，双手间距约与肩同宽，手指向后。呼气，身体重心后移。恢复开始姿势。重复练习（图 8－82）。

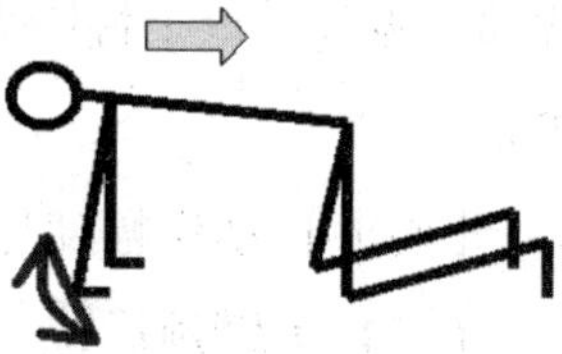

图 8－82　跪撑反压腕

【要求】动作幅度尽量大，动作结束保持 10 秒左右。

（五）跪撑侧压腕

【目的】拉伸腕部。

【方法】双膝和双臂直臂撑地，双手腕部靠拢，手指指向体侧。呼气，身体重心缓慢前、后移动。重复练习（图 8－83）。

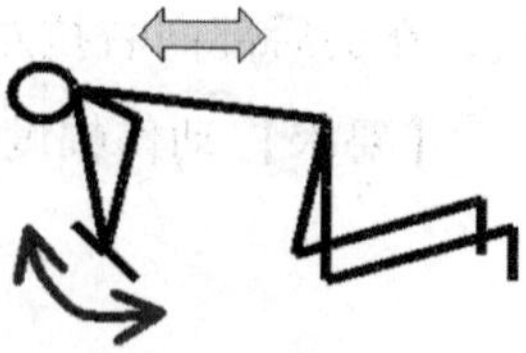

图 8－83　跪撑侧压腕

【要求】动作幅度尽量大，动作结束保持 10 秒左右。

（六）向内旋腕

【目的】拉伸腕部。

【方法】站立，双臂伸直，双手合掌。呼气，尽量内旋双手手腕，双手分离。重复练习（图 8－84）。

【要求】动作幅度尽量大，动作结束保持 10 秒左右。

（七）压腕

【目的】拉伸腕部。

【方法】站立，双臂胸前屈肘，一只手的手掌根部顶在另一只手的四指末端。用一只手的手掌根部用力压另一只手的四指末端。换手重复练习（图 8－85）。

【要求】动作幅度尽量大，动作结束保持 10 秒左右。

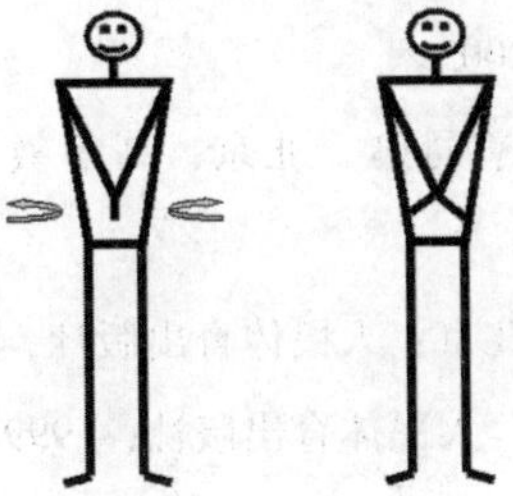

图 8－84　向内旋腕

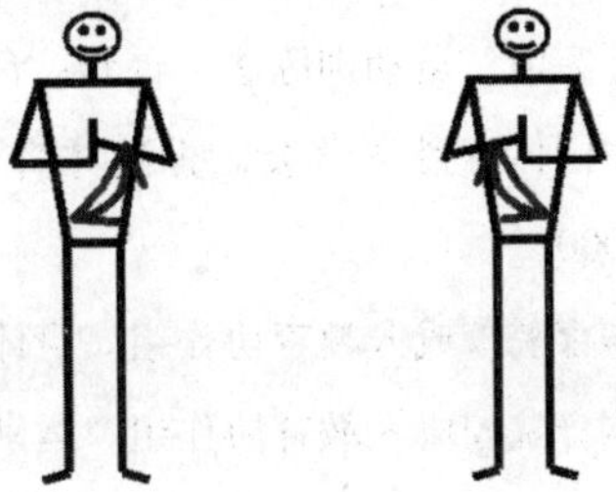

图 8－85　压腕

参考文献

张英波．现代速度和耐力训练方法．北京：北京体育大学出版社，2006

张英波．现代力量训练方法．北京：北京体育大学出版社，2006

张英波．田径体能训练．北京：人民体育出版社，2005

张英波．现代田径运动训练方法．北京：北京体育大学出版社，2005

张英波．动作学习与控制．北京：北京体育大学出版社，2003

南仲喜、王林．身体素质指导全书．北京：北京体育大学出版社，2003

文超．田径运动高级教程．北京：人民体育出版社，2003

叶宪清．运动训练法．台北：台北师大书苑，2003

中国体育科学学会，香港体育学院．体育科学词典．北京：高等教育出版社，2000

体育院校成人教育协作组．身体素质训练法．北京：人民体育出版社，1999

体育院校成人教育协作组．运动训练学．北京：人民体育出版社，1999

中国国家体育总局．中国体育教练员培训教材－田径．北京：人民体育出版社，1999

中国田径协会．中国田径教学训练大纲．成都：成都科技大学出版社，1999

Alter, M. J. Sport Stretch, Champaign, IL: Human Kinetics, 1998

Baechle, T. R. & Earle, R. W. Essentials of Strength Training and Conditioning, Champaign, IL: Human Kinetics, 2000

Brown, L. B., Ferrigno, V. A. & Santana, J. C. Training for Speed, Agility, and Quickness, Champaign, IL: Human Kinetics, 2000

Dintiman, G., Ward, B. & Tellez, T. Sports Speed, Champaign, IL: Human Kinetics, 1998

Goldenberg, L. & Twist, P. Strength Ball Training, Champaign, IL: Human Kinetics, 2002

IAAF Coaches Education & Certification System. Level Ⅰ/Ⅱ Advanced Coaching Theory Textbook, 2002

Lydiard & Gilmour. Distance Training for Young Athletes. Aachen: Meyer & Meyer Sport, 1999

Neumann, G., Pfützner, A. & Berbalk, A. Successful Endurance Training, Oxford: Meyer & Meyer Sport (UK) ltd., 2000

Newton, H., Explosive Lifting for Sports, Champaign, IL: Human Kinetics, 2002

Pearl, B., Getting Stronger, Bolinas, CA: Shelter Publictions, 2001